제2판

청소년 비행론

JUVENILE DELINQUENCY

이윤호 · 이승욱

박영사

제2판 머리말

처음 청소년 범죄와 비행에 대한 지난 수십 년 동안의 학자적 관심과 연구와 강의 경험을 바탕으로 『청소년 비행론』을 집필했을 때와 3년여의 시간이 흐른 오늘날 우리사회의 청소년 범죄와 비행은 크게 달라지지 않았음에 안타까운 마음만 가득하다. 그럼에도 청소년의 건전한 육성과 보호라는 국가적 사명을 가진 기성세대의 한 사람으로서, 그것도 소위 '전문가'라는 사람으로서 마냥 구경만 할 수는 없지 않은가.

특히 청소년 비행과 범죄가 사그라들 줄 모르는 사회적 분위기에 편승하여 한 때 비행소년에 대한 처벌논란, 구체적으로 촉법 소년에 대한 처벌과 그 연령의 하향조정에 관한 사회적 논쟁에 불을 지피기도 하였다. 물론 이 논쟁은 아직도 진행 중이어서 끝나지 않았고, 아무런 변화나 개선도 따르지 못한 아쉬움만 남았다. 이는 비단 우리만의 문제는 아닌 듯하다. 세계 여러 나라들이 같은 고민들을 하고, 다양한 변화를 추구하고 있기 때문이다.

이를 최대한 반영하고자 『청소년 비행론(제2판)』에서는 청소년 정책과 사법의 세계적 변화 추세를 담아보려고 노력하였다. 물론 지면의 한계로 세계적 변화 추세를 망라할 수는 없었기에 상대적으로 그 빈도가 높은 변화를 중심으로 소개하였음을 밝힌다. 당연히 변화는 계속될 것이고, 당연히 여기에 담지 못한 부분도 있을 것이지만, 이는 다음 기회에 더 보완하고 추가할 것을 약속드리는 바이다.

구체적으로, 청소년 범죄자에 대한 책임을 강조하는 동시에, 그들에 대한 전환, 최소한의 개입, 지역사회 제재의 증대 그리고 피해의 원상회복을 중심으로 하는 회복적 사법의 강화 등을 특징으로 하는 소년사법 정책의 변화를 소개하였다. 이어서 소년범죄나 비행 연구의 주요 부분으로 등장한 비행소년과 피해소년이 이질적이기보다는 오히려 동질적인 성향을 가진다는 소위 가해자-피해자 중첩(overlap) 또는 소년사법의 대상이 가해자뿐만 아니라 피해자도 포함될 필요가 있다는 그들의 이중적 지위와 신분, 그로 인한 이중적 접근의 필요성을 논의하였다. 그리고 새로운 소년사법의 모형으로서 복지, 의료 모형의 도입 필요성도 안내하였고, 소년사법도 지금까지의 가해자 중심, 가해자 지향이 아니라 피해자 중심, 피해자 지향으로의 방향 전환이 필요함도 강조하였다.

모쪼록 초판은 물론이고 제2판 또한 부족하고 아쉽기는 마찬가지이지만, 다음 기회에 부족한 부분은 보완하고 추가하겠다는 약속으로 달래려고 한다. 언제나처럼 이번에도 본서를 더욱 빛나게 마법을 부려준 박영사의 임직원 여러분, 특히 편집자에게 큰 감사를 드리며, 누구에게나 마찬가지이겠지만 저자의 모든 에너지의 원동력은 아내와 두 아들과 새 식구가 된 며느리라는 가족에게서 나온다는 것을 고백하는 바이다.

2023년 초하에
고즈넉한 북촌의 고려사이버대 연구실에서
이 윤 호

제2판 머리말

머리말

청소년은 국가와 사회로부터 보호받아야 할 권리가 있다. 정상적인 국가와 사회에서 정상적인 가정과 부모라면 모든 청소년도 정상적으로 바르게 성장, 발전하리라 미루어 짐작한다. 삶의 경험칙에 비추어, 그리고 범죄학자로서의 학문적 판단에 따르면 그럼에도 불구하고 우리 사회에는 적지 않은 청소년들이 제대로 보호받지 못하고 바르게 자라지 못하고 안타깝게도 소년사법은 물론이고 형사사법망과도 접촉하게 되는 현실을 마주하고 있다.

외형적으로 또는 대중적으로 알려진 청소년비행과 범죄의 문제는 오늘날 우리 사회의 심각한 사회문제의 하나로 등장한 지 오래고, 이를 반영하듯 대중매체는 지나치게 과장하고 확대하면서 청소년범죄와 비행에 요란을 떨고 있다. 그 단적인 예가 바로 청소년범죄자에 대한 대응문제를 놓고 벌이는 논쟁이다. 심각해지고 잔혹해진 일부 청소년범죄자들이 과연 아직도 보호의 대상인지 아니면 이제는 더 이상 보호가 아니라 처벌의 대상이어야 하는지를 놓고 벌어진 소년법 개정이나 폐지의 주장이 쏟아져 나온 것이다.

이런 논쟁은 결국 청소년범죄나 비행에는 소위 절대적인 해법이나 왕도는 있을 수 없음을 보여준다. 이유는 우리가 아직도 이 책에서와 마찬가지로 청소년범죄, 청소년비행, 소년범죄, 소년비행 등 청소년의 일탈행위를 놓고 다양하게 부르고 있듯이 아직도 문제의 개념에도 합의를 이루지 못하고 있으며, 더구나 문제의 해결을 위해서는 문제의 원인이 명확히 밝혀져야 하는데, 청소년범죄와 비행은 너무나도 다양하고 복잡할 뿐만 아니라 때로는 서로 반대되거나 충돌하는 원인에 기인하는 것으로 알려지고 있어서 당연히 그 해결방법 또한 다양하고 복잡하며 때로는 서로 갈등적이고 충돌할 수밖에 없어서 발생한 현실일 것이다.

다행인 것은 본서는 대학과 대학원생들을 위한 기본서로 기획되었기에 위와 같은 다양한 시각을 가능한 최대한으로 담아내기 위하여 쟁점사항들에 대한 논쟁을 벌이지는 않았다는 점이다. 생각의 차이가 있을 수 있는 부분은 독자 각자가 판단할 몫이고, 본서는 독자들의 판단에 도움을 줄 수 있는 다양한 시각과 정보를 제공하였다. 따라서 본서는 가장 먼저 청소년범죄와 비행의 기본적 개념과 특성을 이해하려고 하였으며, 이어서 청소년범죄와 비행의 정도라고 할 수 있는 현상, 즉 어떤 비행과 범죄가 어떤 청소년들에 의하여 얼마나 발생하고 있는지를 살피고, 왜 일부 청소년들이 그와 같은 범죄와 비행에 가담하였는지 그 원인을 파악하는 데 많은 지면을 할애하였으며, 끝으로 파악된 원인을 중심으로 청소년범죄를 어떻게 예방할 것이며, 이미 사법제도의 대상이 된 청소년들이 어떻게 해야 정상적 시민으로 성장할 수 있을지 그 대책을 다양하게 소개하였다.

언제나 그렇지만 항상 부족함을 느낀다. 본서 또한 예외가 아닐 것이다. 그럼에도 출판할 용기를 낼 수 있었던 것은 초판은 이제 시작일 뿐이며, 계속해서 수정과 보완을 약속할 수 있기 때문이다. 부족함에도 본서가 청소년범죄와 비행의 이해와 그 해결에 조금이라도 기여할 수 있기를 간절히 바란다. 본서가 나오기까지에는 원고정리와 교정을 맡아 준 동국대학교 대학원 경찰행정학과 박사과정 엄유진 양과 석사과정 권기성 군의 도움이 있었고, 한국 최고의 출판사 박영사의 임직원 여러분의 전문성이 있었다. 끝으로 언제나 그렇듯 지난 40년 가까이 묵묵하게 곁을 지켜주고 응원해준 아내와 인생의 영양제가 되고 비타민이 되어 준 창욱, 승욱 두 아들에게도 감사의 말을 전하고 싶다.

2019년 기해년 신춘원단 목멱산 기슭 연구실에서
이 윤 호

차 례

제1부

개 관

제1장 **소년비행의 개념** ——— 2

제1절 소년과 비행 ·· 2

1. 기본적 개념 _ 2
2. 소년비행과 성인범죄자의 차이 _ 6

제2절 소년비행의 개념적 특성 ·· 11

1. 비행과 국친사상(Parens Patriae) _ 11
2. 비행의 법률적 지위와 책임 _ 12
3. 지위비행소년(Status Offenders) _ 14

제2장 **소년비행의 측정과 특성** ——— 16

제1절 소년비행의 측정 ·· 16

제2절 소년비행의 실상-비행의 상관요인(Correlates) ······················ 28

1. 지역사회와 비행 _ 29
2. 연령과 비행 _ 31
3. 성별과 비행 _ 34
4. 사회적 계층(Social Class)과 비행 _ 48
5. 인종과 문화 _ 52
6. 가정과 비행 _ 54
7. 학교와 비행 _ 60
8. 비행소년이라고 다 같은 비행소년이 아니다?-비행소년의 유형 _ 65
9. 상습적인 범행-비행경력 _ 67

제3절 소년비행의 원인 ··· 69
   1. 기질적 원인 _ 69
   2. 후천적 요인-과학기술, 대중매체, 그리고 대중문화를 통한 학습과 모방 _ 73

제2부

소년비행의 이론

제1편 _ 미시이론(Micro Theories)

제1장 개인적 원인론 ——— 84

제1절 합리적 선택이론(Rational Choice Theory) ······································ 87
   1. 고전학파(Classical School) _ 89
   2. 신고전학파(Neoclassical School) _ 92
   3. 현대 선택이론 _ 96

제2절 비행 통제이론 ·· 102
   1. 제지이론(Deterrence Theory) _ 102
   2. 일반제지(General Deterrence) _ 104
   3. 특별제지(Special Deterrence) _ 108
   4. 무능력화(Incapacitation) _ 110
   5. 상황적 범죄예방(Situational Crime Prevention) _ 111

제3절 기질이론(Trait Theory) ··· 112
   1. 실증주의 범죄학(Positive School of Criminology) _ 114
   2. 초기 생물학적 이론 _ 115
   3. 현대 생물사회학적 이론 _ 119
   4. 심리학적 이론 _ 144
   5. 개인단위이론의 비판 _ 176
   6. 기질이론과 비행예방 _ 177

제2장 사회과정이론 ——— 179

제1절 사회학습이론(Social Learning Theory) ·· 179
   1. 차별적 재강화(Differential Reinforcement) _ 181
   2. 비행에 호의적인 신념 _ 182
   3. 비행적 모형의 모방 _ 182

　　　제2절 차별적 접촉이론 ·· 183

　　　제3절 사회통제이론 ·· 187

　　　　　1. 사회통제와 비행의 개관 _ 187

　　　　　2. 사회통제의 주요형태 _ 189

　　　　　3. 주요 사회통제이론 _ 190

　　　제4절 일반긴장이론(General Strain Theory) ······················ 199

제3장 **상황적 요소와 비행** ——— 203

　　　제1절 비행 유인 상황과 비행이론 ·· 204

　　　　　1. 긴장이론 _ 204

　　　　　2. 사회학습과 통제이론 _ 205

　　　　　3. 비행촉발요인 _ 207

제4장 **미시이론과 공공정책** ——— 210

제2편 _ 거시이론(Macro Theories)

제1장 **사회구조적 원인론** ——— 214

　　　제1절 사회구조와 비행 ·· 214

　　　　　1. 아노미이론(Anomie Theories) _ 215

　　　　　2. 사회해체이론(Social Disorganization Theory) _ 229

　　　제2절 사회과정과 비행 ·· 234

　　　　　1. 사회화(Socialization)와 비행 _ 235

　　　　　2. 사회학습이론(Social Learning Theory) _ 238

　　　　　3. 사회통제이론(Social Control Theory) _ 242

제2장 **사회반응, 사회갈등, 그리고 비행** ——— 246

　　　제1절 사회반응이론 ·· 247

　　　　　1. 낙인의 영향 _ 247

　　　　　2. 낙인의 주요개념 _ 250

　　　　　3. 낙인과 비행이론 _ 252

　　　　　4. 낙인이론의 평가 _ 260

제2절 사회갈등이론 ·· 261

    1. 사회갈등, 법, 그리고 형사사법 _ 261
    2. 갈등과 범죄 _ 263
    3. 갈등과 비행 _ 264
    4. 갈등과 비행예방: 회복적 사법(Restorative Justice) _ 266

제3절 페미니스트이론 ·· 269

제4절 발달 및 생애과정과 비행 ··· 273

    1. 발달이론의 기원 _ 273
    2. 발달이론의 이해 _ 276
    3. 발달 및 생애과정이론(Developmental and Life-Course Theory) _ 279
    4. Sampson과 Laub의 연령별 이론(Age-Graded Theory) _ 282
    5. 성향이론(Propensity Theory) _ 285
    6. 궤적이론(Trajectory Theory) _ 289
    7. 발달이론의 평가와 정책적 함의 _ 292

제3부

사회환경과 소년비행

제1장 **가정과 소년비행** —— 296

제1절 가족구조와 비행 ·· 297

제2절 가족작용(Family Process) ·· 299

제3절 아동학대 ·· 301

제4절 가족의 구금 ·· 304

제2장 **학교와 소년비행** —— 306

제1절 학교에서의 실패 ·· 306

제2절 학업의 중단 ·· 309

제3절 학교와 비행 ·· 310

    1. 학교에서의 범죄와 비행 _ 310
    2. 따돌림 또는 괴롭힘(Bullying)과 사이버 따돌림 또는 괴롭힘(Cyber Bullying) _ 311
    3. 교우관계와 소년비행 _ 314

　제4절 약물과 비행 ·· 317

　제5절 대중매체(Mass Media)와 비행 ··· 319

　　1. 영상매체(Visual Media) _ 319

　　2. 사회적 매체(Social Media) _ 321

제4부

소년사법

제1장 **소년비행의 예방** —— 324

　제1절 비행예방의 다면성 ··· 325

　　1. 비행예방의 다면성 _ 325

　　2. 비행예방의 미래 _ 326

제2장 **소년사법의 철학과 발전** —— 328

　제1절 처벌의 정당성 ·· 329

　　1. 응보(Retribution) _ 329

　　2. 억제(Deterrence) _ 330

　　3. 무능력화(Incapacitation) _ 331

　　4. 교화개선(Rehabilitation) _ 332

　　5. 회복(Restoration) _ 333

　제2절 소년사법이념의 변화 ·· 334

　　1. 적법절차(Due Process)의 강조 _ 334

　　2. 강경대응(Get-tough): 응보, 무능력화, 그리고 억제 _ 334

　　3. 소년사법의 공중보건 모형(Public Health Model) _ 335

　제3절 포괄적 소년사법 전략의 추구 ··· 336

　　1. 예방 _ 337

　　2. 개입(Intervention) _ 337

　　3. 점진적 제재(Graduated Sanction) _ 338

　　4. 시설수용 _ 338

　　5. 대안법원(Alternative Court) _ 339

　　　제4절 세계 소년사법의 변화 추세 ·· 340

　　　　　1. 현대 소년사법 정책의 추세 _ 340
　　　　　2. 이중 신분, 지위로서의 소년범죄와 범죄자에 대한 이중적 접근 _ 346
　　　　　3. 소년 피해자 사법(Juvenile Victim Justice)의 대두 _ 353

제3장 **경찰과 소년비행** ─── 356

　　　제1절 경찰에서의 비행소년과 피해자 처리 ······························ 359

　　　　　1. 청소년과 경찰 _ 360
　　　　　2. 경찰과 비행예방 _ 361

제4장 **비행소년의 처벌과 교정** ─── 365

　　　제1절 이론적 배경 ··· 365

　　　제2절 교화개선과 예방 ·· 367

　　　　　1. 교화개선과 예방의 역사적 발전과정 _ 369
　　　　　2. 교화개선과 예방의 효과 _ 370

　　　제3절 지역사회교정(Community Corrections) ··························· 371

　　　　　1. 전환(Diversion) _ 372
　　　　　2. 보호관찰 _ 375
　　　　　3. 배상명령(Restitution Order) _ 376
　　　　　4. 중간제재(Intermediate Sanction) _ 377

　　　제4절 시설교정 ··· 377

　　　제5절 소년비행의 회복적 접근 ·· 378

　　　　　1. 피해자-가해자 중재(Victim-Offender Mediation) _ 379
　　　　　2. 가족집단회합(Family Group Conferencing) _ 380

찾아보기 ─── 381

제1부

개 관

제1장 소년비행의 개념
제2장 소년비행의 측정과 특성

소년비행의 개념

제1절

소년과 비행

1. 기본적 개념

'소년비행Juvenile Delinquency'이란 당연히 소년비행을 어떻게 규정하고, 측정하며, 그 원인을 어떻게 설명하고, 또 통제하기 위하여 무엇을 어떻게 할 것인가가 그 내용일 것이다. 다시 말해 '비행delinquency'에 해당되는 행위들을 규정하고, 정확하게 누가 '비행소년delinquent'인지 결정하는 것이 곧 소년비행의 정의, 개념일 것이다. 문제는 여기서 우리가 소년Juvenile이라는 개념과 비행Delinquency이라는 두 가지 개념을 동시에 이야기하고 있다는 것이다. 소년비행이란 따라서 우리 사회가 받아들일 수 없다고 결정한 행위와 소년들의 경험에 관한 것이어서 소년비행의 개념을 알기 위해서는 소년과 비행 두 가지 개념을 동시에 정의해야 한다[1]. 여기에 더하여 또 다른 문제는 이렇게 어렵게 규정한 비행이라도 법률적인 면에

---

[1] K. A. Bates and R. S. Swan, Juvenile Delinquency in a Diverse Society, Thousand Oaks, CA: Sage, 2014, p. 4

서 규정한 비행이 일반 대중들이 규정한 비행과 비행소년하고는 차이가 난다는 것이다[2].

오늘날 가장 단순하게 정의하자면 '소년'이란 법률적으로 정해진 연령층에 속하는 사람이라고 할 수 있지만, '소년'이라는 것은 우리 사회가 성인과는 다른 몇 가지 속성들이 있다고 믿고 있어서 단지 나이 그 이상의 무언가를 내포하고 있다고 할 수 있다. 20세기에 들면서 새롭게 나타난 생의 한 단계로서 소년이란 더이상 아동이 아니지만 그렇다고 완전히 성인으로도 간주되지 않는 인생의 단계이며, 청소년adolescence이란 아동과 성인 사이의 생의 기간을 기술하기 위하여 사회적으로 만들어진 것이다. 이러한 청소년의 창제는 곧 법을 위반한 청소년들을 다루는 입장에서 법률적 딜레마에 빠지게 하였다. 가장 먼저 소년들은 자신의 행위에 대한 책임이 성인과 같지 않을 수 있다는 점이다. 이유는 소년들은 성인만큼 성숙하지 못하며, 바로 이런 미성숙함이 그들의 비행과 일탈 내지는 나쁜 행동과 행위의 이유라고 보기 때문이다. 이와 밀접하게 관련된 것으로, 소년들은 아직도 변화, 개선, 그리고 구조될 여지가 많다고 믿는 것이다. 다시 말해, 소년들은 교화, 개선될 수 있고, 규율을 따르도록 가르칠 수 있기 때문이다. 결과적으로 소년들은 무고하며, 오히려 보호받을 필요가 있다는 것이다[3].

이와 같은 상이한 속성들 외에도, 소년들은 성인들과는 상이한 일련의 경험에 빠지게 되는데, 먼저 그들은 우리 사회에서 성인과는 다른 지위를 가져서 그들이 성인들의 보살핌을 받고 다른 사람들을 보살피는 전적인 책임을 다 지지 않을 가능성이 높다. 또한, 소년들은 성인에 비해 권한이나 권력이 더 작으며, 그래서 그들은 성인들처럼 투표할 권리도 없고, 성인들이 누리는 정치적 권리도 가지지 못한다. 오히려 일부에서는 이러한 소년기야말로 개인의 생애에서 가장 억압되는 시간이라는 것이다. 우리는 아이들에게 복종할 것을 요구하며, 성인들에게는 거의 하지 않는 방식으로 그들을 대하고, 많은 경우 그들을 학대하기도 한다. 결국, 어떤 다른 집단보다도 그들은 자신의 인생경험에 관한 결정을 함에 있어서 관여할 여지가 거의 없는 실정이다. 결과적으로 소년들은 성인기에 도달할 때까지는

---

2 R. M. Regoli, J. D. Hewitt, and M. Delisi, Delinquency in Society(9th ed.), Burlington, MA: Jones & Bartlett learning, 2014, p. 17

3 W. E. Thompson and J. E. Bynum, Juvenile Delinquency: A Sociological Approach(8th ed.), Boston: Allyn & Bacon, 2010, p. 7

자신의 학교경험을 일차적 초점으로 여기게 된다[4].

　이렇게 '소년'이라는 개념이 정의되고 나면, 이제는 '비행Delinquency'이란 무엇인지 규정되어야 한다. 일반 범죄와 마찬가지로 '소년비행'도 상대적 특성, 즉 시간적, 공간적 상대성이 고려되어야 한다. '소년'의 규정도 그리고 '비행'의 규정도 시간과 공간에 따라 달라지는 것이다. 결국 '소년비행'의 정의는 '소년'의 정의와 이를 규정하는 시간과 장소에 좌우되는 것이다. 종합하면, '비행'의 가장 단순한 정의는 현재 정해진 지역에서 법으로 정해진 연령의 소년이 범한 형법에 위반되는 행위라고 할 수 있을 것이다. 이와 같은 소년비행의 정의는 매우 유동적인 개념인데, 그 이유는 앞에서 언급한 바와 같이 소년과 비행의 규정이 장소와 시간에 따라 다르고 변하기 때문이다.

　당연히 소년비행의 정의는 너무나도 다양하지만 사실은 대부분의 차이가 동일한 생각을 서로 다른 말로 기술하고 자신의 관심과 전공분야에 따라 접근법이나 강조점이 다른 것이다. 이 모든 정의들을 요약하면 결국 세 가지 범주로 나누어지는데 법률적으로 소년비행으로 규정되는 규범위반 행위, 즉 행동act을 전적으로 강조하는 법률적 정의legal definition, 소년의 역할수행이 비행으로 규정되는 주로 행위자actor에 초점을 맞추는 역할정의role definition, 행위자와 행위에 대응하고 비행이 저질러졌는지 그리고 범법자가 소년인지를 결정하는 사회나 사회집단의 구성원, 즉 청중audience에 집중하는 접근인 사회반응적 정의societal response definition가 그것이다. 그러나 이 구분은 전혀 배타적이지 않아서 완전하게 서로 분리되거나 격리되는 것이 아니라 일부 겹치지 않을 수 없으며, 심지어 겹치는 것이 바람직하기까지 하여 차이가 있다면 그것은 오로지 각각이 강조하는 바가 다른 것뿐이다[5].

　그 밖에도 소년사법과 소년비행의 개념이나 정의를 더욱 복잡하게 하는 것은 바로 소위 '지위 또는 신분 비행Status offenses'의 존재이다. 지위 또는 신분 비행이란 성인이 범하면 범죄가 아니며 처벌도 받지 않지만, 소년이 범하면 소년이란 지위나 신분 때문에 우리 사회가 소년들이 하지 않기를 바라는 행위를 위반하게 되어 소년사법의 대상이 될 수 있는 행위라고 할 수 있다. 소년들의 가출, 무단결

---

4 Bates & Swan, op cit., p.5
5 Thompson & Bynum, op cit., p. 8

석, 음주, 흡연 등의 행위가 여기에 해당된다. 이러한 행위를 한 소년이 소년사법의 대상이 되는 것은 '국친사상parens patriae', 즉 국가가 보호자를 대신하여 소년을 보호한다는 소년사법의 기초이념에도 크게 영향을 받기 때문이다.

이런 면에서, 우리가 소년비행을 어떻게 규정하는가는 비행과 일탈에 대한 우리들의 일반적인 개념에도 좌우된다. 실제로 많은 사람들이 소년비행은 일반 범죄와 마찬가지로 일종의 사회적 구성social construct이며, 심지어 비행에 대한 규범적 개념을 가진 사람들은 인종, 계층, 성별 등이 비행과 어떻게든 관련이 되고 있다고 인식한다. 결국, 비행에 대한 우리의 규정이나 정의는 단순히 두부 자르듯 흑백논리가 아님을 이해하는 것이 중요하다. 학자들은 일반적으로 일탈과 비행을 '객관적으로 주어지거나' 아니면 '주관적인 문제'라고 보는 두 가지 방식으로 개념화한다. 다른 한편에서는 '반응주의 또는 상대주의 개념reactionist or relativist conception'과 '규범적 개념normative conception'으로 두 가지를 제안하며, 또 다른 일부에서는 실증주의 관점positivist perspective이나 구조주의 관점constructionist perspective으로 볼 수 있다고도 주장한다[6].

이렇듯 다양한 방법으로 비행을 규정하지만, '비행misbehavior'을 매우 유사한 방식으로 개념정의하고 있다. 첫 번째 '객관적으로 주어진', 규범적이거나 실증주의 개념은 우리 모두가 동의할 수 있는 일반적인 일련의 행동, 행위, 그리고 조건의 규범이 있다는 것이다. 마치 합의론적 관점에서 본 법의 생성기원과 같은 것이다. 먼저 어기더라도 크게 소동을 일으키지 않는 일상적 규범이라고 할 수 있는 민속folkways이 있고, 다음으로 어기면 적지 않은 분개를 일으킬 수 있는 '도덕적' 규범인 도덕관mores, 그리고 마지막으로 가장 강력한 규범인 법law이 있는 것이다. 그러나 이러한 개념정의의 문제는 우리 모두가 동의하기란 쉽지 않다는 점이다. 바로 이런 문제점에서 두 번째 개념이 필요해진다. '주관적으로 문제적'이거나 상대주의/반응주의, 그리고 사회구조주의 개념인 두 번째 개념정의에서 비행과 일탈의 정의는 우리 사회 구성원들의 상호작용에 기초하여 구성된다는 것이다. 이들에 의하면, 어떠한 행위나 조건들은 유전적으로 일탈적인 것이 아니라 일탈의 규정이 적용될 때 비로소 일탈과 비행이 되는 것이다. 따라서 일탈의 연구는 왜 일부 특정 개인들이 규범을 위반하는가가 아니라 오히려 그러한 규범들이 어떻게

---

6 Bates & Swan, op cit., p. 6

구성되는가에 관한 것이 된다고 한다. 이들 사회구조주의자들에 의하면, 세상에 대한 우리의 이해는 행위자들 간의 끊임없는 협상의 결과라는 것이다. 이들에게 비행과 일탈은 일탈의 낙인이나 규정을 이끌어내는 행위인 것이다[7]. 그러나 이들의 개념규정도 문제가 있다. 소위 말하는 '암수범죄dark figures'와도 같은 것으로 세상에 알려지지 않았거나 알려졌음에도 아무런 사회적 반응이나 대응이 행해지지 않았지만 매우 심각한 규범위반은 어떻게 할 것인가.

대부분의 교재에서 다루어지지 않았던 세 번째 개념은 바로 비판적 규정이다. 비판적 개념을 가진 사람들은 일탈과 비행에 대한 규범적 이해는 자기들의 권력을 증대시키거나 유지하고자 하는 권력을 가진 사람들에 의하여 이루어진다고 주장한다. 이들은 일탈이나 비행의 개별적 유형에 초점을 맞추기보다는 처음부터 그러한 규범을 만드는 사회체제와 체계를 비판한다. 이 개념규정 또한 문제가 없지는 않은데, 세상에는 우리 모두가 동의하는 부도덕하고 비윤리적이며 불법적이고 일탈적인 것들이 너무나 많으며, 기존의 사회체계도 실제로 우리 사회의 이익에 봉사하고 있기 때문이다.

2. 비행소년과 성인범죄자의 차이

종합하자면, 소년비행은 미성년자들의 형법위반이라고 할 수 있다. 이런 정의가 틀린 것은 아니지만 소년비행을 성인범죄와 구분하는 유일한 방법이 연령의 관점뿐이라는 믿음을 갖게 한다. 그러나 소년비행은 범법자의 연령 외에도 중요한 다수의 방향에서 다른 점이 있다고 한다. 특히 우리는 비행소년을 성인범죄자와 다르게 보는 경향이 있으며, 당연히 비행소년들은 성인범죄자들과는 다르게 처우하는 경향이다. 그러나 최근에는 비행소년을 성인범죄자처럼 간주하고 처우하는 경향이 있다. 사람들이 항상 비행소년을 성인범죄자와 다르게 보지만은 않는다는 것이다.

---

7 Becker, 1973, p. 9

1) 인식의 차이

비행소년은 성인범죄자와 달리 간주된다는 것이다. 미성년 소년이 법을 위반하면 일반 대중들은 그 미성년 소년을 미성숙하고 그래서 우리의 지도와 도움이 필요한 것으로 간주하는 경향이 있다. 물론 미성숙Immaturity의 정확한 규정은 없지만 대체로 자기가 하는 것이 잘못된 것임을 알지 못하고, 자신의 행위가 초래하는 해악과 손상을 정확하게 인식하지 못하며, 자신을 스스로 통제할 수 없고, 다른 사람들에 의하여 쉽게 타락되는 등의 특징을 하나 이상 내포하는 경우라고 한다. 이들의 미성숙성은 경험의 부족에서 나오고, 경험의 부족은 의사결정의 경험도 부족하게 하며, 그 결과 때로는 선택에서 잘못된 판단을 보이기도 한다는 것이다. 미성숙성은 또한 생물학적 근원에 기인하기도 하는데, 미성년자들은 쾌락과 감동에 대한 뇌 순환은 급속도로 발달하지만 행동의 통제와 금지에 대한 뇌 순환은 더디게 발달하며, 그 결과 동료의 영향에 저항하고 자기통제를 하는 데 어려움을 겪게 된다는 것이다. 이처럼 미성년 소년을 미성숙한 것으로 보아 그들을 엄중하게 처벌하기보다는 도움이 필요한 것으로 간주하는 경향이 강하다. 반대로 만약 성인이 법을 위반한다면 자유의지에 따라 합리적으로 선택할 수 있기 때문에 일반적으로 우리는 그 사람을 자신의 행위에 책임이 있고 따라서 처벌되어야 마땅한 것으로 간주한다[8].

2) 처우의 차이

위와 같은 비행소년과 성인범죄자에 대한 인식과 견해의 차이로 인해 우리는 비행소년을 성인범죄자와는 다르게 처우해왔다. 특히 비행소년에게만 적용되는 일련의 특수 법률을 제정하고, 성인법정보다는 처벌은 경미하게 그러나 교화개선은 더욱 강조하는 독립된 소년법정도 설치하였다. 당연히 비행소년을 위한 일련의 특별한 교정 프로그램, 즉 처벌은 약하되 교화개선은 더 강조하는 그런 교정 프로그램들을 시도하였다[9].

---

[8] R. Agnew & T. Brezina, Juvenile Delinquency : Causes and Control(5th ed.), New York: Oxford University Press, 2015, p.5

[9] J. Roberts, "Public opinion and youth justice," Crime and Justice, 2004, 31:495−542; D. S. Tanenhaus, "The elusive juvenile court: Its origins, practices, and re−inventions," pp.

(1) 특별법 – 지위비행(Status offenses)

성인이 위반을 한다면 범죄가 될 행동을 미성년 소년이 한다면 그를 우리는 비행소년이라고 부르지만, 성인에게는 합법인 행위를 한 소년이 체포되고 소년법원으로 송치될 수 있는 행위를 오로지 행위자가 소년이라는 지위 때문에 적용된다고 하여 지위비행status offenses이라고 한다. 이유는 성인들의 삶보다 소년들의 삶을 더 철저하고 밀접하게 국가가 규제하거나 보호할 필요가 있다고 느꼈기 때문이다. 소년들이 범행을 했을 때만 개입하기보다는 소년들이 범죄로도 이어질 수 있는 잘못된 길로 들어설 수도 있다는 암시를 줄 때부터 개입할 필요가 있다고 느끼기 때문이다. 따라서 이 특별법은 소년을 미성숙하고 그래서 지시와 지도가 필요한 것으로 보는 시각과 직접적으로 연계되어 있는 것이다[10].

그러나 6-70년대에 들면서 이 지위비행에 대한 심각한 비판이 제기되기도 하였다. 우선 용어와 개념이 너무나 애매하다는 것이고, 또한 아무런 범죄행위도 범하지 않았음에도 종종 청소년들이 지위비행을 이유로 지나치게 엄중한 처벌을 받게 된다고 지적한다. 뿐만 아니라 가난하고, 소수인종이며, 소녀들이 지위비행으로 처벌될 확률과 가능성이 더 많다는 증거도 있다. 이러한 비판을 극복하기 위하여 지위비행 소년들을 소년법원으로부터 전환시키기 위한 다양한 '전환Diversion' 프로그램과 제도가 개발되었다. 소년법원에 의하여 공식적으로 처리되기보다는 법원이 비공식적으로 처리하거나 법원 외의 기관에 위탁하여 처리하는 것이다. 더 극단적으로는 일부 지위비행을 비범죄화decriminalize시키기까지 하여 지위비행이 더이상 체포되어 소년법정에 송치되지 않고 대신에 사회복지기관으로 위탁, 위임되도록 했던 것이다.

(2) 특별법원 – 소년법원

성인법원과 소년법원은 여러 가지 면에서 차이가 나는데, 그 차이는 바로 성인 범죄자와 비행소년에 대한 시각의 차이를 반영하는 것이다. 비록 근년에 들면서

419-444 in B. C. Feld and D. M. Bishop(eds.), The Oxford Handbook of Juvenile Crime and Juvenile Justice, New York: Oxford University Press, 2012

10 Agnew & Brezina, op cit., pp. 6-7

그 차이가 좁혀지고는 있지만 아직도 그 차이는 상당하다. 먼저, 소년법원은 성인법원과는 다른 목표를 가졌는데, 그것은 바로 성인법원이 특정범죄에 대한 개인의 유죄여부를 결정하고 만약에 유죄가 결정되면 처벌하는 것이지만 소년법원은 소년을 처벌하기보다는 오히려 지도하고 도움을 주기 위한 목적이며 따라서 그들의 부모가 제공해야만 했던 도움과 지도를 제공함으로써 '소년에게 최대의 이익'이 되도록 하려는 목표를 가지고 있다. 그러나 최근 들면서 소년비행의 심각화로 인하여 소년법원의 목표도 변하고 있어 소년법원이 특히 나이가 든 강력 비행소년을 중심으로 처벌을 더욱 강조하게 되었다. 그럼에도 불구하고 소년법원은 아직도 교화개선rehabilitation을 성인법원보다 더 강조하고 있다11.

소년법원의 두 번째 차이는 성인법원이 범인이 범한 범행에 일차적으로 초점을 맞추는 반면에 소년법원에서는 범행보다는 범법자에 더 초점을 맞춘다는 점이다. 따라서 범행 자체만이 아니라 소년 전반, 즉 그의 개인, 가족, 학교, 동료 및 다른 문제들을 중심으로 소년에 관한 모든 것에 초점을 맞추는 것이다. 물론 소년법원의 이 특성에도 변화가 일고 있어서 점점 더 범죄자보다 범행을 더 강조하고, 법원의 결정도 대체로 비행소년보다도 그들의 비행에 근거를 두기 시작하였지만 아직은 소년법원과 성인법원의 목표에는 큰 차이가 있다.

세 번째 차이는 소년법원이 성인법원에 비해서 보다 더 비공식적이고 덜 대심적adversarial이라는 점이다. 성인법원에서는 피의자의 권리를 보호하기 위하여 다수의 적법절차 권리due process rights를 제공하지만, 소년법원은 처음부터 처벌이 목적이 아니라 도움과 지도를 제공하기 위한 것이기 때문에 굳이 그러한 권리가 필요하지 않다는 것이다. 물론 이 비공식성informality도 변하기 시작하여 성인범죄자에게 주어지는 대부분의 적법절차 권리를 제공하도록 요구받고 있다. 이러한 변화의 이유는 소년법원이 원래의 일차적 목표와는 달리 비행소년들을 돕지 못하고 오히려 종종 처벌하고 있기 때문에 그들에게도 성인범죄자에게 주어지는 절차적 권리가 일부라도 주어지는 것이 당연하다는 논리이다. 이런 변화를 반영하듯 최근에는 비행소년이 소년심판을 받을 권리가 박탈waiver되어 성인법원으로 이송transfer되는 경향이 증가하고 있다.

---

11 S. I. Singer, "Juvenile court and its systems of juvenile justice," pp. 349−366 in S. O. White(ed.), Handbook of Youth and Justice, New York: Kluwer, 2001, p. 350

(3) 비행소년에 대한 특별 교정 프로그램

청소년들은 도움과 지도가 필요한 미성숙한 존재라는 시각이 우리로 하여금 그들을 위한 특별한 교정 프로그램을 개발하도록 요구한다. 먼저 소년들을 성인범죄자들의 약취와 폭력으로부터 보호하기 위하여 성인범죄자들과 분리하여 수용하고 있으며, 교정의 목표도 성인에 비해 처벌보다는 교화개선을 더욱 강조한다. 물론 그런 소년 수용시설에서의 교정목표가 기대에 미치지 못하고는 있지만 그럼에도 불구하고 아직도 소년 수용시설은 처벌보다는 교화개선이 더 강조되고 있다. 이런 측면에서 소년수용시설을 대부분 '교도소prison'라고 부르지 않고 시설에 요구되는 목표인 교화개선의 중요성을 반영하는 소년원training school이나 청소년개발센터youth development center 등으로 부르고 있는 것이다.

3) 소년범죄자의 시각과 처우의 진화

소년사법제도에서 가장 큰 변화가 있었다면 그것은 소년범죄자에 대한 '강경한 대응정책Get-tough policy'일 것이다. 물론 이러한 극단적인 변화는 당연히 총기난사와 같은 소년범죄의 흉악화와 심각화, 그로 인한 대중의 우려와 관심에 기인한 바 크다. 대중들은 더이상 이러한 흉악한 범행을 하는 청소년들을 지시와 지도, 그리고 도움이 필요한 미성숙한 존재로 보지 않고 대신에 '젊은 범죄자'이자 '냉혹한 약탈자'의 폭력으로 느끼게 된 것이다. 이와 더불어 대중들은 소년법원 또한 이러한 잔혹한 폭력소년들을 처리하기에는 어울리지 않으며, 오히려 성인범죄자와 마찬가지로 다루어져야 한다고 느끼게 된 것이다.

이런 인식의 변화 결과, 특히 강력범죄를 범한 비교적 나이가 많은 청소년범죄자들을 보다 엄중하게 처벌하자는 움직임이 나타난 것이다. 소년법원은 비행소년들에게 그들의 행동에 대한 책임을 묻고 처벌할 것을 더욱 강조하게 되었으며, 당연히 더 많은 비행소년들을 거주시설에 수용하는 확률이 더 높아지게 되었다. 이에 만족하지 않고 새로운 형태의 처벌도 나타났는데, 그중에서도 훈육, 체력훈련과 노동을 더욱 강조하는 군대식 시설인 병영캠프Boot camp가 대표적이며, 그 외에 특정 범행에 대해서는 정학과 퇴학을 포함하는 엄중한 처벌을 강제하는 학교폭력에 대한 무관용정책zero-tolerance policy, 그리고 무엇보다도 성인법원으로의 이송의 확대, 특정범죄에 대해서는 범법자의 연령에 관계없이 자동으로 성인 법원에서 성인범죄자로 재판하도록 하거나 최소한 선고해야 할 양형을 강제하는 최소강제양형Minimum Mandatory Sentence을 도입하기도 하였다.

그러나 변화는 여기서 멈추지 않고 다시 '강경대응책'에서 발을 빼기 시작하였다. 이런 변화는 물론 소년범죄가 더이상 악화되지 않고 있으며, 더구나 지금까지의 강경대응책이 비용은 증대되고 소년범에 대한 권리와 인권의 침해소지는 높아진 반면에 그 효과나 효율성은 낮기 때문이다. 또한 최근에는 이른바 신경과학범죄학Neurocriminology이라고 하는 데서 알 수 있듯이 신경과학, 뇌 과학이 범죄에 관심을 가지면서 인간의 뇌는 전 생애에 걸쳐서 발달한다는 새로운 증거들이 청소년이 성인에 비해 성숙하지 못하다는 견해를 재강화하였다. 그 결과, 병영캠프나 무관용정책 등 처벌적 정책이 점점 사라지는 반면에 보다 교화개선적인 대책들의 활용이 점점 확대되고 있다. 예를 들어, 약물법원 등 소년범을 위한 특별법원이 생겨나고, 회복적 사법restorative justice이 광범위하게 활용되고 있다[12].

제2절

소년비행의 개념적 특성

1. 비행과 국친사상(Parens Patriae)

'비행소년delinquent'이란 명칭은 미국에서 성인법정과 독립된 별도의 소년법원이 설치되었던 20세기 시작과 함께 대중화된 것으로 당시 사회운동을 하던 아동구호단체들이 어린이와 성인을 유사하게 취급하는 것은 미국사회의 인본주의적 이상을 위반한 것이라고 믿었던 데서 기인한다. 결과적으로 새롭게 설치된 소년사법제도juvenile justice system는 '국친사상parens patriae' 철학을 근간으로 운영되었

---

[12] Feld & Bishop, op cit.; E. P. Mulvey and C. A. Schubert, "Youth in prison and beyond," Feld & Bishop(eds.), op cit., pp.843−867

던 것이다. 불법행위에 가담한 미성년자들은 가정에서의 부적절한 보살핌, 보호
양육, 그리고 처우의 희생자로 간주되었던 것이다. 그들의 비행과 일탈은 더 심각
한 범행 이전에 국가가 끼어들어서 통제해야 한다는 신호로 여겨졌던 것이다. 국
가가 곧 보호자를 대신하여 아동에게 가장 이익이 되도록 행동해야 한다는 것이
다. 이는 곧 아동들은 그들의 잘못된 행위로 인하여 처벌되어서는 안 되며 그 대
신 그들의 바람직하지 못한 행위를 통제하고 바로잡는 데 필요한 보살핌과 보호
를 받아야 한다는 것을 의미하였다. 아이들에게 강도나 절도와 같은 특정한 범죄
에 대하여 유죄를 인정한다는 것은 곧 그들에게 절도범이나 강도범이라는 꼬리표
를 단 낙인을 붙이게 되기 때문이다. 그 대신 아이들은 국가의 보살핌, 보호, 그리
고 처우가 필요하다는 것을 지적하는 아주 포괄적인 '소년비행juvenile delinquency'
이란 용어를 사용한 것이다[13].

2. 비행의 법률적 지위와 책임

오늘날의 소년사법제도는 과거에 비해 형벌적 성향이 강해지고 그래서 성인 형
사사법제도와 점점 더 닮아가고 있다는 지적에도 불구하고 아직도 다수의 청소년
들은 성숙한 의사결정을 할 수 없으며, 따라서 그들의 행동에 대한 책임도 한계가
있다고 인정하는 편이다. 아이들이 의도적으로 자동차를 훔치고, 그것이 불법이
라는 것도 너무나 잘 알지만, 그들 행위의 결과와 그 행위가 어떤 해악을 초래할
지에 대해서는 완전하게 이해하지 못할 수 있다는 것이다. 이런 점에서 우리의
법은 청소년을 성인들과 같이 처벌하지 않는 것이며, 그들의 청소년 특유의 비행
을 이성적이지 못하거나 성숙하지 못한 판단의 증거로 보고 있다.

어느 사회에서나 성인들의 행동은 두 가지 형태의 법, 즉 형법과 민법으로 통제
되고 있다. 형법은 강간, 마약, 절도 등 사회의 참살이well-being에 해롭거나 사회
질서를 위협하는 행동을 금지하는 것으로, 사인에 대한 국가권력으로 가해지는
법률행위이다. 민법은 반면에 재산의 소유와 이전, 계약관계, 그리고 사적 갈등
등 대인적 또는 사적 행동을 통제하는 것으로, 대체로 개별 시민에 의하여 개시된

---

13 L. J. Siegel and B. C. Welsh, Juvenile Delinquency: Theory, Practice, and Law(12 ed.),
Stamford, CT: Cengage Learning, 2012, p.20

다. 그러나 오늘날 소년비행의 개념은 형법과 민법 사이 어딘가에 해당되는 법률적 지위를 가지는 것으로 보인다. 국친사상 하에서는 비행행위가 형법의 위반으로 간주되지 않으며, 뿐만 아니라 비행소년이 범죄자로 간주되는 것도 아니다. 비행소년은 성인범죄자처럼 범죄에 대한 유죄가 인정되고 처벌되지 않는다. 이들에 대한 법률행위는 동일하지는 않지만 "그들의 처우필요성"을 결정하는 민사소송과 더 유사한 것으로 간주된다. 이 같은 법률이론은 법을 위반한 아이들은 자신을 보살필 수 없어서 자기들의 삶에 국가의 개입이 요구되는 준법시민과 마찬가지의 보살핌과 처우가 필요하다고 인식하는 것이다[14].

비록 다수의 청소년들은 성인보다도 더 계산적이고 책임이 클 수도 있지만, 정상적인 상황에서는 법이 연령을 그 사람에게 전적인 책임을 묻는 데 하나의 장애물로 인식한다. 이러한 인식의 저변에는 그들에 대한 법적 책임을 평가할 때 당연히 이들 매우 어린 범법자들의 제한된 도덕적 사고력이 고려되기 때문이다. 여기서 도덕적 사고력의 한계는 비행행위에 대한 선택과 피해결과와 관련된 사고력뿐만 아니라 사법절차와 과정을 이해하지 못하고 자신을 방어하지 못한다는 점이 고려된 것이다[15].

물론 청소년들이 성인에 비해 법적 책임의 정도는 더 낮을지라도 그들도 체포되고, 재판에 회부되고, 구금의 대상이 될 수 있다. 비행개념에 대한 형사적 특성의 증대가 소년사법당국으로 하여금 일부 청소년범죄자들은 '통제 불능beyond control'이며 어린이로 취급할 수 없음을 공포하는데도 일조를 하였다. 이러한 경향은 더 나아가 소년범을 성인 형사법정으로 이관하는 이송transfer or waiver을 조장하고, 이는 소년범들로 하여금 형사 처벌을 받고 성인범과 마찬가지로 교도소 수형생활을 하도록 만들게 된다. 결론적으로 아직도 법률위반이 그렇게 심각하지 않은 소년들에게는 국친사상이 적용되고 있으나 보다 심각한 강력 범죄를 범한 청소년 범법자들은 '법적 성인legal adults'으로 공표되고, 소년법원의 관할권 밖으로 내몰리고 있다[16].

---

14 ibid., p. 22

15 S. J. Morse, "Immaturity and Irresponsibility," Journal of Criminal Law and Criminology, 1997, 86:15−67

16 K. Jordan and D. Myers, "Juvenile transfer and deterrence: Reexamining the effectiveness of a 'Get−Tough Policy'," Crime and Delinquency, 2011, 57:247−270

3. 지위비행소년(Status Offenders)

성인이 저지르면 불법으로 간주되지 않지만 아동이 미성년자이기 때문에 같은 행위라도 미성년 아동이 저지르면 미성년이라는 신분과 지위 때문에 불법으로 간주되는 행위를 소위 '지위 또는 신분범행status offense'이라고 하며, 이런 신분범행으로도 미성년 아동은 소년사법의 대상이 될 수 있다. 여기에는 그럴만한 역사적 배경이 있다. 미국 최초의 소년법원은 그 설립정신으로 국가가 보호자를 대신하여 현명하고 사랑하는 부모가 유사한 상황에서 자신의 아이에게 해줄 수 있는 필요한 보살핌과 보호를 이들 소년에게 제공하는 것이라고 적시하고 있다. 이처럼 아동의 비범죄적 행위에 대하여서까지 국가통제를 행사하는 것은 그것이 아동에게 최상의 이익이기 때문에 국친사상을 지지하고 확대하는 것으로 믿었던 것이다. 아동의 보호자가 아동을 통제하거나 보살필 능력도 의지도 없으며, 아동의 행위가 자기-파괴적self-destructive이거나 사회에 해가 된다고 판단될 때 결정되는 것이다[17].

그러나 현재도 소년사법의 쟁점으로 남아있지만, 이들 지위비행 청소년들이 흉악한 비행청소년juvenile delinquent들과 확연하게 구분되지 않고 있으며, 그로 인하여 지나친 처벌을 받거나 더 심각하게는 비행소년이란 불필요한 부정적인 낙인을 받게 된다는 점이다. 이런 이유에서 일부에서는 감시와 감독이 필요한 별도의 지위·신분비행 범주를 만들어서 이들 비범죄적 신분비행소년들을 '비행소년'이라는 낙인으로부터 보호막을 치고, 그들은 특별한 문제와 그에 대한 특별한 필요성이 있는 문제아동일 따름임을 강조하려는 시도가 이루어지고 있다. 이런 점을 감안하여 한편에서는 심각한 범행을 한 범죄소년들에게는 엄격한 제재를 가하는 반면, 다른 한편에서는 이들 지위비행소년과 같이 심각하지 않은 경우에는 사법제도와 기관으로부터 비공식적이고 지역사회-기초community-based 처우 프로그램으로 위임하는 노력이 더해지고 있다. 실제 연구결과에서도 공식적인 소년사법 절차를 거친 지위비행소년들은 결론적으로 비행에 가담할 가능성이 더 높아진 것으로 나타나기도 하였다[18].

---

17 Siegel and Welsh, op cit., p. 23
18 W. Jennings, "Sex disaggregated trajectories of status offenders: Does CINS/FINS status

지위비행소년들을 소년사법으로부터 제외할 것을 제안하는 사람들은 소년사법의 경험이 이들 소년들로 하여금 그렇지 않아도 이미 문제아들인 소년들에게 낙인을 더욱 심화시키며, 그들을 '진짜 비행소년들'의 영향력에 노출시키게 되어 한편으로는 심각한 감정적 문제를 갖게 하고, 약물남용에서 심지어 자살에 이르기까지 자기-파괴적인 행위에 가담하게 하거나 다른 한편으로는 더 심각한 범죄에 가담할 위험성을 더 높이게 된다고 주장한다. 오히려 이들 지위비행소년들은 소년법원이 아니라 이들의 지위비행이 대부분 가정문제에 그 뿌리를 두기 때문에 가족관계를 강화하기 위한 갈등해소나 중재와 같은 프로그램을 제공하는 것이 바람직하다는 것이다[19].

반대로 지위비행소년들도 소년사법의 대상으로 남아야 한다고 주장하는 측에서는 그래야만 소년법원이 그들이 필요한 보살핌과 보호를 강제라도 할 수 있기 때문이라고 주장한다. 물론 소년법원에 출석하는 것조차 부정적 낙인을 만들 수 있지만 그런 오점은 그래도 처우의 필요성에 비하면 훨씬 덜 중요하다는 것이다. 심지어 심각한 소년비행에 대한 관심과 우려로 현실에서는 실제로 소년에 대한 사회통제를 확대하는 경향이 증가하고 있음도 상기시키고 있다. 이런 이유에서 실제 소년사법당국에서는 최근 청소년들에게 통행금지제도를 도입하거나 비행소년의 부모에게 책임을 강화하는 등 소년들에 대한 사회적 통제를 강화하기도 한다는 것이다[20].

---

prevent male and female youth from becoming labeled delinquent?" American Journal of Criminal Justice, 2011, 36:177−187

[19] T. Kelly, "Status offenders can be different: A comparative study of delinquent careers," Crime and Delinquency, 1983, 29:365−380; I. Schwartz, (In)justice for Juveniles: Rethinking the Best Interests of the Child, Lexington, MA: Lexington Books, 1989, p. 171

[20] L. Martin and P. Snyder, "Jurisdictio over status offenses should not be removed from the Juvenile Court," Crime and Delinquency, 1976, 22:44−47; L. Arthur, "Status offenders need a court of last resort," Boston University Law Review, 1977, 57:631−644; D. McDowall and C. Loftin, "The impact of youth curfew laws on juvenile crime rates," Crime and Delinquency, 2000, 46:76−92

소년비행의 측정과 특성

제1절

소년비행의 측정

한 나라에서 행해진 범죄나 비행의 정확한 양은 알려지지도 않았지만 아마도 알려질 수도 알 수도 없을 것이다. 이유는 우선 법률이 범죄로 규정하는 행위가 너무나도 많으며, 심지어 법이 다 규정하지도 못하고 있으며, 법으로 규정된 범죄 행위의 다수는 정확한 정의를 결하고 있기 때문이다. 두 번째 이유는 불법마약의 소지나 판매와 같은 대부분의 '피해자 없는 범죄victimless crimes'를 포함하는 다수의 불법행위는 대중의 시야 밖에서 행해지기 때문에 그 가시성visibility이 떨어지고 더구나 소를 제기하는 피해자도 없어서 신고되거나 보고될 확률이 낮으며, 따라서 범죄의 진정한 정도를 결정하기 위해서는 모든 사람이 24시간 어디서나 감시되고 관찰되어야 하나 이는 현실적으로 불가능하기 때문이다. 따라서 우리가 알고 있는 범죄의 정도는 대체로 공식적인 통계에 의존할 수밖에 없다[1].

---

1 R. G. Shelden, Delinquency and Juvenile Justice in American Society(2nd ed.), Long Grove, IL: Waveland Press, 2012, p. 59

더불어 여론은 텔레비전, 신문의 뉴스 등 언론과 대중잡지, 그리고 각종 web-site를 통하여 자신이 들은 이야기와 자신이 읽은 통계가 '진실'을 대변한다고 기대하는 보통시민들에게 퍼지는 것이다. 그러나 지금까지의 연구결과들은 텔레비전과 언론이 사실보다 더 많이 그리고 실제보다 더 폭력적인 것으로 전달함으로써 범죄를 왜곡하는 경향이 있다고 주장한다[2]. 범죄현상은 더욱 그렇지만 소년비행도 마치 신체적 질환과 마찬가지로 과장되어서도 안 되지만 축소되어서도 안 되는 것이다. 질병의 심각성을 정확하게 알아야 그에 맞는 치료방법을 알 수 있듯이 소년비행도 그 정도를 정확하게 진단할 수 있어야 제대로 대책이 마련될 수 있기 때문이다. 질병을 진단하는 것과 같이 비행의 진단도 방사선이나 MRI 같은 각종 의료기기나 혈액검사와 같은 검사를 통하여 여러 가지 정량적으로 파악하거나 문진처럼 정성적으로 진단할 수도 있다. 과연 어떤 청소년들이 어디서 어떤 비행과 범죄를 얼마나 범하고 있는지 정확하게 파악해야 하는 것이다. 비행의 원인을 이해하고 비행의 발생을 줄이기 위한 대책을 마련하기 위해서는 바로 이런 물음에 답할 수 있어야 되기 때문이다. 이처럼 비행의 정확한 실상을 파악하는 데는 주로 질적 자료와 양적인 자료가 이용될 수 있고, 양적인 자료도 공식통계와 자기보고식 설문, 그리고 피해조사라는 세 가지 방법으로 수집될 수 있다[3].

1) 질적 자료(Qualitative Data)와 양적 자료(Quantitative Data)

우리가 소년비행을 말할 때는 대부분의 경우 매우 양적인 관점에서 바라본다. 어떤 유형의 비행이 얼마나 발생했는지, 또는 지난 수십 년 동안의 비행의 추세와 같은 설명이 다 계량적인 분석에 기초한 것들이다. 그러나 비행에 대한 우리들의 이해를 더하는 데는 그 밖에도 질적 분석으로 알려진 또 다른 방법이 있다. 질적 분석은 당연히 양적 분석과는 다른 몇 가지가 있다. 우선, 양적 연구의 자료가 사회적 사실을 대변하거나 사건의 건수를 헤아림으로써 숫자의 형태인 반면에 질적 연구에서는 연구자가 열린 마음으로 찾고자 기대하는 바를 크게 알지 못한 채로 연구에 들어간다. 양적 연구자는 두 가지 사회적 사실의 관계인 가설로 시작하여

---

2 Bates & Swan, op cit., p.49

3 Agnew & Brezina, op cit., p. 24; R. M. O'Brien, "Crime facts: Victim and offender data," pp. 59-83 in J. F. Sheley(ed.), Criminology, Belmont, CA: Wadsworth; Thompson & Bynum, op cit., p. 51

처음 가설이 자료로써 지지될 수 있는지 여부를 결정하기 위하여 연구를 실행하게 된다. 이런 점에서 질적 연구는 귀납적inductive이라고 한다면 양적 분석은 연역적deductive이라고 할 수 있다. 질적 연구에 있어서는 연구자가 상황적 상세함contextual details을 위하여 일반화가능성generalizability을 희생하게 된다. 연구자에 따라 이 두 연구방법 중 어느 하나가 상대적으로 더 낫다는 판단에 따라 자신이 선호하는 방법이 있겠지만 사실은 연구문제에 따라서 자료와 자료수집방법이 결정되어야 하며, 따라서 양적이거나 질적인 방법 어느 것이 원래부터 더 나은 것이거나 더 나쁘다고는 할 수 없는 것이다.

예를 들어, 양적 연구는 더 많은 대상을 표본으로 할 수 있다는 점이 일반화가능성을 높이기 때문에 시간의 흐름에 따른 추세의 변화나 두 가지 사회적 사실의 관계와 같이 사회적 현상에 대한 더 큰, 그리고 일반적인 그림을 우리들에게 제공해 준다. 반면에 질적 연구는 사회적 현상과 집단에 대한 더 깊이 있고 풍부한 이해와 본질을 제공해 준다. 비행연구에 있어서 가장 보편적이고 그래서 빈번하게 활용되는 질적 연구는 구조화되지 않은unstructured 면접이나 반구조화semi-structured된 면접interview의 방법과 참여관찰participant observation을 이용하는 민속방법론ethnography이 있다. 질적 연구방법은 청소년들의 행위에 대하여 더 많은 것을 알게 해주는 강력한 도구이다. 그러나 질적 연구가 면접이나 관찰의 대상자의 수와 규모가 작은 이유로 양적 연구로서 할 수 있는 일반화는 허용되지 않으며, 또한 관찰대상자의 불법행위의 관찰 등 윤리·도덕적 딜레마도 극복해야할 과제로 남는다[4].

2) 양적 자료

비록 질적 연구가 우리들로 하여금 한 주제에 대하여 훨씬 더 자세하고 깊이 있게 탐구할 수 있도록 하는 데 아주 뛰어나고, 또한 종종 갱 단원들과 같이 표본을 추출하기가 어려운 집단이나 약물과 같은 행위에 대한 자료를 수집하는 최선의 방법이지만, 비행에 있어서 상관관계나 추세를 결정하는 데는 우리에게 전혀 유용하지 않다. 전통적으로, 비행과 청소년들의 범죄피해에 대한 추세와 상관관계를 이해하는 데 활용되는 세 가지 유형의 자료가 있다. 그 첫째는 공식범죄통계

4 Bates & Swan, op cit., p. 53

이며, 두 번째가 자기보고식 설문조사Self-reported survey이고, 마지막 세 번째가 범죄피해조사Victimization survey이다.

(1) 공식범죄통계

비행에 대한 가장 가치있는 정보의 상당 부분은 역시 법집행기관의 공식범죄통계가 제공하고 있다. 공식범죄통계란 공공기관에서 정기적으로 작성하여 제공하는 범죄에 대한 종합적인 통계이다. 미국 FBI가 1930년 이후 매년 발행하는 Uniform Crime ReportUCR가 대표적인 공식범죄통계로서, 전국의 각 지역 법집행기관에서 수집한 자료를 이용하여 전국적인 데이터베이스로 종합한 것이다. UCR을 포함한 모든 공식범죄통계는 경찰 등 법집행기관에 신고·보고된 범죄를 통계로 잡고 있는 점이 가장 큰 특징이다. 이는 곧 통계상의 수치가 바로 우리 사회에서 발생한 모든 범죄를 뜻하는 것이 아니라 사실은 법집행기관에 인지되고 보고되고 신고된 범죄만 통계에 잡히는 것이다[5].

공식범죄통계는 세계적으로 90년 이상의 오랜 역사를 가지고 있으며 따라서 경찰에 신고된 사회 전체의 범죄에 대한 횡단적 평가와 분석을 할 수 있게 하는 아주 풍부한 data set를 제공해 주고 있다. 그러나 공식범죄통계를 이용할 때면 비록 약점까지는 아닐지 모르지만 주의할 점은 없지 않다. 가장 먼저 지적되어야 할 점이 공식범죄통계가 발생한 모든 범죄가 자동적으로 경찰에 신고 되지 않고, 경찰에 신고된 사건만 기록된다는 점에서 항상 발생은 했음에도 신고 되지 않아서 남게 되는 암수범죄dark figures가 문제로 등장하고 이 암수범죄로 인해서 사회의 정확한 범죄정도를 정확하게 알지 못하고 오히려 왜곡될 수 있다는 것이다. 더구나 모든 범죄가 실제 발생량보다 적게 범죄통계에 기록되지만 암수범죄율은 범죄유형에 따라 큰 차이가 있어서 범죄의 실상이 왜곡되는 정도에도 차이가 난다는 점이다. 결국 공식범죄통계는 범죄와 비행의 측정이 아니라 오히려 법집행기관의 법집행관행의 측정이 되고 만다는 것이다[6].

실제로 미국에서의 한 조사에 따르면, 모든 범죄의 42%만이 경찰에 신고 된다고 한다. 상당수의 범죄가 경찰에 보고되지 않는 이유는 다양하다. 우선, 경찰은

---

5 Siegel and Welsh, op cit., p. 40
6 Shelden, op cit., p.62

대부분의 범죄가 피해자나 목격자가 신고하지 않으면 알지 못한다. 연구에 의하면, 강력 범죄일수록, 낯선 사람 간의 범죄일수록, 무기가 사용된 범죄일수록, 성인을 대상으로 하는 범죄일수록 신고율이 높다고 한다. 둘째, 전통적인 견지에서 피해자가 없는 범죄로 인하여, 즉 피해자가 곧 가해자요, 가해자가 곧 피해자인 가해자와 피해자가 동일인인 경우의 범죄는 범죄가담자의 신고 가능성이 거의 없기 때문이다. 셋째, 경찰은 대부분의 범죄를 인지하지 못하기 때문이다. 결국, 통계상의 범죄는 전체적으로는 실제보다 과소평가되고 있다고 할 수 있다. 그러나 이보다 좀 더 구체적으로 분석한 내용을 보면, 강력범죄와 폭력범죄는 실제보다 더 많게 계산overcounting되는 반면에 보다 심각성이 덜한 비행은 실제보다 더 적게 계산undercounting된다는 증거들을 제시하고 있다. 종합하자면 공식통계는 사회의 범죄 실상을 왜곡할 수 있다는 우려를 낳고 있다. 그러나 공식통계의 전체적인 오류 확률은 겨우 1%에도 미치지 못한다는 주장이 더 설득력이 있으며, 이는 곧 공식통계가 범죄문제를 대변하는 척도라고 할 수 있다는 것이다[7].

공식범죄통계가 공식 범죄 자료의 일차적 주요 근원이지만, 이처럼 전문가들은 그 정확성에 대하여 오랫동안 의문을 표하고 있다. 설문조사에 의하면 범죄피해자의 절반가량이 자신의 범죄피해를 경찰에 신고하지 않는다는 것이다. 일부 피해자는 범죄피해를 사사롭거나 개인적인 것으로 치부해서, 다른 일부는 피해가 신고할 만큼 그리 심각하지 않거나 다른 기관에 신고해서, 그리고 또 다른 피해자들은 신고해봐야 별 소용이 없다는 경찰에 대한 불신으로, 어떤 사람은 보복이 두려워서, 가정폭력과 같이 가해자가 가까운 친인척이어서, 일부는 자신의 범죄피해가 자기에게도 책임이 있는 것처럼 여겨서, 또는 자신의 명예가 훼손되거나 2차 피해가 두려워서, 심지어 피해자체도 알지 못해서 신고하지 않는 것으로 알려지고 있다[8].

종합하자면, 특히 체포자료arrest data는 여러 가지 이유, 특히 암수범죄로 인하여 실제 비행의 정도를 절대적으로 과소평가하는 경향이 있게 된다. 특히 이 과소평가 문제는 경찰에 신고나 인지될 확률이 높지 않고 따라서 체포될 가능성도 낮기 마련인 경미비행에 있어서는 더욱 커지기 마련이다. 더구나 체포 데이터는 마

---

7 Regoli et al., op cit., p.37
8 Sheldon, op cit., pp. 63−64

약과의 전쟁이나 범죄와의 전쟁 또는 무관용 경찰활동 등 경찰의 정책이나 관행, 그리고 대중들의 요구와 여론 등에 따라 크게 달라지기 때문에 실제 비행의 추세와 다른 잘못된 정보를 제공할 수도 있다. 뿐만 아니라 혹시 비행이 실제로 증가한다고 해도 이 공식통계만으로는 어떤 요소가 추세의 변화에 책임이 있는지 구별할 수가 없다[9].

결과적으로 비록 다수의 의문이나 문제점이 없진 않지만, 공식범죄통계를 수집하고 검증하는 것과 관련된 제반 문제점들은 시간이 흐름에도 불구하고 항상 일관적이고 안정적이라는 점을 고려한다면, 위와 같이 절대적인 정확성에는 의문이 남을 수가 있을지라도 통계가 보여주는 유형과 추세는 아마도 믿을 만한 것이다. 다시 말하자면, 범행을 저지르는 비행소년과 그들의 비행의 정확한 숫자는 알 수 없지만 의미 있는 정보를 얻을 수 있다고 할 것이다.

(2) 자기보고식 조사(Self-report Survey)

공식범죄통계가 가지는 단점이자 약점인 암수범죄의 문제점을 보완하기 위한 시도와 대안으로서 설문조사 대상자에게 자신의 비행여부를 물어 직접 답하게 하는 설문조사를 통하여 범죄 자료를 축적하는 것이다. 이는 본인에게 직접 묻고 답하도록 하기 때문에 발생한 사건이라도 신고 되지 않으면 범죄통계에서 빠지던 암수범죄가 없이 발생된 모든 범죄가 기록될 수 있다는 장점을 가진다. 대부분의 연구자들은 자기보고식 조사가 일반적으로 비행추세와 비행행위를 논하기 위한 목적으로는 가장 믿을 만한 자료수집방법이라고 인식한다. 자기보고식 조사의 가장 큰 장점은 법집행기관의 법집행관행이나 범죄를 경찰에 신고할 것인가 개인적 신고 가능성보다는 청소년의 실제 행위에 초점을 맞추고 있다는 점이다. 경찰에 신고되거나 해결된 사건만이 아니라 발생한 모든 범죄사건에 대한 보다 나은 이해와 감을 파악할 수 있기 때문이다. 뿐만 아니라 설문을 통하여 비행 외에도 가족, 교우, 학교 등 비행과 관련된 사항들도 자료를 수집할 수 있어 비행의 상관관계를 파악하는 데도 유용한 장점도 있다[10].

자기보고식 연구를 하려면 두 가지 의문을 가져야 하는데, 하나는 원래 측정하

---

9 Agnew & Brezina, op cit., p. 30
10 Siegel & Welsh, op cit., p. 43

기로 했던 것을 정확하게 제대로 잘 측정하는가를 의미하는 타당성validity이고, 두 번째는 다른 시간과 장소에서 반복하더라도 유사한 결과를 얻을 수 있는가, 즉 신뢰성reliability을 결정하는 것이다. 다시 말하자면, 올바른 사람들에게 올바른 질문을 했는가? 그리고 그들은 믿을만하게 대답하였는가를 결정하여야 한다. 사실 연구에 적합한 사람right people에게 적합한 질문right questions을 하는 것은 매우 어려운 도전이며, 그들에게 진실한 대답을 하도록 하는 문제는 더 어려운 과제이다. 응답의 진실성을 좌우하는 것은 두 가지 경우인데, 그 하나는 체포될 두려움, 당황스러움, 그리고 차후 후속대책의 두려움 등으로 인한 축소보고, 과소보고under－reporting의 문제이고, 두 번째는 농담으로 그리고 강한 체하는 것 등으로 인한 과잉보고over－reporting이다[11].

자기보고식 조사의 가치는 조사대상자들이 진정으로 진실을 답하는가에 달렸다. 그렇다면 우리는 조사대상자들이 진실을 말하는지 어떻게 알 수 있을까. 학자들은 다양한 방법으로 자기보고식 조사의 정확성을 추정하려고 여러 가지 방법으로 노력해 왔으나 어느 것도 완벽하지는 않았지만 종합하면 자기보고식 조사자료의 정확성을 어느 정도는 추정케 해준다고 한다. 가장 보편적인 방법으로 학자들은 설문자료를 공식통계자료와 비교하는데, 조사대상자가 자신의 과거범죄경력을 정확하게 보고하면 설문자료의 정확성도 어느 정도 담보되는 것이고 제대로 보고하지 않으면 정확하지 않다고 할 수 있다는 것이다. 다음은 설문자료를 부모, 교사, 친지나 동료들에게 확인하여 비교하거나, 반대로 부모, 친지, 동료, 교사의 비행을 제대로 보고하는지 비교하여 응답의 진실성과 정확성을 추정한다. 보다 최근에는 거짓말탐지기를 이용하여 응답자의 진실성을 직접 검증하거나 거짓말을 하면 거짓말탐지기를 사용하겠다고 위협하는 방식으로 진실성을 높이는 것이다. 종합적으로 이들 방법에 따라 검증한 결과는 자기보고식 조사자료가 비행정도에 대한 상당히 정확한 추정치를 제공한다는 것이다. 일부 청소년의 경우 과소보고나 때로는 과대보고도 있지만 대부분의 청소년은 정직하다는 것이다[12].

자기보고식 설문조사는 물론 주로 조사대상 청소년의 비행에 관련된 것이지만,

---

11 J. R. Fuller, Juvenile Delinquency: Mainstream and Crosscurrents(3rd ed.), New York: Oxford University Press, 2016, p. 22; Thompson & Bynum, op cit., pp. 73－74
12 ibid., p. 33; Agnew & Brezina, op cit., p. 31

그들의 태도, 행위, 그리고 가치는 물론이고 가족이나 교우관계, 학교와 가정 등에 대한 설문도 포함하고 있다. 이들 설문문항에 대한 답변들을 비행과 상관관계를 분석함으로써 비행행위와 가치관, 태도, 개인적 요인들 사이의 관계를 분석할 수 있게 된다. 예를 들어, 응답에 대한 통계적 분석으로 어른들과 같이 학대를 당했다고 신고한 사람일수록 성인이 되었을 때 약물을 남용할 확률이 더 높아지는지 또는 학교실패가 비행으로 이어지는지와 같은 쟁점을 파악할 수 있게 해주는 것이다[13].

물론 자기보고식 조사에도 문제나 한계 또는 단점도 없지 않다. 우선 신뢰성의 문제로 과연 조사대상 청소년들이 자신의 범행까지도 솔직하게 답할 것인가 묻지 않을 수 없다. 이런저런 이유로 청소년들이 조사에서 실제보다 축소하거나 오히려 과장하여 답할 수 있다는 가정이 어렵지 않기 때문이다. 뿐만 아니라 경미한 일탈과 비행이 주로 조사될 뿐 강력범죄는 거의 조사되지 않으며, 학교를 중심으로 집단적으로 조사되기 때문에 실제 비행과 일탈이 많은 학교 중퇴자나 이미 구금시설에 수용되어 있는 학교 밖 청소년들은 애당초 조사대상에서도 제외되고 있으며, 시간과 비용 등의 문제로 대표성이 충분히 담보될 수 있을 정도의 규모로 표본이 추출되지 못하는 등 다양한 이유로 그 대표성이 의심을 받기도 하여 장점일 수도 있는 일반화마저 의문의 대상이 될 수 있다. 결과적으로 자기보고식 조사는 처음부터 조사가 불가능한 청소년이나 시설에 수용된 강력 누범 청소년들은 경시되는 반면에 간헐적이고 경미한 비행소년들만 측정하게 된다는 것이다[14].

그러나 전문가들은 이러한 자기보고식 조사의 문제점들을 해소하고 타당화하기 위하여 다양하고 정교한 설문기법 등을 통하여 이를 극복할 수 있다고 주장한다. 실제로 다양한 공식자료들과 비교하여 자기보고식 조사의 신뢰성을 검증한 연구결과들에 의하면 청소년들의 자기보고가 대체로 신뢰할 만하다고 결론을 내리고 있다. 이러한 노력 중 하나는 컴퓨터 조력의 음성 자기보고식면접audio Computer-Assisted Self-Administered Interview이다.

대부분의 자기보고식 조사는 소년비행이 공식자료가 보여주는 것보다 훨씬 보

---

13 Regoli et al., op cit., p. 46

14 S. Cernkovich, P. Giordano, and M. Pugh, "Chronic offenders: The missing cases in self-report delinquency research," Journal of Criminal law and Criminology, 1985, 76:705-732

편적이라는 것을 보여주고 있으며, 실제로 증거에 따르면 미국 청소년들의 90% 이상이 구금될 수도 있었던 범죄를 범했다고 하며, 또한 특정 집단에 범죄가 좀 더 집중될 수는 있지만 그렇다고 다른 집단에는 존재하지 않는 것은 아니라는 것도 관찰결과 부정하지 않는다. 자기보고식 조사가 시간과 자원이 많이 요하는 것이고 편견이 개재되지 않은 전국적인 표본이 현실적으로 불가능한 방법론적 문제는 있지만 공식자료가 비행의 완전한 정도와 다수의 사건들을 완전하게 측정하지는 못한다는 주장을 지지한다고 할 수 있다. 공식자료, 특히 경찰에 체포된 사건을 중심으로 하는 공식자료와 자기보고식자료는 서로 다른 유형의 비행을 측정한다는 주장도 제기되는데, 공식자료가 보다 중대한 범죄를 반영하는 경향이 있는 반면에 자기보고식자료는 보다 보편적이고 덜 심각한 비행을 측정하는 경향이 있다는 것이다[15].

(3) 범죄피해조사(Victimization Survey)

범죄피해조사는 60년대 말 암수범죄라는 공식범죄통계의 문제점과 약점을 보완하기 위한 한 가지 방안으로 발전된 것으로 비행에 대하여 경찰보다는 시민들에게 범죄피해자로서 자신의 경험을 물어서 비행의 정도를 파악하려는 것이다. 피해자조사는 대부분의 나라에서 전국단위로 이루어지고 있는데, 전국을 여러 단계의 무작위 표본추출 방식으로 조사대상 가구를 표집하고 가구 거주 성인을 직접 방문하여 지난 1년 동안 가정과 가족들에 대한 범죄피해 정도를 조사하는 방식이다. 조사에서는 주로 대인범죄와 재산범죄 대부분을 조사대상으로 하지만 피해자 없는 범죄나 피해자의 명예와 관련된 범죄, 그리고 거의 모든 화이트칼라범죄 등은 조사할 수 없다는 한계가 있다. 그러나 피해조사는 범죄피해와 직접 관련된 사항뿐만 아니라 피해자와 가해자, 그리고 범죄시간과 장소 및 수법, 그리고 피해의 정도 등 추가적인 상황적 변수까지도 수집될 수 있다는 큰 장점을 가진다. 범죄피해조사는 따라서 피해자와 범죄의 결과에 대한 상세한 정보를 만들고, 경찰에 신고 되지 않은 범죄의 유형과 정도를 추정하며, 선정된 범죄유형의 통일된 측도를 제공하며, 시간과 공간적으로 범죄피해를 비교하기 위한 목적으로 창안되었다[16].

---

15 Thompson & Bynum, op cit., pp. 71－75
16 ibid.

피해조사가 시작된 계기는 훔치고 때린 사람에게 훔치고 때렸냐고 물어 정확한 답을 듣기보다는 도둑을 맞고 폭행을 당한 피해자에게 폭행당한 일이 있고 도둑을 맞은 일이 있는지 묻는 것이 범죄의 실체에 더 가까이 다가갈 수 있다는 가정에서 출발하였다. 특히 가정폭력과 성범죄에 대해서 자기보고식 조사가 가지는 한계에 비해 피해조사가 응답률이 더 높고 더 정확하고 깊이 있는 정보를 제공한다는 장점이 있다고 한다. 그것은 피해조사가 자신의 피해를 먼저 경찰에 접근하여 직접 보고하지 않아도 되기 때문인 것으로 이해되고 있다. 또한 피해조사는 공식통계나 자기보고식 조사 그 어떤 것보다 가해자에 대한 정보를 더 많이 그리고 더 정확하게 제공해 줄 수 있다는 점이 가장 큰 장점이라고 할 수 있다[17].

미국의 대표적인 피해조사인 전국범죄피해조사National Crime Victimization Survey, NCVS에 따르면, 폭력범죄의 절반 이하, 호주머니털이와 같은 개인적 재산범죄의 1/3 이하, 주거지 절도의 1/3 이하만이 경찰에 신고 된다고 한다. 하지만 피해조사는 몇 가지 방법론상의 문제도 안고 있다고 한다. 잃어버린 지갑을 도둑맞았다고 보고하는 것처럼 사건에 대한 피해자의 잘못된 해석으로 인한 과잉보고, 수치심 때문에 또는 기억하지 못하거나 알지 못해서 발생하는 과소보고, 살인이나 피해자 없는 범죄와 같은 조사가 불가능한 경우, 대표성이 결여된 표본추출, 잘못된 설문구성 등이 대표적인 방법론상의 문제라고 할 수 있다[18].

그러나 피해조사의 가장 큰 한계는 피해자가 정보의 유일한 원천이라는 사실이며, 따라서 모든 정보를 전적으로 그들에게만 의존해야 되는 데 조사 대상자들이 자신의 피해수준에 대해서 허위 또는 과장으로 답할 수 있다는 가능성이다. 문제는 과잉보고에만 그치지 않고 때로는 잊어버리거나 피해 사실을 인지하지 못하거나 자신의 명예와 관련된 범죄피해는 오히려 축소되거나 생략될 수도 있다. 이런 문제들은 대부분 기억의 정확성에 기인한 바 크기 때문에 피해조사 대부분은 피해 조사의 기간을 1년 또는 6개월로 제한하는 것이다. 또한 소년비행의 파악임에도 불구하고 대부분의 피해조사에서 12살 이하 또는 미성년자는 조사 대상에서 제외된다는 점이 어쩌면 가장 심각한 한계일 수 있다. 더 근본적인 문제는 피해조

---

17 Regoli et al., op cit., p. 39

18 L. E. Wells and J. Rankin, "Juvenile victimization: Convergent validation of alternative measurements," Journal of Research in Crime and Delinquency, 1995, 32:287－307

사는 그야말로 피해조사여서 비행이나 범죄에 관한 자료가 아니기 때문에 수집된 자료가 범죄와 비행행위에 특정되지 않는다는 점이다. 비록 피해조사가 범죄관련 중요한 정보를 제공하지만 정확한 비행건수를 말해주지는 않는다. 뿐만 아니라 가해자에 관한 정보도 수집되지만 그 정보가 정확하다는 것을 확인할 방법이 없으며, 잘못된 정보라면 오히려 자료의 가치를 떨어뜨리게 된다[19].

이런 문제점에 대해서 좀 더 자세하게 설명하자면, 조사대상자들에게 가해자에 관한 정보도 묻게 되는데, 사실 피해자가 가해자에 관해서 알 수 있는 길은 직접 접촉해야만 알 수 있음에도 조사대상이 되는 범죄의 일부, 예를 들어 폭행, 강간, 강도 등과 같은 극히 일부 대인범죄만 해당되고, 또한 이들 직접 접촉하는 대인범죄라도 가족이 피해자인 경우는 조사대상자가 당사자가 아니라 정확하게 알 길이 없다. 또한 피해자조사에서는 상당수의 중대범죄, 예를 들어 살인이나 납치는 물론이고 대부분의 피해자 없는 범죄는 조사되기 어렵다는 문제도 있다는 것이다[20].

(4) 비행의 2차 자료

공식범죄통계, 자기보고식 조사, 그리고 피해자조사와 같은 범죄의 1차 자료에 더하여 범죄학자들은 자료를 구하기 위하여 몇 가지 다른 방법을 활용하는 경우가 있다. 먼저 대부분의 연구가 특정한 시간에 한 번만 조사되는 횡단적cross-sectional 자료에 의존하는 한계를 보완하고자 종단적longitudinal 자료를 구축하는 경향이 있으며, 종단자료로는 출생연도나 거주지역과 같이 특정한 특성을 공유하는 인구집단을 반복적으로 관찰하는 동시대자료라고 불리는 Cohort 자료와 여기서 한 발짝 더 나아가서 반복적으로 조사하되 매번 동일한 조사대상자를 조사하는 Panel 자료가 있다. Panel 자료와 Cohort 자료의 차이는 Cohort 자료가 동일 집단이지만 매번 조사대상자가 동일인일 필요는 없지만 panel 자료는 매번 동일인이 조사된다는 점이다.

어쩌면 인과관계를 증명하기 위해서 가장 필요한 자료라고 할 수 있는 실험experiment 자료도 종종 범죄연구자들에게 활용되고 있다. 물론 실험실과 현장의 차이로 완전한 실험연구가 쉽지는 않지만 특히 언론의 폭력성과 시청자의 폭력성

19 Thompson & Bynum, op cit., pp. 75-76; Sheldon, op cit., p.79
20 Agew & Brezina, op cit., p. 37

의 관계를 연구하는 데 종종 활용되고 있다. 실험연구는 관찰대상 또는 참여자의 무작위 선정, 실험집단과 통제집단, 그리고 실험조건의 세 가지 요소를 전제로 한다.

다음은 관찰participative연구와 체계적 면접systematic interview으로서, 범죄학자들은 비교적 상대적으로 작은 규모의 대상자에 초점을 맞추어 심층면접을 하거나 그들의 활동을 관찰하는 것이다. 일찍이 동성애자들의 성적 거래를 관찰한 "Tearoom Trade", "괴짜 사회학" 등의 연구가 바로 이런 관찰의 결과이고, 부모를 토막 살해한 어느 유명대학 학생을 심층면담한 "부모님, 미안하다는 말이 그렇게 힘들었나요?"와 같은 연구가 심층면접의 결과이다.

한편, 최근 일종의 질적 연구와 양적 연구를 종합한 Meta분석도 좋은 2차 자료가 되고 있다. Meta-Analysis는 앞서 이루어진 연구결과로부터 자료를 수집하는 것으로, 과거 연구에서 비교할 수 있는 정보와 자료가 함께 집약되고 추출되는 것이다. 다른 연구결과에서 얻은 집단화된 자료이기 때문에 단 하나의 연구결과보다 인과관계에 대한 훨씬 더 강력하고 타당한 지표를 제공할 수 있는 것이다. 그리고 비교적 새로운 범죄학적 기법으로서 막대한 data set를 분석하기 위하여 인공지능을 활용하는 등 복수의 고급 통계적 계산법을 활용하는 Data Mining이 있다. 이 방법의 목표는 전통적인 분석기법으로는 쉽게 발견되지 않는 중요하고 인지할 수 있는 유형, 관계, 그리고 추세를 파악, 확인하기 위한 것이다. 마지막으로, 범죄는 시간과 공간적으로 균등하게 분포되지 않는다는 점에 기초하여 특히 범죄의 공간적 분포를 시각적 그래픽으로 표현하기 위하여 범죄지도crime map를 활용하곤 한다. 전산화된 범죄지도는 범죄학자들로 하여금 범죄유형에 대한 즉각적이고 상세한 시각적 자료를 만들 수 있게 해준다.

제2절

소년비행의 실상 - 비행의 상관요인(Correlates)

청소년들의 비행과 관련된 개인적 속성이나 사회적 특성을 측정하는 것은 비행 연구에 있어서 매우 중요한 부분이다. 예를 들어, 만약에 가족소득과 비행 사이에 강력한 관계가 존재한다면 청소년 범인성의 시작을 설명하는 데 있어서 빈곤과 경제적 박탈이 중요하게 고려되어야 할 것이다. 반대로 만약에 비행과 사회적 계층이 아무런 관련이 없다면 비행통제의 노력을 일자리의 창출이나 직업훈련과 같은 분야에 집중할 필요는 전혀 없는 것이다. 또한 만약에 소수의 청소년들이 다수의 강력 청소년범죄를 저지른다면 이들 범법자들을 파악하여 처우하는 선별적 무능력화selective incapacitation나 선별적 처우와 같은 것이 가장 효과적인 통제정책이 될 것이다.

이처럼 우리는 비행을 통제하기 위해서는 비행과 성별, 계층, 연령 등 특성과의 관계를 파악하여 언제, 어디서, 어떤 소년이 어떤 비행을 얼마나 저지르고 있는가를 알아보는 것이 필요하다. 당연히 가장 강력한 상관성이 있는 요소는 나이, 성별과 같은 인구사회학적 특성들이지만, 그렇다고 비행의 상관현상이 개인의 인구사회학적 요소들 외에도 가장 기본적인 것으로 비행에 관계가 있다는 것을 보여주는 모든 것, 그래서 연구자들이 개인, 집단 또는 지역사회의 비행의 증가나 감소의 가능성이나 확률을 예측하는 데 이용되는 것은 모든 것이 상관현상이 될 수 있는 것이다.

지금까지 논의된 비행의 상관요인 중에서 연령이나 성별과 같은 인구사회학적 특성이 가장 강력한 상관현상으로 알려지고 있다. 그러나 상관요인이 개인의 인구사회학적 특성에만 국한될 필요는 없다. 가장 기본적으로, 비행의 상관요인은 개인, 집단, 지역사회의 비행의 증가와 감소의 확률을 예측하기 위하여 또는 학교나 가정과 같은 사회기관이나 사법제도에 있어서 개인의 상이한 경험을 예측하기 위하여 연구자들이 이용하는 비행에 관련성을 보이는 그 어떤 것이라도 가능하다. 이러한 견해는 곧 비행의 상관요인과 상관현상은 곧 개인의 '사회적 위치social location'가 비행을 포함한 그 사람의 사회에서의 경험에 영향을 미친다는 믿음에 기초하는 것이다[21].

공식범죄통계에 나타난 사실들을 종합하면, '전형적typical'인 비행소년의 합성 그림을 구성할 수 있는데, 대체로 10대 후반의 남자 아이들로서 지위비행과 형사 범죄의 기록이 있을 가능성이 매우 높은 것으로 나타난다. 이들 소년범법자들은 이혼 등으로 인한 결손가정 출신으로 불안정한 가정생활을 경험하였고, 지속적인 빈곤에 놓여 있고, 학교에서의 동기나 성공경험이 거의 없으며, 직업적인 기회도 거의 갖지 못하였고, 가정에서도 극단적인 학대와 폭력에 노출되었던 것으로 그 려지고 있어서 결국 이들 소년범법자들은 '위험에 놓인 소년at risk'으로 낙인이 붙 여질 가능성이 아주 높다고 할 수 있다. 그러나 이런 통계적 개연성은 비행소년과 비행문제를 지나치게 단순화하고 왜곡된 이미지를 보여 줄 우려가 있기에 정확한 그림을 그리기 위해서는 비행과 상관된 모든 변수들을 구체적으로 살펴볼 필요가 있다[22].

1. 지역사회와 비행

범죄가 공간적으로 균등하게 분포되지 않아서 지역에 따라 범죄 발생의 정도가 다르다는 것은 분명한 사실이다. 물론 지역사회 단위뿐만 아니라 도시와 농촌의 차이도 분명하게 존재한다. 그렇다면 이들 비행이나 범죄다발 지역은 어떤 특성 을 가진 것일까? 일반적으로, 물론 도시화의 정도와 범죄의 관계가 우리가 생각하 는 것만큼 강하지는 않지만 도시가 농촌지역보다 범죄가 다발한다는 것이다. 물 론 예외적으로 일부 도시는 시골보다 범죄율이 더 낮기도 하고 일부 농촌은 도시 보다 범죄율이 더 높은 경우도 있다. 그래서 범죄다발지역과 범죄발생수준이 낮 은 지역을 구분하는 가장 중요한 특성은 도시화라기보다는 경제적 박탈, 주거불 안정, 가정의 붕괴, 그리고 범죄다발·빈곤한 지역사회에의 근접성이라고 한다[23].

---

21 Bates & Swan, op cit., p. 61

22 Thompson & Bynum, op cit., p. 68

23 T. C. Pratt and Cullen, F. T., "Assessing macro—level predictors and theories of crime: A meta—analysis," Crime and Justice, 2005, 32: 373—450; D. W. Osgood and Chambers, J. M., "Social disorganization outside the metropolis: An analysis of rural youth violence,"

아마도 이들 지역이 잠재적 범죄자와 그들에게 필요한 범행의 동기, 그리고 범행의 기회를 더 많이 제공하기 때문일 것으로 추정할 수 있을 것이다.

그렇다면 왜 이들 낙후된, 그래서 여러 가지로 박탈된 지역사회가 범죄율이 더 높을까? 물론 위에서 언급한 범죄자, 범행 동기, 그리고 범행기회와 관련이 있을 것이지만 대체로 두 가지 이유 때문에 범죄율이 높다고 한다. 우선, 범죄에 취약한 잠재적 범죄자가 이들 지역사회로 유인attracted되거나 또는 그들이 다른 지역에 살 여유가 없어서 그러한 지역사회에 살기 때문일 것이다. 둘째, 범죄다발지역사회의 특성이 사람들을 범죄에 가담하도록 만들 수 있다는 것이다. 종합하면, 범죄다발지역사회가 범죄에 취약한 사람들을 끌어들이거나 선택할 수 있고, 이들을 범죄에 가담하게 한다는 것이다. 구체적으로 설명하자면, 범죄다발지역사회의 특성들이 긴장, 통제, 사회학습, 그리고 낙인이론과 관련된 이유로 범죄를 유발시킨다는 것이다[24].

우선, 이들 지역에서는 긴장의 수준이 더 높다고 하는데, 그 이유는 목표차단 goal blockage라고 하여 그러한 지역에서는 성공을 성취하기 위한 수단과 기회가 차단되거나 제한되기 때문에 더 많은 긴장을 가지기 마련이다. 뿐만 아니라 이 지역의 주민들은 더 많은 가정문제, 더 많은 경제적 고통, 더 많은 학교문제를 경험하고, 부족한 자원으로 더 심한 경쟁에 내몰리기 때문에 주민 간의 경쟁과 갈등도 이들 지역의 긴장을 증대시킨다고 한다. 더 큰 문제는 긴장은 증대시키지만 반대로 그러한 긴장을 극복할 수 있는 합법적인 기회나 수단은 제한되기 일쑤다. 더구나 이러한 긴장은 계속되고 그 해결은 되지 않는 상태가 지속되면 분노는 증대시키고 작은 자극에도 더욱 민감해지게 만들게 되고, 자기 통제력은 약화시키게 된다.

위에서 언급한 것처럼 이렇게 퇴락한 지역사회에는 통제력이 약화된다고 한다. 이들 지역의 주민들은 낯선 사람들에 대한 관심이나 의문, 서로의 재물에 대한 관찰과 감시, 청소년활동에 대한 전반적인 감독과 감시의 책임, 그리고 지역 내 소란에 대한 개입 등과 같은 공동체 활동과 역할을 할 가능성이 매우 낮다는 것이다. 이러한 주장은 집합적 효율성collective efficacy과도 관련된 것으로서, 주민들이

Criminology, 2000, 38: 81−116

24 Agnew & Brezina, op cit. pp. 220−221

함께 서로에 대한 직접적인 통제를 행사하려는 지역에서는 이 집합적 효율성이 높다고 한다. 박탈된 지역사회에서는 또한 청소년들에게 관습성에 동조함으로써 얻을 수 있는 이익을 제공할 가능성이 매우 낮다고 한다. 이들 지역에서는 주민들이 청소년들을 제대로 사회화시키지 못하여 비행행위를 비난하고 자기-통제력 self-control을 개발하지 못하게 된다는 것이다[25].

한편, 퇴락하고 박탈된 지역사회는 범죄의 학습을 조장하는 것으로도 알려지고 있다. 사회학습이론에 따르면, 경제적 박탈, 거주이전의 빈번함으로 인한 주거의 불안정성, 그리고 가정의 붕괴가 범죄의 학습을 조장하는 비행집단의 발전으로 이끌기 때문에 범죄율을 높일 수 있다는 것이다. 이와 유사한 주장으로, 박탈된 지역의 주민일수록 비행에 대한 호의적인 믿음을 갖기 쉽고 그래서 비행 또는 하위문화를 형성하기도 쉽다고도 한다[26].

2. 연령과 비행

사회계층과 비행의 관계는 매우 복잡하고 한편으로는 짜증스럽기까지 하지만, 비행과 연령의 관계는 공식통계, 자기보고식 조사, 그리고 피해자조사 자료에서도 매우 명쾌하게 입증되고 있다. 전체적으로, 범죄율은 청소년기 중반에서 말기에 가장 높다. 물론 범죄유형에 따라 약간의 차이는 있어서, 재산범죄는 청소년 중기부터 말기에 최고점에 이른 다음 급격하게 감소하며, 폭력범죄는 청소년 말기에서 초기 성년기에 정점에 이른 후 약간은 천천히 감소한다는 것이다. 그러나 이런 현상에 대해서 얼마간 유의해야할 점이 있는데, 예를 들어 청소년일수록 조심스럽고 치밀하게 사전에 범행을 계획하지 않고, 자신을 변호하고 방어할 능력도 부족하며, 한편으로는 집단으로 범행하기 때문에 눈에 잘 띄게 되어 성인에 비하여 체포될 확률이 그만큼 더 높고, 따라서 범죄율도 더 높아질 수 있으며, 결

---

25 R. J. Sampson, "Neighborhood family structure and the risk of personal victimization," pp.25-46 in J. M. Byrne and R. J. Sampson(eds.), The Social Ecology of Crime, New York: Springer-Verlag, 1986; R. J. Sampson, "Collective efficacy theory: Lessons learned and directions for future inquiry," pp.149-168 in F. T. Cullen, J. P. Wright, and K. R. Blevins(eds.), Taking Stock: The Status of Criminological Theory, Cambridge: Cambridge University Press, 2006

26 Agnew & Brezina, op cit., p. 224

국 범죄에 대한 청소년의 기여가 얼마간 과장되었을 수도 있다는 것이다[27].

이처럼 연령은 지금까지 알려진 비행의 상관현상, 상관관계요소 중 가장 강력한 것이라고 할 수 있다. 나이는 비행에 역의 관계, 즉 인종, 성별, 계층에 상관없이 사람들은 나이가 들수록 범행을 덜 저지른다는 것이다. 이를 두고 우리는 '나이가 들어서 벗어나는 과정aging-out process', '성장효과Maturation effect', 또는 때로는 '범죄에 대한 저항Desistance from crime'이나 '자발적 소실Spontaneous remission'로 부른다. 사실 나이가 들어감에 따라 더이상 하지 않거나 할 수 없게 되는 것은 인간 삶의 자연스러운 한 부분이어서 누구도 예외가 없다. 심지어 가장 상습적인 누범조차도 나이가 들어감으로써 범행빈도가 줄어들기 마련이다. 물론 일부 범죄자들은 나이가 들어가면서 더 많은 범죄를 범하기도 하지만 이는 매우 예외적이라고 할 수 있을 것이다[28].

또한 아이들이 최초 비행을 자신의 인생 초기에 빨리 범할수록 더 심각하고 공격적인 범죄를 더 많이 할 위험성이 더 높은 것이 연령이 범죄와 비행에 영향을 미치는 요인이 되기도 한다. 최초비행의 연령이 비행경력의 심각성과 기간을 결정하는 중요한 요인이기도 하다. 실제로 아주 초기 아동기에 비행을 시작한 아이일수록 청소년기 후반에 들어서도 범행활동을 급격하게 증대시키며, 오로지 성인이 되어서야 비로소 속도를 줄이기 시작한다는 것이다. 이들 아동기 초기에 비행을 시작하는 비행소년일수록 더 오랜 기간 동안 더 많은 범죄를 범한다고 한다. 결국, 아동기 초기에 비행을 시작한 소년이 직업범죄자가 될 확률이 가장 높으며, 따라서 연령이 비행의 핵심 열쇠라고 할 수 있다[29].

오늘날, 비행과 연령의 관계는 분명하다. 그러나 이 비행과 연령의 상관현상은 곡선형curvilinear이 그 특징으로서 다시 말하자면 일정 연령까지는 소년이 나이가 많아질수록 비행에 가담할 가능성이 더 높아지지만, 어떤 연령층에 다다르면 그들이 비행에 가담할 확률이 다시 낮아진다는 것이다. 대부분의 공식통계자료는

27 H. N. Snyder, "The overrepresentation of juvenile crime proportions in robbery clearance statistics," Journal of Quantitative Criminology, 1999, 15: 151−161

28 D. Farrington, "Age and crime," in Michael Tonry and Noval Morris(eds.), Crime and Justice: An Annual Review, vol. 7, Chicago, IL: University of Chicago Press, 1986, pp. 189−250; L. Cohen and K. Land, "Age structure and crime," American Sociological Review, 1987, 52:179−183

29 Siegel and Welsh, op cit., p.58; Agnew & Brezina, op cit., p.78

재산비행에 가담할 확률은 16세에, 그리고 폭력비행에 가담할 확률은 18세에 정점에 이르는 것을 보여준다. 이 곡선도 사실은 범죄유형에 따라 그 peak가 차이가 난다는 것이다. 이런 pattern에 맞는 비행소년을 그들의 비행이 10대에만 한정되기 때문에 우리는 청소년 한정 범법자adolescence-limited offender라고 부른다[30].

그럼에도 불구하고, 연구자들 사이에서는 이 비행과 연령의 상관현상이 과연 어느 정도나 되는지에 대해서는 약간의 논쟁이 있다. 한편에서는 누구나 나이가 들면 언젠가는 범죄를 그만 두게 된다고 하여 연령과 비행의 상관관계가 거의 일정하다고 주장하는 반면에, 다른 한편에서는 누범이나 직업적 범죄자와 같은 일부 지속적 범법자들은 결코 성장으로 인하여 범죄를 그만두는 일이 없이 성인기를 넘기며 자신의 범행을 이어간다고 주장한다. 물론 이들도 연령이 범행에 관계가 있음을 부인하지는 않지만 아주 어린 나이에 범행을 시작하는 사람은 그 후의 삶에서도 범행을 계속한다고 주장하여 연령과 비행 또는 범죄와의 상관관계에 대하여 조금은 다른 주장을 하는 것이다.

그렇다면, 왜 나이가 들면서 범죄는 감소하는 것일까? 먼저, 사람이 성장한다는 것은 곧 미래에 직면해야 한다는 것을 의미한다. 비행소년일수록 미래를 평가절하하기 쉽지만 그들도 나이가 들면서 장기적인 인생관을 갖게 되고 즉각적인 만족의 욕구에 저항하게 된다는 것이다. 또한 청소년이 성장과 함께 자신의 문제에 대한 '쉽고 빠른 해결quick-fix'에 저항할 능력도 갖게 되어 어릴 때는 문제를 해결하는 방법으로 범죄에 눈을 돌리다가도 나이가 들면서 관습적인 수단을 더 찾게 된다는 것이다. 누구나 나이가 들면 들수록 그에 따른 책임도 많아지는데 결혼, 가정, 육아 등이 그런 것이고, 이런 책임을 다하기 위해서도 더이상 일탈적인 생활을 하지 않게 되는 것이다. 또한 대부분의 사람들은 나이가 들면서 자신의 인성도 변하게 되어 인내와 자기통제력 등이 더 커지기 때문이다. 더불어 성인이 되면서 사람들은 범죄에 수반되는 위험과 비용을 더 잘 알게 되기 때문이기도 하다[31].

---

30 P. Lussier and J. Healy, "Rediscovering Quetelet, Again," Justice Quarterly, 2009, 26:828-856; D. Nagin, D. Farrington, and T. Moffitt, "Life-course trajectories of different types of offenders," Criminology, 1995, 33:111-139; T. Moffitt, "Adolescence-limited and Life-course persistent antisocial behavior: A developmental taxonomy," Psychological Review, 1993, 100:674-701

31 E. Mulvery and J. LaRosa, "Delinquency causation and adolescent development: Preliminary data," American Journal of Orthopsychiatry, 1986, 56:212-224; T. Brezina,

종합하면, 범죄율은 청소년기 동안 자신의 범행률을 증대시킬 고정된 수의 범죄자가 있기 때문에 청소년기에 그 정점에 다다를 수 있다. 그러나 혹은 범죄율이 청소년기에 정점에 다다르는 것은 청소년기 범죄자의 수가 증가하기 때문, 즉 새로운 범죄자가 청소년기에 나타나기 때문일 수도 있다. 사실은 어느 경우에 가까울까? 범죄자들이 청소년기에 더 많은 범죄를 범하기 시작하는가 아니면 청소년기에 범죄자 수가 증가하는 것인가? 자료에 의하면 둘 다 일리가 있다. 청소년기 범죄율의 증대는 부분적으로 다수의 청소년들이 자신의 청소년기에 범행을 시작하여 성인기가 되면 범행을 중단하거나 절대적으로 줄이게 된다는 사실에 기인한다는 것이다. 또한 모든 연구결과가 지지하는 것은 아니지만 범죄자들이 자신의 청소년기에 더 많은 범행을 한다는 증거도 제시되곤 하기 때문이다[32].

3. 성별과 비행

1) 비행의 성별 차이

과거에는 전문가들도 여성비행을 탈선, 감정적이거나 가족과 관련된 문제의 작용으로 보아 중요한 연구의 대상으로 고려하지 않았다. 사실, 몇 안 되는 진짜 비행소녀들은 범죄활동이 남성적 기질과 특성을 가진 결과라고 할 수 있는 괴짜라는 것인데, 이런 개념을 오늘날 남성성가설masculinity hypothesis이라고 한다. 소녀는 비행에 대한 관심은 비록 아직도 소년에 비해 훨씬 적은 비행을 저지르지만 젊은 여성들이 범하는 비행의 유형들이 점점 남성들의 비행유형과 닮아가고 있다는 사실로 대변되고 있다.

그럼에도 불구하고 아직도 어쩌면 성별이 비행에 대한 가장 강력한 상관현상이라고 할 수 있다. 아주 일부 예외를 제외하고는 소년이 소녀보다 훨씬 더 많은 비행에 가담하는 주로 남성현상이기 때문이다. 모든 공식통계도 매춘과 가출을 제외한 모든 범죄에서 소년이 소녀보다 체포되는 비율이 월등하게 높다. 실제로

"Delinquent problem−solving: An Interpretive framework for criminological theory and research," Journal of Research in Crime and Delinquency, 2000, 37:3−30; M. LeBlanc, "Late adolescence deceleration of criminal activity and development of self−and social−control," Studies on Crime and Crime Prevention, 1993, 2:51−68
32 Agnew & Brezina, op cit., pp. 79−80

모든 통계상으로도 소녀에 비해 소년이 폭력범죄에 가담할 확률은 4배, 재산범죄에 가담할 확률은 2배에 이르는 것을 보여준다. 그러나 비행과 성별의 상관관계가 지나치게 강력하기 때문일지 모르지만 오히려 비행과 성별의 상관관계가 사실 훨씬 더 복잡하다는 논란이 적지 않다. 이런 주장을 하는 사람들은 점점 더 많은 소녀들이 소년들보다 더 빠른 속도로 비행소녀가 되고 있음을 강조하는 반면, 다른 일부에서는 성별과 비행의 상관관계는 단지 공립학교에서의 무관용정책 zero—tolerance policies과 같은 변화하는 법집행과 정책관행의 기능때문이라고 주장한다. 심지어 또 다른 일부에서는 우리의 가부장적 관심의 초점으로 인하여 소녀들이 소년들에 비해 행동을 더 잘하기를 기대하고 그 기대를 어기면 소년들에 비해 더 엄격하게 다루기 때문이라는 주장도 한다[33].

한 가지 예외는 가출에 있어서는 소년에 비해 소녀가 더 많이 체포되고 있다고 하는데, 그 이유는 아마도 더 많은 소녀들이 가출할 수도 있고, 심지어 그렇지 않더라도 경찰 등의 가부장적 태도로 가출소년보다 가출소녀에 대해서 더 심각한 문제로 여기기 때문일 수 있다고 한다. 가출한 소년보다 가출한 소녀에게 더 큰 위험이 더 많이 다가올 수 있다는 우려에서도 가출소녀에 대해 더 엄격할 수도 있을 것이다. 소년비행의 성차에 대해서 또 다른 한 가지 흥미로운 사실은 그 성차가 공식통계에 비해 자기보고식 설문조사에서는 현격하게 줄어든다는 점이다. 즉, 소년비행이 우리가 알고 있고 믿고 있는 것보다 훨씬 더 많으며, 비행소년들이 보편적으로 가장 많이 범하는 비행이 사실은 비행소녀들도 가장 많이 범하는 비행이라는 사실도 밝혀지고 있어, 아직은 성차가 있지만 점점 그 격차는 줄어들고 있다고 할 수 있다[34].

그러나 이렇게 비행에 있어서 성별의 차이가 점점 좁혀지고는 있지만 주의를 요할 필요가 있다. 비록 소녀들이 비행 가담 정도에 있어서는 소년들을 많이 따라잡고 있지만 체포율에 있어서는 소년이 소녀보다 몇 배나 더 높다. 더구나 가장 강력한 폭력범죄에 있어서는 이 성별차이는 더 커진다. 범죄에 있어서 성별차이의 전체적인 관점에서는 소년들에 대한 통계적 증대는 상대적으로 그리 크지 않다는 것이다. 심지어 설사 폭력범죄에 대한 소녀들의 가담이 빈번해지고 있다 하

---

33 Bates and Swan, op cit., p. 63; Siegel and Welsh, op cit., p.52
34 Regoli et al., op cit., p.48

더라도 그것은 소녀들이 폭력적인 소년들과 남자들의 비율이 월등한 동료 집단이나 네트워크에 노출되는 데 따른 결과라는 지적도 나온다[35].

2) 성별차이의 이유

(1) 사회화(socialization)의 차이

그렇다면, 청소년비행에 있어서 성별의 차이는 어떻게 설명될 수 있을까? 우선 가장 기본적인 가정은 성별기대감에 따라 아이들이 사회화되는 방식이 다르기 때문이라는 것이다. 남자아이들은 거칠고 남자답게, 그리고 자기주장이 강하고 적극적이고 능동적이며 심지어 비행에도 관대하도록 길러지고 권장하지만, 여자아이들은 보다 정숙하고 통제된 행동을 할 것으로 기대되고, 부모들도 자기통제의 결여에 관대하지 못하다는 가정이다. 그러나 일부 연구에서는 사실 남녀 간에 사회화의 차이는 크지 않으며 그리 중요하지 않다고 한다. 오히려 소녀들이 소년들보다 자기규제를 잘하고, 통제노력을 더하며, 직접적인 공격성이 덜하고, 동정심이나 공감능력이 더 강하다는 등 장점들이 소녀들이 소년보다 비행에 가담할 확률을 낮추는 데 크게 기여했다는 것이다[36].

심리학자들은 남자아이와 여자아이가 사회화되는 방식의 차이가 아이들의 발달에도 영향을 미치는 것으로 믿는다. 여자아이들이 부모, 특히 어머니에게 더 가까운데 바로 이점이 여자아이들이 비행을 하지 못하게 하는 일종의 보호막이 된다는 것이다. 부모와의 유대가 실제로 자기-통제self-control와 연결되고, 부모에게 가까운 아이들이 강한 자기-통제수준을 보이며, 따라서 여자아이들이 이 두 가지 조건에서 남자 아이들보다 더 이익을 본다는 것이다. 실제로 부모는 아들과 딸을 다르게 취급하여 아들과 딸에게 적절하다고 고려하는 것들을 권장하는 것이다. 남자아이들은 독립심의 가치를 배우는 반면에, 여자아이들은 자기-가치self-valuation가 관계를 유지하는 능력에 달렸다는 것을 배우게 된다. 남자아이들이 물

---

35 J. Pollock and S. Davis, The continuing myth of the violent female offender," Criminal Justice Review, 2005, 30:5−29; D. Haynie, D. Steffensmeier, and K. Bell, "Gender and serious violence: Untangling the rule of friendships sex composition and peer violence," Youth Violence and Juvenile Justice, 2007, 5:235−253

36 H. Lytton and D. Romney, "Parents' differential socialization of boys and girls: A Meta−Analysis," Psychological Bulletin, 1991, 109:267−296

제1부 개 관

리적 공격성을 보이기 더 쉬운 반면에 여자아이들은 싫어하는 동료를 집단에서 배제함으로써 관계적 공격성relational aggression을 보이기 쉽다. 아이들이 성장함에 따라, 여자아이들은 불안을 느낌으로써 자극에 반응하는 반면 남자아이들은 보복으로 반응하는 경향이다[37].

(2) 인지적 차이(cognitive differences)

어릴 때부터 남녀 사이에는 인지의 차이도 있다고 한다. 인지수행에 있어서 성별 차이에 관한 반복된 연구결과, 여성이 시각-운동속도와 언어능력에서 우월하고, 남성이 기계적 능력과 시각-공간임무 수행능력이 우월한 것으로 보고되고 있다. 다시 말해서, 남성은 시각적 이미지를 다루는 능력이 우수한 반면, 여성은 언어적 정보를 습득하고 이용하며, 장기 기억을 끄집어내는 능력이 우수하다는 것이다. 이처럼 여성이 언어능력이 우월한 것은 부모들이 유아기 아들보다는 딸에게 말을 더 많이 하기 때문일 가능성이 높으며, 이런 여성의 언어적 수월성이 후에 갈등에 직면할 때 폭력에 호소하지 않고 해결하는 데 도움을 주는 것으로 이해되고 있다[38].

그러나 여성이 공격적일 때는, 소년들에 비해 자신의 행위를 숨길 가능성이 더 높아서, 예를 들어 다른 사람을 괴롭히는 소녀는 자신의 행위를 시인할 가능성이 소년에 비해 더 낮다는 것이다. 한편, 소녀들은 그들의 도덕적 감수성에 의해서

---

37 D. Boisvert, Vaske, J., Taylor, J., and Wright, J., "The effects of differential parenting on sibling differences in self−control and delinquency among brother−sister pairs," Criminal Justice Review, 2012, 37: 5−23; P. Cook and Sore3nson, S., "The gender gap among teen survey respondents: Why are boys more likely to report a gun in the home than girls?" Journal of Qunatitative Criminology, 2006, 22: 61−76; Meadows, S., "Evidence of parallel pathways: Gender similarity in the impact of social support on adolescent depression and delinquency," Social Forces, 2007, 85: 1143−1167; Fagan A., Van Horn, M., Hawkins, J. and Arthur, M., "Gender similarities and differences in the association between risk and protective factors and self−reported serious delinquency," Prevention Science, 2007, 8: 115−124

38 Parsons, T., Rizzo, A., Van der Zaag, C., McGee, J., and Buckwalter, J. G., "Gender differences and cognition among old adults," Aging, Neuropsychology and Cognition, 2005, 12: 78−88; Halpern, D. and LaMay, M., "The smarter sex: Critical review of sex differences in intelligence," Educational Psychology Review, 2000, 12: 229−246; Kaysen, D., Morris, M., Rizvi, S., and Resick, P., "Peritraumatic responses and their relationship to perceptions of threat in female crime victims," Violence Against Women, 2005, 11: 1515−1535

보호받고 있어서 다른 사람들을 해치는 것을 피하게 하며, 이 도덕적 감수성이 가정문제의 영향도 상쇄시키는 것으로 알려지고 있다. 이런 이유로 여성이 남성에 비해서 자기-통제를 더 잘하는데, 이 자기-통제가 범죄성과 관련된 것으로 알려지고 있다. 그러나 대부분의 경우, 인지적 차이는 작고, 심지어 점점 좁혀지고 있으며, 종종 문화적 기대치가 영향을 미친다고도 한다. 훈련을 받으면, 여성들도 자신의 시각적-공간 기술을 높일 수 있다고는 하지만 아직도 그 차이는 존재하는 것으로 이해되고 있다[39].

(3) 인성의 차이(personality differences)

남자아이와 여자아이는 서로 다른 지식을 활용하며, 다른 사람들과의 상호작용을 해석하는 방법도 다르다고 한다. 예를 들어, 소녀들이 서로 통할 수 있는 점에 점수를 더 주는 반면, 남자아이들은 경험에 더 개방적이라고 한다. 이러한 성별 차이가 자아-존중self-respect과 자아-관념self-concept에 영향을 미치는데, 연구 결과에 따르면 사춘기 아이들이 성장, 발달함에 따라 남자아이들의 자아-존중과 자아-관념은 높아지는 반면에 여자아이들의 자기-확신self-confidence은 떨어진다는 것이다. 이에 대한 한 가지 이유는 소녀들이 자신의 체형, 체중 등을 더 걱정하고 만족하지 못하기 때문이라는 것이다. 이와는 달리, 한 편에서는 소녀들이 청소년기로 접어들면서 자신에 대한 긍정적인 방향과 사회가 자신들을 보는 부정적인 시각 사이의 갈등을 알게 되기 때문에 여성의 자아-존중심이 낮아진다는 것이다. 이에 대해서 다수의 소녀들은 '자신의 목소리를 잃는 것'으로 대응한다는 것, 즉 자신의 감정을 숨기는 대신 여성에 대한 기성사회와 세대의 부정적 시각을 받아들인다는 것이다[40].

---

39 D. J. Pepler and Crtaig, W. M., "A peek behind the fence: Naturalistic observations of aggressive children with remote audiovisual recording," Psychology, 1995, 31: 548-553; D. Mears, Ploeger, M., and Warr, M., "Explaining the gender gap in delinquency: peer influence and moral evaluations of behavior," Journal of Research in Crime and delinquency, 1998, 35: 251-266; J. Gibbs, Clever, D., and Martin, J., "Parental management and self-control: An empirical test of Gottfredson and Hirschi's General Theory," Journal of Research in Crime and Delinquency, 1998, 35: 40-70; C. Benbow, Lubinski, D., Shea, D., and Eftekhari-Sanjani, "Sex difference in Mathmetical reasoning ability at age 13: Their status 20 years later," Psychological Science, 2000, 11: 474-480

40 Siegel & Welsh, op cit., p. 245; R. Lehmann, Denissen, J., Allemand, J. M., and Penke, L.,

제1부 개 관

(4) 감정의 차이(emotional differences)

소녀들이 소년에 비해 더 감정적이라고 정형화되지만, 연구결과에 따르면, 다수의 상황에서 이 감정성emotionality에 성별의 차이는 매우 좁다고 한다. 그럼에도 불구하고, 여성들이 자신의 감정을 표출하고 다른 사람에 대한 관심을 더 표현하려고 한다는 것이 연구결과 밝혀졌다. 여성들은 삶의 의미를 찾는데 더 관심이 많으며, 물질적 성공을 위한 경쟁에는 흥미가 적다는 것이다. 최근의 연구에서 소녀들이 보다 긍정적인 감정을 표출하고 감정을 내재화internalization하려는 경향이 강한 반면, 남자아이들은 감정을 외재화externalization하는 성향이 강한 것으로 나타나고 있다. 이 감정의 성별 차이는 나이가 많아지면서 더 증대되는 것으로 알려지고 있다. 이 감정 성숙의 차이가 10대 비행률의 성별의 차이를 설명하는 데 도움이 될 수 있다. 즉, 남자아이들이 10대 때의 긴장을 소녀들만큼 잘 다스릴 수 없기 때문에 남자아이들의 비행률이 더 높을 수 있다는 것이다. 남자아이들이 자신의 감정을 관리하는데 필요한 자기-통제를 발달시킬 능력이 없기 때문에 범죄를 통하여 자신의 긴장을 극복할 가능성이 더 높다는 것이다[41].

3) 성별 차이의 원인

그렇다면 왜 이런 성별 간 차이가 나는 것일까? 일부 전문가들은 이 성별의 차이가 남자와 여자는 근본적으로 다르다는 생물학적인 기원에 기인한 것이라고 본다. 이들의 주장에 따르면, 남녀가 약간 다른 뇌 조직을 가져서 여성이 언어를 통제하는 것으로 알려진 좌뇌 중심적인 반면에 남성은 공간을 지배하는 우뇌 중심적이라고 한다. 반면 다른 일부에서는 남녀의 행위를 이해하기 위한 핵심으로서 남녀

"Age and gender differences in motivational manifestations of the Big Five from age 16 to 60," Developmental Psychology, 2013, 49: 365–383

41 N. M. Else－Quest, Higgins, A., Allison, C., and Morton, L., "Gender differences in self－conscious emotional experience: A meta－analysis," Psychological Bulletin, 2012, 138: 947－981; AS. Beutel and Martini, M. M., "Gender and values," American Sociological Review, 1995, 60: 436－448; T. Chaplin and A. Aldao, "Gender differences in emotion expression in children: A meta－analysis review, Psychological Bulletin, 2012, 138: 1－31; R. Agnew, "Reflection on 'A revised strain theory of delinquency'" Social Forces, 2012, 91: 33－38; L. Broidy and Agnew, R., "Gender and crime: A General Strain Theory perspective," Journal of Research in crime and delinquency, 1997, 34: 275－306

사이의 호르몬의 차이를 지적한다[42].

이와는 달리, 두 번째 관점은 성별 차이가 생애 과정을 거쳐서 발달된 것으로 여성과 남성에 대한 상이한 처우를 반영하는 것이라고 본다. 이들의 주장에 따르면, 성별 차이는 개인적 인성이나 생물학적 차이의 문제가 아니라 아이들이 사회화하고 관계가 구조화되는 방식의 문제라는 것이다. 또 다른 관점에서는 성별 차이가 사회화socialization, 학습, 그리고 문화화enculturation의 상호작용의 결과라는 것이다. 즉, 남녀가 다르게 행동하는 것은 그들이 상이한 유형의 사회화에 노출되고, 상이한 가치를 학습하며, 상이한 문화적 경험을 하기 때문이라는 것이다[43].

그런데 또 다른 일각에서는 성별에 따라 그리 중요한 차이가 없다고 주장한다. 남녀가 인성, 인지, 소통기술, 그리고 지도력 등 중요한 기질에 있어서 남녀의 차이가 그리 크지 않고, 오히려 유사점이 더 많다는 것이다. 이러한 유사성을 성별 유사성 가설gender similarity hypothesis이라고 하며, 연구결과에서도 남자가 여자보다 더 공격적이라는 것을 제외하고는 성별 차이가 이들 주요 심리학적 변수에 영향을 미치지 않거나 아주 미미한 영향만을 미치는 것으로 나타났다. 그리고 성별 차이는 나이가 들어감에 따라 작아졌다가 커졌다가 하여 생애과정과 함께 변화한다는 것이다[44].

4) 성별 차이에 대한 시각

비행에 있어서 남녀의 차이에 대하여 알아두어야 할 마지막 쟁점은 비행의 성별차이나 간극이 점점 좁혀지고 있는 이유가 그들의 범인성 차이가 좁혀지기보다는 소년사법이나 형사사법기관이 남녀를 대하고 처리하는 데 있어서 인식과 관행이 변하기 때문이라는 것이다. 과거 소녀에 대하여 상대적으로 관대했던 데 비하여 최근 들면서 소녀비행에 대한 그 관대함이 점점 줄어들었기 때문에 소녀비행

---

42 D. Roalf, Lowery, N., and Turetsky B., "Behavioral and physiological findings of gender differences in global−local visual processing," Brain and Cognition, 2006, 60: 32−42

43 K. Miller, Melnick, M., Barnes, G., Sabo, D., and Farrell, M., "Athletic involvement and adolescent delinquency," Journal of Youth and Adolescence, 2007, 36: 711−723; D. Rowe, Vazsonyi, A., and Flannery, D., "Sex differences in crime: Do means and within−sex variation have similar causes?" Journal of Research in Crime and Delinquency, 1995, 32: 84−100

44 J. S. Hyde, "The Gender Similarities Hypothesis," American Psychologist, 2005, 60: 581−592

이 증가한 것처럼 보일 뿐이라는 것이다. 사실 음주운전에 대한 연구에서 남녀의 성차가 줄어든 것이 증대된 여성비행을 반영한다기보다는 여성들의 음주운전에 대한 사회통제를 반영하는 것이라는 주장이 제기되었다. 그리고 성차가 좁혀진다고는 하지만 그것은 오로지 경미비행에 국한된 현상이고, 강력범죄에 있어서는 성차가 더욱 심각해졌다는 것이다[45]. 더 요약하자면, 남성이 여성보다 더 많은 비행을 저지르는 반면에, 여성은 보다 광범위한 범주의 범행을 저지르며, 남성이 여성에 비해 비행률이 더 높지만 이 성별의 차이는 강력 대인범죄와 재산범죄의 경우 가장 높다고 하는 데에 대해서는 거의 의문의 여지가 없다[46].

그럼에도 의문으로 남는 한 가지는 남자아이들의 더 높은 비행률의 원인이 비행소녀보다 비행소년이 더 많기 때문인가 아니면 비행소년이 비행소녀보다 더 많은 범행을 범하기 때문인가 그것도 아니면 비행소년이 비행소녀보다 숫자도 많을 뿐더러 더 많은 비행을 범하기 때문인가 하는 점이다. 아무튼 지금까지의 연구결과나 자료에 의하면, 남녀 구분 없이 비행소년들이 가장 빈번하게 체포되는 범죄는 경미범죄이며, 그러나 강력범죄가 체포된 비행소년 중에 가장 큰 비율을 차지하는 반면에 비행소녀들에게는 좀도둑질과 같은 가벼운 절도행위로 체포되는 경우가 가장 많다고 한다. 흥미로운 변화 추세 중 하나는 소녀비행의 증가속도가 소년비행보다 더 빠른 반면에 감소속도는 더 느렸다고 한다. 이는 곧 소년비행에 있어서 성비의 격차가 좁아질 수 있음을 보여주는 것이다. 종합하면, 소년비행률이 소녀비행률보다 더 높은 것은 일반적 사실이고, 그 차이는 강력범죄와 재산범죄에서 가장 크게 나타나며, 소년들이 소녀보다 더 많은 범행을 범하는 반면에 소녀들은 더 광범위한 범주의 범행을 범하고 있고, 공식통계상으로는 비행의 성별차이가 1980년대 이후 좁아지고 있으나 자기보고식 조사와 피해자조사 결과는 성차가 변화보다는 안정적임을 보여주고 있다[47].

---

45 J. Schwartz and B. Rookey, "The narrowing gender gap in arrests: Assessing competing explanation using self−report, traffic fatality, and official data on drunk driving, 1980−2004," Criminology, 2008, 46:637−672

46 B. Feld, "Violent girls or relabeled status offenders? An alternative interpretation of the data," Crime and Delinquency, 2009, 55:241−265

47 Agnew & Brezina, op cit., p. 83

5) 소녀비행의 이론

(1) 생물학적 · 심리학적 이론

일찍이 Lombroso와 Ferraro는 초기 Lombroso의 작업에 기초하여 범죄자가 그 특성상 격세유전으로 간주되는 만큼 여성범죄자도 비범죄 여성에 비해 생물학적으로 특이하고 열성적이라고 간주되었다. 이들은 여성들이 남성에 비해 진화의 척도에서 낮게 자리매김 되었고, 따라서 원시적 기원에 더 가깝다고 믿었다. 결과적으로 이들은 여성범죄자가 남성범죄자에 비해 눈에 잘 띄지 않았고, 남성에 비해 퇴화의 신호도 적게 보였다고 주장한다. 이들에 따르면, 여성은 자연히 더 어린애 같고 모성애적이고 약하며, 이런 특성이 여성들을 범행하기 어렵게 만든다는 것이다. 여성들은 어린애 같은 또 다른 기질도 있다고 하여, 여성의 도덕감이 결여되고 복수심이 가득하고 질투가 많아서 잔인한 복수의 가능성이 높다고도 하였다. Lombroso와 Ferraro에게 있어서 여성의 범죄성은 여성의 생물학이 그들이 범행하지 못하게도 하지만 동시에 같은 생물학의 산물이기도 하다는 것이다. 결국 여성범죄자는 비정상적 여성임은 물론이고 동시에 생물학적으로 남성과 더 가까운 것으로 이해하였다[48].

20세기 초, Thomas는 남성과 여성은 생물학적으로 다르며, 비록 남성과 여성이 소원성취를 이루려는 천부적인 생물학적 본능으로부터 동기를 부여받지만 소원의 성취에 접근하는 방식이 다르다고 주장하였다. 그는 소망을 새로운 경험에 대한 소망, 안전에 대한 소망, 반응에 대한 소망, 그리고 인정에 대한 소망으로 구별하였는데, 여성은 천부적으로 남성에 비해 반응과 사랑에 대한 욕구가 더 강하며, 남성에는 정형화되지 않은 특성인 모성애를 보인다는 것이다. 이 사랑을 주고받고자 하는 강한 욕구가 종종 소녀들로 하여금 비행을 하게 한다는 것이며, 특히 성을 다른 소망을 이루기 위한 수단으로 이용함에 따라 성적 비행을 하게 된다는 것이다. 그럼에도 불구하고 Thomas는 여자아이들이 유전적으로 일탈적이라고는 믿지 않았으며, 오히려 자신의 소망을 성취하려는 시도와 관련된 사회적 규율과 도덕률로 인해 그 경계가 정해진 선택의 결과라는 것이다. 남자아이들에 비해 여자아이들은 성역할이 제한되고 결과적으로 이런 박탈을 인식함에 따라 좌

---

48 Regoli et al., op cit., pp. 270−271

절할 가능성이 더 높다고 한다. 그런데, Thomas에 따르면, 소녀비행은 더 큰 세상에서의 더 큰 자유와 분별, 즐거움, 모험, 예쁜 옷, 호의적인 반응 등을 얻기 위한 충동적 욕구와 욕망에서 나타난다고 한다. 소녀들의 성이 다른 소망의 실현의 조건으로 이용되는데, 그 성이 바로 그들의 자본이라는 것이다. 불행하게도 그런 충동적 행위는 남성들에게 이용당하기도 하여 종종 피해자가 되기도 한다는 것이다[49].

50년대, Otto Pollak는 "여성의 범죄성The Criminality of Women"이라는 자신의 저서를 통해, 여성도 남성 못지않게 범죄적이지만, 그들의 범죄성은 숨겨지거나 가면을 쓴masked 것이라고 주장하였다. 여성범죄자가 가면을 쓰게 된 것은 성별에 있어서 남녀의 자연스러운 생리학적 차이의 결과이지만 동시에 남성들이 여성들의 범행을 가볍게 여기거나 묵인하는 경향도 한 몫을 했다는 것이다. 여성들이 남성에 비해 신체적으로 약하기 때문에 범행을 위하여 자신의 공격성을 숨기거나 간접적이거나 속이는 수단에 의존하게 된다는 것이다. 또한 남성이 범죄의 약탈자라면 여성은 선동자라고 할 수 있다는 것이다. 여성들의 낮은 범죄율은 결국 여성에 대한 남성들의 보호적 태도와 경의를 반영하는 것이며, 이처럼 여성범죄가 남성들에 의하여 간과되고 용인되는 것을 '기사도가설chivalry hypothesis'라고도 한다. 따라서 실제 여성범죄율은 공식통계에 보이는 것보다 훨씬 더 높다는 것이다[50].

최근 들어서 여성범죄를 여성의 천부적 열등성 때문이라고 보는 시각은 거의 없어지고, 소녀들의 생물학적 특성이 주로 가정에서 나타나는 사회적 영향력이나 요인들과 상호작용하여 비행을 유발한다고 주장한다. 예를 들어, 소녀비행은 성적 비행이 지배적이며, 비행소녀는 불행하고 그들의 불행은 통상적으로 부모들과의 불안한 감정적 관계와 관련이 있다는 것이다. 또한 비행소녀는 비행소년보다 정신병적·신체적 건강문제를 가질 확률이 더 높다고도 한다. 소녀들이 소년보다 비행소녀가 될 가능성이 낮은 것은 부분적으로는 소녀들이 보다 겁이 많고 소심하며 기획력이 부족하다는 사실 때문이라고 설명한다[51].

---

49 ibid.

50 ibid.

51 J. Cowie, Cowie, C. and Slater, E., Delinquency in Girls, London: Heinemann, 1968, p. 45

한편 또 다른 흥미로운 진전은 여성과 남성의 행위는 오랜 진화의 시간을 거쳐 진화된 환경에의 적응을 대변하는 것이라고 주장하는 진화심리학의 분야이다. 범행에 있어서 성별의 차이를 설명하는 하나의 방법으로 바로 이 남성의 적응에 초점을 맞추는 것이다. 예를 들어, 폭력적 비행은 자신의 생존을 담보하기 위한 성적 반려자에 대한 경쟁으로 간주되고 있다. 이로 인하여 남성이 심리적으로 더 경쟁적이고, 모험적이며, 자신의 명예와 대인적 위협을 방어하기 위한 폭력의 성향이 더 강하다는 것이다[52].

보다 최근에는, 생물학적 요인과 생리학적 요소를 여성비행에 연계시키려는 시도들이 소년과 소녀 사이의 호르몬 차이의 영향을 강조하고 있다. 남자가 여자에 비해 6배 많은 테스토스테론과 2배 많은 안드로젠androgen 호르몬을 생산하는 반면에, 여자는 에스트로젠estrogen을 남자보다 훨씬 많이 생산한다는 것이다. 이런 호르몬의 차이가 남자와 여자의 기본적으로 남성적이고 여성적인 특성과 관련이 있으며, 나아가 성−역할 행동에도 일부 영향을 미친다는 것이다[53].

또한 신경과학Neuroscience계에서는 관습적이건 일탈적이건 인간의 모든 행위에 있어서 남녀의 차이는 남성과 여성의 뇌 화학brain chemistry의 기본적 차이에서 나온다고 주장한다. 예를 들어, 소년과 소녀 사이의 신경학적 기능과 행위적 표현은 근본적으로 다르다는 것이다. 남성의 뇌는 체계화하는 것을 중심으로 조직되어서 조직적이고 분석적인 반면, 여성의 뇌는 공감하는 것empathizing을 중심으로 조직되어서 다른 사람과의 감정적 관계를 강조한다는 것이다[54].

(2) 사회학적 이론들

최근까지도 생물학적 이론과 발달이론이 범행에 있어서 남녀의 차이를 설명하는데 주를 이루었지만 Durkheim이 살인에 있어서 성별의 차이의 이유에 대하여 처음으로 사회학적 설명을 제공한 이후 다양한 사회학적 설명들이 시도되었다.

---

[52] Regoli et al., op cit., p.271

[53] J. Dabbs, Frady, R., Carr, T. and Besch, N., "Saliva testosterone and criminal violence in young prison inmates," Psychosomatic Medicine, 1987, 49: 174−182; J. Dabbs, Ruback, B., Frady, R., Hoper, C., and Sgoutas, D., "Saliva testosterone and criminal violence among women," Personality and Individual Differences, 1988, 9: 269−275

[54] R. Eme, "Sex differences in child−onset, life−course−persistent conduct disorder: A review of biological influences," Clinical Psychology Review, 2007, 27: 607−627

먼저 Durkheim의 설명을 확장하면 여성들이 집합적 생활에 적극적이지 않고 살인의 원인에 적게 노출되기 때문에 여성의 살인범죄가 낮다는 것이다. 그리고 살인의 기회도 남녀 사이에 차이가 있으며, 성별화된 사회화gendered socialization의 영향이 '살인광기homicidal passion'를 남자에게는 불을 지피지만 여자에게는 지피지 않는 다고도 하였다. 종합하면, 남자들의 살인범죄율이 여성보다 더 높은 것은 남자들의 사회구조적 위치가 그들에게 더 많은 살인의 기회를 제공하고, 그들의 사회화가 강력한 살인열정homicidal passion의 씨앗을 제공하기 때문이라는 주장이다[55].

대부분의 사회학적 이론들이 거의 전적으로 남성의 비행과 범죄를 다루었던 반면, 여성들의 비행과 일탈은 매우 예외적인 것 정도로 간주하였다. 일찍이 시카고 학파의 범죄생태학에서도 높은 범죄율은 지역사회의 특성이지 거주민 집단의 특성 때문이 아니라고 주장하여, 여성범죄에 대해서는 아주 간단하게만 언급할 정도였다. 결과적으로 비행은 남성지배의 한 부분으로 규정되고, 여성비행도 사회해체의 산물인지 여부는 설명되지 않았다[56].

Merton을 중심으로 한 긴장이론Strain theory도 여성 범죄와 비행을 제대로 다루지 않은 것은 마찬가지이다. 아마도 여성들의 목표는 결혼, 가족, 친지 등 기본적으로 관계적relational인 것인 반면, 남성들은 전형적으로 물질적인 것을 추구하며, 따라서 여성들은 대부분 그리 높지 않은 물질적 열망을 가져서 그들의 목표에 이르기가 쉽기 때문에 남자에 비해 긴장을 갖게 될 가능성이 낮으며, 결과적으로 비행에 가담할 위험도 낮아진다는 주장이 새롭게 제기되기도 하였다. 물론 여성들도 물질적 열망을 가지고 있지만 그것을 성취할 기회가 차단될 수도 있다는 주장도 있는데, 만약 이것이 사실이라면 여성범죄율이 남성보다 더 높아야 하는 것이다[57]. Agnew와 그의 동료들은 여성비행의 원인과 특성을 일반긴장이론을 확장

---

55 B. DiCristina, "Durkheim's latent theory of gender and homicide," British Journal of Criminology, 2006, 46: 212−233

56 B. Warner, "The role of attenuated culture in social disorganization theory," Criminology, 2003, 41: 73−98; W. DeKeseredy, Schwartz, M., Alvi, S. and Tomaszewski, A., "Perceived collective efficacy and women's victimization in public housing," Criminal Justice, 2003, 3: 5−27

57 R. Morris, "Female delinquency and relational problems," Social Problems, 1964, 43: 82−88

하여 설명하고 있다. 그들은 여성들은 상이한 유형의 긴장을 경험하고 긴장에 상이하게 대응·반응하여 결과적으로 상이한 행위적 결과를 초래한다고 주장한다[58].

(3) 마르크스-여성주의 이론(Marxist-Feminist Theory)

마르크스주의-여성주의이론은 가정에서의 가부장적 남성지배와 생산수단의 남성통제의 개념을 결합한 것이다. 그와 같은 환경에서 형사사법제도는 이러한 자본주의-가부장적 제도를 위협하는 행동을 범죄로 규정한다. 가부장적 자본주의로 특징되는 사회에서 자본을 소유하거나 관리하는 남성이 여성을 통제한다. 따라서 가부장적 자본주의 하에서 여성은 이중의 주변인double marginality을 경험하게 되고, 남성과 자본 양자에 예속되게 된다. 범죄가 그 특성상 남성적인데 비해 여성이 신체적으로 약하고 공격성도 낮으며, 종속적이고 세력이 약하여 강력범죄 기회가 적으며, 심지어 범행기회마저도 남성이 지배하여 여성은 종속적 역할밖에 할 수 없는 등의 이유로 남성에 비해 범행가담 가능성이 낮다. 따라서 여성이 범행에 가담한다면, 그들의 범죄활동은 통상적으로 이 가부장적 자본주의 사회에서 종속적이고 힘이 없는 지위와 위치에 대한 반응이요 대응이라는 것이다[59].

한편, John Hagan과 그의 동료들은 '권력-통제이론power-control theory'에서, 소녀들이 소년에 비해 비행에 적게 가담하는 것은 소녀들의 행동이 가부장적 가정에서 그들의 부모에 의해서 보다 철저하게 관찰, 감시되기 때문이라고 주장한다. 가부장적 가정에서, 아버지가 어머니보다 더 높은 통제적 지위에 있기 때문에 가정에서 아내와 자녀에 대한 통제력을 유지한다. 이와는 반대로 평등주의 가정에서는 생산과 소비 영역에서 성별의 차이가 결여된 것이 특징이다. 양육의 책임도 부모가 공유하고, 아들과 딸에 대한 통제도 차이가 없으며, 따라서 아들과 유사하게 딸도 생산 영역에 참여할 준비가 되고 그만큼 위험을 감수할 기회도 더 많이

---

58 L. Broidy and Agnew, R., "Gender and crime: A general strain theory perspective," Journal of Research in Crime and Delinquency, 1997, 34: 275-306; R. Agnew, Brezina, T., Wright, J. P., and Cullen, F., "Strain, personality traits, and delinquency: Extending general strain theory," Criminology, 2002, 40: 43-71

59 Regoli et al., p. 275

주어진다는 것이다. 어쩌면 이 권력—통제이론은 여성해방이 여성범죄의 증가에 직접적으로 관련이 있다는 해방가설liberation hypothesis과도 유사한 것이다[60].

(4) 차별적 억압이론(Differential Oppression Theory)

Regoli와 Hewitt의 차별적 억압이론은 사회질서에 대한 성인관점의 개념들을 아이들에게 부과하고 유지하려는 시도에서 성인들이 아이들을 억압한다고 주장한다. 아이들은 객체로 간주되고, 평가절하 되며, 성인에 열등한 것으로 규정되고, 결과적으로 아이들은 무력감과 주변인의 느낌을 갖게 된다. 성인들은 종종 자신들의 사회질서를 억압을 통하여 아이들에게 주입하는데, 억압의 수준은 단순히 성인들의 편의를 위해 고안된 규율에 대한 복종의 요구에서 아이들에 대한 학대에 이르기까지 매우 다양하다. 아이들은 열등하고, 종속적이며, 문제아라는 어른들의 인식이 자신들의 아이에 대한 억압을 합리화시킨다. 일반적으로 아이가 더 억압될수록 비행소년, 비행소녀가 될 위험은 더 높아진다는 것이다. 그런데, 가부장적 사회에서 여자아이들은 이중의 억압, 즉 아이로서의 억압과 여성으로서의 억압을 동시에 받게 되고, 이런 억압에 대처하기 위하여 여자아이들은 네 가지 적응 형태를 가진다고 한다[61].

대부분의 여자아이들은 자신의 종속적이고 열등한 지위와 신분을 받아들임으로써 억압에 적응한다. 그들의 복종은 위협에 따른 두려움 때문일 수도 있지만, 일부 소녀들은 단순히 겉으로만 그럴 뿐이고 속으로는 압제자에 대한 눌려진 증오를 키울 수도 있으며, 전반적인 삶의 방식과 행동양식을 위험하게 만든다. 일부 소녀들은 불법적인 강제력을 통하여 억압에 적응한다. 이들에게는 불법적인 강제력이 자신의 자율성과 통제력을 갖게 해주기 때문에 비행에 끌리기 쉽다

---

60 J. Hagan, Gillis, A. R. and Simpson, J., "Class structure of gender and delinquency: 'Toward a Power—Control theory od common delinquent behavior," American Journal of Sociology, 1985, 90: 1151 – 1178; J. Hagan, Gillis, A. R. and Simpson, J., "Clarifying and extending a Power—Control theory of gender and delinquency," American Journal of Delinquency, 1990, 95: 1024 – 1037; B. McCartgy, Hagan, J. and Woodward, T., "In the company of women: Structure and agency in a revisited Power—Control theory of gender and delinquency," Criminology, 1999, 37: 761 – 788

61 B. Kingston, Regoli, R., and Hewitt, J., "The theory of Differential Oppression: A Developmental—Ecological explanation of adolescent problem behavior," Critical Criminology, 2003, 11: 237 – 260

고 한다. 비행행위가 즉각적이고 눈에 띄도록 뭔가 일을 만들고 일이 일어나도록 하기 때문이다. 비행행위들이 이들 소녀에게 그들이 행사하는 통제의 정도만큼 상징적인 중요성을 주기 때문이다. 일부 소녀들은 또한 동료와 친구들을 이용하여 자신의 통제력과 힘을 얻는다. 학교에서 친구를 따돌리고 괴롭힘으로써 부모나 교사에 대한 분노를 대체하는 식이다. 마지막으로, 일부 소녀는 억압의 근원이라고 믿는 제도와 사람에게 보복함으로써 억압에 적응한다. 부모나 교사에게 직접 보복·공격하기도 하지만 때로는 대안적으로 동생 등 약자로 대체하여 보복한다[62].

4. 사회적 계층(Social Class)과 비행

사회경제적 계층과 비행의 관계를 결정하는 것은 비행연구에 있어서 매우 중요한 핵심요소 중 하나이다. 아직도 논쟁이 끝나지는 않았지만 대부분의 연구에서 하류계층 청소년들이 중산층 청소년들보다 비행소년이 더 많다는 결과를 내놓고 있다. 하지만 일부 연구에서는 하류계층이나 중류계층이나 차이가 없다고 하며, 다른 일부에서는 오히려 중산층 비행이 더 많다고도 한다. 만약 청소년비행이 순수하게 하류계층 현상이라면, 비행의 원인도 빈곤, 실업, 사회해체, 문화갈등, 그리고 소외와 같이 순전히 하류계층 지역에서만 발견되는 사회문제에 그 근본원인이 있다고 할 수 있기 때문이다. 반대로 청소년비행이 모든 계층구조에 두루 일어나는 현상이라면, 그 원인 또한 지능, 인성, 사회화, 가족역기능, 교육실패, 또는 친구영향 등 비경제적 요소와 관련이 있어야 한다. 이와 같은 사고선상에서는 직업알선이나 제공 또는 경제적 자극과 동기는 범죄율에 크게 영향을 미치지 못할 것이기 때문이다[63].

사회경제적 계층과 비행의 관계가 분명한 경우는 다음과 같다. 부와 사회적 지위가 부족한 청소년들이 자신의 경제적 자원의 부재를 보상하고 목표를 성취하기 위하여 불법적 수단을 이용하고, 경제적·사회적 기회가 부족한 지역에서 비행이

---

62 J. Hewitt and Regoli, R., "Differential oppression theory and female delinquency," Free Inquiry in Creative Sociology, 2003, 31: 165–174

63 Siegel & Welsh, op cit., p. 56

가장 다발하며, 그러한 지역에 거주하는 청소년들은 보다 부유한 지역에서 성장하는 청소년들과 경제적·사회적으로 결코 경쟁할 수 없다고 믿기에 금전적 이득과 심리적 만족을 위해 불법적인 행위에 눈을 돌릴 수 있으며, 저소득지역에서 가정생활이 파괴되기 가장 쉬우며, 그 결과 비행청소년들이 가정이 제공해야 하는 성인의 감시·감독을 중화시키고 약화시키는 그런 분위기에서 번성하게 되고, 가난한 지역사회의 가난한 가정에서 자라는 아이들은 비행의 위험과 거리의 유혹에 빠질 위험이 두 배로 높아진다는 사실이다[64].

공식통계상으로는 계층과 비행 및 범죄는 분명히 상관관계가 있음을 보여주지만 그 둘의 관계는 그리 단순하지 않고 상당히 복잡하다고 할 수 있다. 계층은 비행이론에서 탄탄한 역사를 가지고 있다. 거시적 관점에서는 가주지역이나 도시에 따라 비행과 계층 사이에는 상관관계가 있어서 빈곤이나 사회해체로 특징 지워지는 지역일수록 보다 조직화되어 있고 그렇게 가난하지 않은 지역에 비해 비행발생률이 높을 가능성이 더 높은 것으로 나타난다. 계층과 비행의 상관관계는 공식통계를 이용할 때 더 분명해지며, 미시적 수준에서 들여다보면, 즉 빈곤지역에 거주하는 사람들이 비행에 가담할 확률이 더 높은가를 살피면 둘의 상관관계는 그렇게 분명하지는 않아진다. 이러한 복잡한 관계로 인한 문제의 하나는 만약 빈곤지역의 비행률이 더 높다면 그러한 지역에 사는 개인들도 비행확률이 더 높다고 가정한다는 점이다. 이름하여 생태적 오류ecological fallacy, 즉 지역사회라는 거시수준의 관찰을 개인이라는 미시수준의 사실로 적용하여 동일한 상관관계가 있는 것으로 이해하는 문제가 생기는 것이다.

불행하게도 미시수준에서 비행과 계층의 관계를 분석할 때면 그렇게 강한 관계를 찾지 못하게 된다. 실제로 이런 이유에서 최근 들어서는 비행과 계층의 관계에 대한 연구가 활발하지 않은 반면 오히려 일부 연구에서는 중산층 비행의 증가를 더 우려하는 실정이다. 물론 비행과 계층의 상관관계가 분명하지 않거나 미미한 이유는 실제로 둘의 관계가 약화되어서일 수도 있으며, 한편으로는 비행연구의

---

64 R. Agnew, "A general strain theory of community difference in crime rates," Journal of Research in Crime and delinquency, 1999, 36:123－155; C. Hay, E. Fortson, D. Hollist, I. Altheimer, and L. Schaible, "Compounded risk: The implications ofr delinquency of coming from a poor family that lives in a poor community," Journal of Youth and Adolescence, 2007, 36:593－605

방법상의 문제, 학교에서의 집단조사로 인한 중산층 위주의 표본이나 그로 인한 길거리 청소년들의 제외, 그리고 계층을 측정하는 척도의 문제 등에 기인할 수도 있어 신중한 논의가 필요하다[65].

실제 경험적 연구에서는 계층과 비행의 관계가 사실이기보다는 오히려 경찰을 비롯한 사법기관의 공식적 절차와 처리에 더 관련이 있다고 비판한다. 경찰이 빈곤지역과 하류계층을 더 감시하고 그들을 더 많이 체포하고 더 강하게 처벌하기 때문에 만들어진 관계라는 주장이다. 이를 뒷받침이라도 하듯 대부분의 자기보고식 조사에서는 모든 사회와 모든 계층의 청소년들이 비행에 가담하고 있음이 밝혀지고 있다. 종합하면, 공식통계에서도 중산층·상류층 비행이 증가하고 있고, 자기보고식 조사에서는 비행은 모든 계층에서 다 발생한다고 믿는 전문가들도 다수 있지만, 우리사회 대부분의 강력비행은 하류계층에 속하는 청소년들이 책임이 있으며, 따라서 대부분의 강력범죄와 비행에 가담하는 청소년들은 하류계층의 구성원일 확률이 더 높다는 것이 지혜로운 주장이라고 할 수 있을 것이다[66].

공식통계로는 비행과 계층의 상관관계가 분명히 나타나지만, 많은 자기보고식 조사에서는 그 관계가 나타나지 않는다는 많은 범죄학자들의 주장도 사실은 또 다른 논쟁을 제기하였다. 비판의 선봉에는 자기보고식 조사방법이 신뢰할 수 있거나 타당한 도구가 아니라는 것이다. 결국, 비행과 계층의 관계는 언제 어떻게 조사가 실시되었는지에 따라 달라질 수 있다고 한다. 또한, 둘의 관계는 범죄유형에 따라 달라지며, 사람에 대한 약탈적 범죄는 주로 하류계층의 청소년들이 대부분을 범하지만 이들 강력범죄를 제외한 비행은 계층에 따라 차이가 없다는 것이다[67].

만약 사회적 계층이 비행에 관련되지 않는다면, 공식통계에 나타난 상관성은 어떻게 이해할 것인가? 학자들은 이에 대해서 공식통계자료가 편견이 게재되었기 때문이라고 하는데, 즉 대부분의 비행이 보고되지 않고 공식통계로 집계되지 않았으며 집계된 통계는 하류계층 청소년들의 비행이 공식적으로 통계에 집계될 확

---

65 Hagan & B. McCarthy, "Streetlife and delinquency," The British Journal of Sociology, 1992, 43(4):533−561

66 Siegel & Welsh, op cit., p.57

67 D. Ellott and S. Ageton, "Reconciling race and class differences in self−reported and official estimates of delinquency," American Sociological Review, 1980, 45:95−110

률이 더 높기 때문이라고 해석한다. 또한 만약 비행과 계층의 상관성이 없다면 하류계층소년들이 더 비행적·일탈적이라는 인식은 어떻게 이해되어야 할까? 하류계층과 중산층 청소년의 비행이 큰 차이가 없이 비슷한 수준이나 하류계층이 더 일탈적이라고 다르게 인식하는 데는 3가지 이유가 있다고 한다. 우선, 중산층 비행은 그들이 범하는 비행의 특성상 눈에 잘 띄지 않아 비행소년이라는 인식을 주지 않는 반면에 하류계층 비행은 적대적인 것으로 인식되고 있다. 따라서 중산층 청소년들은 선량한 아이들이나 어쩌다 한 번 실수를 한다고 생각하는 반면에 하류계층 청소년들은 항상 '문제아'로 인식되었기 때문이라는 것이다. 또한 만약에 비행과 계층을 연계시키는 지금까지 제시된 상당한 이유와 원인 또는 설명들은 어떻게 이해되어야 할까. 바로 두 계층에 속한 청소년들의 비행 동기가 다르기 때문이라고 한다. 중·상류계층 청소년들은 금전적 동기로 비행할 확률은 낮지만 더 큰 '사회적 힘과 권력'이 있기 때문에 비행에 가담할 확률이 더 높아질 수 있어서 결국 서로 상쇄되기 때문에 비행과 계층 사이에는 큰 관련이 없다는 것이다[68].

한편 다른 일각에서는 비행과 계층의 상관성을 밝히기 위해 지금까지 사용해온 자기보고식 조사의 문제점을 지적하고 바로 이 문제로 인하여 비행과 계층의 상관성을 찾지 못했다는 비판을 제기한다. 먼저, 초기 자기보고식 연구들은 주로 경미한 비행과 지위비행을 측정하는 데 초점을 맞춰왔거나 또는 비록 강력범죄를 측정하더라도 범행의 경중이나 심각성에 따라 구분하지 않고 그냥 모든 비행을 동일한 척도로 측정하여서 보다 빈번하게 발생하는 경미비행이 발생 빈도가 더 낮은 강력비행보다 비행빈도를 측정하는데 훨씬 더 큰 영향을 미쳤다. 그 결과, 초기 연구에서는 강력비행과 계층의 관계에 대해서는 어떤 것도 설명하지 않고 단지 계층이 경미비행에 관련되지 않는다고 제안하는 것이다. 즉, 계층이 심각한 강력비행과 강력범죄에는 관련이 될 수도 있다는 것이다[69]. 초기 자기보고식 연구의 또 다른 문제는 비행과 계층을 측정하기 위한 척도가 정확하지 않고 애매하다는 것이다. 예를 들어 정확한 횟수와 비행유형별 경중을 고려하지 않고, 사회계층도 주관적 응

---

68 W. J. Chambliss, "The Saints and the Roughnecks," Society, 1973, 11(1):24－31; B. Wright, A. Caspi, T. Moffitt, and P. Silva, "Low self－control, social bonds, and crime: Social causation, social selection, or both?" Criminology, 1999, 37:479－514

69 D. Elliott and D. Huizinga, "Social class and delinquent behavior in a national youth panel: 1976－1980," Criminology, 1983, 21:149－177

답에 의존하여 객관적이고 표준화되지 못하며 표본추출과정에서 극단적으로 가난한 계층이 표집 되지 못하고 빈곤의 기간도 조사되지 않았던 것이다[70].

이런 비판들을 보완한 새로운 형태의 자기보고식 조사가 이루어지고, 특히 경미비행과 강력비행을 분리하여 측정하고 비행횟수도 정확하게 측정했던 전국규모의 패널 자료를 이용하여 분석한 결과, 대부분의 경미비행에서는 계층 간 차이가 없거나 아주 경미하며, 하류계층 청소년들이 강력비행에 가담할 확률이 더 높으며, 하류계층에서 강력비행 발생률이 더 높은 이유는 하류계층에 범행가담률이 높은 범법자가 훨씬 더 많기 때문이며, 지속적인 빈곤을 경험하는 아이들이 비행에 가담할 확률이 더 높다는 것을 발견하였다. 종합하면, 사회계층은 경미비행과는 크게 관련되지 않으며, 강력비행에는 하류계층이 더 많이 가담하여 어느 정도 관련이 있다고 믿을 만한 충분한 이유가 있다고 할 수 있을 것이다.

5. 인종과 문화

우리사회도 국제화, 세계화의 범람 속에서 이제 더이상 단일민족, 단일문화라는 말은 어울리지 않게 되었다. 인종문제가 당연히 사회문제의 하나로 등장할 수 있고, 나아가 인종문제가 범죄와 비행에도 연계될 수 있게 되었다. 다문화·다인종 사회인 미국에서는 이미 인종이 비행의 설명이나 그 상관요소로 널리 다루어지고 있다. 그런데 미국에서도 인종과 비행의 상관관계는 대부분 소수인종이 비행을 더 많이 한다는 가정에서 시작되어 대부분 소수인종 출신자들이 겪는 경제적 박탈, 가족붕괴, 그리고 문화적 요인에서 찾고 있다.

(1) 경제적 박탈(Economic deprivation)

시장경제사회에서 재화와 용역재산과 서비스의 불균등한 분배의 결과로 소수인

---

70 Agnew & Brezina, op cit., p. 77; D. Brownfeld, "Social class and violent behavior," Criminology, 1986, 24:421－438; M. Farnworth, T. Thornberry, M. Krohn, and A. Lizotte, "Measurement in the study of class and delinquency: Integrating theory and research," Journal of Research in Crime and Delinquency, 1994, 31:32－61; G. R. Jarjoura, R. Triplett, and G. Brinker, "Growing up poor: Examining the link between persistent childhood poverty and delinquency," Journal of Quantitative Criminology, 2002, 18:159－187

종은 심각한 경제적 기회의 부족을 겪게 된다고 한다. 이로 인하여 그들은 경제적 문제와 거주지역의 분리가 빚어지고 이는 다시 극단적인 빈곤과 높은 범죄율로 대표되는 일종의 슬럼slum과 같은 공동체를 형성하게 된다. 이런 상황이 그들에게 합법적인 수단에 의한 문화적 목표의 추구에 있어서 운명론, 스트레스, 그리고 좌절을 가져다주며, 바로 이런 좌절과 긴장이 그들의 높은 범죄율, 비행률에 기여했다는 것이다[71].

(2) 가족붕괴(Family breakdown)

경제적 박탈은 그 자체도 문제이지만 가족붕괴에 기여하는 수많은 긴장을 초래한다. 가족의 물리적 결함은 곧 아버지의 부재와 그로 인한 남성 성역할 모형의 부재, 그리고 이어지는 아동에 대한 부모의 감시·감독의 결여, 그로 인한 부정적인 교우관계와 잘못된 성역할의 학습이라는 부정적 영향을 미치게 된다. 이러한 가족구조의 파괴와 손상은 아이들의 학교생활과 학업수행에도 부정적으로 영향을 미치고, 이는 곧 빈곤의 끝없는 악순환을 초래하게 된다. 그 결과, 사회적 불리함이 집중된 이들 공동체사회에서 자라난 아이들은 치열한 경쟁사회에서 성공하기가 더욱 어려지기 마련이다. 실제 연구에서도 가족해체나 붕괴가 대도시의 퇴락한 지역사회 거주자들의 가장 중요한 살인범죄 예측요소로 밝혀지기도 하였다. 아버지의 존재에 따른 전통적 남성 성역할 모형의 존재는 반대로 이들 청소년들의 폭력률을 줄이는 일종의 완충기 역할을 한다는 것이다[72].

(3) 문화적 요소

소수인종의 경제적 박탈은 곧 그들에게 빈곤의 문화culture of poverty를 갖게 하고, 빈곤의 문화는 다시 소수인종 청소년들의 심각하고 폭력적인 형태의 비행에 크게 기여하게 된다는 것이다. 연구에 따르면 경제적 문제와 문화적 요소는 청소

---

71 D. Massey and M. Eggers, "The ecology of inequality: Minorities and concentration of poverty, 1970−1980," American Journal of Sociology, 1990, 95:1153−1188

72 J. Unnever, F. Cullen, and R. Agnew, "Why is bad parenting criminogenic? Implications from rival theories," Youth Violence and Juvenile Justice, 2006, 4:3−33; K. Parker and T. Johns, "Urban disadvantage and types of race−specific homicide: Assessing the diversity in family structure in the urban context," Journal of Research in Crime and Delinquency, 2002, 39:277−303

년과 청장년층의 살인범죄와 특히 밀접하게 관련된다고 한다. 사실, 범죄학자들이 빈곤층이 집중된 가장 경제적으로 퇴락한 지역에 거주하는 사람들의 삶이 비행에 관련이 있다는 생각을 지지하는 상당한 증거들을 내놓고 있다. 미국의 경우, 소수인종의 비행과 폭력이 빈곤층이 집중된 최악의 지역사회에 지나치게 편중되어 있다고 한다. 이러한 사실은 아마도 경제적으로 박탈당하고 가장 어려운 지역사회에서의 삶의 경험이 이들이 대중사회와 그 가치에 대한 적대적인 견해를 갖게 하는 데 기여했다는 것이다. 그 결과 이런 지역의 소수인종 청소년들이 주류사회의 문화와 궤를 같이 하지 못하는 구별되는 행동, 언어, 복장의 형식을 구축하게 되었다는 것이다. 문화갈등이론cultural conflict theory처럼 범죄는 주류사회의 가치를 대변하지 못하고 사회규범을 어기려는 결과라는 것이다. 이런 빈곤의 문화가 경제적 박탈이 너무나 심각하기 때문에 개인적 외관이나 자아존중에 너무나도 중요한 것이 되게 한다는 것이다. 결과적으로 비교적 사사로운 것과 자신을 존중하지 않거나 무시하는 것 같은 신호도 매우 심각한 위협으로 받아들이게 된다[73].

6. 가정과 비행

가정폭력의 문제가 심각한 사회문제의 하나로 대두되고 긍정적이고 양육적인 가정생활이 아이들을 반사회적 행위로부터 보호할 수 있는 반면에 갈등으로 점철된 가정은 그 반대의 결과를 초래할 수 있다는 데 대해서 의심의 여지가 없다. 사실, 거의 모든 전문가들이 부모와 아동, 형제간의 상호작용이 아이들에게 반사회적 행위유형을 습득하거나 금지하는 기회를 제공한다는 것이다. 비정상적 인성 기질이나 기분장애mood disorder로 인한 비행의 성향을 가진 아이라도 긍정적이고 효과적인 부모의 양육에 노출된다면 반사회적 행위에의 가담은 줄어들 수 있다는 것이다. 일부에서는 가정이 동료집단이나 교우관계보다 청소년들의 일탈에 더 중

---

73 P. Bellair, V. Roscigno, and T. McNulty, "Linking local labor market opportunity to violent adolescent delinquency," Journal of Research in Crime and delinquency, 2003, 40:6−33; C. Kubrin and T. Wadsworth, "Identifying the structural correlates of African American killings: What can we learn from data disaggregation," Homicide Studies, 2003, 7:3−35; M. Tcherni, "Structural determinants of homicide: The Big Three," Journal of Quantitative Criminology, 2011, 27:475−496

요한 영향요인이라고도 한다. 실제 연구에서도 부모와 따뜻한 관계를 유지했던 청년일수록 그것이 부족했던 청년에 비해 반사회적 행위에 가담하는 확률이 더 낮았다고 한다. 위험이 있는 아이들을 지지하고 지원할 자원이 부족한 가정은 자녀의 일탈적 생활방식을 예방할 수 없다는 것이다. 반대로 범죄다발지역에 거주하는 아이들이라도 긍정적인 역할모형을 보여주는 부모로부터 정당한 훈육과 지원 및 지지를 받는다면 거리의 유혹에 저항하게 하고 그들의 비행위험성을 낮출 수 있다는 것이다[74].

가정이 비행에 미치는 영향

가정은 아이들이 생애에 걸쳐 자신의 행동에 지침이 되는 가치와 태도를 학습하는 일차적인 단위이기 때문에 가정의 붕괴나 변화는 아이들에게 장기적으로 지속되는 영향을 미치기 마련이다. 반대로, 부모의 효과적인 양육은 비행을 조장하는 감정적인 문제와 같은 개인적 문제와 일탈적 교우관계와 같은 사회적 문제 모두를 중화시킬 수 있다. 대체로 비행을 조장하는 것으로 알려진 가정의 역기능에는 결별이나 이혼으로 인하여 붕괴된 가정, 대인적 갈등에 휩싸인 가정, 적정한 양육 기술이 부족한 비효과적인 부모, 그리고 자신의 행동을 자녀에게 전이하는 일탈적 부모가 있는 가정으로 나눌 수 있다[75].

---

[74] A. Fagan, Van Horn, M. L., Antaramian, S. and Hawkins, J. D., "How do families matter? : Age and gender differences in Family influences on delinquency and drug," Youth Violence and Juvenile Justice, 2011, 9: 50−170; C. B. Burt, Simons, R., and Simons, L., "A longitudinal test of the effects of parenting and the stability of self−control: Negative evidence for the General Theory of Crime," Criminology, 2006, 44: 353−396; D. Haynie and Osgood, D. W., "Reconsidering peers and delinquency: How do peers matter?" Social Forces, 2005, 84: 1110−1130; E. Palmer and Gough, K., "Childhood experiences of parenting and causal attributions for criminal behavior among young offenders and nonoffenderts," Journal of Applied Social psychology, 2007, 37: 790−806

[75] C. Sullivan, "Early adolescent delinquency: Assessing the role of childhood problems, family environment, and peer pressure," Youth Violence and Juvenile Justice, 2006, 4: 291−313; R. Loeber and Stouthamer−Loeber, M., "Family factors as correlates and predictors of juvenile conduct problems and delinquency, in Michale Tonry and Noval Morris(eds.), Crime and Justice, Vol. 7, Chicago: University of Chicago Press, 1986, pp. 39−41

(1) 가정붕괴(Family breakup)

청소년비행 연구에 있어서 가장 오래 지속되고 있는 논쟁의 하나가 아버지의 부재와 소년비행의 시작 사이의 관계일 것이다. 부모나 보호자는 중요한 비공식적 사회통제의 원천으로 행동한다고 믿으며, 가정의 붕괴가 일어나면 사회통제기능에 장애가 생기고, 아이들은 그만큼 반사회적 행동에 자유롭게 가담하게 된다는 것이다. 연구에 따르면, 결혼관계가 안전한 부모는 아이들을 자기-확신적이고 독립적으로 만든다는 것이다. 실제로 한부모 가정이나 양부모 부재 가정에서 자란 아이들이 반사회적 행위를 할 성향이 있으며, 결손가정이 아동의 법률위반 행위의 강력한 결정인자라고 한다. 부모의 부재나 결손가정과 비행의 연계는 분명해 보이는데 그 이유는 아이들이 가정에서 가장 먼저 사회화되어야 하는데 질서정연한 가족구조의 분열은 아이에게 부정적인 영향을 미치게 된다는 것이다. 이혼률이 높아지고 소위 혼합가정blended family, 즉 양 부모 중 한 쪽이 생물학적 부모가 아닌 부모로 구성된 가정이 증가하게 되어 가정붕괴와 비행의 관계는 더욱 중요해질 수 있다[76].

가정의 물리적 결손이 이처럼 아이들의 사회화에 부정적 영향을 미치는 것으로 오랫동안 알려져 왔으나, 일부 연구자들이 결손가정과 비행의 관계에 대하여 의문을 가지기 시작하였다. 초기연구가 공식기록을 활용하여 그 관계를 분석하였는데, 공식비행기록이 사실은 편견이 게재되어 비행의 실상과는 거리가 있다는 것, 즉 결손가정의 아이들이 더 많이 정상가정 아이들보다 소년사법기관이나 형사사법기관의 대상이 되기 쉽기 때문에 나타난 관계이며, 이 관계는 따라서 결손가정 아이들이 더 많이 비행을 한다는 것을 반드시 의미하지는 않는다는 것이다. 실제로 자기보고식 설문을 이용한 연구에서는 결손가정과 비행의 관계를 입증하지 못한 것으로 알려지고 있다[77].

현재 전문가들의 공통된 의견은 실제로 부모의 이혼은 청소년들의 비행과 일탈에 직접적인 영향을 미칠 수 있다는 것이다. 특히, 아동이 가정을 떠나야 하는 부

---

76 C. Kierkus, Johnson, B., and Hewitt, H., "Cohabiting, family and commynity stressors, selection and juvenile delinquency," Criminal Justice Review, 2010, 35: 393–411

77 Siegel & Welsh, op cit., p. 284

모와 밀접한 관계를 형성하고 있다면 이혼이 비행에 관련이 있다는 것이다. 물론 모든 이혼가정 출신의 아이들이 비행을 하는 것은 아니다. 사실 모든 이혼이 다 다르며, 이 차이가 가정의 분열이 아동의 비행에 미치는 영향을 설명해준다는 것이다. 그 중 하나가 부모들이 왜 이혼에 이르게 되었으며, 이혼에 어떻게 반응하고 대처하는가에 따라 아이들에게 미치는 영향이 달라진다는 것이다. 가정폭력이나 심각한 갈등을 겪은 가정에서 이혼 그 자체는 오히려 긍정적일 수도 있지만 이혼에 이르기까지의 과정, 즉 가정불화와 같은 심리적·정서적·감정적 결손이 이혼이라는 물리적 결손보다 더 큰 부정적 영향을 미친다고 할 수 있으며, 또한 이혼에 제대로 대처하지 못하고 혼란에 빠진다면 자녀에게 부정적인 영향을 미칠 수 있다는 것이다[78].

(2) 가족갈등(Family conflict)

가족 간의 갈등은 어쩌면 많은 가정에서 겪는 보편적 경험일 수 있다. 부모 사이의 갈등과 비행의 연계는 일찍이 부모의 결혼이 행복한가에 대한 자녀의 인식이 자녀 비행의 주요 예측인자라는 가정에서 시작되었다. 요즘에도 부적합한 가정에서 자라거나 불화와 이혼을 목격한 아이일수록 후에 감정적 장애와 행동문제를 보일 가능성이 더 높다는 연구결과들이 나오고 있다. 더구나 가족 간의 폭력을 단순히 목격한 아이와 폭력의 직접적인 피해자인 아이의 행동에는 큰 차이가 없다고 한다[79].

(3) 가족역량(family competence)

상식적으로도 적절한 자녀양육 기술이 부족하거나 결여된 부모를 가진 자녀가 지지적이고 비강압적인 방식으로 자녀를 효과적으로 통제할 수 있는 부모를 가진

---

78 L. Stolzenberg and D'Alessio, S., "The effect of divorce on domestic crime," Crime and Delinquency, 2007, 53: 281−302

79 D. Formoso, Gonzales, N., and Aiken, L., "Family conflict and children's internalizing and externalizing behavior: Protective factors," American Journal of Community Psychology, 2000, 28: 175−199; P. Jaffe, Wolfe, D., Wilson, S., and Zak, L., "Similarities in behavior and social maladjustment among child victims and witnesses to family violence," American Journal of Orthopsychiatry, 1986, 56: 142−146; L. Renner, "Sngle type of family violence victimization and externalizing behavior among children and adolescents," Journal of Family Violence, 2012, 27: 177−186

자녀에 비해 더 위험에 노출될 가능성이 높다. 부모의 자녀양육 능력, 훈육의 형태와 일관성, 감시·감독의 일관성, 어머니의 취업, 그리고 자원의 분산 등이 이에 해당되는 요인들이라고 할 수 있다. 먼저 부모의 양육능력, 즉 부모 효능감 또는 효율성parental efficacy으로서, 만약에 부모의 나쁘거나 무능한 자녀양육이 반사회적인 아이를 초래한다면 부모의 유능한 자녀양육은 그 반대의 결과를 초래한다고 할 수 있을 것이다. 실제로 부모 쌍방이 적어도 한 쪽 부모만이라도 아이를 가족과 통합시키는 그러한 형태의 가족구조를 제공할 수 있다면 자녀의 비행이 줄었다고 하는데, 이를 부모 효능 또는 효율성이라고 한다[80].

부모의 훈육과 자녀의 비행도 중요한 주제 중 하나이다. 대체로 자녀의 비행과 관련해서는 부모의 훈육방식도 그 관련성이 있다고 하지만 훈육의 비일관성이 더 중요한 변수로 인정받고 있다. 과거에는 지나치게 엄격하여 압제적이거나 지나치게 느슨한 방임적 훈육이 자녀의 비행에 영향을 미치는 것으로 가정되었으나, 훈육의 방식이 아니라 심지어 극단적으로 느슨하거나 극단적으로 엄격한 훈육보다도 일관되지 못한 훈육이 자녀의 비행에 더 큰 영향을 미친다는 것이다[81].

이와 유사한 경우로, 부모의 자녀에 대한 감시·감독이 일관되지 못하면 그 또한 자녀의 비행에 영향을 미치는 것으로 알려지고 있다. 예를 들어, 훈육할 것이라고 위협하고서도 실제로 훈육을 이행하지 않는 부모가 일탈적인 자녀를 가질 가능성이 더 높다는 것이다. 물론 부모의 감시·감독이 효과적이지 못하거나 방임은 자녀의 비행 가담에 강력한 상관관계가 있음이 밝혀지고 있지만, 일관되지 못한 감시·감독도 자녀에게 일탈의 빌미와 기회를 줄 수 있다는 것이다[82]. 부모의 감시·감독과 관련된 또 하나의 변수로 어머니의 취업을 들고 있다. 앞에서 기술한 것처럼, 부모가 자녀를 가까이 감시·감독하고 밀접한 관계를 가지면 자녀의 비행 가능성을 줄일 수 있다는 것인데, 반대로 생활여건이나 환경이 적절한 감시·감독을 방해한다면 비행기회는 늘어날 것이다. 일부에서는 심지어 가족관계가 끈끈한 가정에서도 어머니의 취업으로 자녀를 적절하게 감시·감독하지 못하면 자녀

---

80 C. Hay, "Parenting, self-control, and delinquency: A test of self-control theory," Criminology, 2001, 39: 707-736

81 Siegel & Welsh, op cit., p.287

82 J,Unnever, Cullen, F., and Agnew, R., "Why is 'Bad Parenting' criminogenic? Implications from rival theories," Youth Violence and Juvenile Justice, 2006, 4: 3-33

의 비행기회를 증대시킬 수 있다는 것이다. 물론 이러한 가설이 결정적인 것은 아니며, 어머니의 취업 이전의 가족 환경이 영향을 미치기 때문일 수도 있으며, 일하는 어머니라도 아무런 스트레스를 보이지 않고 자녀와 감정적 유대를 유지한다면 영향을 미치지 않을 수도 있다고 한다[83].

(4) 가족의 일탈

부모의 일탈이나 범죄성이 자녀의 비행에 강력한 영향을 미친다고 한다. 부모가 약물을 하고 범죄를 저지르는 가정에서 자라고 사회화되는 아이들은 그와 같은 행위에 스스로 가담할 확률도 높다는 것이다. 실제로 대규모의 종단적longitudinal 연구에서도 상당한 수의 비행소년들이 범죄자나 전과자 아버지를 가졌다는 것이 밝혀지기도 하였다. 심지어 학교폭력에서도 학교폭력 가해 학생이 자라서 학교폭력 가해 자녀를 가지는, 즉 소위 '2세대 학교 폭력자'가 될 확률도 더 높았다고 한다. 이런 주장에 대한 가장 보편적인 이유는 아마도 부모가 구금되거나 수용되면 가족의 붕괴나 분열 또는 결별을 초래하고 이는 또한 자녀에 대한 올바른 양육, 감시·감독, 사회화, 훈육 등을 어렵게 하며, 구금 전후에 가족 간 갈등과 분열을 초래하기 때문일 것이라 할 수 있다. 뿐만 아니라, 부모의 구금은 가정경제의 곤궁을 초래할 것이고, 이는 생활환경을 악화시키고 교육도 어렵게 할 것이다. 또한 부모와 가족의 범죄는 자녀와 형제의 범죄학습에도 기여할 수 있으며, 가족에 대한 부정적 낙인의 영향 때문일 수도 있을 것이다[84].

(5) 아동학대

전문가들에 따르면, 학대당한 아이들은 그들의 전 생애에 걸쳐 약물남용에서 손상된 인성에 이르기까지 다양한 정신적·사회적 문제를 경험하게 된다고 주장

---

83 S. J. Jang and Smith C. A., "A test of reciprocal causal relationships among parental supervision, affective ties, and delinquency," Journal of Research in Crime and Delinquency, 1997, 34: 307−336

84 J. Murray and Farrington, D., "Parental imprisonment: Effects on boys' antisocial behavior and delinquency through the life−course," Journal of Child Psychology and Psychiatry, 2005, 46: 1269−1278; L. Aaron and Dallaire, D., "Parental incarceration and multiple risk experiences: Effects on family dynamics and children's delinquency," Journal of Youth and Adolescence, 2010, 39: 1471−1484

한다. 학대당한 아이들은 자신에 대한 평가절하, 타인에 대한 불신, 상대방의 의도가 애매모호한 경우 상대방에 대한 적대감을 인식하는 경향, 사회적 갈등에 대한 자기중심적 해결 성향 등을 겪게 된다는 것이다. 초기 아동기나 유아기 시절의 학대는 아동의 뇌 발달에도 장애를 일으켜서 신체적·정신적·정서적 문제를 유발할 수 있다고 한다. 더구나 심리학자들은 이들 학대당한 아이들이 문제를 해결하는 수단으로서 공격성을 활용하며, 이는 타인에 대한 공감과 동정을 방해한다고 주장한다[85].

7. 학교와 비행

학교와 청소년비행의 관계는 대체로 세 가지 측면에서 관련지을 수 있다. 우선, 사회화기관socialization agency으로서의 학교이다. 청소년들은 학교에서 자신의 친구들과 가장 많은 시간을 보내며, 심지어 방과 후 대부분의 활동도 학교친구들과 한다. 청소년들은 학교친구들에게 점점 더 많은 관심을 가지게 되는 반면에 부모와 같은 성인 역할모형들에 대해서는 점점 관심을 잃게 된다. 그들에게 가장 중요한 사람significant others이 부모나 교사가 아닌 친구가 되는 것은 자연스러운 일이다. 문제는 친구집단의 동료문화peer culture가 때로는 기성세대와 사회의 문화와 상치되는 경우가 있으며, 그들만의 청소년 하위문화가 발달하게 된다는 것이다. 청소년들에게 때로는 법을 준수하는 행동들이 가치 있는 것이 아니며, 그들만의 관심의 초점이 생기게 된다.

학교가 청소년비행과 관련될 수 있는 두 번째 논리는 교육이 경제적·사회적 지위의 주요 결정인자가 된다는 점이다. 과학기술의 시대에 교육은 그 사람의 성공여부를 판가름하는 직업의 열쇠가 되기 때문이다. 그러나 많은 청소년들이 그 기준을 충족시키지 못하고 학업을 포기하고 학교와 사회의 낙오자가 되어 학교도 못 다니고 가정에서도 인정받지 못하며 직업도 가지지 못하는 사회에서 가장 위험한 상태의 청소년이 되는 것이다. 마지막으로, 바로 학교 자체가 폭력과 일탈의 장이 되는 것으로서 집단 괴롭힘이나 따돌림과 같은 학교폭력의 문제이다.

---

85 Siegel & Welsh, op cit., pp. 292 – 293

1) 학업중단, 학업성취도, 그리고 비행

통상적으로 우리는 학업을 중단하는 청소년들이 더 많은 범행을 하고, 학업중단이 그 아이들을 일탈적인 삶의 길로 들어서게 한다고 주장한다. 실제로 이를 입증이라도 하는 듯 대부분의 국가에서 교정시설에 수용된 재소자의 상당수가 그들이 전체 인구에서 차지하는 비율보다 훨씬 높은 비중으로 학업을 포기한 사람들이 차지하고 있다. 물론 연구결과는 학업중단과 비행의 관계에 대해서 분명하지 않다. 그러나 아이들이 학교를 그만두는 이유가 그들의 이어지는 행동에 영향을 미칠 수는 있다. 경제적 문제로 학교를 그만두는 학생이 학교문제나 학교에서의 행동문제로 그만두게 되는 학생들보다 범행의 위험이 더 낮다는 것이다[86].

학교를 그만두었거나 학업을 지속하거나 관계없이, 학교에서 학업성취도가 낮은 학생은 비행의 위험이 있다고 한다. 학교에서 상습적으로 학업성취도가 낮은 학생이 비행할 확률이 가장 높다는 것이다. 실제로 연구자들도 학교에서의 실패가 교우관계, 사회경제적 지위나 계층, 인종 그 어떤 변수보다 더 강력한 비행예측인자라고 설명한다. 비행소년과 비비행소년의 학업성적을 비교한 결과, 비행소년들의 학업성적이 낮았고, 이것이 곧 학교를 그만두고 비행활동에 가담하게 되는 원인이 되었다는 것이다. 학교를 싫어하고 학업성적이 좋지 않은 학생들이 자기보고식 비행도 더 많이 답한 것으로 확인되고 있다. 반면에 아동학대와 같은 위험요소를 가진 아이라도 학업성적이 좋으면 비행에의 가담을 피할 수 있었다는 것이다[87].

이처럼 학교에서의 실패와 비행은 관련이 있다고 대부분의 전문가들이 동의하

---

[86] G. R. Jarjoura, "Does dropping out of school enhance delinquent behavior? Results from a large−scale national probability sample," Criminology, 1993, 31: 149−172; G. Sweeten, Bushway, S. D. and Paternoster, R., "Does dropping out of school mean dropping into delinquency?" Criminology, 2009, 47: 47−91

[87] E. Maguin and Loeber, R., "Academic performance and delinquency," in Michael Tonry(ed.), Crime and Justice : A Review of Research, Vol. 20, Chicago, IL: University of Chicago Press, 1995, pp. 145−264; T. Thornberry, Lizotte, A., Krohn, M., Farnworth, M., and S. J. Jang, "Testing interactional theory: An examination of reciprocal causal relationships among family, school, and delinquency," Journal of Criminal law and Criminology, 1991, 82: 3−35; K. Bender, "The mediating effect of school engagement in the relationship between youth maltreatment and juvenile delinquency," Children and Schools, 2012, 34: 37−48

지만, 이 관계의 특성과 방향에 대해서는 논의가 더 필요하다. 먼저, 학교실패가 비행행위의 직접적인 원인이라는 주장이다. 학교에서 실패하는 아이는 좌절하게 되고 자신이 거부당했다고 느끼게 된다. 자신이 관습적인 수단으로는 성공할 수 없다고 믿고, 비슷한 처지의 비슷한 생각을 가진 동료들과 함께 반사회적 행동을 하게 된다는 것이다. 뿐만 아니라, 학교에서의 실패는 중요한 사람들로부터의 부정적인 반응을 초래하게 되어 부정적 낙인으로 인한 비행으로 인도하게 된다는 것이다. 두 번째는 학교실패가 반사회적 행위의 실질적 요인인 감정적·심리적 문제로 이어질 수 있다는 것이다. 학업실패는 자아-존중감을 떨어뜨리고, 줄어든 자아-존중감이 비행의 실질적인 원인이라는 것이다. 마지막으로, 학교실패와 비행에는 공통된 원인이 있다는 것이다. 즉, 학교실패와 비행 모두 문제가 있는 가정환경에서 사회화되거나 빈곤 속에서 생활하는 것과 같은 학교 밖 외부적인 조건이 그 원인이라는 것이다[88]. 그러나 이들 논리와는 정 반대로, 비행이 오히려 실패한 학업과 학교의 원인이라는 주장도 있다. 비행 때문에 학업을 잘 하지 못하고 결국 학교를 중단하게 된다는 것이다. 결국, 학교문제가 비행의 원인이 아니라 그 결과라는 것이다.

2) 학교에서의 비행

지금까지 알려진 바로는 청소년비행과 피해의 대부분이 학교에서 일어난다는 것이다. 물론 가장 심각한 폭력범죄는 방과 후 학교 밖에서 일어나지만 청소년 학생들이 가장 많이 범하는 비행과 범죄는 학교에서 발생한다는 것이다. 그렇다면 학생들의 비행에 의한 피해자는 누구일까? 학교범죄는 무작위적인 사건이라기보다는 피해자의 개인적인 신상이나 행동으로 인하여 특정한 학생들이 표적이 된다고 한다. 한가지 밝혀진 것은 자신을 위험에 노출시키거나 위험에 처하게 하는 아이가 표적이 될 가능성이 가장 높다고 한다. 자기보고식 조사에서 비행을 보고하고 일탈적인 친구들과 교우관계를 맺는 아이가 학교와 친구들에게 애착을 가지는 학생에 비해서 피해자가 될 가능성이 더 높다는 것이다. 이와 함께, 충동성도 폭력적 피해의 가능성을 심각하게 증가시키는 것으로 알려지고 있는데, 자기-통제가 약한 충동적인 아이가 가장 빈번하게 학교범죄의 표적이 된다고 한다. 이는 자기-

---

88 Siegel & Welsh, op cit., p. 371

통제가 낮은 아이는 가해자들이 자기중심적으로 보거나 그들의 충동적 행동으로 인하여 특히 적절한 표적으로 간주하기 때문일 것이다. 또한, 방과 후 활동에의 참여도 피해위험을 높인다고 하는데, 이는 운동과 같은 방과 후 활동에의 참가가 학교에서의 비행을 실제로 줄이는 데 도움이 된다는 통상적으로 가졌던 믿음에 대한 도전이다. 실제로 방과 후 학업활동에 참가하는 학생이 폭력적 피해의 적절한 표적으로 선택되는 경우가 더 많았다고 하는데, 이는 방과 후 학습에 참여하는 학생이 가해자들의 눈에 약하고 폭력피해에 취약한 것으로 여기기 때문일 것으로 해석되고 있다[89].

3) 괴롭힘(Bullying)

전문가들은 아이들 사이의 괴롭힘을 한 사람 이상이 다른 사람에 대하여 범하는 반복적이고 부정적인 행동으로 규정한다. 이들 부정적인 행동은 그 특성상 물리적일 수도 있고 언어적일 수도 있으며, 우정을 악용하거나 의도적으로 소외시키는 등 간접적인 행동도 포함될 수 있다. 이러한 정의에서 함축된 것 중의 하나는 바로 괴롭히는 사람과 피해자 사이의 실제 또는 인식된 힘의 불균형이다[90].

연구에 의하면, 괴롭힘은 가해자와 피해자 모두에게 단기적 또는 장기적인 결과를 초래한다고 하는데, 만성적으로 괴롭힘을 당하는 학생은 당하지 않는 학생에 비해 신체적·심리적 문제를 겪을 가능성이 더 높으며, 피해자의 역할에서 벗어나지 못하는 경향이 있다고 한다. 괴롭힘을 당하는 학생은 학교에 가기 싫어하며, 결국 교육을 받지 못하고 학교환경에 연결되는 사회적 이익을 누리지 못하게 된다. 극단적으로는 괴롭힘이 자살로까지 이어질 수도 있다고 한다. 괴롭힘은 한번 당하게 되면 수년이 흐른 뒤에도 괴롭힘을 당하는 것으로 알려지고 있으며, 만성적으로 괴롭힘을 당하는 아이는 성인이 되어서 우울증이나 낮은 자아-존중, 그리고 분열증과 같은 기타 정신질환의 위험이 증대된다고도 한다[91].

---

89 M. S. Tillyer, Fisher, B. S. and Wilcox, P., "The effects of school crime prevention on students' violent victimization, risk perception, and fear of crime: A multilevel opportunity perspective," Justice Quarterly, 2011, 28: 249－277; P. Veliz and Shakib, S., "Interscholastic sports participation and schol based elinquency," Sociological Spectrum, 2012, 32: 558－580

90 Siegel & Welsh, op cit., p.377

91 J. Lreland and Monaghan, R., "Behaviors indicative of bullying among young and

4) 학교범죄의 원인

일반적으로 학교범죄의 원인은 개인, 학교, 그리고 지역사회 요인으로 설명되고 있다. 먼저 개인 단위의 원인으로는 부모의 관심도 거의 받지 못하고 소외되고 혼자라고 느끼는 아이들이 학교폭력이나 약물남용 등의 위험성에 가장 취약하다는 것이다. 학교관련 요인으로는 학교특성과 관련된 것으로서 일반적으로 학업성취도가 높은 학교일수록 학교폭력의 위험은 낮아진다고 한다. 그리고 지역사회 원인은 학교관련 원인과도 관련된 것으로서 학교가 위치한 지역사회의 특성과 관련된 요인이라고 할 수 있다. 당연히 범죄다발지역에 위치한 학교일수록 학교폭력 발생 위험성이 더 높다는 것이다[92].

여기서 추가로 논의되어야 할 부분이 있다. 지역사회 특성, 특히 지역사회 폭력수준과 학교폭력수준이 서로 관련이 있다고 하는데, 그렇다면 과연 지역사회 폭력이 학교폭력에 영향을 미치는지 아니면 학교폭력이 지역사회폭력에 영향을 미치는 것인지 의문스럽지 않을 수 없다. 일부에서는 학교폭력과 지역사회폭력은 서로 영향을 미치는 것이라고 주장한다. 이들에 따르면, 학교폭력과 지역사회폭력은 거의 동시에 발생한다는 것이다. 아마도 그 이유는 대부분의 학교폭력이 폭력집단과 관련된 것이고, 이 폭력집단은 학교뿐 아니라 지역사회에도 동시에 문제가 되기 때문일 것으로 이해되고 있다. 결국, 학교와 지역사회에서 폭력을 유발시켰던 요인들이 종종 서로 뒤얽혀있다는 것이다[93].

juvenile male offenders: A study of perpetrator and victim characteristics," Aggressive Behavior, 2006, 32: 172−180; Y. S. Kim and Leventhal, B., "Bullying and suicide: A review," International Journal of Adolescent Medical Health, 2008, 20: 133−154

92 N. Weishew and Peng, S., "Variables predicting students' problem behaviors," Journal of Educational Research, 1993, 87: 5−17; C. Lo, Kim, Y., Allen, T., Allen, A., Minugh, A., and Lomuto, N., "The impact of school environment and grade level on student delinquency: A multilevel modeling approach," Crime and delinquency, 2011, 5: 622−657

93 R. Brunson and Miller, J., "Schools, neighborhood, and adolescent conflicts: A situational examination of reciprocal dynamics," Justice Quarterly, 2009, 26: 1−27

8. 비행소년이라고 다 같은 비행소년이 아니다? - 비행소년의 유형

상식적으로도 비행을 빈번하게 저지르는 비행소년이 있다면 간헐적으로 저지르는 소년도 있고, 주로 경미비행에 가담하는 비행소년이 있으면 주로 강력범죄를 저지르는 소년도 있다. 최근 범죄학자들은 비행소년들의 상이한 유형을 구분하고 확인하려고 애쓰고 있는데, 이런 노력은 매우 중요한 것이다. 청소년이 특정한 유형의 비행을 저지르게 되는 요인이나 요소가 다른 유형의 비행을 저지르게 되는 요인이나 요소와는 다를 수 있기 때문이다. 당연히 이처럼 상이한 유형의 비행소년이 존재한다는 것을 확인하는 것은 우리 사회의 비행통제 노력에도 중대한 의의를 가진다. 비행소년의 유형에 따라 상이한 유형의 개입과 처우를 필요로할 것이기 때문이다.

비행소년의 유형화는 대체로 비행의 빈도, 비행의 유형, 그리고 비행을 처음 시작하고 중단한 시기를 기준으로 구분하는 경우가 많다. 일반적으로 알려진 바로는 10% 미만의 소년들은 비행을 하지 않으며, 절대다수의 소년들이 약간의 비행을 저지르는 반면에 아주 적은 소년들이 거의 대부분의 비행에 책임이 있다는 것이다.

그렇다면 청소년들이 주로 범하는 비행은 어떤 유형들이 있을까? 한 때 범죄학자들 중 일부는 청소년들이 특정한 유형의 범죄에 전문화한다고 가정하여, 예를 들어 일부는 절도와 강도 같은 재산범죄를 전문으로 하고, 다른 일부는 폭력범죄를 주로 하며, 또 다른 일부는 약물범죄를 전문으로 한다는 것이다. 최근의 연구결과에서도 지금까지 믿었던 것만큼은 아니지만 소년범행에 있어서 약간의 전문화를 보이기도 하였으나 두 번 이상 비행을 한 대부분의 비행소년들은 다양한 범죄를 범하는 경향이 있는 것으로 알려지고 있다. 물론 이러한 다양화 추세에 반대되는 일부 전문화도 주장되고 있는데, 가장 좋은 예가 물론 이들 폭력적인 범법자들이 다른 유형의 범행도 하지만 어떤 소년 범법자들은 상대적으로 폭력에 가담할 확률이 더 높다고 한다. 결국 비행소년들은 특정유형의 범행을 더 선호할 수는 있지만 다양한 범주의 비행을 저지르는 경향이 있다는 것이다[94]. 보다 구체적인

---

[94] D. W. Osgood and C. J. Scjreck, "A new method for studying the extent, stability, and predictors of individual specialization in violence," Criminology, 2007, 45:273-312;

유형화로서 비행소년들 일부는 주로 경미한 비행을 하는 반면에 다른 일부는 경미비행과 약간의 강력비행을 함께 범하지만, 강력비행만 하는 청소년은 아주 적으며 강력비행을 하는 소년은 통상 경미범행도 동시에 범한다고 한다[95].

비행청소년의 유형을 나누는데 중요한 준거의 틀 중 하나는 바로 비행소년이 첫 비행을 시작한 시기와 그만둔 시기이다. 지금까지의 연구결과 일부 범법자들은 아동기에 자신의 범행을 시작한 반면, 다른 범법자들은 청소년기 후반에서야 시작한다는 것이다. 그리고 일부 범법자들은 청소년기에 자신의 범행을 중단하지만, 다른 범법자들은 성인기 이후까지도 범행을 계속한다는 것이다. 가장 보편적인 유형은 범법자들이 아동기 후기나 청소년기 중반에 시작하여 청소년기 후반에 중단하는 것이며, 이들의 비행이 청소년기에만 국한되기 때문에 이들을 청소년기 한정 범법자Adolescence-limited offenders라고 한다. 바로 이들로 인하여 범행률의 정상에 이르는 시기가 청소년기 중반에서 후반에 이르는 중요 원인으로 만들어진다[96].

극소수의 범법자들은 어린 아동기에 비행이나 반사회적 행동에 가담하기 시작하는데, 그들은 어린 나이에 거짓말하고, 훔치고, 부정행위를 하고 공격적 행위에도 가담하며, 부모와 지역사회에서 '문제아'로 일컬어진다. 이들은 늦은 시기에 비행을 시작한 범법자들에 비해 더 빈번하게, 그리고 중대 범행을, 그리고 성인이 되어서도 지속적으로 범할 확률이 매우 높다고 한다. 사실, 비행의 조기개시early onset가 범행의 기간, 중대성, 그리고 빈도를 예측하는 가장 중요한 예측인자의 하나이지만, 비행의 조기개시가 생애 후반의 범행을 보장하는 것은 아니다. 실제로 비행을 아주 조기에 개시한 범법자 중에서도 약 절반 정도만 성인범죄자가 된다고 하고 조기에 범행을 시작한 극히 소수의 집단이 성인기 이후까지도 범행을 지속하며, 이들을 상습적·습관적 범법자Chronic offenders라고 하며, 청소년기에 국

---

95 F. W. Dunford and D. S. Elliott, "Identifying career offenders using self-reporting data," Journal of Research in Crime and Delinquency, 1984, 21:57-86

96 T. E. Moffitt, "'Life-course persistent' and 'Adolescence-limited' antisocial behavior: A Developmental taxonomy," Psychological Review, 1993, 100:674-701; T. E. Moffitt, "Adolescence-limited and life-course persistent offending: A Complementary pair of developmental theories," pp. 11-54 in T. P. Thornberry(ed.), Developmental Theories of Crime and Delinquency: Advances in Criminological Theory, Vol. 7, New Brunswick, NJ: Transaction, 1997

한된 범법자들과 구별되고 있다[97].

　이처럼 비행청소년들은 비행의 빈도, 중대성, 그리고 비행개시시기와 중단에 따른 비행기간에 따라 그 유형이 다양하게 구분되지만, 이 세 가지 차원을 함께 고려한 유형화가 가장 바람직하다고 한다. 물론 이들 세 가지 차원의 변수들이 상호관련이 되어서 예를 들어 범행빈도가 높은 범법자일수록 중대범행을 할 확률도 더 높지만, 일부 범행빈도가 높은 범법자는 경미한 범행만 빈번하게 범하기도 하여 빈도와 중대성의 관계가 완전하지는 않다. 그럼에도 일부 학자들은 이들 세 가지 변수를 종합하여 극단적으로 소수에 불과하지만 대부분의 중대범행을 하는 '높은 빈도로 중대한 범행을 상습적으로 하는 범법자High-rate, serious, chronic offenders'와 '낮은 빈도, 경미한 범행을 청소년기에만 제한적으로 하는 범법자Low-rate, minor, adolescence-limited offenders'로 구분하며, 이들 양극단의 중간에는 여러 가지 유형이 있을 수 있다고 한다[98].

9. 상습적인 범행 - 비행경력

　대부분의 청소년들이 나이가 들면서 범죄에서 벗어나지만, 소수의 청소년은 아주 어린 나이에 비행을 시작하여 성인기까지 오래 동안 높은 비율의 범행을 지속한다. 최초 비행을 어릴 때 할수록 성인기까지 상습적으로 비행을 지속한다는 것은 다방면에서 입증되곤 했다. 이들 상습적 비행청소년들은 변화에 저항하고, 처벌의 영향에도 면역이 된 것처럼 보인다. 체포, 기소, 처벌 등 어떤 것도 이들의 범행이력을 중단시키지 못하고 있다. 이들 소수의 상습비행소년들이 사실 모든 중대 비행과 범죄의 상당부분을 저지르고 있지만, 거의 대부분의 청소년들이 나이가 들면서 범행을 중단하기 때문에 자신의 인생여정을 거치며 범행을 지속하

97 : R. M. Regoli, Hew, J. D. and Delisi, M., Delinquency in Society)9th ed.), Burlington, MA: Jones & Bartlett Learning, 2014, pp. 25-26; Agnew & Brezina, op cit., pp. 85-86;

98 A. V. D'Unger, K. C. Land, P. L. McCall, and D. S. Nagin, "How many latent classes of delinquency/criminal careers? Results from Mixed Poisson regression analysis," American Journal of Sociology, 1998, 103:1593-1630; R. Loeber, M. Stouthamer-Loeber, W. V. Kammen, and D. P. Farrington, "Initiation, escalation and desistance in juvenile offending and their correlates," Journal of Criminal Law and Criminology, 1991, 82:36-82

는 상대적으로 적은 수의 범법자를 사전에 미리 확인, 파악하기란 어려운 일이다. 이들은 비행이력을 아주 어린 나이, 대체로 10살 이하에 시작하고, 일관되고 지속적으로 법과 충돌하며, 과도하게 폭력적이고 파괴적이며, 나이가 들어도 범죄를 그만두지 않고 성인기까지 법률위반행위를 지속한다. 대부분의 연구에서 조기, 반복적 비행행동이 미래 성인범죄성의 가장 확실한 예측인자라고 밝혀지고 있다[99].

흥미로운 것은 왜 대부분의 청소년들이 성장과 함께 범죄를 중단하는데도 불구하고 일부 소수의 청소년들은 범행을 지속하는 상습적인 범죄자가 되는 것인가이다. 연구에 따르면, 이들 상습적 범법자들은 다수의 개인적, 사회적, 환경적, 그리고 발달적인 결함, 결핍, 문제로 고통 받고 있다고 한다. 예를 들어, 15세 이전에 범죄행위로 체포된 경력, 상대적으로 낮은 지적 발달, 그리고 부모의 습관적인 약물복용 등이 미래 상습적 범행에 대한 핵심적인 예측인자였다고 한다. 학습과 운동능력, 인지능력, 가족관계 등의 문제도 상습성의 예측인자라고 한다. 범행을 지속하는 청년범법자들은 알코올 남용, 경제적 종속, 낮은 자극과 열망, 그리고 좋지 않은 취업경력 등의 가능성이 높다고 한다. 이들에게는 체포, 구금, 그리고 형벌도 크게 영향을 미치지 못한다고도 한다[100].

99 L. Kazwmian and Farrington, D., "Exploring the residual career length and residual number of offenses for two generations of repeat offenders," Journal of Research in Crime and Delinquency, 2006, 43: 89–113

100 P. Jones, Harris, P., Fader, J. and Grubstein, L., "Identifying chronic juvenile offenders," Justice Quarterly, 2001, 18: 479–508; J. White, Moffitt, T., Earls, F., Robins, L., and Silva, P., "How early can we tell? Predictors of childhood conduct disorder and adolescent delinquency," Criminology, 1990, 28: 507–535; K. Kemp–Leonard, Tracy, P., and Howell, J., "Serious, violent, and chronic juvenile offenders: The relationship of delinquency career types to adult criminality," Justice Quarterly, 2001, 18: 449–478

제3절

소년비행의 원인

1. 기질적 원인

사람마다 기질이 다르다고 한다. 여기서 기질traits이라 함은 환경과 자신에 대하여 인식, 사고, 그리고 행동하는 비교적 안정적인 방식이라고 할 수 있다. 예를 들어 어떤 사람이 규칙적으로 아무런 생각 없이 행동한다면 그는 충동성의 기질을 가졌다고 우리는 이야기한다. 그동안의 연구에 따르면, 특정한 기질을 가진 사람이 비행에 가담할 확률이 더 높다고 한다. 지금까지 알려진 바 비행가담 확률을 높이는 그러한 기질에는 낮은 지능지수, 학습장애, 집중력결핍, 과잉행동장애, 충동성, 모험추구, 처벌로부터 학습하지 못함, 성가심, 타인에 대한 둔감함 또는 낮은 공감능력, 부족한 사회기술, 부족한 문제해결능력, 미성숙한 도덕적 사고력, 비정상적 신념, 그리고 비행에 호의적인 신념 등을 예로 들고 있다[101].

1) 낮은 수준의 언어지능(low verbal IQ)

공식범죄통계나 자기보고식조사 자료를 포함한 거의 대부분의 자료는 지능지수가 낮은 사람일수록 비행에 가담할 가능성이 더 높다는 것을 보여준다. 이 결과는 사회계층이나 인종 등 제3의 변수를 통제하여도 일관되게 나타난다고 한다. 뿐만 아니라 이 관계는 횡단자료는 물론이고 종단자료에서도 나타난다. 이들 자료는 비행에 영향을 미치는 것은 언어와 수행지능지수의 두 가지 영역 중에서도 개인의 언어지능verbal IQ 점수라고 한다. 언어지능이 낮은 사람은 자신을 표현하고, 정보를 기억하며, 추상적으로 사고하는 것이 어렵다고 한다.

그렇다면, 왜 낮은 언어지능이 비행에 영향을 미치는 것일까? 긴장이론가들은 낮은 언어지능은 긴장의 증대를 초래하게 되어 교육적 성공과 같은 목표를 성취하는 것을 더 어렵게 하고 교사, 부모, 동료들과 적대적인 관계를 가질 가능성을

---

101 Agnew & Brezina, op cit., p. 238

더 높이기 때문이라고 주장한다. 뿐만 아니라 지능이 낮은 청소년은 문제해결능력과도 관련이 있어서 합법적인 방식으로 긴장을 극복하기 더 어려워진다고도 한다. 반면에 사회학습이론가들은 지능이 낮은 청소년들에게는 학업과 같은 관습적인 행동에 대해서 재강화될 가능성이 낮아서 범죄가 보다 끌리는 대안이 될 수 있기 때문이라고 주장하며, 통제이론가들은 낮은 지능이 낮은 학업성취도와 학교에 대한 부정적 태도를 초래하고 따라서 관습성에 대한 동조를 약화시키기 때문이라고 주장한다. 또한 지능이 낮으면 범행의 결과를 예측할 능력도 낮아지고 자기를 통제할 능력도 낮아지기 때문에도 비행에 가담할 가능성이 더 높아질 수 있다고 한다[102].

2) 낮은 자기-통제(Low Self-Control)

일반적으로 낮은 자기―통제는 여러 가지 보다 구체적인 기질로 구성된 일종의 초―기질super―trait이라고 한다. 이 초―기질을 구성하는 하위기질로 충동성impulsivity이 있으며, 이는 자기 행동의 결과를 고려하지 않고 행동하는 경향이라 할 수 있다. 지연된 보상보다 즉각적인 보상에 대한 강한 선호, 흥분, 자극, 모험활동 등에 대한 강력한 욕구라고 할 수 있는 모험추구risk seeking, 그리고 활동수준이 지나치게 높은 과잉행동도 여기에 속한다. 낮은 동기와 야망을 가진 사람도 임무를 끝내지 못하고, 계획을 세우고 수행하는 데 어려움을 겪으며, 쉽게 전이되고 집중력과 관심을 잃게 되며, 비행에 대한 호의적 신념이나 비정상적 신념을 가진 사람은 어떠한 비행행동은 나쁘지도 않고 좋지도 않다고 믿는 비정상적 신념을 가지거나 일정형태의 비행은 특정한 조건하에서 정당화될 수 있고 용서될 수 있다고 믿는다는 것이다.

긴장이론가들은 동기가 매우 낮다는 점을 고려한다면 자기―통제력이 약한 사람은 합법적인 통로를 통해서 자신의 목표를 성취하는 것이 더 힘들다고 주장한다. 이들은 또한 자신이 통제 불능이고 비행성향이 높다는 점을 고려한다면 다른 사람들을 기분 나쁘게 하거나 화나게 할 가능성이 더 높으며, 사람들은 이

---

102 T. E. Moffitt, "The neuropsychology of juvenile delinquency: A critical review," pp. 99－169 in M. Tonry and N. Morris(eds.), Crime and Justice, Volume 12, Chicago: University of Chicago Press, 1990

들에게 부정적인 처우를 할 것이고 이는 곧 긴장을 증대시키게 된다는 것이다. 사회학습이론가들은 범죄가 전형적으로 더 즉각적이고 쉽게 보상되기 때문에 자기-통제력이 낮은 사람은 범죄와 관련된 보상에 끌리기 더 쉽다는 것이다. 통제이론에서는 사람이 자기-통제가 약하면 당연히 직접통제나 관습성에의 동조로 제재될 가능성이 낮다고 주장하며, 낙인이론은 지능이 낮은 사람은 부정적으로 낙인 될 가능성이 높고, 그에 따라 부정적인 처우나 대접을 받기 쉽고 이는 그들의 긴장을 증대시키고, 통제는 약화시키며, 범죄학습을 조장하게 된다고 설명한다[103].

3) 과민성(irritability)

과민성도 또 다른 하나의 초-기질super-trait이라고 할 수 있다. 스트레스 요인이나 긴장에 대한 과장된 민감성이 과민성이라는 초-기질의 하위기질의 하나로서, 이에 따르면 성미가 급한 과민한 사람은 다른 사람들에 비해 더 쉽게 당황하고 기분이 나빠지며, 당황할 때 더 강하게 분노하는 등 더 강렬한 감정적 반응을 보인다고 한다. 자신의 문제를 다른 사람들의 악의적인 행위로 돌리는 경향도 과민성의 한 가지로 논의되는데, 예를 들어 길을 걷다가 어깨가 부딪쳤을 때 보통 사람들은 우연한 사고로 여기지만 과민한 사람들은 의도적인 촉발이나 도발로 해석한다는 것이다. 과민한 사람들은 또한 다른 사람들의 권리나 감정에는 거의 관심을 가지지 않는 반면에 자기-중심적인 경향이 있으며, 갈등에 물리적으로 대응하는 경향을 비롯한 공격적이고 적대적인 상호작용 형태를 보인다고도 한다.

이런 기질이 왜 비행 확률을 높이는지 설명은 매우 쉽다. 특히 긴장이론에서는 과민성 기질을 가진 사람은 다른 사람들로부터의 부정적 반응을 촉발할 가능성이 더 높으며 따라서 긴장도를 더 높이기 마련이라는 것이다. 당연히 이들은 긴장에 더욱 민감하고, 자신의 긴장을 비행으로 극복하려는 경향이 더 강하다는 것이다. 사회학습이론은 과민한 사람들이 관습적인 사람들로부터 거부되고 자신의 과민함을 더 잘 용인해주는 비행교우들과 접촉할 가능성이 더 높으며, 또한 그들의 공격적 상호작용 형태와 자신의 문제에 대하여 다른 사람을 탓하는 경향을 고려할 때 범죄가 보다 더 보상적인 것으로 인식하게 된다고 주장한다. 통제이론에서

---

103 Agnew & Brezina, op cit., p. 240

는 과민한 사람들이 자신의 분노가 때로는 최상의 결과를 가져다주기 때문에 직접적인 자기통제를 잘 수용하지 않는 경향이 있고, 또한 관습성에의 동조를 발달시킬 가능성이 낮으며 오히려 부모와 교사 등 관습적인 사람들로부터 자신을 소외시키고, 범죄를 비난하지도 않는 경향이 있다고 한다. 낙인이론에서도 과민한 사람이 당연히 다른 사람들로부터 모든 부정적 영향을 가지는 나쁜 사람이라는 부정적 낙인을 갖게 되고 그렇게 취급되기 쉽다고 주장한다[104].

4) 기질의 근원

인간의 기질은 대체로 생물학적 요소와 환경의 영향이 결합된 결과라고 할 수 있다. 초기범죄학에서는 범죄가 출산 합병증, 뇌손상, 납과 같은 오염물질에의 노출과 같은 특정한 유형의 생물학적 손상에서 초래되는 것으로 보았다. 그럼에도 특별히 범죄유전자가 있다는 것처럼 이 요인들이 범죄에 직결된다고는 주장하지는 않고, 오히려 그러한 요인들이 범죄적 기질을 개발, 발전시킬 가능성에 영향을 미침으로써 범죄성향을 유발할 수 있다고 주장했던 것이다. 그와 같은 생물학적 요소들이 중앙신경계통과 자율신경계통에 영향을 미침으로써 범죄적 기질이나 성향의 발달에 영향을 미치는 것으로 보통 알려지고 있다.

범죄와 관련된 기질들은 또한 개인의 사회적 환경, 특히 초기 가정환경의 기능이기도 하다는 것이다. 특히, 아이들은 부모가 아이들에게 자기-통제력을 행사하고 분노를 조절하는 방법을 가르치면 지나치게 과민하고 자기-통제가 약해지기가 쉽지 않다는 것이다. 또한, 부모의 자녀 양육자원도 이들 기질의 개발과 발전에 영향을 미치는데, 특히 부모의 사회적 계층이 이들 일부 기질에 강력한 영향을 미치는 것으로 알려지고 있다. 결국 종합하자면, 기질이란 사회적 환경은 물론이고 생물학적 요소들의 기능이라고 할 수 있지만, 생물학적 요소와 환경적 요소의 영향을 정확하게 분류, 분리하기란 쉽지 않다. 다수의 생물학적 손상이 사실은 사회계층과 같은 사회 환경의 기능일 수 있는데, 예를 들어 사회계층이 낮은 사람이 부모의 보호가 부적절하고 납 성분에도 노출될 위험이 더 높기 마련이다. 반대로 생물학적 요소가 개인의 사회적 환경을 형성하기도 하는데, 예를 들어 중앙, 자율신경계통의 결함을 가진 아이들은 부모가 양육하기가 더 어렵고 따라서 무시

---

104 ibid., pp. 240−241

하거나 제대로 다루지 못하기 쉽기 때문이다.

2. 후천적 요인 - 과학기술, 대중매체, 그리고 대중문화를 통한 학습과 모방

범죄행위는 유전적 기질이나 인성과 같이 변하거나 바뀔 수 없는 정적인 요소와 대체로 범죄자의 환경과 문화의 관점에 의하여 형성되는 역동적이거나 변하고 바뀔 수 있는 요소의 상호작용이 지배하는 것이다. 지속적으로 폭력적인 비디오게임을 하는 것은 그 사람의 행동을 형성하는 다수의 역동적 위험요소 중 하나로 간주될 수 있으나 과연 그것이 범행의 원인인가 하는 문제는 좀 더 복잡한 것이다. 너무나 다양한 영향과 위험요소가 범죄행위에 기여하기 때문에 폭력적 비디오 게임이나 텔레비전과 같은 단 하나의 자극을 구별해 내기란 마치 컴퓨터 하드 드라이브처럼 우리의 뇌를 그려내지 않고는 어려운 일인 것이다.

과연 가상세계와 가상공간에의 폭력에 빠진 청소년은 가상세계와 현실세계, 현실과 환상을 구분할 능력에 장애를 일으키는가? 가상세계에 빠진 청소년들은 현실과의 접촉을 상실하고 가상 폭력을 현실세계에서 표출한다는 것이다. 영화, 텔레비전, 뮤직 비디오를 비롯한 영상매체, 대중음악, 특히 랩의 가사, 그리고 컴퓨터 게임에 청소년의 범죄행위에 영향을 미친다는 주장이다. 일반적으로 언론학자들에 따르면, 영상매체, 특히 텔레비전과 관련하여 폭력적 묘사가 공격적 행위에 대한 모방적 영향을 미치며, 세상이 실제보다 더 위험하고 적대적이라고 보는 세계관인 "비열한 세상 신드롬mean world syndrome"의 발달에 기여한다는 것이다. 물론 대부분의 청소년들은 매일같이 폭력적 미디어를 소비하면서도 결코 그 폭력적 이미지를 흉내 내지 않지만, 일부에게 폭력적 대중매체가 그들의 범죄행위에 역할을 한다는 것이다.

1) 대중문화와 언론의 범죄적 영향

인간의 노력에 대한 과학의 적용이라고 할 수 있는 과학기술technology은 세상을 더 좋게 하고, 일과 활동을 보다 관리가 가능하고, 효율적이고, 즐겁고, 기쁘게 만들기 위하여 생각, 지식, 그리고 기술을 이용하는 것이다. 이 기술이 범죄를 포함한 모든 것을 바꿀 수 있다는 것이다. 기술이 옛날 유형의 범죄행위는 발전시키고 새로운 형태의 범죄행위의 씨앗을 뿌리기 때문이다. 기술의 발달은 대중매체, 컴퓨터 기술, 그리고 범행과 수사기법 세 가지 방법으로 범죄행위에 영향을 미치는 것으로 알려지고 있다.

오늘날 과거 어느 때보다도 기술이 대부분의 사람들이 인지적, 행위적 각본을 개발, 발전시키는 데 있어서 막강한 역할을 한다는 것이다. 범죄행위와 관련하여, 기술, 언론, 그리고 대중문화가 범법자로 하여금 범행할 것인가의 결정에서부터 범죄유형, 그리고 범행방식은 물론이고 범행행위를 중화하기 위한 미리 준비된 합리화 수법을 제공하기에 이르기까지의 선택을 형성하게 된다는 것이다. 기술이 잘못된 친숙함의 씨앗을 뿌리고, 현실과 환상을 혼동시키며, 양심을 중재하는 가상의 영역을 제공한다는 것이다.

과학기술, 대중매체와 범죄의 관계에 대한 경험적 연구결과는 확실한 결론에 이르지는 못하지만, 한 가지 분명해진 것은 대중매체가 범죄에 미치는 영향은 인쇄매체보다 영상매체가 훨씬 더 강하다는 점이다. 오늘날의 아동, 청소년들은 기술과 대중언론의 상상력에 깊숙이 빠져 있다. 그들은 온갖 기술의 결정체인 첨단 통신기기와 게임기기에 노출되어 언론매체와 통신매체를 정보의 원천으로 의존하고 있다. 부모의 직장생활로 자녀들과의 시간이 줄어들수록 이들 언론과 통신매체가 과거 어느 때보다 더 막강한 사회화요원socialization agent 또는 기관이 되고 있다. 더구나, 대중언론과 통신매체의 경쟁의 심화로 인하여 언론과 통신매체의 폭력성도 심화되어 그 영향력은 더욱 증대하고 있다.

이러한 환경에서 비디오 게임, 인터넷 게임, 인터넷, 텔레비전, 그리고 영화와 영상매체 등 문화기술의 변화가 범죄행위에 어떤 영향을 어떻게 미치는지에 관심을 두지 않을 수 없게 되었다. 더구나 기술의 발달이 표적으로 삼고 있는 고객, 즉 청소년들에게 더욱 부합되고, 정보의 근원으로서 더 지배적인 역할을 하며, 훨씬 더 쾌락을 주게 됨에 따라 청소년들은 점점 더 이런 정보를 이용하고 노출되고 의존하게 된다. 그 결과, 많은 연구에서 텔레비전 폭력이 현실 세계의 폭력으로 이어진다는 결론을 내리고 있다. 구체적으로, 언론의 폭력성이 기존의 인지적 각본에 기폭제가 되고, 자율신경의 각성을 높이고, 모방을 향한 자율적인 성향의 방아쇠를 당김으로써 공격성의 단기적 증대를 초래하게 된다고 주장한다. 대부분의 연구가 대중매체의 기술이 범죄행위에 미치는 영향을 설명하려고 6가지 이론적 기제에 의존하고 있다.

첫째는 카타르시스Catharsis로서 시청자로 하여금 공격행위를 할 필요를 줄여주는 환상 폭력에 가담하게 하여 대리만족의 출구를 제공하기 때문이라는 것이다. 두 번째는 사회학습으로서 언론의 인물이 역할모형이 되어 그들의 공격성이 처벌보다 보상되는 것을 보고 그 행위를 모방하게 한다는 것이다. 세 번째는 기폭제로서 폭력적인 언론 이미지에의 노출이 사람들의 마음에 공격적이고 폭력적인 단초를 심어서 그들을 쉽게 인지적으로 접근할 수 있도록 하는데, 이런 단서cue가 시청자의 감정적 상태와 상호작용하여 공격적 행위의 가능성을 높인다는 것이다. 네 번째는 각성arousal으로서 사람들은 언론의 폭력을 시청할 때 시청자의 감정적 상태를 격화시키는 방식으로 생리적으로 흥분된다는 것이다. 다섯 번째는 둔감화 desensitization로서 사람이 폭력에 노출되면 될수록 폭력에 점점 더 둔해지기 때문에 폭력을 행사할 가능성도 더 높아진다는 것이다. 끝으로 두려움을 키우는 것으로 폭력을 시청하는 것이 그 사람으로 하여금 특정한 사회적 현실에 대하여 높은 수준의 두려움을 장기간 갖게 한다는 것이다.

2) 기술관련 범죄의 유형

(1) 모방범죄(Copycat crime)

모방범죄는 뉴스 미디어에서 보도되거나 가상적으로 또는 인위적으로 범법자가 원래 범죄original crime의 관점들을 짜 넣은 것으로 표현되는 또 다른 범죄로부터 자극을 받은 범죄이다. 모방범죄가 되기 위해서는 그 범죄가 이전에 보도된 또는 공개적으로 알려진 범죄에 의하여 자극을 받아야만 한다. 즉, 언론에 의하여 연계된 한 쌍의 범죄가 있어야만 하는 것이다. 모방된 범죄는 강력한 언론의 취재와 보도가 있은 후에 발생하는 것이다. 모방효과가 때로는 전염효과contagion effect로도 불리며, 일반적으로 대중언론과 문화의 힘으로 유사한 행위의 유행을 만들어 내는 것으로 알려지고 있다. 그러나 사실은 어떤 범죄가 특정한 이전의 범죄와 연계된 것인지 알기란 무척 어려운 일인데, 그것은 때로는 어떤 범죄가 모방범죄가 아닌데도 모방범죄로 또는 실제는 모방범죄인데도 아닌 것으로 특정되기 때문이다.

범죄행위는 심지어 수 세기 전에 출간된 소설을 비롯한 온갖 종류의 사건과 문화적 가공품에 의하여서도 자극될 수도 있다. 그러나 현대 사회에서 기술과 대중언론이 수행하는 전례에 없던 역할이 시의적절한 의문을 제기하는데, 그것은 바로 과연 범죄와 폭력의 모방행동은 증가하는가, 오늘날의 청소년들이 모방폭력의 잠재성을 억누르거나 기여하거나 중재하는 대중문화와 독특한 관계를 가지고 있는지, 현재 '영웅과 스타'의 지위상승이 모방효과를 과열시켰는지 등의 의문이 제기되고 있다. 어떤 면에서는, 범죄행위의 모방효과가 친사회적 행위의 모방효과와 다르지 않다고 한다. 이런 논리는 부분적으로는 사회학습이론을 통하여 설명될 수 있는데, 특히 아이들은 자신이 본대로 모방한다는 것이다.

그러나 모방은 모방범죄를 완전하게 설명하기에는 지나치게 단순한 과정이라고 할 수 있다. 현대 생활에 있어서 기술과 언론의 역할, 특히 연쇄살인범이나 다중살인범 등 범죄자에게 붙여지는 스타로서의 지위 평가, 그리고 모방범죄 현상을 만들어 내는 대중문화에 의해서 재강화되는 대중인식에 부과되는 가치가 결합된 무언가가 있다는 것이다. 대중문화 속의 폭력과 범죄는 모방범죄를 증대시키는 잠재성을 가지고 있지만 그것은 폭력 그 자체 때문이 아니라 폭력의 범행이 명성과 평판을 얻는 하나의 방편이라는 메시지와 극단적인 폭력범죄에 대한 찬미의 결과라는 것이다.

가. 모방범죄의 기제와 특성

모방효과는 통상 두 가지 방향으로 범죄에 영향을 미친다. 언론과 대중문화에 표현된 이미지가 범죄행위에 방아쇠를 당기거나 범죄행위가 취할 수 있는 형상을 형성하는 것이다. 언론의 이미지가 범죄자가 될지도 모르는 잠재적 범죄자가 경계를 넘게 하거나 범죄를 계획하는 사람에게 범행의 수법에 대한 아이디어를 주는 것이다. 여기서 분명하지 않은 것은 모방범죄자가 언론이나 대중문화 속의 범죄에 노출되었기 때문에 범행을 하지 않았을까 아니면 모방범죄자에게 단순히 범행수법에 대한 아이디어만 주었을까? 현실 세계에서 어느 개인의 범죄행위에 기여하는 요인은 너무나 많기 때문에 실제로 그러한 의문에 정확하게 답하기란 거의 불가능하다. 개인적, 상황적, 환경적, 그리고 언론관련 요인들이 독특한 방식으로 상호작용하여 개인이 언론과 대중문화에서 자신이 본 범죄행위를 흉내 낼 것인지 여부에 영향을 미친다.

감정적 발달, 인성, 그리고 정신상태, 사회적 소외, 약물의 오남용, 가정 역기능의 경험 등 개인수준의 요인들이 그 사람이 심리적으로 특정한 언론과 연계되는 정도에 영향을 미치고, 폭력을 흉내 낼 가능성을 줄이거나 높이기도 한다. 정보의 근원으로서 언론에 대한 신뢰와 같은 언론과의 관계, 그리고 명성과 평판에 대한 가치, 범죄와 폭력이 문화에 대한 관계 등 문화적 요인, 성별이나 사회경제적 지위와 같은 인구사회학적 요인, 특정한 범죄에 대한 언론의 관심과 같은 언론관련 요인이 결합된 힘이라고 한다.

나. 모방범죄자의 특성

그렇다면 어떤 사람이 모방범죄를 할 가능성이 높을까? 모방범죄자는 어떤 특성을 지니고 있을까? 누가 모방범죄자가 되고 누구는 되지 않을지 예측할 수 있을까? 과연 모방효과를 악화시키는 범법자에 관한 그 무언가가 있는 것일까? 언론 폭력성의 효과에 영향을 미치는 개인수준의 요소에는 개인적 유연성과 친화력, 반응준비성, 인성기질, 선별적 주의력, 언론 인물에 대한 성향, 회피, 인식, 기억 등이 포함되며, 이들 개인수준의 요소가 언론요소와 환경적·문화적 영향력과 상호작용하여 상이한 유형의 범죄행위를 초래한다는 것이다. 그렇다면 여기서 과연 어떤 특정한 개인수준의 요소가 모방현상에 독특하고 특별하게 기여하는 요소일까?

일반적으로 젊은 사람일수록, 그리고 감정적 발전이 덜 된 사람일수록 폭력적 언론과 공격적 행위 사이의 상관관계가 형성될 가능성이 더 높다고 한다. 이런 주장은 실제로 알려진 대부분의 모방범죄자들이 25세 이하이고, 정체성 장애, 정신지체와 장애, 인성장애, 사회적 소외와 격리, 공격적 기질 등이 언론관련 요소들과 상호작용하여 모방범죄행위를 초래한다는 것이다. 핵심적인 언론 요소로는 세계와 세상에 대한 정보의 근원으로서 개인이 언론을 믿고 활용하는 정도, 언론에 표현된 인물과의 동일시 정도, 그리고 예술과 언론에 대한 무지 등이 포함된다고 한다. 이들 인구사회학적, 범죄요인적, 언론관련 요소들 사이의 독특한 상호작용이 모방범죄행위에 대한 개연성을 결정한다는 것이다.

다. 예술로서의 범죄

문화와 개인의 마음속에서 범죄를 예술로서 보는 시각은 모방범죄를 이해하는 데 핵심적인 조각이다. 살인이나 기타 폭력범죄에 대한 우리들의 습관적 경험은 주로 심미적이다. 우리는 오늘날 심미화된 초현실aestheticized hyperreality의 세계에 살고 있다는 것이다. 폭력범죄는 희귀한 사건이고 대부분은 현장에서 직접 경험하지 못하여 우리가 아는 것 대부분은 언론과 대중문화에서 얻는 것이다. 범죄와 폭력의 언론보도에 대한 지나친 관심이 모방범죄 유발의 핵심인 것이다.

라. 유명인 망상(celebrity obsession)

대중매체 기술은 유명인에 대한 대중의 관계도 바꾸었다. 유명인들이 대중매체에 노출되고 그것을 대중들이 시청하며 보내는 시간이 많아졌기 때문에 유명인들이 대중들에게 친숙해지고, 대중과 유명인 사이의 이러한 훔쳐보기 식관음증적 관계가 문화적으로 지지되고 또 재강화reenforcement 되었다. 망상적이고 강박적인 추종, 스토킹 행동, 그리고 감시활동 등이 대중문화 속에 자리하게 된 것이다. 이와 같은 연예오락 관음증에 대한 대중의 관심과 유명인에 대한 강박적·망상적 관계가 오늘날 모방범죄의 역동성에 지대한 역할을 한다는 것이다. 사실 이러한 대중매체 기술이 낯선 사람들에 대한 허구적, 거짓된 친숙함familiarity을 주어 새로운 범죄의 표적을 초래하게 된다. 낯선 사람들에 대하여 거짓으로, 허구로 익숙하고 친숙해지고, 그 사람이 더 자주 보이고 접근이 더 쉬워지는 만큼 범죄의 표적이 되기도 더 쉬워진다는 것이다.

물론 일방에서는 만약 잠재적 범법자들이 텔레비전과 같은 대중매체를 보느라고 집에 머물게 되면 잠재적 피해자들로부터 멀리 있게 되어 범죄를 줄일 수도 있다고 주장하지만, 대중매체가 우리들이 알지도 못하는 사람들을 우리들의 세상 속으로 들여보내고, 이로 인한 대중매체의 유명인들에 대한 지나친 노출과 허구적 친숙함이 전적으로 새로운 국면의 일상활동routine activity 개념을 더하고 있다. 비록 대중매체가 사람들을 물리적으로는 분리하지만, 동시에 가상적 거리를 줄이고 가상적 접근가능성을 증대시켜서 새로운 유형의 피해자화 표적victimization target을 만들어 낸다는 것이다. 유명인 문화가 만들어 내는 낯선 사람들에 대한 이 가짜 친숙함이 낯선 사람-피해자stranger-victim 사건의 증대를 초래할 수 있다는 것이다. 한편, 유대 병리attachment pathology로 고통을 받고 있는 사람이라면, 유명인들과의 통상적인 친숙함에서 더 나아가 위험하고 살상적인 스토킹 행동으로 비화할 수 있는 자신이 존경하는 유명인과 자기 사이의 자기애적 연계narcissistic link라고 할 수 있는 특정 유명인에 대한 정교한 환상으로까지 발전시키게 된다.

이런 이유로 현대 대중언론매체 기술 시대에서 유명인의 역할은 모방범죄의 역동성을 설명할 때 중요하게 고려되어야 하는 것이다. 현대사회는 유명인들의 세계를 조장하고 그것을 받아들였다. 이런 세계에서 대중문화와 스포츠 그리고 영화와 텔레비전 스타들은 상당한 지위를 누리고, 각 세대 별로, 특히 청소년 세대가 따르고 숭배하는 '새로운 신New God'이 되는 것이다. 일부 강박적·망상적 특성을 가진 사람들에게 이들 '새로운 신들'은 희롱, 스토킹, 심지어 죽음에 대한 표적을 지속적으로 공급하는 것이다. 이 유명인 강박과 망상이 모방범죄를 두 가지 방향에서 설명하는 데 도움을 준다. 첫째는 언론, 대중매체가 유명인과 모방범죄를 포함하는 범죄에 있어서 핵심적인 역할을 한다는 것이다. 즉, 유명인과 범죄둘 다 언론에서 열망을 찾고 그에 이끌리고 명성과 평판과 유명세라는 문화적 힘에 전적으로 의존하기 때문이라는 것이다. 두 번째는 과학기술이 특히 유명인을 포함하는 대중에게 널리 알려진 사건이나 잔인한 범법자의 행위를 흉내 내는데 이용될 수 있고 정당화하는 정보에 잠재적 모방범죄자로 하여금 폭넓게 접근할 수 있게 한다는 것이다.

(2) Cyber 범죄

Cyber 범죄는 불법적인 목적으로 컴퓨터와 기타 기술적 도구가 이용되는 활동이라고 할 수 있다. Cyber 범죄는 범법자가 범행현장에 존재하지 않는다는 점이 특징이며, 주요 피해자는 대체로 기관이며, 범법자 특성과 동기는 이질적이며, 통제는 국제적, 기술적으로 섬세하고 정교하며, 정치적이고 간접적인 전략이다. Cyber 범죄는 전통적 범죄보다 발각이 더 어렵고, 그 결과 대부분의 범법자는 검거되지 않는다.

어쩌면 Cyber 범죄는 전통범죄의 도구와 수단으로도 이용될 수 있고, Cyber 활동 자체가 범죄일 수도 있어서 Cyber 범죄의 목록은 낮은 수준의 약탈적 범죄에서 매우 다른 방식으로 컴퓨터 기술을 이용하는 정교한 경제범죄에 이르기까지 매우 다양하다. 경제, 폭력, 성범죄, 공공질서위반 범죄, 정치 범죄 등 주요 범죄유형의 동기에 상관없이, 이들 범죄는 범행을 수행하기 위하여 컴퓨터 기술을 이용하는 것이 내포되어 있다. 물론 당연히 Cyber 범죄와 일반 전통범죄를 구분하는데 있어서 핵심은 컴퓨터 기술의 이용이지만, 범죄가 행해지는 방법을 변화시키는 것 외에도 범죄가 이루어지는 환경도 변화시켰다. 그것은 바로 범행이 이루어지는 환경, 여건이 무형적intangible이어서 범행의 기회를 무한으로 만들어 낸다는 것이다. 범법자들은 다국적 범죄를 법이 적용되지 않는 치외법권적 가상환경에서 별 두려움 없이 범행할 수 있는 것이다. 범죄자들이 여권이 없이도 국경을 넘을수 있게 되고, 전통 범죄활동에 요구되던 범법자의 물리적 존재나 위치도 요구되지 않아 미국에 앉아서 영국에서의 범행을 가능하게 하는 것이다. 더구나 이 범죄는 전통범죄처럼 발각과 검거의 확률을 높이는 운송수단이나 교통수단도, 창고도, 노동 집약적 노력도 요하지 않는다.

그래서 Cyber 범죄는 대체로 표적으로서 컴퓨터와 도구로서의 컴퓨터라는 두가지 하위유형으로 나누어지고 있다. 먼저, 컴퓨터가 범죄의 표적이 되는 경우는 정보를 파괴하거나 훔치기 위하여 컴퓨터 시스템을 공격하는 해킹활동이고, 두번째는 값비싼 컴퓨터와 관련 부속이나 물품들이 절도의 표적이 되는 것이고, 세번째는 소프트웨어 해적software piracy이다. 컴퓨터가 범행의 도구로 또는 사고로 범행에 이용되는 것으로서, 절도, 사기, 횡령, 테러, 허위 증권거래, 스토킹, 그리고 성범죄에 이르기까지 다양한 전통범죄를 범하기 위한 수단이요 도구로 컴퓨터와 그 기술이 이용된 경우이다. 여기에는 Cyber 스토킹과 같은 폭력범죄, 아동 음란물이나 성매매와 같은 성범죄, 절도나 사기와 같은 재산, 경제범죄, 인터넷 도박과 같은 공공질서범죄, 그리고 댓글조작과 같은 정치범죄에 이르기까지 다양한 유형의 범죄가 해당된다.

제2부

소년비행의 이론

제1편 미시이론(Micro Theories)

　　제1장 개인적 원인론
　　제2장 사회과정이론
　　제3장 상황적 요소와 비행
　　제4장 미시이론과 공공정책

제2편 거시이론(Macro Theories)

　　제1장 사회구조적 원인론
　　제2장 사회반응, 사회갈등,
　　　　　그리고 비행

제1편

미시이론
(Micro Theories)

제1장

개인적 원인론

하루가 멀다 하고 청소년들의 흉악 범죄에 대한 언론의 보도를 접하면서 전문 가들은 그 이유에 대해서 경쟁적인 가정과 가설, 그리고 이론들을 쏟아내고 있다. 학교폭력문제만 해도 교우관계의 부재나 학교부적응이 원인으로 지적되기도 하고, 누군가는 가정과 부모의 문제라고도 하며, 또 다른 일부에서는 사회적 환경의 문제라고 주장한다. 그러나 청소년 비행의 원인은 크게 청소년 개인의 문제, 즉 미시적인 차원에서의 설명과 지역사회를 비롯한 사회구조와 환경의 문제, 즉 거 시적 관점에서 설명하려는 두 가지 관점으로 나눌 수 있다. 그런데 비행원인은 청소년 개인에 초점을 맞춘 미시적 접근에서 시작하여 청소년비행을 개인단위, 개인수준에서 설명하였다. 다시 말해 비행 가담에 대한 이들 설명은 개인의 삶의 상황이나 인성특성에 초점이 맞추어진다. 불법행위를 범하는 결정은 의사결정자 의 기질과 개인적 특성에 의하여 형성되는 의사결정과정, 즉 선택의 산물이라는 것이다. 비행소년은 사실 환경의 산물이 아니라 관습적인 행위보다 반사회적 행 위를 선택하는 데 있어서 이기적 성질, 충동적 인성, 비정상적 호르몬, 정신질환 과 같은 일부 내적 기질에 영향을 받는 개별행위자의 문제라는 것이다. 만약에 비행이 사회·경제적 요인을 반영한다면, 가장 위험하고 퇴락한 지역에 거주하는 다수의 청소년들이 법을 준수하는 시민일 수 있을까. 오히려 모든 인구집단의 상 대적으로 소수의 청소년들이 상습적인 중요 범죄자가 되고 있다. 바로 비행의 중심은 개인의 의사결정, 생물학적 구성, 그리고 인성과 심리학적 구성 등 개인에 있다는 것이다[1].

비행을 개인적 수준에서 설명하는 것은 대체로 두 가지 범주로 구분하고 있는데, 하나는 합리적 선택rational choice이라고 하는 것으로 청소년들이 범행에 가담하는 것은 그들의 범죄행위가 이익이 되고 도움이 된다고 믿기 때문에 범행을 자신의 자유의지에 따라 선택한다는 것이다. 이들에게 불법행위가 이익이 되는 반면에 위험은 상대적으로 없다는 합리화된 신념이 동기가 된다는 것이다. 그러나 모든 청소년 일탈이 이익이 동기가 되는 합리적 선택으로만 이루어지는 것은 아니다. 다수의 비행이 비공리적이거나 특별한 동기가 없으며, 일부 비행, 특히 폭력적인 것은 오히려 비합리적이고 이기적이며 쾌락적이기도 하기 때문이다. 이와 같은 비합리적이고 파괴적인 반사회적 행위는 합리적인 사고와 의사결정이라기보다는 비정상적인 심리적, 신체적 기질이나 소질의 영향이 더 크다고 한다. 즉, 일부 청소년들이 비행을 선택하는 반면에, 다른 일부 청소년들은 과잉행동, 저지능, 생화학적 불균형, 유전적 결함과 같은 생물학적, 심리학적 결함이 문제라는 것이다. 이러한 관점의 설명을 이들이 비행을 인간의 발달을 통제하는 심리적, 생물학적 기질과 연계하기 때문에 일반적으로 기질이론Trait theory이라고 부른다[2].

미시적 이론들은 개인－수준individual－level 행위에 영향을 미치는 개인적 특성이나 사회적 과정에 초점을 맞추는 것이며, 이런 점에서 이들 이론 모두를 규범적이라고도 한다. 규범적 이론은 사회 구성원 모두가 알고 있고 따라서 지킬 수 있는 표준의 또는 합의된 일련의 사회적 규범이 있다고 가정한다. 이들 이론은 어떤 행위가 비행행위이고, 누가 비행과 비행소년을 규정하며, 이들을 규정함에 있어서 사회와 그 사회의 개인들의 역할이 무엇인가는 묻지 않는다. 대신 우리는 누구나 비행을 보게 되면 그 행위가 비행인지 규정할 수 있고, 옳고 그름의 차이를 너무나 잘 알고 있다고 가정할 따름이다[3].

이처럼 일부 전문가들은 불법행동을 범하겠다는 결정은 의사결정자의 개인적 기질과 특성에 의하여 이루어지는 개인수준의 의사결정과정의 산물이라고 믿는

---

1 Siegel & Welsh, op cit., pp. 75－76
2 ibid., p. 76
3 Bates & Swan, op cit., p.86

것이다. 그들의 주장에 따르면, 실제로 비행소년은 소위 환경의 산물product of their environment이 아니라, 때로는 관습적인 행위보다 반사회적인 행위를 선택함에 있어서 이기적인 성질, 충동적인 인성, 비정상적인 호르몬, 정신적 질환과 같은 몇몇 내적 기질에 의하여 방향이 결정되는 개인 행위자의 산물이라는 것이다. 이들은 만약 비행이 사회적·경제적 요소를 반영한다면, 어떻게 가장 위험하고 쇠퇴한 지역사회에 거주하는 다수의 청소년들이 법을 준수하는지 의문을 제기하는 것이다. 현실적으로도 그 많은 빈곤층 또는 하류계층 청소년들이 대부분은 비행이나 범죄자가 되기보다는 법을 준수하는 모범시민으로 살아가는 반면 중상류층 청소년의 비행이 점증하고 있음이 이를 대변하고 있다. 만일 오로지 빈곤과 환경만을 반사회적 행위의 원인이라고 간주한다면 지금보다도 훨씬 더 많은 비행청소년이 있어야만 한다.

사회적 요인이 비행의 초기원인이 아니라면, 비행의 초점은 개인의 의사결정, 생물학적 구조와 구성의 질, 인성과 심리적 프로파일과 같은 개인에게서 그 뿌리를 찾을 수밖에 없을 것이다. 이렇게 비행의 원인을 개인에게서 찾고자 하는 데도 두 가지 관점이 있다고 한다. 한 입장은 '선택이론choice theory'으로 알려진 것으로서 청소년범죄자들이 자신의 행동이 자기에게 이익이 되고 이득을 얻을 수 있다고 믿기 때문에 반사회적 행동에 가담하기로 선택하는 것이라고 주장한다. 청소년범죄자들은 자신의 불법행동이 이득이 될 수 있고 비교적 상대적으로 위험이 없다는 합리화된 믿음에서 범행의 동기를 갖게 된다는 것이다. 그들은 자신이 체포되는 것에 대한 두려움이 거의 없으며, 비록 체포되더라도 그 결과를 평가절하한다[4].

그러나 모든 청소년범행이 합리적 선택, 이윤동기로 설명될 수 없으며, 학교에서 총기를 난사하는 것과 같은 일부 비이성적이고 파괴적인 행위는 합리적 사고와 의사결정이라기보다는 비정상적인 신체적 또는 심리적 기질로 인한 것으로 간주되고 있다. 결국 일부 청소년범죄자는 비행행위에 가담하기로 선택할 수 있지만, 다른 일부는 과잉행동, 저지능, 생화학적 불균형, 또는 유전적 결함과 같은 생물학적 또는 심리학적 비정상성에 기인한 것으로 진단되고 있다. 이러한 주장은 비행을 인간발달을 통제하는 생물학적, 심리학적 기질과 연계시키기 때문에 흔히

---

4 Siegel and Welsh, op cit., p.76

제2부 소년비행의 이론

기질이론trait theory이라고 부른다. 따라서 이 두 관점은 독립적이긴 하지만 다음과 같은 공통적인 배경을 갖고 있어서 같이 논의하는 것이다. 두 이론 모두 비행은 개인수준의 문제이지 사회적 문제가 아니라고 하여 개인수준에서 정신적, 행위적 과정에 초점을 맞추고 있다. 또한 이들은 모든 사람은 다 다르기 때문에 동일한 일련의 사회적 조건과 환경에 자기만의 독특한 방식으로 서로 다르게 반응한다는 것이다. 비행의 근원이 개인수준에 있기 때문에 비행의 예방도 사회의 변화보다는 사람을 변화시켜야만 한다고 주장한다[5].

이들 미시적, 개인단위의 설명과 이론에 대한 한 가지 쟁점은 이론들이 그 특성상 '일반적general'이어서 비행을 일반적으로만 설명하고 있다는 것이다. 그러나 우리는 비행에 대한 사회적 인식과 사회적 반응은 물론이고, 비행의 정도와 특성도 성별, 인종, 계층에 따라 다양하다는 것을 쉽게 알 수 있다. 결과적으로 이 이론들이 지나치게 일반적이어서 인종, 성별, 연령, 계층 등에 기초하는 개인적 경험의 다양성을 고려하지 않고 있다는 지적이다. 그럼에도 불구하고 개인적 수준의 설명과 이론은 비행이 최종적으로는 개인의 문제이고 선택일 수 있다는 점에서 의미가 적지 않다.

제1절

합리적 선택이론(Rational Choice Theory)

범죄와 비행에 대한 첫 번째 공식적인 설명은 바로 인간행위는 선택의 문제라는 것이다. 우리 인간에게는 자신의 행위를 선택할 자유의지free will가 있기 때문에 법을 위반하는 사람은 탐욕, 복수, 생존, 그리고 쾌락과 같은 개인적 욕구에 그 동기가 있다는 것이다. 무려 250여 년 전, Cesare Beccaria는 사람들은 일련의 행위를 결정하기 전에 자신의 미래 행위의 결과와 이익을 저울질 한다고 주장하여 소위 '고전주의 범죄학classical criminology'의 문을 열었다. 비행청소년도 당연히

---

5 ibid.

자유의사를 가진 합리적이고, 지능적인, 즉 선택할 수 있는 능력을 가진 사람이고, 따라서 자신이 행동하기 전에 자기 행위의 비용과 이익을 계산하며, 범죄는 법을 지키는 것보다 어기는 것이 이익이 더 크다고 생각한 결과라는 것이다[6].

　현대의 합리적 선택이론은 Beccaria와 Bentham의 초기 고전주의 이론의 실수로부터 파생되었다고 할 수 있다. 그들은 모든 인간은 항상 '합리적으로' 행동하여, 일관적으로 조심스럽게 자신의 행동에 대한 이익과 손실을 계산한다고 잘못 가정하였던 것이다. 최근의 합리적 선택이론은 선택이 때로는 순수한 이성과 합리성에 기초하지 않으며, 오히려 다른 여러 요인들에 의하여 결정된다는 것을 인식하게 되었다. 정보가 부족하고, 도덕적 가치가 다르며, 사회적 상황이나 여건, 그리고 기타 상황적 요소 때문에 선택에 제약과 제한이 있다는 것이다. 간단히 말해서, 모든 사람이 다 항상 논리적이고 합리적으로 행동하지는 않으며, 특히 청소년들은 더욱 그렇다는 것이다. 실제로 전체 범죄의 2/3 정도가 사전에 계획되지 않고 순간적인 행동의 결과라고 한다. 그럼에도 불구하고 현대의 합리적 선택이론은 아직도 인간은 쾌락을 극대화하고 고통은 최소화하기를 원하며 목표-지향적이기 때문에 범행도 자유롭게 선택한다고 가정한다. 더불어 선택이론의 한 변형이라고 할 수 있는 일상활동이론Routine activity theory은 노인, 장애인, 보호되지 않는 물품, 경찰의 부재와 같이 취약성vulnerability 등에 기초하여 표적을 선택하고 범행한다고 설명한다[7].

　Beccaria의 주장에 따르면, 법을 위반하려는 결정은 범죄행위로 인한 이익과 비용에 대한 신중한 저울질을 한 이후에 이루어진다. 대부분의 잠재적 법위반자는 자신의 행위와 관련된 잠재적 고통이 기대이득을 능가하면 자신의 행동을 중단하게 되고, 반면에 법위반행위로 인한 미래보상이 잠재적 처벌을 훨씬 능가한다면 법위반행위가 매력적으로 보이게 되는 것이다. 따라서 처벌은 특정한 범법행위를 억제하기에 충분한 만큼만 엄격해야 하고, 특정 범행의 심각성에 따라 점증적이어야 한다는 것이다. Beccaria는 처벌이 효과적이기 위해서는 범죄를 통제하기에 충분히 엄격하고 신속하며 확실해야 한다고 주장한다. 그러나 중요한 것은 죄에 상응한 처벌이어야 하는데, 만약 강간범과 살인범이 공히 사형에 처해진다면 아

---

6 Regoli et al., op cit., p. 75
7 Sheldon, op cit., pp. 205－206

제2부 소년비행의 이론

마도 강간범으로 하여금 피해자를 살해하여 신고하지 못하도록 할 것이기 때문이다[8].

이처럼 인간행위는 선택되는 것이란 주장은 고전주의 범죄학의 초기 형태이며, 오늘날의 합리적 선택이론의 기초이다. 합리적 선택이론은 초기 선택이론의 확장으로서 범죄의 합리적 부분에 초점을 맞추고 있는데, 이론에 의하면 범법자들은 의도적이고 자기-이익self-interest을 극대화하기 위하여 행동한다는 것이다. 그러나 문제는 어떤 사람도 완전하게 합리적 행위자가 될 수 없다는 것이다. 그것은 누구도 항상 완전히 정확한 정보를 가질 수 없기 때문이다. 더불어 사람이 완전히 합리적인 사고능력과 기술을 갖추고 있는 경우는 극히 드물며, 이 점은 종종 진정으로 합리적 사고를 할 수 없는 것으로 보이는 청소년들에게는 매우 중요한 지적이다. 이런 이유에서 합리적 선택이론은 주로 성인범죄를 설명하기 위하여 활용되었으나 사실은 다수의 청소년범죄자들도 합리적 행위자라는 주장을 고려한다면 청소년비행의 설명에도 중요하지 않을 수 없다[9].

1. 고전학파(Classical School)

고전학파의 범죄학은 인간행동에 대한 수용 가능한 유일한 설명은 인간 자신에게서 찾아야 한다고 주장하여 범죄행위를 설명하는 데 있어서 '자연주의적naturalistic' 접근을 주창한 것이다. 고전주의 이론은 따라서 인간을 자신의 행동과 운명을 통제하고 비중을 재는 합리적이고, 이성적인 존재로 가정한다. 그들은 당연히 자신의 행동에 개인적으로 책임이 있는 범죄자에 초점을 맞춘다. 결과적으로, '범죄에 적합한suite to the crime' 적절한 처벌은 범법자의 개선을 권장할 뿐만 아니라 일반대중들의 범죄성도 억제하게 된다는 것이다. 그것은 바로 범죄가 의식적이고 이성적으로 생각한 끝에 내린 결정에 기초한 자유의지의 결과이기 때문이라는 것이다[10].

---

8 C. Beccaria, On Crime and Punishment(6th ed.), Henry Paolucci(trans.), Indianapolis : Bobs Merrill, 1977, p. 43, Siegel & Welsh, op cit., p. 77에서 재인용
9 Bates & Swan, op cit., pp. 86-87
10 Thompson & Bynum, op cit., p. 88

고전학파의 범죄학은 억제이론, 처벌의 강조, 그리고 고문의 금지 등으로 현대 형사사법과 소년사법에 큰 영향을 미쳤다. 특히 고전학파의 범죄학은 현재도 억제와 형벌의 수단으로서 구금뿐만 아니라 억제와 형벌이 사법제도의 의무라는 사상을 지속적으로 강조한다. 기본적으로 이들은 범법자들이 법률위반을 선택하며, 법률위반을 억제하는 가장 좋은 방법은 잠재적 범법자들을 억제하는 것임을 설명하기 위하여 자유의지free will의 사상을 이용한다[11].

1) Cesare Beccaria

18세기 유럽 전역에서는 형사사법제도가 잔인하고 무자비하였으며, 인권에 대해서도 무관심하였다. 당시의 이러한 상황이 Beccaria로 하여금 인간성, 일관성, 그리고 합리성을 강조했던 새로운 사법제도의 틀을 만들게 하였다. 그는 사회적 행동은 '최대 다수의 최대 행복the greatest happiness for the greatest number'이라는 공리적 원리에 기초해야 하며, 범죄란 사회에 대한 해악이기 때문에 범죄에 대한 유일한 대책은 그 해악의 정도이며, 범죄는 예방이 처벌보다 중요하기 때문에 모든 시민들이 알 수 있도록 법률이 공표되어야 하고, 사법절차는 신속하고 피의자는 자기방어를 위하여 증거를 제출할 모든 권리를 부여받아야 하고, 처벌의 목적은 예방이기 때문에 신속하고 확실하고 엄격해야하며, 시설수용도 폭넓게 활용되어야 한다고 주장하였다[12].

그의 철학과 사상은 후학들에 의하여 다음과 같이 요약·정리되었다. 우선, 개인이 지역사회 구성원들과 맺은 사회계약을 보전하기 위해서는 계약위반행위에 대하여 합리적 처벌이 이루어져야 한다는 점을 확인하고자 하며, 만약에 위반에 대하여 아무런 처벌이 가해지지 않는다면 이웃의 기대와 법을 준수할 보장이 거의 없으며, 처벌은 대중들이 이해할 수 있어야 하고 자의적이거나 잔악하지 않아야 한다는 것이다. 사람들은 쾌락을 극대화하고 고통을 최소화하려는 쾌락주의적 계산을 한다는 이 단순한 원리로 다양한 범주의 일탈행위를 설명할 수 있고 범죄를 예방하기 위한 형벌도 구성하게 된다. 합리적으로 계산된 처벌은 가장 좋은 형태의 사회통제이며, 만약 사람들이 쾌락이 처벌을 능가하기 때문에 범행한다면

---

11 Fuller, op cit., p. 79
12 Regoli et al., op cit., pp. 76-77

제2부 소년비행의 이론

사회는 처벌이 보다 더 신속하고 확실하며 엄중하게 법을 바꾸면 될 것이다. 억제가 사회통제의 기초이며, 사람들은 자신이 붙잡혀서 처벌 받을 것이라고 생각한다면 법을 위반하지 않을 것이다. 결국 고전학파의 범죄학은 개인을 통제하기보다는 개인의 불법적인 행동을 통제하는데 더 관심을 가진다. 따라서 왜 일부 사람들이 범행을 하는가에 대해서는 관심이 없으며 오로지 잠재적 범법자들을 억제할 수 있을 만큼 충분히 엄중한 처벌을 규정하는데만 관심을 가진다. 또한 모든 범법자들은 자신의 위법에 따라 동등하게 처우되어야 한다는 것이다[13].

2) Jeremy Bentham

영국의 경제학자 Jeremy Bentham은 Beccaria의 주장에 감명을 받아, '최대 다수의 최대 행복'을 성취하고자 하였다. 당연히 그의 작업도 사람들은 자신이 행동하기 전에 정보를 수집하고 이해하고 모든 행위는 계산된다는 '공리적 원리'에 근거한다. 사람들은 자신이 하고자 하는 행위가 고통보다 쾌락을 더 많이 가져다 줄 것인지를 결정하기 때문에 인간의 행위는 사려 깊은 계획과 선택의 결과라는 것이다. 그는 형벌과 범죄의 관계를 규제하기 위한 지침으로서, 형벌은 범행으로부터의 이익을 능가해야 하고, 신속하고, 확실하고, 엄격해야 하지만 형벌은 죄에 상응하여 범죄를 예방하는데 필요한 정도를 초과해서는 안 되며, 유사한 범죄를 행한 사람에게는 유사한 형벌이 가해져야 한다고 주장하였다[14].

Bentham은 우리 사회는 정부와 개인 양자의 행동을 그 '유용성utility'의 정도, 즉 얼마나 유용한가라는 견지에서 평가되어야 한다는 것이다. 정부나 개인의 행동은 쾌락을 증대시키거나 고통을 줄이는 결과를 가져와야만 유용하기 때문에 쾌락을 증대시키는 일탈행위가 범죄로 처벌되어서는 안 되며, 고통을 증대시키는 처벌도 받아들일 수 없다는 것이다. 이런 논리는 현재 논쟁 중인 마리화나 흡연에도 그대로 적용할 수 있는데, 마리화나 흡연이 쾌락을 줄 수 있고 타인에게 고통을 주지 않지만 지나치게 엄중한 처벌로 고통을 초래하여 사회와 개인에 선보다 악을 초래한다는 점에서 마리화나가 비범죄화decriminalization되어야

---

13 S. Pfohl, Images of Deviance and Social Control: A Sociological History(2nd ed.), New York: McGraw-Hill, 1994, pp. 71-73
14 ibid., pp. 77-78; Sheldon, op cit., p. 203

한다는 주장의 근거로 이용될 수도 있는 것이다. 대마초의 흡연이 일탈적인 것으로 고려되지만 아무런 해가 없고 쾌락적인 것이기 때문에 처벌되어서는 안 된다는 것이며, 마찬가지로 약물을 소지하거나 판매하는 것도 때로는 폭력범죄보다도 더 장기형이 선고되고 있어서 개인과 사회에 이익보다 해가 된다는 생각을 다수의 사람들이 가지도록 하였다는 것이다. 결국 Bentham은 근거가 없고, 비효율적이고, 이익이 되지 않으며, 불필요한 처벌은 행해져서는 안 된다는 것이다[15].

종합하자면, 고전학파의 범죄학은 형사사법제도의 목적은 억제deterrence를 통하여 범죄를 예방하는 것이고, 범죄가 예방되기 위해서는 형벌이 범죄행위보다 더 강해야 한다는 것이다. 구체적으로 요약하면, 모든 사람은 본성이 쾌락주의적이고 자족적self-serving이어서 자신이 원하는 것을 얻기 위하여 범행할 개연성이 있으며, '만인의 만인에 대한 전쟁'을 피하고 조화롭게 살기 위하여 국민은 강력한 중앙정부에 의하여 보호받기 위해서 일부 자유도 어느 정도 포기해야 하며, 형벌은 범죄를 억제하기 위하여 필요한 것이고, 국가는 이를 실행할 권한을 부여받았으며, 형벌은 범죄에 상응하는 것이어야지 범법자를 교화 개선시켜서, 사회로 복귀시키기 위하여 이용되어서는 안 되며, 법의 적용은 제한되어야 하고 적법절차 권리는 지켜져야 하며, 각 개인이 자신의 행위에 책임을 져야 한다는 것이다[16].

2. 신고전학파(Neoclassical School)

고전학파의 지나친 엄격함, 즉 왜 사람들이 범행을 저지르는지 범행의 동기를 전혀 고려하지 않는다는 점이 약점으로 지적되었다. 그들은 범행의 동기나 이유에 상관없이 동일하거나 유사한 범행에 대해서는 유사하거나 동일한 형벌을 받아야 한다고 믿었다. 즉, 그들은 범죄 행위자가 아니라 범죄 행위에 초점을 맞추었던 것이다. 그러나 사람은 다 같을 수가 없다. 아동과 어른이 같을 수 없고, 정상적인 사람과 정신이 온전치 못한 사람이 책임이 같을 수 없다. 사람들은 실제로

---

15 B. DiCristina, The Birth of Criminology: Readings from the Eighteenth and Nineteenth Centuries, New York: Walters Kluwer Law & Business, 2012, p. 55

16 I. Taylor, P. Walton, and J. Young, The New Criminology, London: Routledge & Keagan Paul, 1973, p. 2; Shelden, op cit., p.203

차이가 있다는 사고에서 신고전학파의 범죄학이 시작된 것이다.

　물론 이들도 고전학파와 마찬가지로 인간은 자유의사를 행사할 수 있는 지능적이고 이성적인 존재라고 동의하지만, 일부 범죄는 범법자가 통제할 수 없는 그 무언가에 의하여 유발될 수도 있다고 생각하였던 것이다. 소위 감경상황mitigating circumstances 또는 연령이나 정신질환과 같은 요인들이 때로는 인간의 선택에 영향을 미치고, 사람의 범행의사criminal intent 형성에 영향을 미친다는 것이다. 이것이 바로 현재도 대부분의 국가가 형사처벌할 수 있는 연령을 제한하는 이유인 것이다[17].

1) 현대 고전학파의 이론

　60년대에 들어서면서부터 Martinson을 필두로 범죄학자들은 범죄자를 교화개선하여 사회로 복귀시킨다는 소위 교화개선, 사회복귀Rehabilitation의 효과성에 대한 의문을 갖기 시작하였다. 교화개선 프로그램에 대한 질풍노도와 같은 평가연구가 이루어졌고, 일부 처우는 일부 상황에서 일부 범죄자에게 일정 시간 효과가 있을 수 있다고 결론을 내린다. 즉, 모든 범죄자가 다 교화개선되어 사회에 복귀할 수 있는 것은 아니라는 것이다. 그 결과, 범죄자들은 교화개선이 아니라 반드시 처벌되어야만 한다는 제안이 다시 고개를 들게 된다. 극단적으로, James Wilson은, "사악한 사람은 존재한다. 그들을 무고한 사람들로부터 격리시키는 것 밖에 없다. 사악하지도 무고하지도 않지만 자신의 기회만 관망하고 속이고 계산하는 다수의 사람들은 자신에게 이익이 되도록 어떻게 행동할 것인가에 대한 하나의 단서로 사악함에 대한 우리의 반응을 깊이 생각한다"고 설파하였다. 이러한 Wilson의 주장은 바로 범죄자를 처벌하는 이유는 만약 처벌하지 않는다면 범행을 할까 말까 망설이는 경계선 상의 사람들이 범죄가 이익이 될 것이라 생각하여 범행할 것이기 때문이라는 주장이다[18].

　한편 다른 일각에서는 신고전학파이론에 대한 대안적 이론으로서 합리적 선택이론Rational Choice Theory을 제안하였다. Clarke와 Cornish는 청소년들은 자신이 행동하기 전에 자신이 하려고 하는 것에 대한 계산된 선택을 하는 합리적인 사람이라고 주장하였다. 그들의 생각에는, 범법자들이 범죄에 관한 정보를 수집, 처리,

---

[17] Thompson & Bynum, op cit., p. 88
[18] J. O. Wilson, Thinking About Crime(revised ed.), New York: Basic Books, 1983, p. 128

그리고 평가하고, 범행의 이익과 비용을 저울질 한 다음에 범행할 것인가 말 것인가를 결정한다는 것이다. 그래서 범죄는 심사숙고한 결정이어서, 범법자들이 어디서, 누구 또는 무엇을 대상으로, 어떻게 실행할 것인가를 결정한다는 것이다. 실제로 범법자들이 범행의 구체적인 장소를 선택하며, 또한 잠재적 피해자의 행동을 연구한 뒤에야 자신의 범죄표적을 선택하고, 범법자들은 체포되지 않는 방법도 학습한다는 것이 많은 연구에서 밝혀지고 있다[19].

합리적 선택과 유사한 접근으로서 Cohen과 Felson은 범행이 이루어지기 전에 동기가 부여된 범법자Motivated offenders, 적절한 표적Suitable targets, 그리고 잠재적 범법자를 제지할 사람의 부재An absence of people to deter the would−be offender라는 세 가지 요소가 충족되어야만 한다는 일상활동이론Routine activity theory을 제기하였다. 그들의 주장에 따르면, 동기가 부여된 범법자, 취약한 표적, 그리고 보호와 감시가 부재나 결여될 때 범죄는 증가한다는 것이다[20].

그러나 합리적 선택이론이나 일상활동이론 둘 다 한 가지 중요한 문제점을 안고 있다. 이들 이론은 왜 범죄자들이 범행을 하는지, 범법자들로 하여금 범행하도록 동기를 부여하는 요소가 무엇인지를 파악하지 않는다는 점이다. 그럼에도 불구하고, 이 두 이론은 범죄학자들로 하여금 모든 범죄는 독립된, 독특한 사건이라고 인식하게 하였다. 결국 범죄는 범법자의 심리만큼이나 범법자의 자유의지와 상황적 요소와도 상당한 관련이 있다는 것이다[21].

2) 범법자는 합리적인가

그렇다면 과연 범법자들은 합리적·이성적인가? 합리적·이성적인 사람이 친구를 살해할 수 있는가? 이성적인 사람이라면 학교 갔다 집에 오는 10살 짜리 어린

---

19 R. Clarke and D. Cornish, "Modeling offenders' decision," p. 145 in M. Tonry & N. Morris(eds.), Crime and Justice : An Annual Review of Research, Vo. 7, Chicago: University of Chicago press, 1985; B. Jacobs, "Crack dealers' apprehension avoidance techniques," Justice Quarterly, 1996, 13:359−381; M. Robinson, "Lifestyles, routine activities, and residential burglary victimization," Journal of Criminal Justice, 1999, 22:27−52; B. Jacobs and J. Miller, "dealing, gender, and arrest," Social Problems, 1998, 45:550−566

20 L. Cohen and M. Felson, "Social change and crime rate trends," American Sociological Review, 1979, 44:588−608

21 Regoli et al., op cit., p. 80

제2부 소년비행의 이론

이를 때려서 숨지게 할 수 있는가? 범법자들이 과연 합리적이고 이성적인가에 대한 연구결과는 명확하지 않다. 노상범죄자, 매춘부, 약물범죄자, 강도와 절도, 연쇄살인범, 그리고 강간범들은 붙잡힐 위험성을 계산한다. 그렇지만 같은 범죄라도 범죄자에 따라 그 합리성이나 이성적 사고에는 큰 차이가 난다. 상습적인 재산범죄자들의 범행동기를 연구한 결과, 그들은 자신의 행위에 대한 법률적 결과를 고려하지 않고, 붙잡히지 않을 것이라고 믿어서 위험이 아니라 보상에 초점을 맞추며, 법률, 체포, 또는 구금을 고려하지 않는다는 것으로 밝혀졌다[22].

한편, 일부에서는 합리성의 개념 자체가 문제가 있다고 비판한다. 우리가 합리적이라고 할 때는 그 행위의 모든 잠재적 결과에 대한 모든 완전하고 정확한 접근을 의미하는 것인데, 그러한 예측 가능한 상황은 존재하지 않기 때문에 이들 고전적 이론들은 당연히 비현실적이라는 것이다. 만약 합리적이라는 것이 가용한 정보에 기초한 의사결정을 의미한다면, 범법자들은 오로지 '제한된 합리성limited rationality'만 가질 뿐이고, 이 제한된 합리성만으로는 고전적 주장의 초석이라고 할 수 있는 자유의지와 자율성의 강조는 설 자리를 잃게 된다. 사용한 정보가 때로는 허위거나 상황에 대한 개인의 평가가 부정확할 수 있고, 그 결과 이론이 주장하는 만큼 선택이 자유롭지 않을 수 있는 것이다[23].

물론 일부 상황에서는 강도와 같은 약탈적 범죄는 합리적일 수 있다. 그러나 비정상적인 폭력적 대인범죄도 합리적이라고 할 수 있을까. 오히려 심리적 환상과 생물학적 충동을 비난하기 쉽지 않을까? 그러나 범법자들이 폭력이 자신이 원하는 보상을 가져다 줄 것이라고 믿는 상황에서는 폭력이 합리적일 수 있다, 경쟁관계의 폭력집단이 싸움을 하는 것은 명성이 보상으로 따를 것이란 인식 때문이며, 남자친구가 여자친구를 폭행하는 것은 언쟁에서 이길 수 있기 때문이고, 어린아이가 친구를 살해하는 것이 왕따를 당하지 않기 위한 합리적 선택이라는 것이다. 즉, 일부 청소년들이 어떤 상황에서는 폭력을 자신이 원하는 것을 얻을 수 있는 효과적인 수단으로 볼 수 있다는 것이다[24].

22 P. Piotrowski, "Street robbery offenders: Shades of rationality and reversal theory perspective," Rationality and Society, 2011, 23:427−451
23 R. Akers, "Rational choice, deterrence, and social learning theory in Criminology," Journal of Criminal Law and Criminology, 1990, 81:653−676
24 J. Wilson, The Moral Sense, New York: Free Press, 1993, p. 10; M. DeLisi, "Conservatism

3. 현대 선택이론

1) 합리적 비행소년(Rational Delinquent)

합리적 선택이론은 비행소년을 법을 위반하기로 선택한 자유의지를 가진 합리적 의사결정자로 본다. 비행소년들은 비행을 저지르기로 결정하기 전에 명품이나 자동차를 살 수 있는 현금과 같은 수익이나 이득과 체포되어 장기간 복역하는 등의 잠재적인 처벌이나 비용을 저울질 한다는 것이다. 예를 들어, 약물거래를 해도 거의 붙잡히지 않고 체포되더라도 심한 처벌을 거의 받지 않는다고 믿을 때 약물거래는 항상 체포되어 강력한 처벌을 받게 된다고 믿을 때보다 약물거래에 가담할 가능성이 훨씬 더 높아진다고 한다. 일부 청소년들은 주위에서 불법행위나 범죄로 막대한 수익을 얻었지만 아무런 처벌도 받지 않는 경우를 보거나 듣게 되면 그들의 뒤를 따르기로 결정하는 것이다[25].

2) 비행 선택의 구체화

합리적 선택이론에 따르면, 법률위반행위는 이성적·합리적으로 사고하는 범법자가 금전욕구, 학습경험, 관습적 성공기회와 같은 개인적 상황, 양심, 도덕, 그리고 동료로부터 인정받는 것과 같은 가치관, 그리고 일부 즉각적인 문제의 극복과 같은 상황 등을 면밀히 고려한 후에 법률을 위반하기로 결정할 때 일어난다고 한다. 그렇다면 이러한 비행 결정에 영향을 미치거나 양산하는 가장 중요한 사회적 상황들은 어떤 것들이 있을까?

먼저 개인적 문제를 들 수 있다. 아이들은 자신의 문제를 해결하는 데 도움이 되도록 비행을 선택할 수밖에 없게 된다는 것이다. 청소년들이 사회가 자신들에게 기회와 자원을 제한하기 때문에 스스로를 통제할 수 없다는 느낌을 가질 수 있게 되어 일부는 반사회적인 행위에 가담함으로써 자신의 삶과 운명을 통제할 수 있게 된다는 것이다. 학교를 빼먹음으로써 학교에서의 불편한 상황을 피할 수 있고, 가출함으로써 학대로부터 도망칠 수 있는 것이다. 또한 비행은 이들 청소년

---

and common sense: The Criminological career of James Q. Wilson," Justice Quarterly, 2003, 20:661-674

25 P. Tremblay and C. Morselli, "Patterns in criminal achievement: : Wilson and Abrahamsen revisited," Criminology, 2000, 38:633-660

에게 절도를 하여 갖고 싶은 물품을 가질 수 있게 되기도 한다.

다음은 금전적 욕구와 보상이다. 청소년들이 비행을 선택하는 것은 경제적 욕구와 이유라는 것이다. 다수의 청소년비행 동기가 유흥비 마련이라는 통계적 사실이 이를 잘 대변해준다. 이들은 관습적인 세계에서 자신들이 성공하기 어렵다고 믿으며, 장기적으로는 절도와 마약판매가 자신들에게 더 나은 삶으로 다가가는 차표로 여기고 단기적으로는 유흥비를 가져다주는 것으로 여기는 것이다[26].

한편 일부에서는 부모의 통제와 감독이 중요한 변수라고도 한다. 부모의 감시 감독이 부재하거나 부족하거나 부적절한 아이들은 비슷한 처지의 친구들과 어울려 사회화할 기회를 제공받고, 이는 곧 그들이 비행에 가담할 수 있게 하는 기회가 된다는 것이다. 부모감독의 결여는 곧 범죄적 동기를 증대시키기 마련이란 것이다[27].

또 다른 일부에서는 청소년들의 복수, 억제, 그리고 응보를 중요한 요인으로 간주한다. 일부 청소년들이 실제 잘못이나 잘못이라고 인식한 것에 대한 복수를 위해서나 증오하는 경쟁상대를 보복하려고 범죄를 선택할 수 있기 때문이다. 다시 말하자면, 피해자의 삶과 행동을 통제하고자, 특히 법과 사법제도를 믿지 못할수록 스스로 누군가를 벌하고자 하는 응보의 목적으로, 누군가 악의적이거나 적대적인 행위를 반복하지 못하도록 억제할 목적으로, 그리고 또 다른 응보와 보복으로부터 자신을 방어할 목적으로 다른 사람들의 눈에 자기의 중요성과 명성을 각인시키기 위하여 폭력을 사용한다는 것이다[28].

3) 일상활동(Routine Activity)

청소년들의 행동은 그들의 생활경험에 의해서 이루어진다고 하는데, 그렇다면 왜 일부는 범행을 선택하는 반면에 다른 일부는 관습적인 생활유형에 맡기는가?

---

[26] B. McCarthy, "New economics of sociological criminology," Annual Review of Sociology, 2002, 28:417−442

[27] D. W. Osgood, J. Wilson, P. O'Malley, J. Bachman, and L. Johnston, "Routine activities and individual deviant behavior," American Sociological Review, 1996, 61:635−655; B. S. Blackwell, "Perceived sanction threats, gender, and crime: A test and elaboration of power−control theory," Criminology, 2000, 38:439−488

[28] R. B. Felson, Violence and Gender Reexamined, Washington, DC: American Psychological Association, 2002, Siegel & Welsh, op cit., p. 78에서 재인용

일상활동이론에 따르면, 폭력이나 강도를 비롯한 약탈적 범죄의 양과 분포는 매일 매일의 일상생활 속의 일상활동들을 반영하는 세 가지 변수들, 즉 친인척이나 이웃, 가족 등 능력 있는 보호의 결여Lack of capable guardian, 쉽게 거래할 수 있는 장물과 같이 매력적인 표적attractive target, 그리고 일자리가 없는 실업자와 같은 동기가 부여된 범법자motivated offender의 상호작용에 영향을 받는다는 것이다. 이들 세 변수들이 존재한다면 약탈적 범죄가 발생하게 된다는 것이다[29].

'능력 있는 보호자capable guardians'는 잠재적 표적을 보호하고 방어할 수 있는 보호자의 존재가 범죄와 비행을 범하고자 하는 동기를 감소시킬 수 있다는 것이다. 심지어 아무리 강력한 동기를 가진 범법자라도 만약 범행의 표적이 아주 잘 방어되고 보호되고 있다면 심지어 가치가 있고 그래서 매력적인 표적이라도 무시하게 된다는 것이다. 이러한 주장을 청소년비행에 원용하면, 아이들의 활동을 잘 관찰하는 부모가 청소년들에게 하나의 보호자가 되는 것이다. 역으로 생각하면, 부모들과 더 많은 시간을 함께 보내는 반면에 친구들과 보내는 시간이 더 적은 아이일수록 비행을 할 기회가 그만큼 더 제한된다고 할 수 있다[30].

적정한 표적suitable targets은 쉽게 운반할 수 있는 값비싼 물품과 같은 것으로서 이런 적정한 표적의 존재는 곧 범죄와 비행의 발생률을 증대시킨다는 것이다. 예를 들어, 재물이 많은 집일수록 주거침입절도의 표적이 될 가능성도 더 높아진다는 것이다. 비싸지만 손쉽게 운반할 수 있는 휴대전화나 노트북, 컴퓨터 등이 주거침입절도와 강도를 증가시키고 있다고 한다. 가격은 비싸지만 쉽게 운반할 수 있고, 쉽게 되팔 수 있는 재물이 많을수록 범법자들은 절도를 함으로써 큰 이익을 얻을 수 있다는 동기가 더 강화되기 때문이다[31]. 한편 동기가 부여된 범법자

29 L. Cohen & M. Felson, "Social change and crime rate trends: A routine activities approach," American Sociological Review, 1979, 44:588−608

30 B. Welsh & D. Farrington, "Surveillance for crime prevention in public space: Results and policy choices in Britain and America," Criminology and Public Policy, 2004, 3:701−730; D. Osborn, A. Trickett, and R. Elder, "Area characteristics and regional variates as determinants of area property crime level," Journal of Quantitative Criminology, 1992, 8:265−282; P. Bellair, "Informal surveillance and street crime: A complex relationship," Criminology, 2000, 38:137−167; G. Barnes, J. Hoffman, Welte, M. Farrell, and D. Dintcheff, "Adolescents' time use: Effects on substance use, delinquency and sexual activity," Journal of Youth and Adolescence, 2007, 36:697−710

31 W. Smith, S. G. Frazee, and E. Davison, "Furthering the integration of routine activity and social disorganization theories: Small units of analysis and the study of street robbery as motivated offenders는 범법자의 동기와 수가 강해지고 많아짐으로써 비행률도 증가한다는 것이다. 그만큼 범행의 동기가 강한 잠재적 범죄자, 즉 의욕적인 선수가 많아지는 만큼 범죄도 많이 발생하기 때문이다.

4) 선택이론과 비행예방

선택이론의 견지에서는 비행의 예방이 정의모형Justice Model이나 공리적 형벌모형Utilitarian Punishment Model을 통하여 가능하다고 주장한다. 두 모형의 주장에 따르면, 아이들도 자기들의 행위에 책임이 있다는 것이다. 즉, 아이들도 자유의사를 행사할 수 있을 정도로 충분히 합리적이고, 지적인 존재라는 것이다. 두 모형에서는 아이들이 행동하기 전에 범행의 결과 자신이 받게 되리라고 상상하는 보상과 처벌에 기초하여 범행할 것인지 여부를 결정한다고 가정하는 것이다. 그러나 두 모형은 왜 범죄자를 처벌해야 하는지 그 이유가 서로 다르다고 한다. 정의모형은 범죄자들이 사회적 해악을 가했기 때문에 처벌되어야 한다는 반면에 공리적 처벌모형은 보호하기 위한 공리적 목적으로 범죄자를 처벌한다는 것이다[32].

(1) 정의모형의 비행예방

정의모형은 David Fogel이 자신의 저서 "우리는 살아있는 증거이다We are the Living Proof"에서 소개한 것으로, 정기형determinate sentence을 권장하고, 보호관찰부 가석방prole을 폐지하려고 하며, 범법자들을 처벌하기 위하여 교도소를 활용할 것을 주장한다. Fogel은 형벌의 기간이 정해지지 않은 부정기형Indeterminate sentence은 형벌의 기간이 정해진 정기형으로 대체되어야 한다고 주장하였는데, 그 이유는 법원이 개선될 수 없는 범법자와 개선될 수 있는 범법자를 구별할 수 없기 때문이라는 것이다. 유사한 범죄를 저지른 범법자는 동등한 처벌을 받는 것이 더 공정한 제도라는 것이다. 물론 이러한 그의 주장은 범죄자는 그들이 끼친 사회적 해악으로 인하여 반드시 처벌되어야 한다는 응보retribution에 근거하고 있어서 "처벌은 범죄자가 받아야할 당연한 공과Punishments are criminals' just desert"라는 것이다. 응

---

a diffusion process," Criminology, 2000, 38:489-521; J. Massey, M. Krohn, and L. Bonati, "Property crime and routine activities of individuals," Journal of Research in Crime and Delinquency, 1989, 26L397-429

32 Regoli et al., op cit., p. 82

보적 철학의 기저에는 범죄의 심각성과 범죄자의 유책성Culpability을 반영한다는 논리이며, 여기에 더하여 범죄자를 처벌할 때 그들이 필요로 하는 것needs을 고려하는 것은 잘못이며 반대로 법을 위반한데 대하여 마땅히 받아야 할 처벌만 반영해야 한다는 것이다. 물론 이런 Fogel의 주장에 대하여 교정정책을 희망보다는 절망으로 몰아가고, 정의모형이 보다 인간적이고 분파적이지 않다는 경험적 증거도 많지 않은 반면에 정기형이 오히려 가중처벌하기 위한 방법으로 활용되고 있다는 비판의 소리도 있다[33].

(2) 공리적 형벌모형의 비행예방

공리적 형벌모형의 핵심은 사회보호를 위해서 범법자는 반드시 처벌되어야 한다는 것이다. 만약에 범법자의 범행이 자신이 살아가는 상황에서 합리적이라면, 즉 그가 범행으로부터 얻을 수 있는 것이 그에게 부가되는 비용보다 합법적인 활동으로 얻는 것 이상으로 많다면, 범법자에게서 '고쳐질 수 있는, 교정될 수 있는' 것이 별로 없게 되어 개선이란 실패하고 말 것이라고 한다. 실패할 수밖에 없는 이유는 바로 바뀌거나 변해야 하는 것은 범법자의 인성이 아니라 그의 범행을 합리적인 것으로 만드는 비용-편익cost-benefit의 비율이기 때문이다. 이 비용과 편익의 비율은 합법적인 활동의 기회와 그로부터의 이익을 향상시키고 배가시킴으로써, 또는 불법적인 활동의 기회를 줄이거나, 아니면 처벌을 포함한 비용을 증대시킴으로써 바꿀 수 있는 것이다. 다시 말하자면, 형벌이 범죄를 억제할 수 있으며, 만약 이 주장이 옳다면 범법자를 더 엄격하게 처벌함으로써 범죄를 예방할 수 있게 되는 것이다[34].

실제로 이런 가정은 다양한 범죄예방프로그램에 활용되었는데, 그 중에서도 대표적인 것으로 '충격 보호관찰부 형의 유예Shock Probation'을 들 수 있는데, 이는 보호관찰에 바로 회부하기보다는 그 전에 미리 단기간의 구금으로 충격을 가한 다음에 형의 유예를 선고하여 보호관찰에 회부하는 것이다. 또 다른 하나는 '병영캠프Boot camp'로서 1-3달 정도 군대식 집체훈련을 받게 하는 것이고, 마지막으

---

33 D. Fogel, We Are the Living Proof, Cincinnati: Anderson, 1975; T. Cl;ear, J. Hewitt, and R. Regoli, "Discretion and the determinate sentence," Crime and Delinquency, 1978, 24:428-445

34 E. van den Haag, Punishing Criminals, New York: basic Books, 1975, p. 59

로 '겁주기Scared Straight' 같은 것으로 청소년범죄자가 성인교도소를 체험하도록 하여 그들이 또 다시 범행을 하면 어떤 일이 벌어질지 보여줌으로써 겁을 먹게 하여 똑바로 살아가게 한다는 것이다. 그러나 불행하게도 이들 프로그램에 대한 평가는 대부분 범죄자를 억제하지 못한다는 부정적 결과이며, 오히려 이들 프로그램이 비행을 통제한다기보다는 범죄를 증대시키는 경향이 강하다는 것이다[35].

5) 선택이론의 평가

인간의 행위는 우리 모두가 선택할 자유의지를 활용한다는 오히려 가장 단순한 주장보다는 훨씬 더 복잡하다. 이유는 의사결정은 대안적 선택지의 가용여부에 달렸기 때문이다. 이는 마치 식당에서 메뉴를 선택하는 것과 같이 누구는 다양한 선택지가 있지만 다른 누구에게는 제한된 선택지만 있는 것이다. 마찬가지로 일부 청소년에게는 다양한 선택지, 대체로 주변 환경과 여건이 주어지지만 다른 일부 청소년들에게 극히 제한된 선택만 가능한 것이다. 이러한 상황을 고려하여 제안된 것이 바로 상황적 선택모형Situational choice model인데, 범죄행위는 다양한 기회와 제약이 주어진 주변여건과 상황 안에서 만들어지는 선택과 결정의 기능이라는 것이다.

한편, 다른 일부에서는 또 다른 쟁점을 제기하는데, 바로 우리의 삶에서 일어나는 모든 사건은 반드시 원인이 있다는 주장이다. 만약에 세상에 인과관계가 없다면 과학도 아무런 소용이 없을 것이며 세상은 혼돈에 빠지게 될 것이다. 예를 들어, 어느 소년이 악마로 태어나지 않았는데 어떤 일인지 언젠가 악마가 되어버렸다면 당연히 우리는 왜, 어떻게 그가 악마가 되었을까 그 원인을 찾으려 할 것이다. 그 소년이 어제까지 천사였다가 오늘 갑자기 아무런 이유도 원인도 없이 악마가 되었을까? 마치 대학을 선택하듯이 그가 왜 자신이 다니는 대학을 선택하게 되었는가는 반드시 그 이유와 원인이 있다는 것이다. 이를 고려하지 않고 단순히 '합리적 선택rational choice'으로 인간행위의 복잡성을 단순화시키는 것은 명백하게

---

35 P. Gendreau and R. Ross, "Revivification of rehabilitation," Justice Quarterly, 1987, 4:349-408; A. Petrosino, C. Turpin-Petrosino, and J. Buehler, "Scared straight and other juvenile awareness programs for preventing juvenile delinquency: A systematic review of the randomized experimental evidence," Annals of the American Academy of Political and Social Science, 2003, 589:41-62

불합리하고 잘못된 것이라는 주장이다[36].

제2절

비행 통제이론

만약에 비행이 합리적 선택이라면, 당연히 그 예방은 1) 비행을 하면 엄격하게 처벌될 것임을 잠재적 범법자들에게 확인시키거나, 2) 충분히 엄격하게 처벌함으로써 다시는 범행을 하지 않게 하거나, 3) 범행을 충분히 어렵게 함으로써 범죄로부터 얻을 수 있는 잠재적 이익이 그 위험성에 비하면 전혀 가치가 없도록 하는 세 가지 일반적인 전략으로 귀착하게 된다. 바로 이러한 관점에서 일반제지general deterrence, 특별제지special deterrence, 무능력화incapacitation 그리고 상황적 범죄예방situational crime prevention이 나오게 된 것이다.

1. 제지이론(Deterrence Theory)

자유의지의 개념과 직접적으로 연계되어 있어서 고전주의 범죄학의 핵심이론이라고 할 수 있는 이 이론은 비행소년이나 범법자들이 법률을 위반할 것인가 말 것인가를 자유롭게 선택하는 것이며, 따라서 법률을 위반하기로 선택한 사람은 또한 같은 방식으로 제지될 수 있다는 것이며, 오로지 결과를 더 신속하고 확실하고 엄중하게 하는 문제라는 것이다. 즉, 얼마나 신속하고 확실하고 엄중한가에 따라 법률을 위반하거나 하지 않는 선택을 한다는 것이다. 그러나 종종 사람들은 억제, 제지이론이 오로지 보다 엄중한 처벌만을 포함하는 것으로 잘못 생각하고 있다. Beccaria와 Bentham 모두 처벌의 확실성이 엄중성보다 더 영향력이 크다고 하는데, 현실은 확실성이 그리 높지 않은 편이며, 심지어 다수의 비행소년들이 붙잡힐 가능성은 아예 생각조차 하지 않는다고 한다[37].

---

36 Shelden, op cit., pp. 206−207
37 Fuller, op cit., p. 82

그렇다면 과연 제지이론은 효과적인가? 부분적으로는 그렇다고 할 수 있다. 사람들이 부분적으로는 체포되어 처벌받을 것이 두려워서 법을 어기지 않기 때문이다. 사람들은 다른 사람을 희생양으로 자신의 불법적인 쾌락을 추구하면 나쁜 일이 생긴다는 것을 잘 알고 있기에 법을 어기지 않고 준수하기 마련이다. 그러나 과밀수용이 대변하듯 지나칠 정도로 엄중한 처벌에도 불구하고 나아지지 않는 높은 범죄율을 보면 제지이론이 그렇게 효과적으로 작동한다고는 말하기 어렵다. 그렇다면 왜 일부 범죄자들이 잘못된 결정을 하는 것일까? 제지나 억제의 대부분은 정신적 성숙과 미래-시간 지향성future-time orientation이 좌우한다. 즉, 정상적인 성인이라면 범행시 체포되어 처벌될 것까지를 상상하고, 이어서 장기형이 얼마나 불유쾌할 것인가를 상상하기 마련이다. 그러나 젊은이들은 성숙한 성인과 같은 방식으로 먼 미래를 상상하지 않는다고 한다. 당연히 제지는 연령이나 다른 이유로 장기적인 것보다 단기적인 것에 더 초점을 맞추는 사람들에게는 문제가 아닐 수 없는 것이다[38].

그러나 제지이론의 효과성을 판단하기란 굉장히 어려운 일이며 여기에는 그만한 이유가 있다. 우선 제지효과는 아직 발생하지도 않은 범죄를 측정해야 하기 때문이다. 범죄의 발생은 시간과 장소, 그리고 사람에 따라 다양하여 어떤 범죄가 제지의 결여로 발생하였고, 어떤 범죄가 환경적인 상황과 환경의 문제로 발생하였는지 결정하기란 극히 어려운 일이다. 제지이론의 또 다른 문제는 잠재적 범죄자의 범행동기를 제지하기 위해서는 범행의 이익과 비용, 즉 처벌의 정도를 정확하게 알아야만 합리적 선택이 가능함에도 범행의 이익도 비용도 정확하게 알기란 거의 불가능하다는 것이다. 문제를 더 심각하게 만드는 것은 설사 범행의 비용을 정확하게 알고 있어도 다수의 잠재적 범죄자들은 자신이 체포되리라 전혀 생각하지 않고 있으며 이런 전제에서 처벌의 엄중성은 아무런 의미가 없는 것이다[39].

---

38 ibid., pp. 83-84

39 H. Taucher, A. D. Witte, and H. Griesinger, "Criminal deterrence: Revisiting the issue of Birth Cohort," Review of Economics and Statistics, 1994, 76: 399-412; G. Waldo and T. Chiricos, "Perceived penal sanction and self-reported criminality: A neglected approach to deterrence research," Social Problems, 1972, 19:522-540

2. 일반제지(General Deterrence)

　대체로 제지이론은 두려움, 즉 결과의 두려움에 기초한 이론이다. 자녀에게 부모가 통금시간을 어기면 더이상 외출을 허락하지 않겠다거나 어떤 잘못을 하면 용돈을 주지 않겠다거나 하는 식으로 어떤 행동의 결과에 대한 두려움을 심어줌으로써 아이들의 행동을 제재하거나 억제하는 것이다. 이런 억제, 제지이론을 범죄예방에 적용하는 것은 잠재적 범재자라고 할 수 있는 일반대중에게 법을 어기면 어떻게 될 것이라는 경고의 메시지를 보내기 위한 일반억제, 일반제지general deterrence와 이미 범행을 한 범죄자를 처벌함으로써 처벌의 고통으로 인하여 그 특정 범죄자가 재범을 하지 않도록 하기 위한 특별제지, 특별억제Special or specific deterrence가 있다[40].

　일반제지의 개념에 따르면, 비행의 선택은 처벌의 위협으로 구조화되는 것이다. 즉, 아이들이 불법행위를 하고도 처벌받지 않고 빠져나갈 수 있을 것이라고 믿는다면, 범행을 선택하고, 반면에 자신의 불법행위로 체포되어 엄중한 처벌을 받을 것이라고 믿는다면 진짜 비합리적 · 비이성적인 아이만이 범행할 것이기에 처벌을 통해서 억제, 제지될 수 있다는 것이다. 이 제지이론의 지도원리 중 하나는 처벌이 더 엄격하고, 신속하고, 확실하면 할수록 그 억제, 제지효과는 그만큼 더 커진다는 것이다. 그러나 만약 특정한 범죄에 대하여 엄중한 처벌이 가해지더라도 사람들이 붙잡힐 것이라고 생각하지 않는다면 상대적으로 억제, 제지효과는 거의 없어지며, 반대로 비록 그리 엄중하지 않은 처벌일지라도 처벌이 확실하다고 믿는다면 억제, 제지효과가 있을 수 있는 것이다. 따라서 소년사법제도에서 잠재적 비행소년들에게 비행을 하게 되면 붙잡힐 것이라고 확신시켜줄 수 있다면 잠재적 비행소년들이 비행은 그냥 보상되지 않는 것이라고 결심하게 된다는 주장이다[41].

---

40 Shelden, op cit., p. 203

41 D. Nagin and G. Pogarsky, "An experimental investigation of deterrence: Cheating, self −serving bias and impulsivity," Criminology, 2003, 41:167−195; T. V. Kovandzic and J. J. SDloan, "Police levels and crime rates revisited: A country−level analysis from Florida(1980−1998)," Jpurnal of Criminal Justice, 2002, 30:65−76

제2부　소년비행의 이론

(1) 실제 처벌과 처벌인식과 제지

제지이론에 의하면, 사람들은 실제로 처벌되는 실제 확률뿐만 아니라 처벌이 따를 것이라는 인식도 비행에 가담할 것인가를 결정하는 데 영향을 미친다고 한다. 억제이론의 핵심주제는 지금 범행을 하면 처벌될 것이라고 상상하거나 믿는 사람은 장래 그러한 범행을 피할 것이라는 점이다. 만약 아이들에게 불법행동은 엄격한 처벌이 따를 것이라고 확신시킨다면 그들이 실제로 체포되어 처벌될 확률에 관계없이 억제, 제지될 것이라고 가정한다[42].

그렇다고 처벌의 인식과 억제의 관계가 단순하지 않아서 처벌의 인식이 크면 클수록 아이들이 비행할 의향은 그만큼 더 작아지는 것으로 가정되는 선형의 관계도 아니다. 처벌에 대한 인식은 비행소년의 인성과 경험에 의해서 형성되어 시간의 흐름에 따라 변하는 것이다. 자신의 개인적 경험에 의하여 인식이 형성되기 때문에 억제 여부와 정도는 개인에 따라 달라지기 마련이다. 당연히 법을 꾸준히 어기는 고위험high-risk 범법자집단의 구성원들이 저위험low-risk 비행소년집단보다 위험성은 덜 인식하는 반면에 보상은 더 크게 인식하고, 반대로 저위험집단은 위험성은 더 크게 인식하고 보상은 더 작게 인식하는 것으로 알려지고 있다[43].

(2) 실제제지(actual deterrence)와 비행

사람들은 처벌의 위협을 인식하는 것뿐만 아니라 처벌위협이 실제 현실이라도 범죄의 삶을 피할 것이라고 한다. 체포할 경찰이 더 많고, 유죄판결을 내릴 법원이나 처벌할 교도소가 더 많을수록 자연스럽게 청소년들이 비행에 가담할 확률은 더 작아진다는 것이다. 이러한 가정은 범죄경력과 처벌경력이 많아서 처벌의 위협과 고통을 덜 느끼는 누범 성인범죄자에 비해 처벌경험이 없는 비행청소년들이 더 위

---

42 R. Apel, G. Pogarsky and L. Bates, "The sanctions-perceptions link in a model of school based deterrence," Journal of Quantitative Criminology, 2009, 25:201-226; C. L. Maxson, K. N. Matsuda, and K. Hennigan, "Deterrability among Gang and nongang juvenile offenders: Are gang members more(or less) deterrable than other juvenile offender?" Crime and delinquency, 2011, 57:516-543

43 T. Loughran, A. Piquero, J. Fagan, and E. Mulvey, "Differential deterrence: Studying heterogeneity and changes in perceptual deterrence among serious youthful offenders," Crime and Delinquency, 2012, 58:3-27

협과 고통을 많이 느끼게 되어 억제기능이 더 잘 작동할 것이라고 가정된다[44].

대체로 청소년들은 성인처럼 합리적이지 않고, 그들의 신체적으로 미성숙한 뇌도 성인과는 다르게 작동한다고 알려진다. 바로 이점이 성숙하고 합리적인 정신과 마음을 요하는 제지이론의 쾌락주의적 계산에 문제를 초래한다. 이런 차이 때문에 청소년범죄자나 청소년들에게 미치는 제지효과나 영향은 크지 않다는 것이다. 청소년들은 제지가 작동하는데 요구되는 합리적 사고의 맥락을 형성하지 못한다는 것이다[45].

(3) 수치심, 굴욕감 그리고 비행

청소년들에게 영향을 미치는 것으로 간주되는 억제이론의 또 다른 관점의 하나는 바로 청소년들이 느끼는 수치심, 굴욕감, 황당함, 그리고 사회적 불명예와 같은 것이다. 만약에 아이들이 자신의 비행으로 인하여 가족과 친구들에게서 거부되고 따돌림을 당할까 두려워한다면 일탈적 행위에 가담하는 것을 꺼려할 것이라고 한다. 자신의 범행가담이 공개되고 알려지면 수치스러울 것이라고 말하는 청소년들이 그리 쉽게 창피스러워하지 않는 아이들보다 범행할 가능성이 더 낮다고 한다. 이처럼 수치심이나 굴욕감, 불명예 등으로 인하여서도 청소년들에게 강력한 억제가 되지만 용서와 수용도 청소년 범법자들에게 영향을 준다고 한다[46].

(4) 일반제지이론의 평가

뉴욕에서의 '무관용 경찰활동'이나 캘리포니아를 시작으로 한 '삼진아웃3 strikes —out' 등 처벌이 강화되고 더 많은 사람이 교도소에 수용되고, 그에 따라 범죄율

---

44 R. Apel, "Sanctions, perceptions, and crime: Implications for criminal deterrence," Journal of Quantitative Criminology, 2013, 29:67－101

45 P. Kambam and C. Thompson, "The development of decision－making capacities in children and adolescents: Psychological and Neurological perspectives and their implications for juvenile defendants," Behavioral Sciences and the Law, 2009, 27:173－190

46 R. Svensson, F. Weerman, L. Pauwels, G. Bruinsma, and W. Bernasco, "Moral emotions and offending: Do feelings of anticipated shame and guilt mediate the effect of socialization on offending?" European Journal of Criminology, 2013, 10:22－39; H. Wallace, J. J. Exline, and R. Baumeister, "Interpersonal consequences of forgiveness: Does forgiveness deter or encourage repeat offenders?" Journal of Experimental Social Psychology, 2008, 44:453－460

도 낮아졌다고 일부 미국학자들은 주장한다. 그렇다면 처벌을 통한 범죄억제는 효과가 있다고 할 수 있지 않은가? 불행하게도 분명히 형벌의 위협으로 범죄동기를 억제할 수 있다는 것이 논리적으로는 이해가 가지만, 실제로 처벌의 위협만으로 비행을 억제, 제지할 수 있다는 증거도 거의 없다고 한다[47].

수많은 연구결과에 따르면, 순찰인력을 늘리고, 특정 지역에서의 순찰을 강화했지만 전반적인 범죄율에는 거의 영향을 미치지 못한 것으로 밝혀졌으며, 우리나라도 강한 음주단속에 불구하고 음주운전이 사라지지 않는 것이다. 논란의 여지는 있지만 지난 수십 년 동안 사형제도의 억제효과에 대한 연구결과도 사형제도가 살인범죄에 미치는 영향이 거의 없다고 결론 내리고 있다. 이러한 결론은 비행청소년의 경우에도 예외가 아니어서 처벌의 비행억제효과는 거의 없다고 하며, 오히려 비행소년들에게 처벌의 확실성이나 엄중성을 높이기보다 시민정신을 주입하는 것이 더 큰 영향을 미쳤다는 연구결과도 나온 바 있다. 실제로 청소년비행을 예방하는 가장 강력한 요인은 취업률 증대, 빈곤 감소, 가족소득 증대, 그리고 가족감시강화 등이었다고 한다. 소년비행에 억제이론을 적용하는 데 있어서 가장 큰 문제는 대부분의 소년비행이 대체로 계획 없이 행해지는 충동, 상황적이거나 순간결정의 산물이기 때문에 처벌의 위협이 큰 영향을 미치지 못한다는 것이다[48].

그렇다면 왜 청소년들을 처벌로 위협하려는 전략이 효과가 별로 없을까? 우선, 억제이론이 범법자의 합리적·이성적 사고와 계산을 전제로 하는 데 비해 사고력이 미성숙한 다수의 청소년들은 결코 합리적이고 이성적이지 못하기 때문이라고 가정할 수 있다. 많은 범죄자들이 약물의 영향, 정신질환, 또는 매우 낮은 지능

---

47 R. Paternoster, "The deterrent effect of perceived certainty and severity of punishment: A review of the evidence and issue," Justice Quarterly, 1987, 42:173–217

48 D. Nagin and G. Pogarsky, "Integrating celerity, impulsivity and extralegal sanctions theories into a model of general deterrence: Theory and evidence," Criminology, 2001, 39:865–892; T. Marvell and C. Moody, "Specification problems, police levels, and crime rates," Criminology, 1996, 34:609–646; T. Kovandzic and J. J. Sloan, "Police levels and crime rates revisited: A country level analysis from Florida(1980–1998)," Journal of Criminal Justice, 2002, 30:65–76; J. Sorenson, R. Wrinkle, V. Brewer, and J. Marquart, "Capital punishment and deterrence: Examining the effects of executions on murder in Texas," Crime and delinquency, 1999, 45:481–493; L. Steinberg, E. 츠멀르무, . Woolard, S. Graham, and M. banich, "Are adolescents less mature than adults?" American Psychologist, 2009, 64:583–594

등을 이유로, 그리고 일부는 충동적이고 신중하지 못하여 합리적이고 이성적인 사고와 선택을 할 수 없다. 또한 사회에서 대부분의 강력한 비행을 저지르는 고위험 범법 소년들에게는 비록 그들이 범행의 결과를 두려워할지라도 자신이 처한 혹독한 여건과 상황에서 생존하기 위해서는 범죄 외에 다른 대안이 없다. 더구나 이들에게는 더이상 잃을 것도 없고, 미래에 대한 기대와 보상도 없으며, 또 다른 청소년들은 주변에서 범행을 하고도 아무런 처벌도 받지 않는 사람들을 너무나 많이 봐와서 더이상 처벌과 범행의 관계조차 믿지 않는다. 끝으로, 법과 처벌을 경험하는 것이 오히려 처벌의 두려움을 실제로는 확산시켜서 처벌의 억제효과를 중화시키기 때문이라고 한다. 소년사법제도와 접촉경험이 있는 청소년들이 오히려 처벌이 별것 아니라고 생각하게 되어 범행을 계속하는 경우가 가장 높다는 주장도 있다. 아마도 이들 청소년들은 경험을 통해서 범죄가 즉각적인 만족과 보상은 주는 반면, 처벌의 위협은 불확실하고 장기적이고 크지도 않다는 것을 체득하기 때문이라는 것이다[49].

3. 특별제지(Special Deterrence)

특별제지이론은 청소년범죄자가 더 강하게 처벌될수록 불법행위를 다시 반복할 확률은 그만큼 더 낮아진다고 주장하는 것이다. 일반제지이론이 잠재적 범법자에 초점을 맞추는 반면에 특별제지는 이미 범행을 하여 체포된 범법자를 표적으로 한다. 즉, 범죄자에게 엄중한 처벌을 가함으로써 처벌의 고통과 비용 때문에 다시 범행을 반복하지 않도록 범죄동기를 억제하여 재범을 제지하자는 것이다. 이러한 가정은 사실 사람들은 소위 '실수로부터 배운다'고 가정하며, 그래서 이미 비행으로 붙잡혀서 처벌된 청소년은 발각되지 않아 처벌을 피한 청소년보다 더 큰 위험을 인식한다는 것이다. 따라서 이처럼 범죄의 이익이 줄어들면서 반대로 그만큼 범죄에 대한 저항은 더 커지는 것이다. 더구나 이 특별제지는 성인범죄자

---

49 J. A. Swartz and A. J. Lurigo, "Serious mental illness and arrest: The generalized mediating effect of substance use," Crime and Delinquency, 2007, 53:581−604; E. Jensen and L. Metsger, "A test of deterrent effect of legislative waiver on violent juvenile crime," Crime and Delinquency, 1994, 40:96−104; P. Pogarsky, K.D. Kim, and R. Paternoster, "Perceptual change in the National Youth Survey: Lessons for deterrence theory and offender decision−making," Justice Quarterly, 2005, 22:1−29

보다 경험이 없거나 적은 청소년범죄자에게 더 효과적일 수 있다고 한다. 이런 면에서 처벌의 경험이 없는 젊은 청소년범죄자를 처벌하는 것이 '범죄는 아무런 도움이나 이득이 되지 않아'라는 것을 확신시키는 반면에 처벌받은 경험이 있는 성인범죄자를 처벌하는 것은 단순히 '그냥 그런' 별다른 것이 아니라는 점만 확인시킬 따름이라고 주장한다[50].

실제 연구에서도 초범 비행소년은 체포되는 것을 두려워하고 무서워하지만 처벌 경험이 있거나 많은 누범 비행소년은 오히려 비행을 지속할 위험이 더 높아진다는 결과를 내놓고 있다. 사실, 재범예측이나 출소 후 다시 검거될 확률의 예측에 있어서 가장 강력한 예측인자로 입증된 것의 하나가 바로 범죄경력, 유죄와 처벌의 기록 등이기도 하다. 청소년들이 사법제도에 관계가 되면 처벌의 위협은 거의 억제효과를 갖지 못하게 되는 것이다. 그렇다면, 왜 이런 상황이 벌어질까. 아마도 처벌의 경험을 통하여 사법제도를 피하는 방법을 학습하였고 그래서 다음에는 범죄를 하고도 빠져나갈 수 있을 것이라고 믿게 되어 자신에게 처벌의 경험이 오히려 이익이었다고 판단하기 때문이다. 그리고 '국친사상parens patriae', 즉 국가가 보호자를 대신한다는 사상으로 인하여 비교적 관대한 소년사법에서 마지막 수단인 교정시설에 수용되는 소년범죄자들은 '가장 나쁜 비행소년 중 최고로 나쁜 비행소년'이기 때문에 어떤 처벌을 받거나 관계없이 재범하기 마련이라는 것이다. 또한, 청소년들의 특성이기도 하지만 처벌이 그들을 억제하고 제지하기보다는 반발과 반항토록 할 수 있다는 것이다. 즉 강한 처벌을 받으면 오히려 자신이 그런 처벌로 부러지지 않는다는 것을 보여주고 싶어 할 수도 있다는 것이다. 끝으로, 시설수용 등의 처벌이 청소년범죄자들에게 전과자라는 부정적인 낙인을 가함으로써 직업적 범죄자의 길을 걷도록 만들기 때문이기도 하다[51].

---

50 S. Anwar and T. Loughran, "Testing a Bayesian learning theory of deterrence among serious juvenile offenders," Criminology, 2011, 49:667－698; R. Haapanen, L. Britton, and T. Croisdale, "Persistent criminality and career length," Crime and Delinquency, 2007, 53:133－155

51 P. Lattimore, C. Visher, and R. Linster, "Predicting rearrest for violence among serious youthful offenders," Journal of Research in crime and delinquency, 1995, 32:54－83; P. Wood, "Explaining the positive punishment effect among incarcerated adult offenders," American Journal of Criminal Justice, 2007, 31:8－22

4. 무능력화(Incapacitation)

비행청소년이 또 다시 비행을 하지 못하도록 하는 가장 손쉬운 방법은 그들이 비행을 저지를 수 없도록 원천적으로 차단하는 것, 즉 그들을 교정시설에 수용함으로써 수용기간 동안이라도 비행을 저지를 수 없도록 만드는 것이다. 사실 가장 위험한 누범 청소년 범법자들을 구금하면 그들이 비행할 수 있는 능력을 무력화시킬 수 있다는 것이 논리적으로 보이긴 하지만 엄격한 무능력화 또는 무력화가 바람직한 결과를 항상 가져다주지는 않는다.

우선 시설수용이나 시설구금, 특히 성인시설에 소년범을 수용하는 것은 소년범들에게 범죄를 학습하는 사실상의 '범죄학교'가 될 수 있어서 구금을 통하여 있을 수도 있는 단기적인 비행감소delinquency reduction의 효과는 출소 후 미래 범죄의 빈도와 강도를 더욱 악화시킬 수도 있는 부정적 장기효과로 상쇄되고 만다는 것이다. 두 번째 문제는 바로 범죄자 대체displacement이다. 만약 비행이나 범죄가 합리적 선택의 기능이라면 더욱더 구금된 소년범죄자를 대신할 대체자들은 항상 있기 때문에 이들 새롭게 자리를 차지한 비행소년들의 비행으로 구금으로 인한 범죄감소라는 이익을 상쇄하게 된다. 이와 관련이 있는 문제로서, 기존의 비행소년을 시설에 구금하면 보다 경험이 많거나 더 강한 비행청소년으로부터 통제되고 억눌렸던 경쟁자들에게는 새로운 기회의 문을 열어주게 된다[52].

또한 국친사상과 보호라는 소년사법의 이념으로 비행소년들의 비행경력이 상당할 때까지는 구금될 가능성이 그리 높지 않다. 그들이 시설에 수용될 정도면 이미 범죄의 길로 들어선 다음이 되기 쉽다. 한편 설사 구금에 의한 무능력화와 그에 따른 범죄와 비행의 감소가 단기적이라도 가능할지라도 시설수용에 따르는 비용 또한 어마어마하기 때문에 자원의 효율성이 강조되는 요즘 비용－편익 cost－benefit이라는 관점에서는 그리 바람직하지 않을 수 있다. 끝으로 모든 소년범죄자를 영원히 사회로부터 격리할 수 없으며, 그들 중 다수는 누범자이자 약물중독자여서 오히려 그들의 출소가 가정을 파괴하고, 지역사회를 해체하게 되어 장기적으로 범죄율을 더 높일 수 있다고도 한다[53].

---

52 J. Canela－Cacho, A. Blumstein, and J. Cohen, "Relationship between the offending frequency of imprisoned and free offenders," Criminology, 1997, 35:133－171
53 Siegel & Welsh, op cit., p.85

5. 상황적 범죄예방(Situational Crime Prevention)

상황적 범죄예방은 글자 그대로 잠재적 범죄자에게 범행의 기회를 차단함으로써 범행을 하지 못하도록 하여 범죄의 발생을 미연에 방지하자는 것이다. 범행기회를 차단하거나 제한 또는 제약하기 위해서 대체로 잠재적 범죄자들의 범행을 어렵게 만들고, 범행결과 보상을 줄이며, 반면에 범행의 위험은 증대시키자는 것이다. 이를 위해서는 범죄위험이 있는 장소와 상황의 특성을 잘 알아야만 하는데, 구체적으로 아이들을 이런 상황과 장소로 끌어들이거나 내모는 것이 무엇이며, 잠재적 비행소년들이 이들 장소와 상황이 제공하는 불법적 기회를 이용하게 만드는 것은 무엇이며, 비행을 감행케 하는 즉각적인 방아쇠는 무엇인지를 파악해야 한다는 것이다. 만약 잠재적 표적이 신중하게 조심스럽게 잘 보호되고 있고, 범행의 수단이 잘 통제되고 있으며, 잠재적 비행소년이 면밀하게 관찰되고 감시되고 있다면 비행은 중화될 수 있다는 것이다. 이렇게 한다면, 진짜 비합리적이고 비이성적인 일부 소년들만이 아주 잘 방어되고 보호되며, 접근이 어렵거나 불가능한 표적에 대하여 엄중한 처벌의 위험에도 불구하고 범행을 감행할 것으로 가정하는 것이다[54].

비행발생률을 낮추기 위하여 개인을 처벌하거나 제지하기보다는 상황적 범죄예방 전략은 사람들이 특정한 범행을 저지르기 위하여 필요한 기회를 줄이는 것을 목표로 한다. 이런 주장의 이면에는 어떠한 범죄라도 동기가 부여된 잠재적 범죄자, 범행의 기회, 그리고 매력적인 표적이라는 필요충분조건이 갖추어져야만 가능하다는 전제를 가지고 있다. 범행을 어렵게 만듦으로써 잠재적 또는 범행동기를 가진 범죄자가 범행의 위험이 보상보다 더 크다는 것을 확신시키자는 것이다. 이처럼 범죄의 상황을 통제하는 것은 범행에 필요한 노력을 배가시키고, 범행의 위험도 증대시키며, 비행에 따르는 보상은 줄임으로써 가능해진다. 따라서 전형적으로 상황적 범죄예방전략은 비행을 위한 노력을 증대시키고, 비행을 하는 위험을 증대시키며, 비행에 따른 보상을 줄이고, 비행을 범하는 데 대한 수치심을

---

54 P. Brantingham, P. Brantingham, and W. Taylor, "Situational crime prevention as a key component in embedded crime prevention," Canadian Journal of Criminology and Criminal Justice, 2005, 47:271－292

증대시키고, 비행을 유발하는 촉발요인을 줄이고, 비행에 대한 변명을 제거하는 6가지 범주로 나주어진다[55].

제3절

기질이론(Trait Theory)

앞의 합리적 선택이론가들은 범행을 선택하는 것은 보편적으로 합법적 행위와 범죄행위의 이익을 신중하게 저울질하는 기능인 경제적 전략의 한 부분이라고 믿는다. 그러나 많은 범죄이론가들이나 전문가들은 이 합리적 선택모형이 불완전하다고 믿는다. 이들은 모든 청소년범죄자들이 단지 범행의 이익이나 장점이 그 비용이나 위험을 능가한다고 믿기 때문에 범행을 선택한다고 유추하는 것은 잘못이라는 것이다. 만약 합리적 선택이론의 그러한 주장이 옳다면, 가장 빈번한 소년비행의 하나이지만 이해가지 않고 아무런 이익도 되지 않는 공공기물손괴vandalism나 무작위 폭력random violence과 같은 범죄를 어떻게 설명할 것인가? 학교나 극장 또는 나이트클럽 등에서 총기를 난사하는 다중살인범들이 과연 정신적으로 안정적이고 합리적 의사결정을 할 수 있는 사람인가? 이들의 엽기적 범행은 범행의 이익과 결과를 신중하게 저울질 한 후에 감행한 범죄라고 생각하기엔 무리가 따른다[56].

그와 같은 사건들은 전문가들로 하여금 사람들의 폭력적, 일탈적 행위의 선택은 합리적 선택이라기보다는 개인의 정신적, 신체적 구조나 구성의 작용이라고 믿게 한다. 대부분의 법을 준수하는 청소년들은 그들을 관습적인 사회의 주류 속에 잡아두는 개인적 속성, 기질들을 소유하고 있는 반면에 반복적으로 공격적, 반사회적, 갈등-지향적 행위에 가담하는 청소년들은 그들의 행동선택에 영향을 미치는 비정상적인 기질과 속성들을 가지고 있다는 것이다. 예를 들어, 통제 불능의

---

55 Siegel & Welsh, op cit., p.86
56 ibid., p. 88

제2부 소년비행의 이론

충동적 행동 형태를 보이는 청소년들은 그들의 결정이 통제할 수 없는 정신적, 신체적 자질과 기질의 산물이라는 것이다[57]. 특정한 기질을 가진 청소년이 비행에 가담할 확률이 더 높다는 것이며, 청소년의 비행 가담 확률을 높이는 기질에는 어떤 것들이 있고, 이들 기질은 어떻게 청소년의 비행 가담 확률을 높이게 되는 것일까.

비행청소년들을 '비정상적abnormal'으로 보는 것이 새로운 시각은 아니다. 어쩌면 최초의 비행이론들은 범죄가 개인적 기질의 산물이며, 지능이나 체형 등과 같은 측정할 수 있는 신체적, 정신적 조건에 기인한다고 강조하였으며, 이들을 우리는 '실증주의positivism'라고 불렀다. 실증주의자들은 과학적인 방법으로 인간행위의 원인을 측정할 수 있고, 때로는 인간행위가 정신질환과 같은 통제할 수 없는 요인들의 기능과 산물이라고 믿었던 것이다.

기질이란 자신과 환경에 대하여 인식하고, 생각하고, 행동하는 비교적 안정적인 방식이라고 할 수 있어서, 예를 들어 어떤 사람이 규칙적으로 아무런 생각도 없이 행동한다면 우리는 이 사람은 충동성의 기질을 가졌다고 말할 수 있는 것이다. 연구에 따르면, 특정한 기질을 가진 사람들이 비행에 가담할 확률이 더 높다고 하는데, 그러한 기질에는 낮은 지능지수, 학습장애, 주의력결핍과 과잉행동장애ADHD, 충동성, 위험추구, 처벌로부터 배우지 못하는 무능력, 다른 사람에 대한 동정심이나 공감능력이 낮음, 사회기술의 부족, 문제해결기술의 결여, 미성숙한 도덕적 사고, 비도덕적 신념, 그리고 비행에 긍정적인 신념 등이 포함된다. 이들 기질이 비행을 유발하는 데 있어서 상대적 중요성은 다를 수 있고 그 상대적 중요성을 파악하려는 연구들도 있었지만 이들 기질이 상호 관련되어 있다는 상당한 증거들도 있다. 실제로 비행청소년들은 이들 기질을 복합적으로 가지는 것으로 알려지고 있고, 이들 기질이 중복되어 하나의 기질집락trait cluster으로 나타나는 것을 초-기질super-traits이라고 하며, 이러한 초-기질로는 낮은 언어적 지능지수low verbal IQ, 낮은 자기통제low self-control, 그리고 과민성irritability이 대표적이라고 할 수 있다[58].

57 D. Shantz, "Conflict, aggression and peer status: An observational study," Child Development, 1986, 57:1322-1332
58 Agnew & Brezina, op cit., p. 238

1. 실증주의 범죄학(Positive School of Criminology)

19세기 말 생물학적 결정주의biological determinism의 원칙을 범죄행위의 기본요인으로 설정하기 위하여 과학적이고 체계적인 방법론을 적용한 것이 바로 실증주의의 시작이다. 결정주의 모형이 함축하는 것은 무엇이거나 환경 속의 어떤 다른 물체, 사건 또는 현상에 의해서 결정되거나 초래되는 것이지 아무런 이유나 근거도 없이 하늘에서 떨어지는 것처럼 나타나지는 않는다는 것이다. 이러한 사고를 바탕으로 다양한 생물학적 결정주의를 비행과 범죄에 적용하였던 것이며, 그 선봉에는 Cesare Lombroso가 있다. 고전주의 범죄학 이론들이 인간을 자유의지를 가진 이성적이고 합리적인 존재라고 가정하는 데 대한 반응으로서 실증주의자들은 자유의지의 존재를 부정하고 사람은 누구나 어떤 행위를 향한 선천적 성향을 가지고 태어난다고 주장하였던 것이다. 다시 말하자면, 사람들은 누구나 자신의 유전적 배경을 반영하는 특정한 신체적 기질을 유전 받듯이 일부 사람들이 사회의 기준에 의하면 범죄적일 수 있는 행위를 지향하는 타고난 성향에 의하여 동기를 부여받는다는 것이다[59].

이들의 주장에 따르면 인간은 자유의지를 가지지 못하였으며, 따라서 인간의 행위도 생물학적, 심리학적, 사회학적 요인들에 의하여 결정되는 것이다. 당연히 인간은 자신의 행위에 대한 책임도 그만큼 줄어든다는 것이다. 범죄에 대한 해결책도 따라서 범죄가 발생하는 이유와 원인일 가능성이 가장 높다고 생각되는 다양한 요소, 요인들을 제거하는 것이어야 하며, 이를 위하여 빈곤의 축소, 교육, 정신의학, 심리학적 검사와 처우 등의 강화, 식습관을 보완하거나 조정하고 영양 상태를 감시하는 것 등이 필요하다는 것이다. 형사사법제도의 목표도 범죄에 상응한 처벌이 아니라 오히려 범죄자에 맞는 처벌을 함으로써 범죄를 줄이는 것이며, 이런 견지에서 실시되는 범죄자에 대한 교화개선과 사회복귀는 형사사법 관리들의 광범위한 재량과 어떤 형태이건 부정기형의 활용을 통하여 성취된다는 것이다[60].

사실 실증주의 범죄학은 벨기에의 천문학자요 수학자였던 Adolphe Quetelet와 프랑스의 법률가요 통계학자였던 Andre-Michel Guerry로부터 시작되었다. 그

---

59 Thompson & Bynum, op cit., pp. 88-89
60 Shelden, op cit., p.211

들은 범죄율과 사회적 요인들을 보여주기 위하여 지도를 활용하였는데, 재산범죄가 부자 동네에서 더 많이 발생했다는 것을 발견하고 일차적 기여요인은 바로 범행의 기회opportunity라고 결론 내렸다. Quetelet는 범죄의 원인을 찾고 미래 범죄활동의 추세를 예측하기 위하여 확률이론을 활용하였으며, 이를 위하여 그는 전통적인 과학적 방법을 공식 범죄 자료에 적용하였고, 그 결과 그는 범죄행위는 의지만큼이나 사회적 산물이라고 결론을 내렸다[61].

2. 초기 생물학적 이론

왜 범죄적 성향이 발전되는지 파악하려는 첫 번째 시도는 범법자들의 신체적 구성이나 구조에 초점을 맞춘 것들이었다. 소위 생물학적 결정론Biological determinism으로서, 출생 시의 생물학적 기질들이 그 사람이 범죄적 삶을 살아갈 것인지를 미리 결정한다고 생각하였던 것이다. 시간이 흐름에 따라, 이 이론들은 비행과 범죄에 대한 보다 사회학적인 그리고 때로는 보다 심리학적인 이론으로 대체되었다. 이 생물학적 견해가 범죄와 비행의 환경적 또는 사회학적 원인에 보다 초점을 맞추는 이론으로 대체되고, 이것이 바로 환경적 결정론Environmental determinism이라고 한다. 이는 앞에서 기술한 선택이론과는 정 반대의 견해인데, 최근 들면서 사회학적 개념과 생물학적 개념을 통합한 생물사회적biosocial 이론으로 알려진 이론이 재등장하고 있다[62].

생물학적 이론의 핵심 주제는 범죄자가 생물학적으로 비범죄자와 다른, 즉 그들의 생물학적 특징으로 인하여 비범죄자보다 열등하다는 것이다. 범죄자가 생물학적으로 비정상이라는 생각은 매우 오래된 것으로, 범죄에 대한 생각을 행위로부터 행위자로의 이동을 불러온 실증학파의 범죄학으로 거슬러 올라간다. 이러한 사상의 뿌리는 바로 이탈리아 의사였던 Cesare Lombroso였으며, 범죄학의 아버지로 불리는 그는 수 년 동안의 의학적 연구의 대부분을 범죄적 격세유전criminal atavism 이론에 쏟았다. 그는 범죄자들이 원시 조상들과 생물학적으로, 생리학적으로 매우 유사한 신체적 이상을 보인다는 것을 발견하였으며, 이들 격세유전적인

---

61 ibid., pp. 211 − 212
62 Bates & Swan, op cit., p. 87

사람들이 미개한 장애에서 인간발달의 초기단계에 해당하는 것으로 여겼다. 그의 주장에 따르면, 범죄자들은 비범죄자들만큼 진화가 되지 않았으며, 이 원시적 단계는 그가 범죄적 낙인stigma이라고 부른 신체적 특성으로 나타난다는 것이다. 얼굴의 비대칭, 커다란 턱과 광대뼈, 머리로부터 돌출한 비정상적으로 크거나 작은 귀, 퉁퉁한 입술, 비정상적인 치아, 평평한 코, 각진 형태의 두개골, 몸에 털은 많지만 빈약한 구렛나루, 그리고 지나치게 긴 팔 등이 그러한 신체적 특성들이었다. 이들 범죄자들은 비록 자신의 잘못은 없지만 현대사회의 복잡한 규율과 규제를 준수할 능력이 없으며, 이런 이유로 교도소와 같은 엄격하게 제한된 장소에 수용되어야 한다고 주장하였다고 한다[63].

Lombroso의 이론은 다섯 가지의 가정으로 구성된다. 1) 범죄자는 출생부터 특이한 유형의 인간이며, 2) 이러한 인간유형은 그가 예시한 몇 가지 신체적 특징으로 인식될 수 있다. 그러나 Lombroso는 그러한 신체적 특징이 당시 잔혹했던 이탈리아 군교도소의 구금의 결과인지 아니면 범죄행위의 원인이었는지 분명하게 탐구하지 않았다. 3) 범죄형의 사람은 그들이 5가지 이상의 특정한 신체적 특징을 가지는 경우로 쉽게 확인될 수 있으며, 4) 이러한 낙인들은 범죄자가 될 성향을 가진 사람이라는 지표로서 만큼 범죄행위를 유발하지는 않으며, 5) 그들의 개인적 특성으로 인하여 극단적으로 긍정적인 조건에서 성장하지 않는 한 범죄자가 될 수밖에 없다는 것이다. 사람의 신체적 특징으로 범죄자를 가려내는 것이 지금은 학문세계에서는 크게 인기를 얻지 못하고 있지만 범죄자처럼 생겼다거나 또는 언론을 중심으로 전형적인 범죄인상을 기술하는 등 아직도 대중들에게는 잊혀지지 않고 있는데 불행하게도 이들이 대부분은 인종적, 사회경제적 소수자들이기 쉽고 따라서 이런 경우를 우리는 인종적 프로파일링racial profiling이라고 비판하고 있다[64].

그러나 Lombroso는 이러한 신체적 특성이 범죄성criminality을 유발한다고는 믿지는 않았다고 한다. 다만 그는 비범죄자만큼 진화하지 못한 사람들을 파악하는 데 도움이 된다고 믿었을 뿐이었다. 그의 주장의 핵심은 일부 사람들이 범죄자로 태어난다는 것이었다. 이런 사고로 인하여, 그는 범죄자 중에는 '생래적 범죄자

---

63 Regoli et al., op cit., p. 84에서 재인용

64 R. M. Bohm, A Prime on Crime and delinquency, Belmont, CA: Wadsworth, 1997, p. 35

제2부 소년비행의 이론

born criminal', 즉 범죄자로 태어난 사람이 있다고 주장하는 것이다[65]. 그는 이 생래적 범죄자를 그의 신체구조와 범죄행위가 인간진화의 낮은 단계의 미개인인 생물학적 격세유전의 이중적 표출이라고 규정하고 그러한 사람은 광범위한 행동의 제약을 함축하는 문명화된 현대인의 사회에서 일종의 생물학적, 사회적 부적격자라고 생각하였다. 그는 그 후, 자신의 생래적 범죄자라는 원래의 주장을 확대하여 신체적, 생물학적 기질로 인한 다른 형태의 반사회적 행위자까지 포함시켰다. 그에 따르면, 정신이상범죄자insane criminal는 정신세계의 이상이나 질병에 연계될 수 있으며, 간헐적 범죄자Criminaloid는 범죄행동이 덜 야만적이고 보다 간헐적이라는 점에서 생래적 범죄자와는 차이가 있으며, 격정범죄자Criminal by passion는 범행의 이기적 동기에 대한 낭만적 민감성과 능력을 그 특징으로 가지며 따라서 이들은 생래적 범죄자와는 완전히 다르다고 설명하였다[66].

그러나 Lombroso와 실증주의 범죄학의 가정, 방법론, 그리고 결론에 대하여 엄격한 분석과 검토가 이루어지고 지나치게 작은 표본으로 너무나 광범위하게 일반화하고, 비시설수용자 비교집단이 없으며, 기술적 자료에 지나지 않는다는 약점들이 비판의 대상이 되었다. 그럼에도 불구하고 그는 적어도 범죄학에 엄격한 기본적인 과학적 접근을 실행하였고, 반사회적 행위를 유발하는 유전된 기질과 성향과 상호작용하는 범죄의 사회학적 요인의 영향도 인지하였다는 찬사도 동시에 받았다. 이를 기반으로 Lombroso의 후예들도 범죄의 신체적 기초 개념을 정교화하였다. Rafael Garofalo는 특정한 신체적 특성이 범죄적, 비행적 본성, 특징을 가리킨다는 Lombroso의 신념을 공유하였으며, Lombroso의 학생이었던 Enrico Ferri도 일련의 생물사회적, 사회적, 그리고 유기체적 요인들이 비행과 범죄를 유발한다고 믿었다.

Sheldon도 신체적 외관으로 비행행위를 예측할 수 있다고 믿었다. 그는 개인의 비행가담 확률을 예측하기 위하여 체형body type에 초점을 맞추었다. 그에 따르면, 개인의 기질과 연계된 체형에는 3 가지 유형이 있는데, 먼저 유연하고 둥근 작은 골격, 짧은 수족, 그리고 부드럽고 매끄러운 피부를 가진 내배엽형endomorphic 사

---

65 M. Wolfgang, "Casare Lombroso," in Herman Mannheim(ed.), Pioneers in Criminology, Montclair, NJ: Patterson Smith, 1970, pp.232－271, Siegel & Welsh, op cit., p.89에서 재인용
66 Thompson & Bynum, op cit., p. 90

람은 비교적 뚱뚱하거나 살이 찐 체형으로 그 기질은 대범하고 사교적이며, 편안함, 음식, 그리고 감흥 등의 욕구를 가지고 개방적이고 느슨하다고 한다. 외배엽형ectomorphic 사람은 근육이 적고 골격이 약하고 얇고 섬세하며, 그들의 기질은 내향적이고 수줍어하며, 절제하는 형이다. 중배엽형mesomorphic은 근육질이고 강하며, 곧바르고, 단단하며, 야무진 체격을 가진 사람으로 활동적인 기질somatotonic을 가져서 자기주장이 강하고, 공격적이며, 동기가 강하고, 격렬하다. 그가 시설수용 청소년과 일반대학생을 비교한 결과, 시설청소년들이 보다 더 중배엽형이었다는 것을 알았으며, 물론 중배엽형이 청소년을 비행행위를 하도록 미리 운명 지어지는 것은 아닐지라도 중배엽형 청소년들이 충동을 행동으로 옮기고 약탈적인 사람이 되는 감정적 구성과 신체적 자원을 가졌기 때문에 비행에 가장 호의적인 구조적 배경을 가졌다고 결론을 내렸다. Glueck부부에 따르면, 절대다수의 비행소년이 이 활동적인 기질을 가진 외배엽형이라고 한다[67]. 물론 Shledon과 Glueck의 연구가 방법론상의 문제로 광범위하게 일반화하기란 어려우며, 범행에 성공하여 시설에 수용되지 않은 청소년범죄자는 조사될 수 없었으며, 또 그 많은 중배엽 체형의 사람들이 절대다수가 범행하지 않는 것은 어떻게 설명할 것인가 등의 비판을 받고 있다[68].

이들 초기이론이나 시각들은 비행행위를 신체구조나 낮은 지능과 같이 단일 요소 또는 기질의 기능으로 묘사하였고, 이들이 '범죄학적 인류학criminological anthropology'에 상당히 의존하였던 미국 범죄학에 지대한 영향을 미쳤다. 궁극적으로는 이들 이론들이 물론 불합리한 방법론과 적절한 과학적 통제의 결여로 비판을 받았다. 일부 과학자는 시설 수용자들을 활용하여 이들 실험집단을 비행을 하지 않았거나 발각되지 않은 통제집단과 비교하지 않기 때문이다. 이런 방법론적 결함들이 생물학적 기질이 과연 비행을 초래하는지 명확하게 결정할 수 없게 하였고, 결과적으로 20세기 중반에 이르러서는 비행의 설명으로 생물학적 이론들은 자리를 잃게 되었다[69].

그러나 최근까지도 사실은 체형과 범죄의 관계는 계속 연구되고 있는데, 중배

---

67 S. Glueck and E. Glueck, Physique and Delinquency, new York: Harper, 1956, Bates & Swan, op cit., p. 88에서 재인용

68 Sheldon, op cit., p.213

69 Siegel & Welsh, ibid.

제2부 소년비행의 이론

엽형의 사람이 외배엽이나 내배엽의 사람들보다 폭력 범죄로 수용될 확률이 더 높았다는 것이고, 결과적으로 체형이 미미하지만 통계적으로 유의한 영향을 폭력 형태의 비행에 미친다는 것이다. 그런데 최근 들면서 체형과 범죄의 관계가 만약 존재한다면 그것은 체형이 기질과 연계되기 때문일 것이라는 주장도 있다. 그러나 기질을 통제하고도 체형과 비행의 관계는 성립된다는 연구결과들이 나오기도 한다. 물론 여기에 대한 또 다른 설명도 나오는데, 중배엽형의 사람들이 자신의 좌절과 욕망을 행동으로 더 쉽게 표출하기 때문이라고도 한다. 또한 중배엽형일수록 근육질의 남자로서 폭력집단 등에 유입될 가능성도 더 높고, 폭력을 행사하도록 권장 받으며, 쉽게 남들을 지배할 수 있고, 자신의 남성다움을 표출하도록 성역할을 학습하기 때문일 수도 있다는 것이다[70].

3. 현대 생물사회학적 이론

20세기의 대다수의 비행전문가들이 청소년들의 행위가 출생 시의 신체적 조건들에 의해서 통제된다는 의견에 자리를 내주게 된다. 이 시기, 대부분의 비행연구가 법률위반행위에 책임이 있는 것으로 여겨졌던 빈곤이나 가정생활과 같은 사회적 요소들에 초점이 맞추어졌었다. 그러나 오늘날 그와 같은 주장은 부드러워지고 약화된 반면에 기질이론이 비행연구에 새롭게 받아들여지고 있다. 사회생물학적 관점의 발전을 가로막았던 이념의 둑이 약화되고, 약간의 틈새가 벌어진 것이다. 인간이란 생물학적 기질이 다양한 생물학적 창조물이라는 현실이 무시하기에는 너무나 분명하기 때문이다[71].

오늘날 기질이론은 반사회적 행위를 조장하는 생물학적, 심리학적 조건들에 관

---

70 S. Maddan, J. Walker, and J. M. Miller, "Does size really matter? A reexamination of Sheldon's Somatotypes and criminal behavior," Social Science Journal, 2008, 45:330−344; A. Raine, C. Reynolds, P. Venables, S. Mednick, and D. Farrington, "Fearlessness, stimulation−seeking, and large body sixe at age 3 years as early predisposition to child aggression at age 11 years," Archives of General Psychiatry, 1998, 55:745−751; J. C. Barnes, B. Boutwell, and K. beaver, "Height in adolescence predicts polydrug use in adolescence and young adulthood," Pshysiology and Behavior, 2012, 105:522−528; H. Copes and A. Hochstetler. "Situational construction of masculinity among male street thieves," Journal of Contemporary Ethnography, 2003, 32:279−304

71 J. P. Wright and F. T. Cullen, "The future of biosocial criminology: Beyond scholar's professional ideology," Journal of Contemporary Criminal Justice, 2012, 28:237−253

심의 초점을 두고 있다. 이들에 따르면, 일란성 쌍둥이와 같이 극히 드문 예를 제외하고는 두 사람이 같을 수 없으며, 따라서 환경적 자극에 확연히 다른 방식으로 각자 반응한다는 것이다. 또한 개인적 기질과 환경의 조합이 개인의 행동유형을 만든다고 가정한다. 뇌손상, 비정상적 인성, 또는 낮은 지능지수 등과 같은 병리적 기질을 가진 사람은 범죄의 위험성이 높을 수 있다는 것이다. 이 위험성은 그런데 비행교우에의 노출, 가정생활의 빈곤, 교육적 실패와 같은 환경적 스트레스에 의하여 상승된다는 것이다. 유전-환경 상호작용의 연구결과에 따르면, 유전적 구성은 그 사람이 주거지의 불리한 조건에 노출되고 폭력범죄율이 높은 지역사회에 거주할 때 폭력행위에 더 큰 영향을 미친다고 한다[72].

현대의 생물학적 이론은 약점으로 지적되었던 환경의 영향이나 개인적 차이를 보완하고자 생물학적, 사회학적, 그리고 심리학적 요인들을 통합하기 때문에 생물사회적 이론으로 간주되고 있다. 일부에서는 청소년기 후반까지도 전두엽이 완전하게 발달하지 못한 관계로 기획과 행동의 반영에 책임이 있는 전두피질의 자연적 성장의 둔화와 같은 신경과학적 결함에 초점을 맞추고 있는데 이들은 아이들의 충동성 이유가 바로 그들의 뇌가 완전히 발달하지 못했기 때문이라는 것이다. 이 자연스러운 성장의 지연이 지능, 언어발달, 그리고 주의력과 초점에 영향을 미치기 때문에 이 성장발달의 지연이 비행을 포함한 감정과 행위를 제대로 스스로 규제하지 못한다는 것이다[73].

또 다른 하나의 현대 생물학적 이론은 사람의 식습관이 비행확률에 미치는 영향을 검증하는 것이다. 이들의 연구결과는 그 사람의 식습관 형태에 따라 몇몇 분야에서 영향을 미친다는 것을 보여주고 있다. 연구에 의하면, 식습관은 비행가담 확률에 영향을 미칠 수 있는 우울증, 과잉행동, 또는 인지문제에 영향을 미침으로서 비행에 간접적인 영향을 미친다는 것이다[74]. 또한 특히 남성호르몬의 일

72 J. C. Barnes and B. Jacobs, "Genetic risk for violent behavior and environmental exposure to disadvantage and violent crime: The case for Gene−Environment interaction," Journal of Interpersonal Violence, 2013, 28:92−120

73 J. P. Wright, D. Boisvert, K. Dietrich, and M. Douglas Ris, "The ghost in the machine and criminal behavior: Criminology for the 21st century," in A. Walsh & K. M. Beaver(eds.), Biosocial Criminology: New Directions in Theory and Research, New York: Routlege, 2009, pp. 73−89; D. A. Andrews and J. Bonta, The Psychology of Criminal Conduct(4th ed.), Cincinnati, OH: Anderson, 2006, p. 170

74 K. Murata, P. Weihe, E. Budtz−Jorgensen, P. J. Jorgensen, and P. Grandjean, "Delayed

종인 테스토스테론과 같은 호르몬이 비행에 미치는 영향도 연구의 대상이 되고 있다. 일부 연구자들은 남성이 여성에 비해 더 많은 비행과 범죄를 저지르는 것이 바로 이 남성호르몬 테스토스테론 때문이라고 믿고 있는 것이다. 물론 이런 주장이 결론적이지는 않을 뿐만 아니라, 사회계층과 환경조건이 하나의 중재요소가 될 수도 있다[75].

(1) 취약성(Vulnerability)과 차별적 수용성(Differential Susceptibility)

오늘날 기질이론가들은 비행을 유발시키는 상호작용에는 결함이 있는 지능, 충동적 인성, 또는 비정상적인 뇌의 화학적 성질 등 개인적 기질과 가정생활, 교육적 성취, 그리고 사회경제적 계층이나 지역사회 조건과 같은 환경적 요소 둘 다를 포함하는 것으로 인식하고 있다. 하지만 환경과 기질의 상호작용에 대해서도 사실은 두 가지 다른 관점이 있다고 한다. 그 첫 번째인 취약성 모형Vulnerability model은 기질과 범죄의 직접적인 연계를 가정한다. 일부 사람들은 출생 때나 출생 직후부터 자신이 사회적으로 기능하는 데 영향을 미치고 스스로를 잘못된 행위선택의 위험에 빠뜨리는 신체적 또는 정신적 기질을 갖게 된다는 것이다. 이들은 자신을 사회적 압박에 무방비하게 만들고 행동문제의 발현에 취약하게 만드는 생물학적, 심리학적 문제로 고통받게 된다는 것이다[76].

이와는 반대로, 차별적 수용성differential susceptibility 모형은 일부 사람들은 자신을 환경적 영향에 남들보다 더 수용적이게 만드는 신체적이거나 정신적인 기질을 소유하고 있다고 가정한다. 자신에게 주어진 기질로 인하여, 그들이 바람직하지 않은 환경을 접하게 되면 남들보다 더 위험에 처해지지만, 반대로 그들이 환경에 더 수용적이라는 점 때문에 긍정적이고 바람직하며 지지적인 환경으로부터는 더 큰 이익을 얻기도 한다는 것이다. 사회적 환경이 해로울 때는 이러한 일련의 특정한 기질을 가진 사람들이 보다 더 공격성을 보이고, 환경이 지지적일 때는 동일한

---

brainstem auditory evoked potential latencies in 24-year-old children exposed to methylmercury," Journal of Pediatrics, 2004, 144:177-183

75 A. Mazur, "Testosterone and violence among young males," in Walsh & Beaver(eds.), op cit., pp. 190-204

76 A. Walsh, "Behavior genetics and Anomie/Strain Theory," Criminology, 2000, 38:1075-1108

기질을 가진 사람이 평균적인 사람들보다 공격성을 덜 표출한다는 것이다. 즉, 환경이 좋아도 또는 나빠도 이들 기질이 그들로 하여금 자신의 환경을 더 잘 수용하도록 만든다는 것이다[77].

(2) 유전적 범죄요인: 이상염색체

범죄가 유전자 안에 있을 수 있을까? 즉, 범죄성이 과연 세대 간에 전이될 수 있는가? 잉태와 함께 부와 모가 각각 유전형질 특성의 발달과 전이에 관련된 23개의 염색체를 주게 된다. 이들 염색체가 합해서 46개의 염색체를 자손에게 주게 되는데, 이 46개의 염색체 조합이 성별을 결정한다. 여성은 2개의 X염색체를 가져 XX가 되고, 남성은 X와 Y가 하나씩 결합하여 XY염색체 조합을 가지는 것이 정상인데 극히 일부 남성들에게서 남성염색체인 Y가 하나 더 전이되어 XYY염색체 조합을 가지는 경우가 있다고 한다. X는 어머니로부터 전이되기 때문에 일부에서는 온순하고 부드럽고 수동적인 기질이라고 여기는 반면에 Y는 아버지로부터 주어지기 때문에 거칠고 공격적인 기질을 가질 것으로 여겨졌던 것이다. 정상적인 남성의 경우라면 46+XY로 이루어져서 부드럽고 거친 특성이 서로 균형을 이루는 반면에 Y남성염색체를 하나 더 가진 남성은 따라서 폭력적이고 반사회적인 행동을 하게 되어 있다는 것이다.

이들의 주요 특성은 정신적으로 약간의 의심을 받으며, 얼굴에 여드름이 너무 많으며, 정상남성보다 신장이 크고, 가장 중요하게 비정상적으로 공격적인 성향이 강하다고 한다. 실제 정신병원과 교도소 수용자들을 조사한 결과 약 3% 정도가 XYY이상염색체를 가졌던 반면에 일반 대중들에게서는 0.13%에 지나지 않았으며, 뿐만 아니라 매우 잘 알려졌던 폭력범죄의 다수도 이 XYY이상염색체를 가진 사람들의 소행이었다고 한다. 그러나 문제는 절대다수의 살인범들은 XYY 이상염색체를 가지 않았다는 점에서 비판의 소지가 있다. 당연히 대부분의 생물학적 원인과 마찬가지로 이 또한 방법론상의 문제점이 많이 지적되고 있어서 결국

---

[77] J. Belsky, "Variation in susceptibility to rearing influences: An evolutionary argument," Psychological Inquiry, 1997, 8:182-186; R. Simons,, M. K. Lei, S. Beach, G. Brody, R. Philibert, and F. Gibbons, " Social environmental variation, plasticity genes, and Aggression: Evidence for the differential susceptibility hypothesis," American Sociological Review, 2011, 76:833-912

제2부 소년비행의 이론

은 유전자 안의 범죄가 아니라 우리는 '나쁜 유전자가 아니라 나쁜 연구방법을 보는 것'일 수 있다는 것이다[78].

(3) 생화학적 요소(Biochemical Factors)

전문가들 사이에서 개인의 반사회적 행위와 그 사람의 생화학적 구조 사이에도 어떠한 관계가 존재할 수 있다는 의문이 제기되어 왔다. 그러한 견해 중 하나는 신체의 화학 구조나 구성이 공격성과 우울증을 포함하는 인성과 행동을 지배할 수 있다는 것이다. 예를 들어 어머니가 임신 중에 해로운 약물을 복용한다면 아이가 자궁의 해로운 화학적 오염물질에 노출될 수 있다는 것이다. 이와 같은 해로운 화학적, 생물학적 오염물질의 영향은 어머니의 식이조절DIET이나 식습관으로 망간과 같은 중요한 영양분이 결핍되거나 과잉하게 되면 생길 수 있으며, 이로 인하여 후에 후손들에게 발달장애나 기타 관련 문제를 야기할 수 있다는 것이다[79].

또 다른 견해는 비정상적인 체내 화학물질이 비정상적인 심리적, 정신적 조건을 통하여 반사회적 행위의 간접적인 원인이 된다는 것이다. 나트륨, 수은, 칼륨, 칼슘, 아미노산, 그리고 철과 같은 특정 화학물질의 공급이 과잉이거나 부족하면 우울증, 과잉행동, 인지문제, 지능결함, 기억상실, 또는 비정상적인 성적 활동으로 이어질 수 있으며, 이들 조건들은 비행과 범죄와 상관관계가 있는 것으로 알려지고 있다. 비행의 전조로도 알려진 주의력결핍 과잉행동장애ADHD도 철분과잉 현상과 관련이 있는 것으로 지적되고 있다[80].

가. 흡연과 음주

임신 중인 어머니의 음주와 흡연이 태아의 손상과 이어진 청소년기 반사회적 행위에 관련된 것으로 오래 전부터 주장되어 왔다. 이들의 주장에 따르면, 어머니가 임신 기간 중 흡연에 노출되면 자녀의 심리적 병리가 증대되며, 심지어 임신 기간 중 간접흡연에의 노출도 자녀의 청소년기 행동장애를 예측할 수 있게 해준다는 것이다. 부모의 흡연이 조산, 저체중, 그리고 잘못된 자녀양육 등을 포함한

---

[78] Thompson & Bynum, op cit., pp. 92−93

[79] P. Marshall, "Allergy and depression: A neurochemical threshold model of the relation between the illnesses," Psychological Bulletin, 1993, 113:23−43

[80] Siegel & Welsh, op cit., p.91

다른 영향요인보다 자녀의 행동에 더 큰 영향을 미친다고 한다. 또한 뇌를 알코올에 조기 노출시킴으로서 뇌 세포의 성장을 단축시키고 결국 중독에 대항하여 보호해주는 학습과 기억과정에 장애를 유발시킨다고 한다. 따라서 조기 음주는 그 사람의 행위에 직접적인 영향을 미친다고 한다[81].

나. 환경오염물질

철이나 망간과 같은 금속이나 광물질을 포함하는 특정한 환경오염물질에 지나치게 노출되면 아이들을 비행의 위험으로 내모는 영향을 미칠 수 있다는 우려가 있다. 이들 물질에 노출되면 뇌기능과 지능수준에 영향을 미치는 것으로 알려지고 있다. 연구자들은 일상생활용품 등에 함유된 다양한 환경오염물질들이 주의력 결핍과 과잉행동장애, 역기능적 행동, 발달장애나 지체는 물론이고 비행과 범죄의 원인이거나 관련이 된다고 주장한다. 이들 다양한 오염물질들 중에서도 납에 노출되는 것이 개인이나 집단 수준 모두에서 반사회적 행위에 관련되는 것으로 가장 빈번하게 지적되고 있다. 납의 섭취수준이 높으면 공격적 행동과 연계되는 낮은 지능과 관련이 있다고 한다. 뿐만 아니라, 납 성분에의 노출은 반사회적 행동과 연계되는 정신분열증과 같은 정신질환과 관련이 있다는 증거도 나오고 있다. 실제 연구에서, 납에 많이 노출된 7세 이하의 어린이들에게서 학교문제와 행동문제표출 등과 같은 반사회적 행동 증후들이 발견되었다는 것이다. 그런데 아이들이 납에 노출되는 것이 직접 섭취하거나 직접 노출되기 때문일 수도 있지만 어머니가 임신 중에 납 성분이 다량 함유된 생선을 과다 섭취하여 자궁에서부터 실제로 납에 노출될 수도 있다고 한다[82].

다. Diet와 비행

사람의 식습관도 흡수되는 체내 화학물질과 성분에 미치는 영향을 통하여 그

---

81 L. M. Getzke－Kopp and T. Beauchaine, "Direct and passive prenatal Nicotine exposure and the development of externalizing psychopathology," Child Psychiatry and Human Development, 2007, 38:255－269; F. T. Crews, A. Mdzinarishvili, D. Kim, J. He, and K. Nixon, "Neurogenesis in adolescent brain is potently inhibited by Ethanol," Neoroscience, 2006, 137:437－445

82 J. Evans, "Asymptomatic, high lead levels tied to delinquency," Pediatric News, 2003, 37:13;

사람의 행동에도 영향을 미칠 수 있다는 증거들이 나오고 있다. 일부 청소년들을 과잉행동을 하고 소란스럽고 일탈적이게 만드는 영양결핍과 생화학적 불규칙성 사이의 분명한 상관관계가 비행에 대한 가능한 하나의 유기체적 원인이 될 수 있다는 것이다. 실제로 잘못된 식습관을 가진 어린이들이 문제가 있는 청소년과 폭력적인 성인으로 성장할 수 있다는 증거도 나오고 있다. 청소년들의 정제된 탄수화물과 정크 푸드의 과다섭취가 청소년들의 공격적이고 반사회적인 행동을 자극하는 하나의 원인이 될 수 있다는 지적들이 많다. 그러한 음식들이 급작스럽게 혈당을 높일 뿐만 아니라 정보를 인식하고 처리하며 행동을 규제하는 능력까지도 장애를 일으킬 수 있다는 주장이다. 고 당분 함유 음식의 과다한 섭취가 받아들일 수 없는 행동을 양산하는 독단적이거나 결정적인 요인이라는 주장에 대해 일부에서는 의문을 제기하고 대신에 아이들이 마시는 음료수에 내포된 카페인 성분이 과잉행동을 초래하기 때문이라고 설명한다. 또 한 음식에 색깔을 가미하는 가공색소, 우유와 설탕 등과 같은 물질을 비정상적으로 많이 섭취하는 것이다. 일부 과학자들은 또한 C, B3, B6와 같은 비타민의 습관적, 지속적인 과다섭취나 과소섭취도 청소년의 반사회적 행위와 과잉행동에 관련이 있다고 믿는다. 증거에 따르면, 음식물에 대한 알레르기도 사람의 기분과 행동에 영향을 미칠 수 있어서 우울함과 과잉행동 사이를 오가는 인성을 초래할 수 있다고 한다[83].

청소년 폭력과 비행을 음식물 섭취습관과 연계시키는 연구들도 많이 있다. 옥수수, 콩, 해바라기 씨앗 등에서 추출되는 오메가-6 지방과 같은 특정 음식재료나 제품도 반사회적 행동에 관련이 있다고도 한다. 실제로 한 연구에 의하면 오메가-6 섭취량이 가장 많은 나라에서 그 섭취량이 가장 낮은 나라에 비해 살인범죄율이 무려 20배나 높은 것으로 밝혀지기도 하였다. 또한 영양실조와 같은 잘못된 식습관도 반사회적 행동에 간접적으로 관련이 되기도 하여, 예를 들어 주의력결핍 과잉행동장애ADHD가 비행과 관련이 있으며, 그 원인이 바로 식습관으로 인한 것이라고 설명한다. 이 높은 수준의 ADHD와 관련된 것으로 알려진 음식으로는 각종 패스트 푸드, 가공육, 고지방 유제품, 사탕 등이 이에 해당된다고 한다[84].

83 P. Marshall, op cit.

84 W. Oddy, M. Robinson, G. Ambrosini, T. O'Sullivan, N. de Klerk, L. Beilin, S. Silburn, S. Zubrick, and F. Stanley, "The association between dietary patterns and mental health in early adolescence," Preventive Medicine, 2009, 49:39-44

물론, 누구도 영양상태가 비행의 유일한 원인이라고는 주장하지 않는다. 그러나 폭력적 행위가 학교와 교정시설에서의 식이조절이나 보충으로 상당 수준으로 줄일 수 있었다는 증거들이 제시되고 있다. 건강한 식습관이 학교에서의 학업성취, 뇌기능, 지능을 향상시키며, 이들 조건들이 비행과 상당한 연관이 있다는 것이 분명해지고 있어서 식습관과 비행의 관계가 존재한다는 것을 알 수 있다.

라. 호르몬, 사춘기 그리고 비행

범죄학자들은 대체로 남자들의 2차 성징의 유지에 책임이 있으며 동시에 공격성의 상관변인으로 알려진 남성 호르몬 테스토스테론testosterone의 잠재적 영향에 관심을 가져왔다. 실제로 전역 군인들을 대상으로 조사한 결과, 대부분은 정상수준이었으나 남성 호르몬 수치가 아주 높았던 집단에서 아동기와 성인기의 비행과 일탈의 수준이 상당히 더 높았던 것이다. 또 다른 연구에서는 사회경제적 계층이 테스토스테론의 독립적인 영향을 중재하여 상위계층에 비해 하위계층의 위험비율이 두 배나 더 높았다고 한다. 나아가 비행과 테스토스테론의 관계는 테스토스테론이 사회통합과 과거 비행에 미치는 영향에 의하여 매개되었다. 이들 연구결과들이 호르몬 요인이 사회적, 환경적 요소들과 상호작용하여 다양한 행위적 영향을 양산한다는 것을 보여주고 있다[85].

한편, 사춘기와 비행의 관계는 다면적이라고 한다. 한 연구에서 체격이 더 발달한 남자 아이들이 다른 동년배 아이들보다 폭력, 재산 범죄, 약물, 그리고 성범죄에 가담할 확률이 더 높았으며, 더 흥미로운 사실은 사춘기가 비행에 미치는 영향은 직접적이며, 다른 개인적 요소로는 설명이 되지 않았다는 것이다. 실제로 사춘기가 비행에 미치는 영향은 사회계층, 인종, 그리고 가족구조보다도 더 강한 것이라고 한다. 이런 관계는 여자 아이들에게도 마찬가지여서 조기 사춘기 성장과 발달은 부모와의 관계를 껄끄럽게 하고 음주가무와 관련된 일탈을 더 많이 하게 하였다고 한다. 종합하자면, 조기 사춘기는 비행교우관계에 관련이 있고, 이는 더

---

85 A. Booth, D. Granger, A. Mazur, and K. Kivlighan, "Testosterone and social behavior," Social Forces, 2006, 85:167 – 191; J. Dobbs and R. Morris, Testosterone, social class, and anti – social behavior in a sample of 4463 men," Psychological Science, 1990, 1:209 – 211; A. Booth and D. W. Osgood, "The influence of testosterone on deviance in adulthood: Assessing and explaining the relationship," Criminology, 1993, 31:93 – 117

많은 비행으로 이어진다고 할 수 있다는 것이다. 사춘기와 비행의 관계는 남녀 모두에게 발견되었으나, 남자 아이들에게 더 큰 영향을 미치는 것으로 알려졌는데, 사춘기 동안에 조기에 사춘기를 맞이한 남자 아이들이 충동조절을 잘 못하고, 부모와 친구들과 부정적인 상호작용을 더 많이 하며, 다른 비행소년들과 더 자주 접촉한다는 것이다[86].

마. 화학물질 중독과 비행

청소년 비행을 환경독소와 화학물질 때문이라고 비난하는 사람은 많지 않았다. 그러나 수은이나 위험한 신경과학적 독소와 같은 화학적 오염물질들이 특히 아이들이 흡입하거나 섭취하였을 때 해롭다는 수많은 증거들이 나오고 있다. 발전소에서 나오는 수은 오염물질은 지하수로 스며들고, 우리 식탁에 오를 때까지 축적된다고 한다. 수은에 노출되면 뇌, 신장, 그리고 심혈관계에 손상을 초래하게 된다고 한다. 그런데 이 수은중독은 아직도 뇌가 성장하고 있는 아이들이 가장 취약하다는 것이다. 더구나 임산부가 중독되거나 노출되면 그 위험이 아이에게까지 전이될 수 있다고 한다. 물론 화학물질이 아이들에게 범행을 유발시키지는 않지만 아이들의 뇌가 환경을 인식하고 대응하는 능력을 방해함으로써 간접적으로 영향을 미친다는 것이다. 이런 신경 독극물질들이 다양한 집행기능에 영향을 미치는 것이다. 이와 유사하게, 전문가들은 납중독에 대한 우려도 거론하고 있다. 전문가들에 의하면, 납중독은 학습장애, 청력손실, 주의시간 단축, 그리고 낮은 지능 등을 초래한다는 것이다. 납은 다양한 방식과 형태로 인체에 스며드는데, 임산부의 납중독이 아이에게 전이되거나, 공기 중의 납 성분을 들이마시거나, 납 성분이 들어간 식음료를 먹고 마시기 때문이라고 한다. 이렇게 인체에 축적된 납은 아이들의 내부 장기를 손상시키고, 뇌와 신경의 손상을 초래하며, 지능과 행동의 문제를 유발시킨다. 당연히 납중독은 비행에도 영향을 미치게 되는데, 유죄가 확정된 비행소년들이 비비행소년에 비해 뼈 속의 납 수준이 더 높은 것으로 연구결

---

86 R. Felson and D. Haynie, "Pubertal development, social factors, and delinquency among adolescent boys," Criminology, 2002, 40:967－988; D. Haynie, "Context of risk? Explaining the link between girls' pubertal development and their delinquency involvement," Social Forces, 2003, 82:355－397; K. Beaver and J. Wright, "Biosocial development and delinquent involvement," Youth Violence and Juvenile Justice, 2005, 3:168－192

과가 밝혀지기도 하였다[87].

(4) 신경학적 역기능(Neurological Dysfunction)

최근 관심을 받고 있는 생물사회학적 이론의 하나는 바로 신경과학이며, 이는 범죄자의 뇌와 신경계는 정상인의 그것들과 다르기 때문이라는 것이다. 이들의 주장에 따르면, 행동장애를 보이는 아이들은 뇌 반구체의 손상과 같은 신경학적 결함이 있을 수 있다는 것이다. 뇌기능상의 장애는 출생 시부터 나타날 수도 있으며, 저체중, 임신 중의 뇌 부상, 출산 합병증과 같은 요인으로 생길 수도 있고, 유전된 비정상성일 수도 있다. 뇌의 부상은 부모로부터의 잔혹한 폭력이나 성적 학대의 결과로 살아가면서 나중에 일어날 수도 있으며, 실제로 뇌의 좋지 않은 물리적 변화를 초래하고, 이들 기형들이 우울증, 불안, 그리고 기타 심각한 감정적 조건들로 이어질 수 있다는 것이다. 그 원인과 상관없이, 범죄와 신경학적 장애 사이의 상관관계는 놀라울 정도여서 알려진 범죄자의 약 20% 이상이 이런 저런 유형의 심각한 뇌 손상이 있는 것으로 보고되고 있다[88].

fMRI와 같은 첨단의료기기를 활용한 연구에서 성숙한 성인들이 훌륭한 결정을 할 수 있도록 해주는 전전두엽pre-frontal cortex이 18-21세 정도에 이르기까지는 완전하게 발달하지 못한다는 것을 알게 되었다. 이 전전두엽은 사고의 우선순위를 정하고, 결과를 예견하고, 계획하고, 충동을 통제하는 책임을 수행한다. 물론 10대도 논리적으로 사고할 능력을 갖고 있지만, 그 과정이 대부분의 성인에 비해 감정이나 다른 혼란스러움으로 훨씬 더 탈선하기 쉽다고 한다. 비록 16세쯤이면 뇌의 이성적 사고능력이 성인기에 못지않게 좋지만 10대들이 판단실수를 할 개연성이 훨씬 더 높다고 한다. 그 이유에 대해서 이성이란 지능과는 아무런 관련이 없지만, 감정적·사회적 요인들이 판단에 방해를 하는 방식과 관련이 있기 때문이

---

87 D. Axelrad and J. Cohen, "Calculating summary statistics for population chemical biomonitoring in the women of childbearing age with adjustment for age-specific natality," Environmental research, 2011, 111:149-155; M. Opler, A. Brown, J. Grziano, M. Desal, W. Zheng, C. Schefer, P. Factor-Litvak, and E. Susser, "Parental Lead exposure, Aminolevulinic Acid, and Schizophrenia," Environmental Health Perspectives, 2004, 112:548-552

88 B. Perron and M. Howard, "Prevalence and correlates of Traumatic Brain Injury among delinquent youths," Criminal Behavior and Mental Health, 2008, 18:243-255

라고 한다. 즉, 사람들이 성숙한 충동조절능력을 발달시키는 데는 우리가 생각하는 것보다 시간이 더 많이 걸린다는 것을 의미한다. 이성적 사고력은 조기에 성장하지만 충동조절, 미래 결과에 대한 생각, 동료들의 압력에 대한 저항은 20대를 거치며 서서히 성숙되어 더 오랜 시간을 요한다는 것이다[89].

가. 10대의 뇌

10대 청소년들을 범죄를 저지르기 쉽게 만드는 무언가가 그들의 뇌에 존재하는 것일까. 10대들의 공격적인 행동이 위협과 두려움에 관련되는 정보들을 처리하는 뇌의 영역인 편도류Amygdala에 연계되고, 의사결정과 충동조절과 관련이 있는 뇌 영역인 전두엽Frontal lobe에서의 활동의 약화와도 연계된다는 증거가 있다. 왜 일부 청소년들이 '반응적 공격성reactive aggression'을 보이기 쉬운지, 즉 지나치는 통행인과 부딪히는 등 방아쇠와 같은 사건에 계획하지 않은 우발적인 공격적 반응을 보이는지 그 이유를 정신의학자들은 이렇게 설명한다. 대부분 소년들이지만 공격적으로 반응하는 청소년들은 종종 자신을 에워싼 주변여건을 오해하고, 위협을 받는다고 느끼며, 그래서 부적절하게 공격적이게 된다는 것이다. 그래서 이들은 괴롭힘을 당할 때는 반격을 하고, 싸움을 하게 되면 상대를 비난하고, 사건 사고에 과잉 대응한다는 것이다. 그들의 행동은 감정적으로 '매우 흥분'되고, 방어적이며, 충동적이어서, 이러한 행동을 하는 청소년들은 평생 사회적, 직업적, 법률적 문제의 위험이 높아진다. 결국, 이들의 논리는 청소년 비행이 사회적이거나 환경적인데 기반을 두기보다는 환경, 사회화, 인성 또는 기타 사회적이고 심리적인 기능이 아니라 뇌의 기능과 연관이 있다는 것이다[90].

나. 신경학적 외상의 장기적 영향

무시할 수 없을 만큼의 신경학적 결함을 가지고 태어난 아이도 전 생애에 걸쳐 다수의 반사회적 기질을 경험하게 된다고 한다. 그러한 신경학적 결함이나 손상은 목표-지향의 행동 규제와 계획을 쉽게 해주는 인지과정의 장애라 할 수 있는 조건인 집행기능의 감소로 이어질 수 있다. 이 분야에 대한 메타분석에 따르면, 반

---

89 Shelden, op cit., p.221
90 Siegel & Welsh, op cit., p.94

사회적 집단이 비교집단에 비해 집행기능의 측도에서 심각하게 나쁜 것으로 밝혀지기도 하였다. 이 집행기능의 장애는 주의력결핍 과잉행동장애ADHD, 행동장애 Conduct Disorder, CD, 자폐성, 투렛증후군Tourette Syndrome; 반항언어증이나 외언증을 수반하는 운동 실조증을 포함하는 광범위한 발달장애와 관련되어 왔다. 집행기능장애는 또한 알코올중독, 주요 우울증, 구조적 뇌 질환, 그리고 정신분열을 포함하는 다양한 범주의 신경−의학적이고 의학적인 장애와도 관련되어 왔으며, 일부 연구에서는 이런 유형의 결함을 습관적인 거짓말쟁이가 되는 것에 연계시키기도 하였다[91].

한편, 장기 누범자들의 전조로 알려진 행동장애와 뇌의 역기능 사이에도 의문스러운 연결고리가 있다고 한다. 행동장애를 가진 아이들은 거짓말을 하고, 훔치고, 다른 아이들을 괴롭히고, 빈번하게 싸움을 하고, 학교와 부모가 정한 규율을 위반하여 다수가 냉담하고 공감능력이 부족하며 죄를 짓는다고 한다. 이들 행동장애나 반사회적 약물 장애를 가진 아이들은 약물남용이나 위험한 반사회적 행동에 반복적으로 가담하는 것으로 밝혀지고 있다. 연구자들은 이런 행위를 뇌의 특정분야에서의 오발과 억압된 신경계 활동에 연계시키고 있다[92].

실제로 범죄와 신경학적 장애 사이의 관계를 밝히려는 연구들이 이 관계가 아주 초기에 발견될 수 있으며, 출생 시 무시할 수 없을 정도로 신경학적 결함을 가지고 태어난 아이들은 그 후의 생에서 범죄자가 될 확률이 더 높다는 증거를 내놓고 있다. 반사회적 청소년들의 뇌 활동을 측정한 결과 그들이 설명할 수 없는 분노, 적대감, 그리고 공격성의 분출을 경험하도록 하는 장애를 보였다는 것이다. 또한 뇌 손상이 정신분열과 우울증을 포함하는 정신질환을 연결시키는 증거, 그리고 신경학적 역기능과 반사회적 행위를 연결시키는 증거도 나오고 있다. 유죄가 확정된 살인범들을 임상 분석한 결과, 상당수가 어린 시절 머리부상을 당하였으며, 그 결과로 신경학적 장애가 초래되었다는 것이다[93].

---

91 J. Ogilvie, A. Stewart, R. Chan, and D. Shum, "Neuropsychological measures of executive function and antisocial behavior: A Meta−Analysis," Criminology, 2011, 49:1063−1107; Y. Yang, A. Raine, T. Lencz, S. Bihrle, L. Lacasse, and P. Colletti, "Prefrontal White Matter in pathological liars," British Journal of Psychiatry, 2005, 187:320−325

92 A. Jones, K. Laurens, C. Herba, G. Barker, and E. Viding, "Amygdala Hypoactivity to fearful faces in boys with conduct problems and callous unemotional traits," American Journal of Psychiatry, 2009, 166:95−102

93 J. Seguin, R. Phil, P. Harden, R. Tremblay, and B. Boulerice, "Cognitive and neuropsychological characteristics of physically aggressive boys," Journal of Abnormal

다. 학습장애(Learning disability)

학습장애가 있는 아동은 통상적으로 시각조정이나 손동작의 문제점, 계단 오르기의 어려움과 같은 운동신경 조절이 부적절하여 감정통제의 결여, 적대감, 업무 집중 불능 등 행동문제를 보인다고 한다. 비행과 학습장애의 관계는 체포되고 구금된 아동들이 일반 모집단의 아이들에 비해 훨씬 더 높은 학습장애율을 보였다고 한다. 대략 10% 정도의 청소년들이 여러 형태의 학습장애를 가질 정도로 아주 보편적이지만, 기소된 청소년범죄자들의 비율은 3배 이상 더 높았다. 그렇다면 이런 통계 수치가 학습장애가 어떻게든 비행을 유발한다는 것을 반드시 의미하는 것일까.

전형적으로 비행과 학습장애의 관계에는 두 가지 설명이 가능하다고 한다. 하나는 수용성 이론susceptibility rationale으로 둘의 관계는 충동성, 경험으로부터 학습하는 능력의 부족, 사회적 단서를 취하는 능력의 결여 등과 같은 학습장애의 몇 가지 부수적인 영향으로 인하여 유발된다는 것이다. 반대로, 학교실패 이론school failure rationale은 학습장애 아동의 좋지 못한 학업성취도로 인하여 초래된 좌절이 부정적인 자아상과 표출적 행동으로 이어지는 것이라고 가정한다. 그러나 실제 연구에서는 학습장애 아동이 비학습장애 아동에 비해 비행에 더 수용적이지 않았으며, 비행과 학습장애의 관계는 오히려 소년사법이 이들 학습장애 아동들을 바라보고 처리하는 방법상의 편견에서 빚어진 가공물이라는 것이다. 즉, 사회적 편견으로 인하여 학습장애아들이 체포될 확률이 더 높고, 기소되었을 때도 그들의 저조한 학업성적으로 인하여 사건의 결과에도 영향을 미치기 때문이라는 것이다. 결과적으로 학습장애가 비행을 유발한다는 시각은 의문의 여지가 있으며, 실제로 자기보고식 조사에서는 학습장애아와 정상아 사이에 거의 차이가 나타나지 않으며, 이는 곧 사회적 편견의 시각을 지지하는 것이다[94].

Psychology, 1995, 104:614−624; P. Briken, N. Habermann, W. Berner, and A. Hill, "The influence of brain abnormalities on psychosocial development, criminal history and paraphilias in sexual murders," Journal of Forensic Science, 2005, 50:1−5; D. O. Lewis, J. Pincus, M. Feldman, L. Jackson, and B. Bard, "Psychiatric, neurological, and psychoeducational characteristics of 15 death row inmates in the United States," American Journal of Psychiatry, 1986, 143:838−845

94 R. Pasternak and R. Lyon, "Clinical and empirical identification of learning disabled

라. 주의력결핍 과잉행동장애(ADHD)

많은 부모들이 자기 아이들이 무언가에 집중하지 못하여 주의력이 산만하고 가만있지 못하고 뛰어다닌다고 걱정하는 것을 자주 본다. 물론 이렇게 집중하지 못하고 주의가 산만한 것이 어린 나이 탓일 수도 있지만, 일부는 아이들이 성장에 걸맞지 않게 주의력의 결여, 충동성성, 그리고 과잉행동을 보이는 주의력결핍 과잉행동장애Attention Deficit Hyperactivity Disorder, ADHD의 증상일 수도 있다. ADHD는 다양한 증상을 보이지만 대체로 자주 일을 끝내지 못하거나 흥미와 관심을 오래 유지하지 못하는 등 주의력이 부족하거나Lack of attention, 아무 생각도 없이 행동하거나 자기 차례를 기다리고 싶어 하지 않는 등 충동성Impulsivity, 그리고 끊임없이 뛰어다니거나 물건에 오르락내리락 거리고, 얌전하게 앉아있지 못하는 등 과잉행동Hyperactivity의 세 가지 증상을 주로 보인다고 한다.

ADHD는 낮은 학업성취도, 유급, 특수학급배치, 괴롭힘, 훈육에 대한 반응의 부재 등과 관련이 있는 것으로 알려지고 있다. 물론 ADHD의 근본 원인은 아직 정확하게 밝혀지지 않았지만, 신경학적 손상, 부모로부터의 스트레스, 그리고 심지어는 음식첨가물이나 화학적 알레르기에 대한 반응 등이 그 원인으로 의심을 받고 있다. 일부 심리학자들은 ADHD 증상은 실질적으로는 화학적 문제, 특히 두뇌의 관리체계에서의 신속하고 효율적인 소통을 지원하는 화학체계Chemical system의 장애라고 믿고 있다. 또한 이 증상은 가족의 혼란으로까지 이어질 수 있다고 하는데, ADHD 아동들의 부모가 이혼하거나 별거할 확률이 더 높으며, 그래서 감정적 혼란이 ADHD 증상을 만들거나 혹은 이미 존재한다면 증상을 더 심화시킨다고 할 수 있을 것이다[95].

그렇다면 이 ADHD와 비행은 어떻게 연결이 될 수 있을까. 일련의 연구에서 ADHD를 비행경력이 시작되고 지속되는 것에 연계시키고 있다. ADHD를 가진 아동이 성인만큼이나 높은 수준의 범죄 위험에 처해있다고 주장도 나온다. 주의

---

juvenile delinquents," Journal of Correctional Education, 1982, 33:7 – 13; J. Zimmerman, W. Rich, I. Keilitz, and P. Broder, "Some observations on the link between learning disabilities and juvenile delinquency," Journal of Clinical Justice, 1981, 9:9 – 17

95 L. Simon, "Does criminal offender treatment work?" Applied and Preventive Psychology, 1998, 7:137 – 159

력이 부족한, 집중하지 못하는 형태의 ADHD를 가진 아이가 정상적인 동료 집단에 비해 범행할 확률이 6.5% 더 높았으며, 반면에 충동적 유형의 증상을 보인 아이들은 그 확률이 11%나 높았고, 주의력 결여와 과잉행동의 결합형 증상을 보인 아이들은 5% 더 높았다고 한다. 이러한 연구결과만으로도 ADHD 증상을 가진 아이들이 그렇지 않은 정상아들에 비해 약물남용, 음주, 흡연에 가담하고, 체포되고, 강력 범죄로 기소되고, 교도소에 수감될 확률이 더 높다고 할 수 있을 것이다. 여기서 그치지 않고, 이들은 성인기까지 지속되는 약물남용과 반사회적 행동을 할 위험이 훨씬 더 높으며, 행동장애Conduct Disorder를 겪고 초기 아동기에 지속적으로 공격적이고 반사회적인 행동에 가담하고, 더구나 이 주의력결핍 과잉충동장애는 생애 과정을 거치며 지속된다는 것이다[96].

기본적으로 ADHD를 가진 아동의 뇌의 핵심부분이 정상 아동보다 훨씬 느리게 성장, 발달한다는 것이다. 이 발달이 늦은 부분이 주의력을 집중하고, 부적절한 사고와 행동을 누르고, 단기기억을 활용하며, 보상을 받으려고 일하며, 움직임을 통제하는 능력을 통제하는 부분이라고 한다. 따라서 ADHD를 가진 아이는 우울해지기 쉽고, 말과 언어장애를 가지기 쉬우며, 학습장애도 갖기 쉽다는 것이다. 그 결과 이들은 평생을 두고 더 많은 문제적 행위에 가담할 확률도 높아진다는 것이다[97].

---

96 T. Moffitt and P. Silva, "Self−reported delinquency, Neuropsychological deficit, and history of attention deficit disorder," Journal of Abnormal Child Psychology, 1988, 16:553−569; J. Fletcher and B. Wolfe, "Long−term consequences of childhood ADHD on criminal activities," Journal of Mental heal Policy and Economics, 2009, 12:119−138; P. Westmoreland, T. Gunter, P. Loveless, J. Allen, B. Sieleni, and D. Black, "Attention Deficit Hyperactivity Disorder in men and women newly committed to prison," International Journal of Offender Therapy and Comparative Criminology, 2010, 54:361−377

97 J. Satterfield, C. Hoppe, and N. Schell, "A perspective study of delinquency in 110 adolescent boys with ADD and 88 normal adolescent boys," American Journal of Psychiatry, 1982, 139:795−798; J. Satterfield and A. Schell, "A prospective study of hyperactive boys with conduct problem and normal boys: Adolescent and adult criminality," Journal of the American Academy of Child and Adolescent Psychiatry, 1997, 36:1726−1735; T. Pratt, F. Cullen, K. Blevins, L. Daigle, and J. Unnever, "The relationship of ADHD to crime and delinquency: A Meta−analysis," International Journal of Police Science and Management, 2002, 4:344−360

마. 각성이론(Arousal Theory)

전율이나 흥분 같은 "Thrill"을 느끼는 것이 '범죄의 동기' 중 하나로 여겨져 왔다. 일부 청소년들은 기물파손vandalism이나 좀도둑질shoplifting을 하는 이유가 그러한 범행을 하고도 잡히지 않을 수 있는 일종의 흥분감이나 쾌감, 그리고 전율을 주는 매력이 있기 때문이라고 한다. 그들에게 비행은 개인적 능력을 전율적이고 흥분되게 과시할 수 있는 수단이요 방법인 것이다. 그런데 이런 전율과 쾌감을 추구하는 청소년들은 그들의 행위를 지시하는 어떠한 형태의 뇌기능을 가진 사람들인가? 각성이론가들은 다양한 유전적, 환경적 이유로 일부 사람들의 뇌가 환경의 자극에 반응하면서 좀 다르게 기능한다고 믿는다. 사람들은 누구나 적정한 수준의 자극과 흥분, 그리고 쾌감이나 전율을 유지하고자 한다. 지나치면 불안하고 스트레스를 주며, 모자라면 지루하고 걱정스럽다. 그런데 뇌가 감각적 투입을 처리하는 데 있어서 아이들마다 차이가 있다고 한다. 누구는 작은 자극에도 항상 편안하지만 다른 일부는 편안함을 느끼기 위해 항상 높은 수준의 환경적 투입을 필요로 한다. 바로 이들이 공격적이고 폭력적인 유형을 내포하는 자극을 주고 흥분시키는 활동을 추구하는 소위 "흥분, 각성추구자Sensation Seekers"이다. 그 사람의 자극이나 각성 수준을 결정하는 요인은 명확하게 밝혀지지 않았지만 세로토닌 수준과 같은 뇌 화학물질과 뇌구조가 그 원인일 것으로 의심을 받고 있다[98].

바. 전두엽과 집행기능

반사회적 행위에 대한 신경과학적 기초를 시험하는 대부분의 연구는 대뇌피질 영역에 초점을 맞춘다고 한다. 대뇌피질 중에서도 비행이나 범죄와 가장 관련이 큰 것으로 간주되는 것은 바로 전두엽frontal lobe라고 한다. 전두엽의 협동활동을 집행기능executive functioning이라고 하는데, 이 부분이 집합적으로 적절한 행위의 집행을 관장하여 사회적 판단, 자기통제, 처벌에 대한 반응, 그리고 윤리적 행위 등을 좌우한다는 것이다. 구체적으로 이 집행기능이 충동적 경향을 규제하고, 감

---

98 J. Katz, Seductions of Crime, New York: Basic Books, 1988, pp.12 – 15; L. Ellis, "Arousal theory and the religiosity – criminality relationship," in Peter Cordella and Larry Siegel(eds.), Contemporary Criminological Theory, Boston: Northeastern University, 1996, pp.65 – 84

제2부 소년비행의 이론

정을 통제하며, 주의력을 견지하고, 부적절한 행동을 금지하기 때문에 비행의 가담에 분명한 함의를 가지는 것이다. 연구결과는 전두엽의 손상과 그로 인한 집행기능의 장애가 가장 심각한 유형의 범법자, 특히 사이코패스나 생애지속 범법자의 비행의 관계를 보이고 있다고 한다[99].

사. 낮은 자기-통제력(Low self-control)

낮은 자기-통제력은 다양한 하위 기질들로 구성된 하나의 초-기질super-trait이다. 충동성impulsivity은 때로는 자기 행동의 결과를 고려하지 않고 행동하는 경향이라고도 하며, 지연된 보상보다 즉각적인 보상을 강력하게 선호하며, 흥분되고 스릴을 느낄 수 있는 위험한 활동에 대한 강력한 욕구를 가지며, 행동이 과한 과잉행동을 하고, 끈기, 인내력, 동기, 그리고 야망이 낮으며, 비도덕적 또는 비행에 대해 긍정적인 신념을 가지는 것으로 알려지고 있다. 긴장이론은 이들 자기-통제력이 낮은 사람들은 동기가 약하다는 것을 고려하면 합법적인 절차와 과정을 통하여 목표를 성취하는 것이 어렵고, 더구나 그들이 통제 불능임을 고려하면 다른 사람들을 기분 상하게 하기 쉽고, 위험한 행동을 할 성향이 강하다고 한다. 더구나 이들은 충동성, 낮은 동기, 그리고 비도덕적 신념이나 비행에 대한 긍정적 신념으로 인하여 긴장에 비행으로 반응할 가능성이 더 높다고도 설명한다. 사회학습이론은 범죄가 보편적으로 즉각적이고 더 쉬운 보상을 가져다주기 때문에 범죄와 관련된 보상에 더 끌리게 되며, 범죄 그 자체가 보통 위험한 행위를 포함하기 때문에 더 보상적이며, 그들의 신념체계로 인하여 범죄를 긍정적인 관점에서 보기 쉽기 때문이라고 설명한다. 통제이론에서는 통제력이 낮기 때문에 직접통제로는 견제되기 어려우며, 충동적이기 때문에 범죄의 결과에 대하여 깊이 생각하지 않고, 비행에 대한 긍정적인 신념과 비도덕적 신념 때문에 견제될 확률이 더 낮으며, 더구나 자신의 신념으로 인하여 범죄도 긍정적인 관점에서 바라볼 확률이 더 높다는 것이다. 끝으로 낙인이론LABELING THEORY도 자기-통제력이 약한 사람은 '나쁜 사람'이나 '악마로 낙인이 찍히고 그렇게 취급받을 가능성'이 더 높아

---

99 T. Moffitt, "The neuropsychology of Juvenile delinquency: A critical review," pp. 99–169 in M. Tonry and N. Morris(eds.), Crime and Justice: An Annual review of Research, vol 12, Chicago: University of Chicago Press, 1990, p. 115

서 관습적인 사람들로부터 거절당하거나 부정적인 방식으로 취급당할 가능성이 더 높으며, 이는 다시 그들의 긴장을 증대시키고, 자기−통제력을 낮추며, 범죄에 대한 사회적 학습을 조장하고, 비행적 자기−관념을 갖게 한다고 설명한다[100].

아. 과민성(Irritability)

이는 스트레스나 긴장에 대하여 과도하게 민감하여 다른 사람들에 비하여 쉽게 기분이 나빠하고 기분이 나쁠 때 더 강한 감정적 반응을 보이며, 자신의 문제를 다른 사람들의 악의적인 행위로 돌리는 경향이 있어서 자신의 문제에 대하여 다른 사람을 비난하는 경향이 있고, 자기−중심적이며 다른 사람들의 감정과 권리에 대하여 거의 관심이 없고, 공격이거나 적대적 상호작용 스타일을 가져서 갈등에 물리적으로 반응하는 경향을 포함하는 하나의 초−기질이다. 긴장이론은 이런 기질을 가진 사람이 다른 사람으로부터의 부정적인 반응을 유발할 가능성이 더 높으며 그만큼 긴장의 수준도 증대시킨다고 설명한다. 이들은 긴장에 더 민감하고 비행을 통하여 긴장을 극복하는 경향이 강하다는 것이다. 사회학습이론은 과민한 사람들은 관습적인 사람들로부터 거절당하기 쉽고, 자신의 과민함을 더 잘 이해하는 비행적 동료들과 접촉할 가능성이 더 높으며, 자신의 문제에 대하여 다른 사람들을 비난하는 경향과 공격적인 상호작용 형태를 고려할 때 범죄가 더 보상적임을 알기 때문이라고 설명한다. 통제이론에서는 과민한 사람들이 자신의 분노가 종종 최상의 결과를 얻을 수 있게 해준다는 것을 알기 때문에 직접적인 통제에 반응을 잘 하지 않으며, 동조성을 발전시킬 가능성은 낮으며 오히려 부모와 같은 관습적인 사람들을 소외시키는 경향이 있으며, 더구나 이들은 범죄를 비난할 가능성이 낮다고 한다. 낙인이론은 이들이 나쁜 사람으로 낙인이 찍히고 그렇게 취급당하기 쉽기 때문이라고 설명한다[101].

(5) 유전적 영향(Genetic Influences)

범죄의 유전성을 주장하는 사람들은 유전자를 공유하는 사람끼리는 그들이 어떻게 양육되건 관계없이 유사한 인성을 가질 것이며, 반면에 양육환경은 인성의

---

100 Agnew & Brezina, op cit., p. 240
101 Agnew & Brezina, op cit., p. 241

제2부 소년비행의 이론

유사성에 거의 혹은 아무런 영향을 미치지 못할 것이라고 주장한다. 생물사회학적 이론가들이 비행소년의 유전적 구성을 연구하는데, 유전－범죄의 상관성은 직접적일 수도 간접적일 수도 있다. 직접적으로 관련된다는 시각에서는 반사회적 행위는 유전되며, 부모의 유전적 구성이 자녀들에게 전이되고, 유전적 비정상성이 다양한 반사회적 행위에 직접적으로 관련된다는 것이다. 실제로 청소년들의 유전적 구성이 도발이나 성나게 하는 데 대한 공격적인 반응과 직접적으로 연관된다는 연구도 나오고 있다. 한편 간접적으로 관계된다는 관점에서는, 유전자가 반사회적 행위에도 관련되는 어떠한 인성이나 신체적 기질에 관련이 된다는 것이다. 예를 들어, 유전적 구성이 교우관계의 형태를 형성하고, 일탈적 교우관계를 지향하게 만드는데, 비행교우와의 상호작용이 반사회적 행위와 연관이 있다는 것이다. 또한 청소년들의 부모에 대한 애착도 그들의 유전적 구성에 의하여 통제되는데, 약화된 애착이 범인성에 관련이 있다는 것이다. 결국, 청소년들은 그들을 비행의 성향을 주거나 소지를 심어주는 유전될 수 있는 유전자 배열을 유지한다고 가정하는 것이다. 마치 눈 색깔과 신장 등이 유전되듯이 반사회적 행위 특성이나 정신적 장애도 세대 간에 전이될 수 있다는 것이다[102].

가. 부모－자녀 유사성

만약에 반사회적 성향이 유전된다면, 범죄자 부모의 자녀들도 관습적인 부모의 자녀보다 법률을 위반할 확률이 더 높아져야 할 것이다. 실제 연구결과 부모의 범죄와 일탈이 자녀의 비행에 강력한 영향을 미치는 것으로 밝혀지곤 한다. 뿐만 아니라 부모와 자녀의 자살시도에도 상당한 상관성이 있다고도 한다. 영국에서의

---

102 D. Rowe, The Limits of Family Influence: Genes, Experiences and Behaviors, New York: Guilford Press, 1995, p.64; L. Fisher, D. & I. Gottesman, "Biological and genetic contributors to violence – Widom's untold tale," Psychological Bulletin, 1991, 109:125－129; R. L. Simons, M. K. Lei, E. A. Stewart, S. Beach, G. H. Brody, R. A. Philibert, and F. X. Gibbons, "Social adversity, genetic variation, street code, and aggression: A genetically informed model of delinquent behavior," Youth Violence and Juvenile Justice, 2012, 10:3－24; K. Beaver, J. P. Wright, and M. DeLisi, "Delinquent peer group formation: Evidence of a gene X Environment Correlations," Journal of Genetic Psychology, 2008, 169:227－244; K. Beaver, "The effects of genetics, the environment and low－self control on perceived maternal and paternal socialization: Results from a longitudinal sample of twins," Journal of Quantitative Criminology, 2011, 27:85－105

한 Cohort연구에서도 비행청소년의 상당수가 범죄자 아버지가 있었던 것으로 나타났다. 남을 괴롭히는 악당Bully은 자녀 또한 악당이 되며, 이들 2세대 악당도 성인이 되어 악당인 자녀를 가지는 일종의 결코 끝나지 않는 순환을 하게 된다는 것이다. 다른 연구에서도 반사회적 행위의 세대 간 연속성이 밝혀지고 있어서 범죄자 아버지가 그 자신도 성장하여 비행자녀를 낳게 된다는 것이다[103]. 실제로 부모의 범죄성이 아이들의 비행에 대한 가장 강력한 가족요인 예측인자였으며, 살인범의 자녀들이 폭력범죄를 범할 확률이 부모가 살인범이 아닌 자녀들보다 무려 2400%나 더 높았다[104].

나. 형제간 유사성

만약에 범죄의 원인이 부분적으로라도 유전적인 것이라면, 형제 사이에는 유전물질을 공유하기 때문에 그들의 행위도 유사해야 한다. 연구에 따르면 실제로 형제 중 한 사람이 반사회적 행위에 가담하면, 그 형제나 자매도 반사회적 행위에 가담하고, 그 관계는 동일한 성별, 즉 자매나 형제 사이에 가장 강력하다는 것을 알 수 있었다. 따뜻하고, 상호적인 관계를 유지하고, 교우관계를 공유하는 형제, 자매가 약물남용이나 비행을 포함하여 유사한 행태로 행동할 가능성이 가장 높았다는 것이다. 물론 이처럼 형제 사이의 행위 유사성이 놀라울 정도이지만, 이러한 유전적 영향처럼 보이는 것들이 다른 요소들에 의해서도 설명될 수 있다는 점에서 논란의 여지가 있다[105].

---

103 K. Dean, P. B. Mortensen, H. Stevens, R. M. Murray, E. Walsh, and E. Agerbo, "Criminal conviction among offsprings with parental history of mental disorder," Psychological medicine, 2012, 42:571−582; P. Qin, "The relationship of suicide risk to family history of suicide and psychiatric disorders," Psychiatric Times, 2003, 20:62−63; D. Farrington, Understanding and Preventing Bullying, in M. Tonry(ed.), Crime and Justice(vol.17), Chicago : University of Chicago Press, 1993, pp.381−457; T. Thornberry, A. Freeman−Gallant, A. Lizotte, M. Krohn, and C. Smith, "Linked lives: The intergenerational transmission of antisocial behavior," Journal of Abnormal Child Psychology, 2003, 31:171−185; D. Rowe and D. Farrington, "The familial transmission of criminal convictions," Criminology, 1997, 35:177−201

104 D. Farrington, D. Jolliffe, R. Loeber, M. Stouthamer−Loeber, and L. Kalb, " The concentration of offenders in families and family criminality in the prediction of boys' delinquency," Journal of Adolescence, 2001, 24:579−596; Regoli et al, op cit., p. 95

105 A. Fagan and J. Najman, "Sibling influences on adolescent delinquent behavior: An Australian lingitudinal study," Journal of Adolescence, 2003, 26:547−559; D. Rowe and

이유는, 우선 형제는 같은 환경에서 생활하기에 유사한 사회적, 환경적 요인의 영향을 받기 마련이며, 일탈적 형제는 그들이 관심도 공유하기 때문에 더 유사하게 자라며, 형이나 언니를 존중하는 어린 형제나 자매는 언니나 형의 행동을 모방할 수 있고, 일탈적 형이나 언니가 동생들로 하여금 일탈적 행동을 하도록 강요하거나 위협하며, 유사한 환경에서 생활하는 형제는 유사한 유형의 친구와 교우관계를 형성하게 되고, 가장 핵심적인 영향은 바로 이 동료들의 행동이기 때문이라고 설명한다[106].

다. 쌍생아 연구(twin study)

환경적 영향을 통제하기 위하여, 생물사회이론가들은 쌍생아 형제와 쌍생아가 아닌 형제들의 행동을 비교하였고, 그 결과 더 많은 유전적 유사성을 공유하는 쌍생아 형제들이 그들의 행동에서도 더 많이 닮았다는 것을 알게 되었다. 그들은 이런 연구결과가 곧 행동을 통제하는 것은 환경이 아니라 유전임을 보여주는 것이라고 지적하였다. 최근의 쌍생아 연구에서도 반사회적 인성장애 기질, 비행, 공격성, 행동장애 등을 포함하는 아동기 반사회적, 공격적 행위에 있어서 매우 높은 상관관계가 밝혀지기도 하였다.

유전적 이론에 대한 이보다 더 엄격한 검증은 일란성 쌍생아와 이란성 쌍생아의 행위일치율을 비교하는 것이다. 이란성 쌍생아가 유전자 구성의 약 50% 정도만 공유하는 반면에, 일란성 쌍생아는 동일한 유전적 구성을 보인다는 점에서 일란성 쌍생아가 비행을 포함한 행위가 일치할 확률이 훨씬 더 높을 것이라는 가정이다. 실제 조사결과도 일란성 쌍생아가 이란성보다 지능과 같은 인성 특성이 훨씬 더 유사한 것으로 나타났다. 그 밖에도, 자살률도 일란성 쌍생아들에게서 더 높고, 행동장애, 충동성, 반사회적 행위 등 심리학적 역기능을 측정하는 검사에서도 일란성과 이란성 사이에 큰 차이가 있었으며, 공격성에서도 일란성이 더 유사하고, 아동학대 피해를 당한 일란성이 같은 피해를 당한 이란성보다 후에 반사회

B. Gulley, "Sibling effects on substance use and delinquency," Criminology, 1992, 30:217−232; D. Rowe, J. Rogers, and S. Meseck−Bushey, "Sibling delinquency and the family environment: Shared and unshared influences," Child Development, 1992, 63:59−67

106 D. Haynie and S. McHugh, "Sibling deviance: In the shadows of mutual and unique friendship effects?" Criminology, 2003, 41:355−393

적 행동에 가담할 확률이 더 높았으며, 아동기의 무정하고 냉담한 기질이 장래 반사회적 인성장애와 반사회적 행위를 할 위험성이 있다는 경고신호인데 일란성 쌍생아가 이란성보다 더 유사한 경우가 더 많았다고 한다[107].

지금까지의 연구보다 한 걸음 더 나간 연구로서, 쌍생아들의 유전적 영향과 환경적 영향을 비교하기 쉽도록 일란성 쌍생아와 이란성 쌍생아들을 동일한 환경에서 함께 양육된 쌍생아들의 행위와 출생 때부터 헤어져서 서로 다른 환경에서 양육된 쌍생아, 특히 이 중 일부는 서로의 존재조차도 알지도 못하는 쌍생아들의 행위와 비교한 것이다. 그 결과, 출생 때부터 헤어져서 서로 다른 환경에서 자랐음에도 행동과 능력 면에서 놀라울 정도로 닮아있었다고 한다. 서로 다른 환경에서 양육되었지만 같은 환경에서 양육된 쌍생아에 못지않게 인성, 태도, 관심 등이 서로 유사하였다는 것이다. 결국, 쌍생아들의 유사성은 환경이 아니라 유전에 기인한 것이라고 결론을 내렸던 것이다[108].

라. 입양아 연구

비행이 과연 유전된 기질인가를 결정하는 또 다른 방법은 바로 입양된 아동의 행위를 입양아 생부의 행위와 비교하는 것이다. 만약 입양된 아동의 행위가 전혀 만난 적도 없는 생물학적 아버지보다 데려다 키운 양아버지의 행위와 더 닮았다면, 비행의 경향이 환경에 의하여 형성된다기보다는 유전되는 것이라고 추정할 수 있다는 것이다.

이러한 가정에 대한 대부분의 연구는 유전과 행위의 연계성이 있다는 가설을 대체로 지지하는 편이다. 입양아들은 자신이 입양된 가정의 사회적, 환경적 조건에도 불구하고, 생물학적 부모의 지적, 행동적 특성 대부분을 공유한다는 것이다.

---

107 D. Rowe, "Sibling interaction and self−reported delinquent behavior: A study of 265 twin pairs," Criminology, 1985, 23:223−240; N. Siegel, "Monozygotic and dizygotic twins: A comparative analysis of mental ability profiles," Child Development, 1985, 56:1051−1058; J. Scourfield, M. Van den Bree, N. Martin, and P. McGuffin, "Conduct problems in children and adolescents: A twin study," Archives of General Psychiatry, 2004, 61:489−496; G. Dionne, R. Tremblay, M. Boivin, D. Laplante, and D. Perusse, "Physical aggression and expressive vocabulary in 19−months old twins," Developmental Psychology, 2003, 261−273

108 T. Bouchard, "Genetic and environmental influences on intelligence and special mental abilities," American Journal of Human Biology, 1998, 70:253−275

과잉행동을 하는 입양아의 생물학적 부모가 입양한 부모보다 과잉행동 증후를 보이는 확률이 더 높았다고 하는데, 물론 모든 과잉행동 아동이 비행소년이 되는 것은 아니지만, 과잉행동과 비행의 관계는 오랜 전부터 지적되었던 것이다. 입양아들의 생물학적 부모가 반사회적 행위 경력이 있으면, 입양아 자신이 범죄에 가담할 확률도 더 높은 것으로 밝혀지기도 하였다. 결국, 생물학적 부모의 행위가 입양한 부모보다 더 큰 영향을 미친다는 것이다[109].

(6) 유전적 기질과 비행의 상관성

유전적 기질과 비행의 관계는 두 가지 쟁점을 안고 있다. 하나는 과연 둘은 상관관계가 있는지 여부이고, 또 다른 하나는 관계가 있다면 그 관계의 방향이 논쟁의 대상이 될 수 있다. 그것은 둘의 관계가 직접적일 수도 있고 간접적일 수도 있기 때문이다. 우선 직접적인 관계를 보자. 하나의 특정한 유전적 구조를 가지게 되면 그 사람을 공격성, 폭력, 그리고 반사회적 행동의 성향을 갖게 한다는 것이다. 환경적 영향과는 아무런 상관이 없이, 특정한 유전적 코드를 가진 아이가 반사회적 행동에 가담할 확률이 가장 높다는 주장이다. 이런 주장이 상류계층 청소년들의 반사회적 행동을 설명하는 데 유용하다고 할 수 있는데, 그것은 이들이 좋은 환경임에도 비행을 행하기 때문에 환경적 영향이라기보다는 손상된 유전적 구조나 기능의 산물이라고 할 수 있어서이다. 이와 반대로 다른 한편에서는 빈곤층이나 절망적인 청소년의 절대 다수가 아직도 폭력적이지도 비행적 성향이지도 않다는 사실도 환경보다는 유전이 강조될 수 있는 부분이라고 한다. 일탈적 행위의 유발에 있어서 환경은 단지 이차적 역할만 하기 때문에 비행을 유발하는 것은 사회적 요인이 아니라 유전이라는 것이다[110].

반면에 간접적인 관계라고 설명하는 측에서는 일부 청소년들이 반사회적 행동에 빠지기 쉬운 성향을 갖게 하는 유전적 기질을 가진다는 것이다. 예를 들어, 반사회

---

109 R. Cadoret, C. cain, and R. Crowe, "Evidence for a gene − environment interaction in the development of adolescent antisocial behavior," Behavior Genetics, 1983, 13:301 − 310; J. Alberts − Corush, P. Firestone, and J. Goodman, "Attention and impulsivity characteristics of the biological and adoptive parents of hyperactive and normal control children," American Journal of Orthopsychiatry, 1986, 56:413 − 423

110 B. Boutwell and K. Beaver, "A biosocial explanation of delinquency abstention," Criminal Behavior and mental Health, 2008, 18:59 − 74

적 인성장애Psychopathy, 충동성, 신경증 등은 유전될 수 있으며, 이러한 조건들도 또한 비행과 상관이 있다는 것이다. 더구나 유전은 가족관계의 형성에도 영향을 미치며, 이 부모-자녀 관계의 질이 반사회적 행동에 관계가 된다고도 한다[111].

그러나 비행을 유전에 결부시키는 것은 상당한 논쟁의 여지를 남기는데, 비행과 유전을 연계시키는 것은 곧 비행의 원인이 출생 시부터 존재하고, 한 세대로부터 다음 세대로 전이되며, 그리고 쉽게 변할 수 없다는 것을 함축하기 때문이다. 뿐만 아니라, 유전적 연관성으로 보이는 것이 때로는 일종의 접촉전염효과 Contagion Effects로 설명될 수도 있다는 지적도 받는다. 즉, 아이들은 형제들의 반사회적이고 관습적인 행동 모두를 복사한다는 것이다[112].

(7) 진화론적 이론(Evolutionary Theory)

폭력성과 공격성을 유발, 양산하는 인간의 기질은 인간진화의 오랜 과정을 거쳐 만들어지고 양육되었다고 한다. 이러한 진화론에 따르면, 부족한 자원을 차지하기 위한 경쟁이 인류의 종species을 형성케 하는데, 인류의 존재과정을 거치며, 자기들의 참살이well-being를 조장하고, 자기들의 유전계통의 재생산과 생존을 확립하기 위한 행동에 가담하도록 만들어져 왔다는 것이다. 충동적 위험을 선호하는 남성들이 더 많은 자식들을 가질 수도 있는데, 충동적 행위는 유전되며, 세대 간 전이될 수 있다는 것이다. 그래서 아마도 인류의 역사는 전쟁, 폭력, 그리고 공격성으로 점철된 것인지 모른다. 진화론적 관점에서 본 비행의 설명은 인종차별적이라는 비난의 소지가 다분하지만 한편으로는 비행의 성별 차이, 즉 비행이 소년들에 집중되고 있다는 점을 설명하는 데 도움이 된다는 장점이 있다[113].

---

111 G. Carey and D. DiLalla, " Personality and psychopathology: Genetic perspectives," Journal of Abnormal psychology, 1994, 104:32-43

112 A. Gregory, T. Eley, and R. Plomin, "Exploring the association between anxiety and conduct problems in a large sample of twins aged 2-4," Journal of Abnormal Child Psychology, 2004, 32:111-123; M. Jones and D. Jones, "The contagious nature of antisocial behavior," Criminology, 2000, 38:25-46

113 L. Ellis and A. Walsh, "Gene-based evolutionary theories of Criminology," Criminology, 1997, 35:229-276

(8) 양육(Nurture)과 본성(Nature)의 상호작용

초기 생물학적 범죄이론들은 인간 신체의 특징들을 범죄성의 증거로 지적하였다. 오늘날, 생물학은 사람들이 생물학적 부모로부터 유전되는 인성특성과 같이 유전성에 의해서 또는 뇌기능과 같이 직접적인 영향에 의해서 그 사람의 행동에 영향을 미치는 것으로 이해하고 있다. 그렇다면 생물학적 요소들이 비행을 포함한 인간의 사회적 행위로 어떻게 전이되는지를 살펴볼 필요가 있다. 개인의 유전자형이나 유전학적 구성이 최적의 유전자 합성을 가능하게 하는 환경을 선택하고, 구조화하고, 형성하는데 전적으로 책임이 있다고 한다. 유전자가 환경조건과 연계되는 방식이 곧 유전자와 환경의 상관관계이며, 이 상관관계가 개인의 인성이나 기질과 환경의 상관관계가 나타나는 이유에 대한 설명이 될 수 있는 것이다[114].

대부분의 인성과 기질은 부분적으로 유전될 수 있다. 흥분감이나 전율을 추구하는 것과 같은 특정의 인성기질을 가진 사람들은 스카이 다이빙이나 번지 점프와 같은 위험한 상황에 노출되기 쉬우나, 조심스러운 성향의 사람은 그러한 활동이나 기회보다는 세속적이고 평범한 활동을 더 선호할 것이다. 이런 경우처럼, 인성특성의 형성에 책임이 있는 유전자가 곧 환경의 형성에도 책임이 있다는 것이다. 즉, 개인의 인성특성을 결정하는 유전자가 그 사람의 환경 특성이나 조건도 결정한다는 것이다[115].

(9) 생물학적 이론과 비행예방

과거의 생물학적 이론에 기초한 사회정책에서는 범죄를 예방하기 위해서는 범죄자들이 약물요법을 받거나 일반 대중으로부터 격리되어야 한다는 것이었다. 범법자들은 자신의 쇠약한 조건을 스스로 통제할 수 없기 때문에 공공의 안전을 위해서 비행의 원인이 파악되었을 때 중화되어야 한다는 것이다. 현실적으로 범법자들은 자신의 충동을 통제하기 위하여 약물요법을 받거나 시설에 수용되거나 아니면 시설에 수용되어 약물요법을 받게 되는 것이다. 그러나 이러한 시도는 미개하

---

114 S. Scarr and K. McCartney, "How people make their own environments: A theory of genotype x environment effects," Child Development, 1983, 54:424−435

115 Regoli et al., op cit., p. 91

고, 잔인하고, 그리고 성공적이지도 못했다. 다행스럽게도 현대의 생물학적 범죄학에서는 생물학과 사회학/환경 둘 다 비행의 유발에 있어서 매우 중요하다는 점을 지적하고 있다. 어머니의 흡연, 음주, 그리고 환경오염물질에의 중독 등과 같은 환경적 위험요소들이 교육, 법집행, 그리고 공공정책을 통하여 줄여질 수 있다는 것이다. 사실 어린 시절의 가정환경이 생물학적 성향이나 기질을 반사회적 행위로의 전이를 용이하게 하는 조건들이라고 할 수 있고, 그래서 만약 가정환경이 좋다면 비행의 생물학적 기초도 나타날 가능성이 낮아지기 마련이라는 것이다[116].

이처럼 과거의 일차원적이고 비효과적인 접근방식으로 인하여 정신건강과 형사사법제도가 이들 문제가 있는 개인들을 제대로 다루지 못하였던 것이다. 아동기의 경고신호를 무시하고, 이들 제도가 성인기가 되어서야 행동으로 옮길 때까지 기다리며, 긍정적인 결과를 내놓지 못하는 법률적 대책에 엄청난 예산을 허비하는 것보다는 위험성이 높은 사람들에 대해서 필요한 서비스와 개입을 함으로써 더 큰 결과를 도출할 수 있다는 것이다. 다시 말해서, 위험성이 있는 아이들에게 조기에 개입함으로써 아이들을 비행으로부터 차단하는 요인들을 향상시킬 수 있고, 건강하고 친사회적인 성인으로 성장할 수 있도록 모든 아이들과 청소년들에게 삶의 기회를 동등하게 줄 수 있다는 것이다[117].

4. 심리학적 이론

일부 전문가들은 비행의 원인을 실질적으로 심리학적인 것으로 본다. 심리학은 정신적 과정mental process과 행동을 연계시키고 조사하는 행동과학이라고 할 수 있다. 심리학자들은 그래서 사람들이 어떻게 성장하였고, 스트레스와 변화에 어떻게 대응하고 극복하는지, 인성이 어떻게 발달하는지, 그리고 어떻게 방해를 받게 되고 문제에 빠지게 되었는지를 탐구함으로써 왜 사람들이 자신이 행동하는 그런 방식으로 행동하는지를 이해하려고 한다. 물론 정신의학psychiatry이 의학 분

---

116 H. Larsson, E. Viding, and R. Plomin, "Callous—unemotional traits and antisocial behavior: Genetic, environmental, and early parenting characteristics," Criminal Justice and Behavior, 2008, 35:197−211

117 D. Fishbein, "The importance of neurobiological research to the prevention of psychopathology," Prevention Science, 2000, 1:89−106, p. 102

야이며, 당연히 독립된 학문이지만 심리학과 정신의학은 둘 다 인간의 행위가 정신에서 시작되는 것으로 인식한다는 공통점을 가지고 있다. 그들에게는 비행이나 일탈이 정신질환에 대한 대안으로서 그리고 이면의 인성이나 감정적 부적응에서 생기는 행동표출이나 외재적 증상으로 간주되고 있다[118].

무엇보다도, 폭력, 절도, 성 비행과 같은 일탈적인 것으로 이름표가 붙여진 행위들의 대부분이 몇 가지 저변의 심리학적 문제의 증상들이라는 것이다. 심리학자들은 다수의 비행청소년들이 좋지 않은 가정생활, 이웃, 친구, 그리고 교사들과의 파괴적인 관계, 그리고 일반적으로 권위 있는 지위의 사람들과의 갈등을 겪고 있음을 지적한다. 이러한 경험과 환경이 청소년들이 범죄를 저지르도록 유발하는 인성이나 정신장애에 기여하는 것으로 주장한다. 실제로, 다수의 비행소년들이 반사회적 특성을 보이고, 시설에 수용된 비행청소년들에 대한 연구결과들도 이들 시설수용 비행청소년들이 부정적이고, 반사회적인 행동특성을 가진 것으로 밝혀지고 있다. 청소년비행이 모든 인종과 계층을 막론하고 발생하기 때문에, 심리학자들은 비행을 순전히 인종차별주의, 빈곤, 그리고 계층갈등보다는 감정적이고 정신적인 장애의 기능으로 간주한다. 물론 다수의 비행청소년들은 심각한 심리학적 문제를 보이지는 않더라도 비행이론에 강력한 영향력을 미칠 수 있을 정도는 된다는 것이다[119].

그러나 심리학 자체가 복잡하고 또 다양한 하위영역으로 이루어지기 때문에 왜 다수의 비행소년들이 정신적으로 장애가 있으며, 왜 이들 정신적 장애가 부정적인 행위를 초래하는지에 대해서 합의점을 찾지 못하고 각자 다른 관점에서 바라보고 있지만, 대체로 정신역학psychodynamic 이론, 행동이론을 중심으로 하는 인성이론Personality theory과 공격성, 반항장애Oppositional defiant disorder, 행동장애conduct disorder, 반사회적 인성장애Psychopathy의 4분야로 구성되는 정신병리psychopathology, 그리고 인지이론으로 구분할 수 있다[120].

---

118 Thompson & Bynum, op cit., p. 100
119 Regoli et al., op cit., p. 112
120 S. Rathus, Psychology, New York: Holt, Reinhart, and Winston, 1996, pp.11－21

1) 정신역학 이론(Psychodynamic Theories)

정신역학적 관점에서는 사람들이 전 생애과정에 걸친 단계에 따라 행동을 습득한다고 주장한다. 좋은 행동을 일관되게 발달시키기 위해서는 매 단계마다 최소한 어떻게 하건 성공적으로 통과해야하거나 적어도 다음 단계의 요구를 다루기에 충분할 정도는 되어야 한다는 것이다. 어느 한 단계를 제대로 성공적으로 통과하지 못한 사람은 그 뒤 단계에서 문제와 어려움을 겪게 된다는 것이다. 살아가면서 정말 바보 같은 일을 하고 왜 그랬는지 모르는 경우에 대해서 이를 설명하려는 첫 번째 심리학적 이론이 바로 Sigmund Freud의 심리분석이론으로써, 우리의 행동은 우리가 잘 알지 못하거나 잘 통제하지 못하는 내적인 영향, 기억, 그리고 갈등이 그 동기라고 주장하는 것이다[121].

인간의 행동을 이해하고 설명하는 데 있어서 기존의 심인성_{정신의학에} 원인을 찾는 접근에 대한 기초를 제공한 사람은 Sigmund Freud이다. 정신질환과 관련된 정도를 벗어난 인간행위에 대한 그의 관심이 그로 하여금 생물학적, 유전적 속성으로는 인간행위를 적절하게 설명할 수 없다는 결론에 도달하게 하였다. 그는 대부분의 인간행동이 의식적으로 동기가 부여된 것이라고 주장한다. 그는 인간정신의 깊고 무의식적인 차원이 다수 인간행동의 동기를 제공하는 원천이라고 주장한다. 그에 따르면 인간은 인성, 정체성, 그리고 수용할 수 있는 사회적 역할이 발달하는 아동기 동안 무의식적 정신 속으로 억압되는 욕망과 욕구로 인하여 정신적 고통을 겪는다는 것이다. 그래서 개개인의 행위가 비논리적이고 심지어 비도덕적일지라도 실제로는 잠재의식 속으로 잠긴 해결되지 않은 욕구와 문제의 의도적 표현, 표출이라는 것이다.

그런데 인간행위를 심인적_{psychogenic} 접근으로 이해하고 연구하기 위해서는 인성의 개념이 그 핵심이라고 한다. 예를 들어, 열정적, 에너지가 넘치는, 이상주의적과 같은 말들이 바로 젊은이들을 특징하는 몇 가지 기술적 인성기질들이다. 그렇지만 오늘은 유쾌하지만 내일은 전혀 다르다면 그 사람의 지배적인 인성유형을

---

121 R. S. Feldman, Child Development(3rd ed.), Upper Saddle River, NJ: Printice Hall, 2004, p. 24; E. Douvan, "Erik Erikson: Critical times, criticam theory," Child Psychiatry & Human Development, 1997, 28(1): 15-21

확정하기가 어렵다. 심리학적으로 건강한 사람이라면 자신을 매일매일 표현하는 데 있어서 분명히 존재하는 인성을 어느 정도 지속한다는 것이다. Freud 등은 정상적인 성인 인성은 id, ego, super ego라는 완전히 발달한 세 가지로 구성되어 있다고 한다. 이 세 가지 차원의 인성이 비판적이고 복잡하고 상호 연관된 개인의 정신적, 사회적 기능을 수행한다는 것이다.

여기서 정신역학이론에 따르면, 초기 아동기에 발달하는 무의식적 정신과정이 우리의 인성을 통제한다는 것이다. 이 이론의 주창자인 Freud에 의하면, 법률위반은 생의 초기에 형성되어 그에 따라 인간의 행동선택을 통제하는 비정상적인 인성구조의 산물이다. 극단적인 경우, 정신적 고통이 인간을 공격과 폭력으로 몰고 간다는 것이다. 정신역학이론의 기초는 인간행위는 아동기 초기에 발달하는 무의식적 정신과정에 의해서 통제된다는 가정이다.

Freud에 의하면, 인간의 인성personality은 세 가지 주요요소로 이루어지는데, id는 아이들 각자가 가지고 태어나는 제재 받지 않고, 원시적이며, 쾌락을 추구하는 부분이다. id는 출생 때부터 가지는 것이며, 맹목적, 비이성적, 본능적 욕구와 동기로 구성되며, 기본적인 생물학적, 심리학적 충동을 나타내는 것으로 환상과 현실을 구별하지 않고, 또한 반사회적이고 규칙, 경계, 또는 한계를 알지 못하며, 만약 통제되지 않고 내버려둔다면 사람을 파괴한다는 것이다. ego는 id로부터 그리고 세상살이의 현실을 통하여 발달하며, 인성문제를 해결하는 차원을 대변하는 것으로, 환상으로부터 현실을 구분하도록 현실을 다루는 것이고, 아이들에게 충동에 의한 행동은 문제를 초래하기 때문에 즉각적인 만족을 연기할 것을 가르쳐서 id의 즉각적인 민족에 대한 욕구를 관리하고 제재하는 데 일조를 한다. superego는 ego로부터, 그리고 부모를 비롯한 중요한 타인들과의 상호작용을 통하여 발전하는 것이며, 아이들이 습득해야하는 도덕적 강령, 규범, 그리고 가치를 내포하고 있어서, 대부분의 성인들이 공유하는 양심과 도덕적 규율을 대변하는 것이다. 이 초자아는 따라서 죄의식이나 부끄러운 감정에 대한 책임이 있으며, 양심, 의식과 밀접하게 연결되어 있다122.

어떤 행위에 대한 무의식적인 동기unconscious motivation는 성과 공격성이라고 하는 두 가지 근본적 욕구에 대한 반응에 있어서 id의 행동에서 나오는 것이다.

---

122 Regoli et al., op cit., pp. 112-113

인간의 행위는 종종 이들 욕구에 관한 숨겨진 감정, 느낌을 반영하는 상징적 행동으로 기록되는 것이다. 예를 들어, 자동차를 훔치는 행위는 쉼터에 대한 그 사람의 무의식적 욕구와 공격성과 같은 학대적인 적으로부터의 이동이나 또는 성이라고 할 수 있는 가장 최초의 기억을 반영하는 폐쇄적이고 어둡고 자궁과 같은 구조물에 들어가고 싶어 하는 욕망을 반영하는 것일 수 있다는 것이다[123].

이 세 부분의 인성은 동시에 작동한다. 그러나 갈등이 생기면 아이들은 적응하지 못하고, 비행에 가담하도록 자극을 받게 된다고 한다. id는 욕구와 욕망을 지배하고, superego는 옳음과 도덕성의 감정을 향상시킴으로써 id를 방해하고 중화시키며, ego는 이들 두 극단 사이에 위치한 현실을 평가한다. 만약에 이들 세 부분이 적절하게 균형을 이룬다면, 그 사람은 정상적인 삶을 인도할 수 있으나, 만약에 인성의 한 관점이 다른 부분들의 희생으로 지배적인 것이 된다면 그 개인은 이름 하여 비정상적인 인성기질을 보이게 되는 것이다. 이를 기초로 다수의 심리학자와 정신의학자들이 반사회적 행위의 온상을 설명하기 위하여 Freud의 기본모형을 확장하였다. Erikson은 많은 청소년들이 자신들이 스스로의 역할과 목적에 대하여 감정적이고, 충동적이며, 그리고 불확실하게 느끼는 삶의 위기를 경험한다고 보았으며, 그는 그와 같은 내적 혼란과 혼동의 시기를 정체성위기identity crisis로 보았다. 그의 그러한 접근은 청소년 약물남용 행위를 사회에서의 그들의 위치에 대한 혼동, 유용한 출구 지향 행위의 불능, 자신의 문제에 대한 해결책을 타인에 의존하는 것이라고 특징 지웠다. 한편, 심리분석학자 Aichorn은 사회적 스트레스만으로는 그러한 감정적 상태를 유발할 수 없다는 것을 알았다. 그는 문제된 가정생활이 옳고 그름에 대한 고려나 타인에 대한 감정의 고려도 없이 즉각적인 만족을 추구하게 하는 청소년들을 소위 '잠재적 비행소년Latent delinquent'으로 파악하였다. 그 가장 극단적인 형태로서, 비행이 청소년으로 하여금 피해자의 감정을 배려하지 않거나 만족을 위하여 자신의 충동적 욕구를 통제하지 못하게 하는 일종의 정신병으로 간주될 수 있다는 것이다[124].

Erikson에 의하면, 심리학적으로 건강한 성인은 자신과 정체성의 사회적 관점을

---

123 S. Freud, An Outline of Psychoanalysis, Translated by J. Stanley, New York: Norton, 1963, Sigel & Welsh, op cit., p. 103에서 재인용

124 E. Erikson, Identity, Youth, and Crisis, New York: Norton, 1968; A. Aichorn, Wayward Youth, New York: Viking Press, 1935, Siegel & Welsh, op cit., pp.103－104에서 재인용

성공적으로 통합한다는 것이다. 그러한 사람을 우리는 자아-정체성ego-identity을 구축한 사람으로 간주하는데, 이 자아-정체성은 청소년들이 자신과 자기의 새로운 역할 그리고 사회에서의 위치와 지위를 찾을 때까지 다양한 역할과 태도를 경험하고 성장하는 형성적 청소년기 동안에 습득된다고 한다. 젊은이들의 인성에 있어서 간극이 존재하는 것은 정상이지만, 이 간극이 경험에 의하여 메꾸어질 때까지 청소년들의 인성유형과 행동은 때로는 예측할 수 없을 수 있으며, 이는 자아-정체성과 반대되는 자아-확산Identity-Diffusion의 상태를 반영한다고 할 수 있다. 한편, 청소년들이 상이한 역할을 경험함에 따라 종종 자신이 갖기를 바라는 이상적 자아인 자아-이상Identity-Ideal을 꿈꾸게 된다. 청소년들은 전통적 권위자들로부터의 독립을 시험하는 동안 행동이 부모의 기대에 반하는 사람들을 존경하고 흉내 내려고 한다. 마치 조직폭력배나 갱스터를 가치 있는 자아-이상으로 바라보는 것이 좋은 예라고 할 수 있다[125].

정신역학이론에서는 청소년범죄를 해결되지 않은 정신적 고통과 내적 갈등의 결과로 본다. 일부 아이들, 특히 학대되거나 구박을 받은 아이들은 분개, 공포, 증오와 관련된 무의식적인 감정을 경험하게 된다. 만약 이러한 갈등이 화해되지 않는다면 아이들은 본능-지배적id-dominated인 사람이 되는 그런 상태로 회귀하게 될 수 있다는 것이다. 이러한 회귀, 역행이 다수의 정신질환의 원인이 될 수 있고, 많은 경우 범죄행위에까지 관련될 수 있다고 한다. 비행소년은 따라서 자신의 충동적 자극을 통제할 수 없는 본능-지배적인 사람이며, 아마도 그들이 아동기 불행한 경험이나 적절한 사랑과 보살핌을 제공하지 못하는 가정 때문에 고통을 받았기 때문에 그들을 관습적 사회를 극복할 수 없게 만드는 약화되거나 손상된 자아로 고통을 받게 된 사람이다. 청소년의 반사회적 행위는 압박감을 극복할 수 없는 감정의 결과인 것이다. 범죄가 실제로 이들 청소년으로 하여금 긍정적인 심적 결과를 만들어 내고, 자유와 독립을 느끼게 해주고, 자신의 기술과 상상력을 활용할 기회와 쾌감의 가능성을 제공하며, 긍정적인 이득을 제공하고, 자신의 실패감을 합리화할 수 있는 기회를 제공하는 등의 역할을 한다는 것이다[126].

---

125 Thompson & Bynum, op cit., pp110-111
126 F. Reedl and H. Toch, "The psychoanalytic perspectives," in Hans Toch(ed.), Psychology of Crime and Criminal Justice, New York: Holt, Reinhart, and Winston, 1979, pp.193-195

정신역학이론은 가족의 역할을 매우 강조하는데, 반사회적 청소년들이 그들의 부모가 세상을 극복하는데 필요한 개인적 도구들을 발달시키는 통제력을 제공해 주지 못하는 가정출신이 많기 때문이다. 만약 아이를 방치하는 부모가 아이의 초자아superego를 적절하게 개발시키지 못하면, 본능id이 그 아이의 지배적인 인성이 되어, 초자아의 부재가 옳고 그름을 분명하게 구별하지 못하는 결과를 초래하게 된다.

2) 유대이론(Attachment theory)

유대이론은 일종의 정신역학이론으로서 심리학자 John Bowlby와 가장 밀접한 관련이 있으며, 다른 사람에 대한 감정적 결속emotional bonds이라고 할 수 있는 유대attachment는 전 생애에 걸쳐서 청소년을 따르는 중요한 장기적인 심리학적 함의를 가진다. 아동과 보호자주로 부모와의 감정적 결속과 유대는 아이의 반사회적 행위의 발달에 대항하는 보호요소이거나 완충요소로 작용하는 다양한 이익을 제공하기 때문에 아이의 발달에 밀접하게 관련되어 있다. 우선, 유대는 사회에서의 행위의 표준을 아이들이 이해하는 데 도움을 주며, 이를 Freud의 언어로 표현하면 유대는 초자아의 발달에 도움을 준다고 한다. 두 번째는 유대가 아이들이 자신의 행동과 감정을 규제하도록 도움을 주어 학교, 가정, 사회에서 제대로 기능할 수 있게 해준다. 셋째는 부모와의 관계가 제공하는 신뢰와 지지로 인하여 아이들에게 자기존중, 자기효율성, 그리고 자아관념을 심어주는데, 이들 기술들이 바로 아이들이 곤경에 처했을 때 저항하고 회복할 수 있게 하며 사회에서 생존하는 데 도움을 준다[127].

유대는 유아가 어머니와 결속하게 되는 출생 직후부터 형성되며, 아이들은 어머니에게서 떨어지지 않기 위해서 또는 보이지 않는 부모와의 접촉을 재개하기 위하여 필사적으로 울면서 매달리게 된다. 이 분리불안separation anxiety은 진화론적이고 본능적이며, 이 유대가 없이는 유아는 무력하고 생존할 수도 없게 된다는 것이다. 이런 주장에 따르면, 적절한 유대를 발전시키지 못하는 사람은 다수의 심리학적 장애의 희생양이 된다고 한다. 심리학자들은 유대가 결여된 아이들은 다른 사람에 대한 신뢰와 존중이 결여되고, 종종 ADHD와 같은 다수의 심리학적

---

[127] Regoli et al., op cit., p. 114

증상을 보이게 되어, 충동적이고 집중하기가 어려워져서 결국 학교에서 어려움을 겪게 된다는 것이다. 성인이 되어서도 종종 다른 사람들과의 관계를 시작하고 유지하는 데 어려움을 겪고 심지어 낭만적 관계조차도 어려워진다고 한다. 이런 면에서 범죄학자들은 이 유대문제가 있는 사람을 아동학대나 성폭력을 포함한 다양한 반사회적 행위와 연계시키고 있다. 실제로 소년들이 붕괴된 유대를 남녀비율을 훨씬 능가할 정도로 많이 경험하고, 이 유대의 붕괴가 여성에 비해 남성 범행의 불균형적 비율과 인과적으로 관계가 있다는 것이다[128].

3) 정신장애와 비행

정신병리학적 접근에 의하면, 비행행위는 무의식적인 정신적 불안정과 혼란의 작용이다. 통제력을 잃고, 자신의 본능에 지배되는 사람들은 그들의 행위가 환상과 부적절한 반응으로 그 특징을 지울 수 있는 정신병자psychotics로 알려지고 있다. 정신병에는 여러 형태가 있으며, 가장 보편적인 것이 비논리적인 사고과정, 왜곡된 인식, 그리고 비정상적인 감정표현으로 특징되는 정신분열증schizophrenia이다. 그런데 가장 심각한 유형의 폭력과 반사회적 행위가 이들 정신병에 의해서 동기가 될 수 있다는 것이다. 이보다 덜 심각한 특성으로는 사람들을 극적이고, 우울하고, 반사회적이고, 자기중심적으로 만드는 다양한 기분장애나 행동장애를 들 수 있다. 이 기분장애mood disorder는 감정표현의 장애가 그 특징이며, 일부는 자신의 감정과 생각에 대하여 이야기 하거나 이해하는 것을 방해하는 감정적 인지의 결여라고 할 수 있는 감정표현불능alexithymia으로 고통을 받게 되어 이들은 로봇 같고 감정적으로 이미 사망한 것처럼 보이게 된다[129].

그렇다면 정신장애가 비행을 유발할 수 있다는 주장은 타당한 것인가. 지금까지는 이들 정신장애와 기타 심리학적 결핍으로 고통을 받는 아이들이 폭력과 반

---

128 E. Wood and S. Riggs, "Predictors of child molestation: Adult attachment, cognitive distortions, and empathy," Journal of Interpersonal Violence, 2008, 23:259279; K. Hayslett‒McCall and T. Bernard, "Attachment, masculinity, and self‒control: A theory of male crime rate," Theoretical Criminology, 2002, 6:5‒33

129 P. C. Ouimette, "Psychopathology and sexual aggression in nonincarcerated men," Violence and Victimization, 1997, 12: 389‒397; G. Zimmerman, "Delinquency in male adolescents: The role of Alexithymia and family structure," Journal of Adolescence, 2006, 29:321332

사회적 행위의 성향이 있다는 경험적 증거들이 많이 나오고 있다. 폭력적인 청소년들이 명백하게 적대적이고, 폭발적이며 변덕스럽고, 불안하며, 우울하다고 임상적으로 진단되고 있다. 많은 비행청소년들이 정신분열, 편집증, 강박행동과 같은 심리학적 비정상성을 보인다고 한다. 또한 많은 비행청소년들이 부모가 필요한 사랑과 보살핌을 주지 못하고, 일관된 경계를 정하지 못하고, 살아갈 현실세계를 극복하는데 필요한 개인적 도구를 개발하게 하는 통제를 제공하지 못하는 가정출신이라고 한다. 물론 이러한 증거들이 매우 설득력이 있지만, 정신장애와 비행의 관계가 분명하게 해결된 것은 아니라고 한다. 둘의 관계가 때로는 어떤 매개요인이나 변수에 의한 것일 수도 있기 때문이다. 정신장애로 인하여 학교실패, 사회관계 곤란, 아동학대 피해, 정신장애로 인한 긍정적 부모영향의 중화, 도시생활의 스트레스로 인한 정신장애와 범죄유발, 학교실패와 지위박탈로 인한 우울증과 심리학적 결핍 등이 비행과 범죄의 원인이거나 정신질환의 매개변수 또는 조절변수가 될 수 있기 때문이다[130].

4) 행동이론(Behavioral theory)

모든 심리학자들이 다 인간의 행위가 초기 아동기에 형성된 부모와의 관계에 의하여 결정되는 무의식적 정신과정에 의하여 통제된다는 주장에 동의하는 것은 아니다. 행동심리학자들은 정신역학적 이론Psychodynamic theory과는 반대로 사람의 인성은 전 생애에 걸친 다른 사람들과의 상호작용을 통하여 학습되는 것이라고 주장한다. 미국 하버드대학교 심리학자 Skinner교수로 대표되는 이 행동주의behaviorism는 Freud처럼 관찰할 수 없는 정신적 과정에 의존하지 않고 대신에 과학적 연구방법을 적용하여 위의 심리분석가들이 주장했던 측정할 수 없는 정신병적 현상이 아니라 측정할 수 있는 사건에만 관심을 가졌다. Skinner는 아이들이 자신의 행위에

---

130 J. Akse, B. Hale, R. Engels, Q. Raaijmakers, and W. Meeus, "Co−Occurrence of depression and delinquency in personality types," European Journal of Personality, 2007, 21:235−256; J. Beyers and R. Loeber, "Untangling developmental relationship between depressed mood and delinquency in male adolescents," Journal of Abnormal Child psychology, 2003, 31:247−267; E. Silver, "Mental disorder and violent victimization: The mediating role of involvement in conflicted social relationships," Criminology, 2002, 40:191−212; S. De Costa and K. Heimer, "The relationship between law violation and depression: An interactionist analysis," Criminology, 2001, 39:799−836

대한 반응으로서 받게 되는 처벌Punishments과 재강화Reinforcements로부터 동조와 일탈을 학습한다고 이론화하였다. 행동주의자들은 아이들은 그들의 행위에 다른 사람들이 어떻게 반응하는가를 관찰함으로써 학습한다고 설파한다. 만약에 특정한 행위가 어떤 긍정적인 반응이나 사건으로 재강화된다면, 그 행위는 지속되고 결국에는 학습될 것이라는 설명이다. 반면에 어떤 행위가 재강화되지 않거나 처벌된다면, 그 행위는 끝나게 되고 존재하지 않게 된다는 것이다[131].

물론 모든 행동주의자가 다 정확하게 Skinner의 주장을 따르는 것은 아니다. 일부에서는 개인의 사회경험과 학습이 자신의 가치와 기대와 결합하여 그 사람의 행위를 결정한다고 주장하는 사회학습이론이 그것이다. Bandura를 중심으로 한 이들 사회학습이론가들은 일반적으로 아이들이 자신의 행위에 대한 다른 사람들로부터의 긍정적이거나 부정적인 반응에 따라 자신의 행위를 모형화modeling하고 모방imitating하는데, 특히 부모와 같이 자신들이 밀접하게 접촉하는 사람의 행위, 또는 텔레비전이나 영화에서 보는 행위에 대한 다른 사람들의 긍정적인 반응을 학습한다는 것이다. 만약에 아이들이 어떤 공격적인 행위를 관찰하고 그 행위가 보상되는 것도 관찰한다면 그 폭력적 행위가 발생한 유사한 상황이나 경우에 그들도 마찬가지 폭력적으로 반응하게 된다는 것이다. 결국 아이들은 공격의 기술을 정복하고 자신의 행위가 보상될 것이라고 더욱 확신하게 된다[132].

5) 인지이론(Cognitive theory)

(1) 도덕발달과 비행

일반적으로 행동이론들은 비행에 있어서 개인수준의 차이가 왜 발생하는지를 설명하는 데 도움이 되는 사람들 사이의 또 다른 기본적인 심리학적 차이를 충분하게 고려하지 않았다는 비판을 받고 있다. 사람들이 자신의 환경에 반응하는 방식에 영향을 미치는 가장 중요한 심리학적 특징이 두 가지 있다고 한다. Piaget를

---

131 Siegel & Welsh, op cit., p.107

132 A. Bandura and F. Menlove, "Factors determining vicarious extinction of avoidance behavior through symbolic modeling," Journal of Personality and Social Psychology, 1965, 8:99−108; D. Perry, L. Perry, and P. Rasmussen, "Cognitive social learning mediators of aggression," Child Development, 1986, 57:700−711

중심으로 한 인지발달Cognitive development과 Kohlberg를 중심으로 하는 도덕발달 Moral development이 그것이다. 인지심리학은 사람들이 자신을 둘러싼 세상을 인식하고 정신적으로 표현하는 방식과 문제를 해결하는 방법이라고 할 수 있는 정신적 과정에 초점을 맞춘다[133].

범죄에 대한 인지심리학적 접근의 창시자라고 할 수 있는 Jean Piaget는 아동의 사고과정reasoning process은 태어날 때부터 시작하여 12살 이상까지 계속되는 일련의 순서대로 발달한다고 가정하였다. 처음의 감각운동기Sensorimotor stage에는 아이들이 흥미로운 물건을 찾아서 반사능력을 발전시키는 단순한 방법으로 환경에 반응한다. 네 번째이자 마지막 단계인 공식운영단계formal operational stage에서는 논리와 추상적 사고를 이용할 줄 아는 성숙한 성인으로 발전된다는 것이다. 그러나 현대 진화심리학Evolutionary psychology과 신경과학Neuroscience에서는 인간의 도덕감은 해부학적으로 뇌의 대뇌변연계limbic system에 위치하고 있으며, 특히 사람들의 감정, 두려움, 그리고 공감능력을 통제하는 편도체가 도덕성의 발달에 핵심적인 역할을 한다고 주장한다. Piaget의 2단계 과정에 대한 또 다른 비판가들은 그의 모형이 지나치게 단순하고 젊은이들이 발달하는 방법을 정확하게 잡아내지 못했다고 주장한다[134].

Lawrence Kohlberg는 이와 같은 발달단계의 개념을 범죄학의 쟁점에 접목시켜서, 인간은 단계마다 도덕적, 윤리적 의사결정의 기초가 변하는 도덕발달의 단계를 거치게 된다는 것을 제안하였다. 그에 따르면, 심각한 범죄자들은 법을 준수하는 사람들과는 다른 도덕적 지향성moral orientation을 가진다고 할 수 있다는 것이다. 그가 주장하는 도덕발달의 단계는 처벌은 피하고 권력에 복종하는 것이 옳은 1단계서부터 정의, 평등, 인류에 대한 존경의 원칙, 즉 모든 인류에 적용되는 원칙들을 수용해야 한다는 6단계로 이루어진다[135].

Kohlberg는 사람들을 이 6단계의 연속선상에서 그들이 도덕적 성장을 멈춘 단계에 따라 분류하였다. 이어진 연구에서 그는 범죄자들이 같은 사회적 배경을 가

---

133 Regoli et al., op cit., pp. 118−119

134 Regoli et al., op cit., p. 119

135 J. Piaget, The Moral Judgement of the Child, London: Keagan Paul, 1932; L. Kohlberg, Stages in the Development of Moral Thought and Action, New York: Holt, Reinhart, and Winston, 1969, Siegel & Welsh, op cit., p. 110에서 재인용

진 비범죄자에 비해 도덕발달수준이 상당히 낮다는 것을 알게 되었다. 비범죄자의 절대다수가 3–4단계로 분류된 반면에 범죄자들의 절대다수는 1–2단계에 머물렀던 것이다. 도덕발달이론은 그래서 단순히 처벌을 피하기 위해서 또는 자기이익을 위해서 법을 준수하는 사람들이 법이란 사회 모든 사람들에게 이익이 되는 것으로 간주하고, 다른 사람들의 권리를 존중하는 사람들보다 범행을 할 확률이 더 높다고 주장한다. 이런 연구결과는 청소년범죄자에게서도 찾을 수 있었는데, 비행소년들은 대부분 첫 1, 2단계에 속했던 반면 비비행청소년들은 대부분 더 높은 단계에 속했던 것이다[136].

Kohlberg는 도덕적으로 미성숙한 젊은이들이 비행이 옳지 않다는 것을 인식하는 도덕적으로 성숙한 젊은이보다 반사회적 행위에 가담할 가능성이 더 높다고 믿었다. 이런 견지에서 그는 '도덕적 사고의 성숙이 도덕적 행위의 성숙을 예측할 수 있어야 한다'고 믿었는데, 이는 곧 도덕적 행위의 특정한 형태는 특정한 형태의 도덕적 사고를 전제조건으로 한다는 것이다. 실제 다수의 연구결과에서도 도덕성이 비행의 예측에 있어서 심지어 다른 변인들을 통제하고서도 가장 효과적인 예측인자였다고 한다[137].

한편 도덕발달도 성별에 따라 다를 수 있음을 지적한 연구도 있다. Gilligan은 소년들의 도덕발달을 연구하여, Kohlberg가 고려하지 못했던 몇 가지 추가적인 관심사항을 발견하였다. 특히, 소년들이 도덕성을 주로 정의나 공정성과 같은 광의의 원칙으로 고려하는 반면에 소녀들은 동정심의 견지에서 도덕성을 바라보며 특정한 관계의 범위 안에 있는 특정한 사람을 돕기 위해서라면 자신을 희생할 용의도 있다는 것이다. 그러나 이러한 Giilgan의 주장에 대해 일부에서는 너무나 포괄적이며 사실 소년이나 소녀 모두 윤리적인 판단을 할 때는 공정성과 동정심 모

---

136 S. Henggeler, Delinquency in Adolescence, Newbury Park, CA: Sage Publications, 1989, p. 26

137 S. Kiriakidis, "Moral disengagement: Relation to delinquency and independence from indices of social dysfunction" International Journal of Offender Therapy and Comparative Criminology, 2008, 52:571–583; A. O'Kane, D. Fawcett, and R. Blackburn, "Psychopathy and moral reasoning: Comparison of two classifications," Personality and Individual Differences, 1996, 20:505–514; G. J. Stams, D. Brugman, M. Dekovic, L. van Rosmalen, P. van der Laan, and J. Gibbs, "The moral judgement of juvenile delinquents: A Meta–Analysis," Journal of Abnormal Child Psychology, 2006, 34:697–713

두를 고려한다고 반박하는 경우도 있다[138].

비록 Piaget나 Kohlberg 같은 이론가들이 시간이 흐름에 따라 도덕성은 발달한다고 제안하였지만, 보다 최근의 연구들은 도덕성이 비교적 안정적인 것이라고 주장한다. 비행과 관련하여 이루어진 도덕성의 안정성과 변화에 대한 연구결과, 오히려 도덕성의 변화수준이 가장 높은, 즉 도덕발달수준이 높은 아이들이 도덕성 변화수준이 낮은 아이들과 비교하여 가장 비행적이고 가장 공격적이며 대다수의 폭력범죄를 범하였으며, 도덕성의 변화수준이 낮은 아이들이 자신의 비행에 대하여 죄의식을 가지는 확률이 더 높았고, 동시에 도덕성 변화수준이 가장 높은 아이들도 또래집단에 의하여 가장 공격적이라고 평가되었다는 것이다[139].

그러나 Piaget와 Kohlberg의 정신과 도덕발달이론은 몇 가지 이유로 도전에 직면하기도 하였다. 우선, 주요 용어와 개념이 규정적 동의나 합의를 결하고 있다는 지적인데, 예를 들어 상이한 집단에게 상이한 의미를 제공할 수도 있는 문화적 또는 하위문화적 여건이나 환경으로부터 도덕성morality이나 규율rules이 분리, 독립될 수 없다는 것이다. 둘째, 사고와 학습의 정신적 과정에 관련되는 몇 가지 의문스러운 가정을 하고 있다는 지적이다. 사고와 학습의 정신적 과정은 관측과 검증이 불가능할 뿐만 아니라 하나의 인지적 단계에서 다른 인지단계로의 전이가 Piaget와 Kohlberg가 제시하는 바와 같이 연대기적으로 또는 연대순으로 잘 상호 관련이 되거나 유형화된다는 확실성도 없다는 것이다. 더구나 사고와 행동의 관계가 이들 도덕발달이론이 제시하는 것처럼 일관성 있고 분명하지도 않다고 한다[140].

(2) 정보처리와 비행

인지이론가들 중에서 정보처리를 연구하는 학자들은 반사회적 행위를 데이터의 인식과 분석이라는 견지에서 설명하려고 한다. 사람들이 의사결정을 할 때, 일련의 연속적인 인지적 사고과정을 거친다고 한다. 즉, 정보를 해석될 수 있도록

---

138 C. Perry and W. G. McIntire, "Modes of moral judgement among early adolescents," Adolescence, 1995, 30: 707 – 715; Fuller, op cit., p. 122

139 M. Paciello, R. Fida, C. Tramontano, C. Lupinetti, and G. Vittorio – Caprara, "Stability and change of moral disengagement and its impact on aggression and violence in late adolescence," Child Development, 2008, 79:1288 – 1309

140 Thompson & Bynum, op cit., pp. 112 – 113

부호화하는 것을 시작으로, 적절한 반응을 찾아 가장 적합한 행동을 결정하여 마지막으로 그 결정을 행동으로 옮긴다는 것이다. 이런 관점에서, 정보를 제대로 활용하는, 그래서 합리화된, 이성적 판단을 하는 데 더 좋은 조건을 갖춘, 결국 감정이 휩싸인 사건에 직면했을 때 보다 빠르고 많은 생각을 한 결정을 할 수 있는 청소년들이 반사회적 행위의 선택을 피할 확률이 가장 높다는 것이다. 이와는 정반대로, 비행성향이 높은 청소년들은 인지적 결함이 있을 수 있고, 의사결정을 할 때 정보를 제대로 활용하지 못한다는 것이다. 특히 그들은 스트레스를 받을 때 '올바른 결정'을 하기가 어렵다고 한다.

비행성향이 강한 아이들은 자기 주변의 세상을 공격적인 사람들로 가득한 세상으로 보게 되고, 도발이나 자극에 지나치게 민감하고 과잉 반응하는 경향이 있다고 한다. 이런 아이들이 자라면서, 대부분의 사람들보다 정보처리를 위한 단서를 훨씬 적게 활용하게 되는 것이다. 그 중에서 일부는 자기가 원하는 것들을 얻는 수단으로 폭력을 이용하고, 다른 일부는 가장 가벼운 자극이나 도발에도 지나치게 폭발적이고 격하게 반응한다는 것이다. 이들이 피해자를 공격할 때는 심지어 자신이 상황을 잘못 읽었음에도 자신을 방어하는 것으로 믿는다는 것이다. 다른 사람들을 극복하기 위한 기술로서 폭력을 사용하는 청소년들은 또한 약물이나 알코올과 같은 다른 사회적 문제를 보일 가능성도 더 높다고 한다. 실제로 절도에 가담하는 비행소년들이 비비행청소년들보다 인지적 결함을 보일 확률이 더 높아서 시간관념이 낮고, 효과적인 방법으로 사회적 문제를 다루거나 해결하지 못하게 한다는 것이다[141].

6) 인성과 비행

인성이란 어느 한 사람을 다른 사람들과 구별해주는 감정과 사고를 포함한 비교적 안정된 행위유형이라고 규정할 수 있다. 한 개인의 인성은 삶의 요구와 문제에 적응하는 그 사람의 특징적 방식을 반영하는 것이다. 우리들이 행동하는 방식은 우리의 인성이 우리로 하여금 살아가는 삶의 사건들을 해석하고, 적절한 행위

---

141 J. E. Lochman, "Self and peer perceptions and attributional biases of aggressive and nonaggressive boys in dyadic interactions," Journal oc Consulting and Clinical Psychology, 1987, 55:404－410; L. Greening, "Adolescents' stealers and nonstealers' social－problem solving skills," Adolescence, 1997, 32:51－56

를 선택할 수 있게 하는 방법의 작용이요 기능이라는 것이다. 그렇다면, 비행의 원인도 인성에 연계시킬 수 있을까. 인성이론의 기본은 개인의 인성을 정형화하는 일련의 기질들이 관습적 행위와 비행적 행위 모두에 중요한 함의를 가진다는 점이다. 다시 말해서, 인성이론은 비행에 분명한 함의를 가진다는 관점을 취하는 개인의 '성격, 특성'을 연구하고자 하는 것이다. 즉, 인성과 인성이 행위에 영향을 미치는 방식을 과학적으로 이해하고 연구하는 것이다. 물론 이 문제에 대한 많은 연구도 있었지만 아직도 치열한 논쟁과 쟁점으로 가득하다. 초기 연구에서 Glueck부부는 자기주장, 의심, 외향성, 모호함, 정신적 불안정성, 충동성, 적개심, 분개, 타인에 대한 관심의 결여, 자기중심주의 등과 같은 비행소년을 특징지울 수 있는 여러 가지 인성 특성들을 확인한 바 있다. 이들 부부의 연구는 비행소년들은 공격적이며 반사회적이고, 그래서 그들의 행동에는 교사에서 경찰에 이르기까지 사회통제기관의 간섭을 불러오게 할 확률을 증대시키는 특성을 가진 구별되는 인성을 가지고 있다는 견해를 대변하는 것이다[142].

(1) 인성과 반사회적 행위

Glueck부부의 연구 이후, 많은 연구자들이 비행적 일생을 살아갈 확률을 높이는 인성기질을 파악하고자 노력하였다. 그들의 공통된 주제는 비행소년들은 주의력결핍장애와 같은 주의력 시간이 짧은 과잉행동적이고 충동적이고, 행동장애, 불안장애, 그리고 우울증을 빈번하게 보이는 소년들이라는 것이다. 이러한 기질들이 그들로 하여금 정신병리에서 약물남용, 성적 난잡함, 그리고 폭력에 이르는 문제들에 쉽게 가담하도록 만든다는 것이다. 여기에다 비행위험을 증대시킬 것으로 의심을 받는 기질로 충동성, 적대성, 그리고 공격성을 포함시키고 있다. 심리학자 Hans Eysenck는 자신이 반사회적 행동과 관련시킨 두 가지 중요한 인성기질-외향성extraversion과 신경증을 확인하였다. 그에 따르면, 외향성향의 사람은 자신의 동기와 행동을 검증할 능력이 결여된 사람이며, 신경증의 사람은 불안, 긴장, 그리고 감정적 불안정성을 유발한다는 것이다. 이러한 기질을 가진 청소년들

---

142 D. A. Andrews and J. S. Woirmith, "Personality and crime: Knowledge and construction in Criminology," Justice Quarterly, 1989, 6:289−310; D. Gibbons, "Comment − Personality and crime: Non−issues, real issues, and a theory and research agenda," Justice Quarterly, 1989, 6:311−324

은 보다 생각을 많이 한 합리적 판단을 하는 청소년들과는 다르게 세상과 세상사를 해석한다는 것이다. 이런 기질의 소년들이 약물사용 등 파괴적으로 행동하는 반면에, 그렇지 않은 소년들은 그와 같은 행동이 궁극적으로 자신을 파괴하고 위협하는 것이라고 사고할 수 있다는 것이다. 특히, 외향적이고 신경증적인 사람은 직관이 부족하고, 매우 충동적이며, 다른 비행소년들에 비해 습관적 누범자가 될 위험성이 더 높다고 한다[143].

(2) 반사회적 인성: 반사회적 인성장애 – Psychopathy와 Sociopathy

정신의학과 심리학이 사람들이 왜 그렇게 행동하는지 각자의 행동방식에 대한 이해를 증진시켜왔다. 인간 성품, 인성의 발달과 역동성은 가장 성과가 큰 연구 분야로 자리매김하였고, 여기서 인성조직과 심인성 분석의 기본 단위는 인성기질이라고 할 수 있다. 인성기질이란 사람의 마음과 성격의 소인, 구별되는 특징, 그리고 성질이며, 따라서 불안, 공포, 분노, 광신, 발랄함 등과 같은 감정과 관련된 행위를 포함하고 있다. 따라서 개개인 모두가 이런 대부분의 인성기질들을 어느 정도 가지고 있기 마련이다. 이 분야에서 가장 적절한 연구가 바로 반사회적 인성장애에 초점을 맞추게 되며, 여기에도 심리적이라고 할 수 있는 Psychopath와 사회적이라고 할 수 있는 Sociopath로 구분하고 있다.

Psychopath는 사회의 주요한 가치와 규범의 일부를 내재화internalize하지 못했다는 견지에서 '인성의 결함flawed personality'을 가진 것으로 설명된다. 바로 이 완전하지 못한 또는 성공하지 못한 사회화socialization의 결과로 개인의 품행을 모니터하는 초자아super id에 흠이 생기거나 무기력해지는 것이다. 이들 반사회적 인성장애자들은 자신이 범한 범죄에 대해서 후회하거나 회개하거나 순수한 죄의식을 거의 가지지 않고 유혹에 직면할 때 내적 제재나 자기통제가 결여된 사람이다. 최근에는 Psychopath를 대신하여 Sociopath라는 용어를 쓰는 경우가 많아지는데, 이는 사회적 힘social forces이나 영향도 그러한 인성 조건의 발달에 관여된다는 것을 함축하고 있다. 일부 청소년들이 자신의 다른 사람들과의 교류를 다루는 수

---

143 D. Farrington, "Psychobiological factors in the explanation and reduction of delinquency," Today's Delinquent, 1988, 7:37－51; L. Frost, T. Moffitt, and R. McGee, "Neuropsychological correlates of psychopathology in an unselected cohort of young adolescents," Journal of Abnormal Psychology, 1989, 98:307－313;

단으로 공격성을 빈번하게 이용하는데, 이들 10대들이 반항성장애와 품행장애로 발전될 위험성이 상당하며, 높은 수준으로 비행을 저지르는 것으로 알려지고 있다. 그래서 만약 이들이 관리되지 않고 내버려진다면 이들 유형의 정신병리, 특히 냉담－무정한 기질의 증상까지 내포한다면 가장 파괴적인 인성장애로 알려지고 있고 반사회적 인성장애psychopathy로 발전될 수 있다고 한다[144].

표면상으로는 반사회성 인성장애자들은 폭력과 같은 그토록 흉악한 행동을 범할 것 같지 않아 보인다. 그러나 자세히 보면, 그들은 단지 범죄를 하고도 피할 수 있을지 알고자 범행을 하고, 이런 견지에서 젊은 피해자들이 무작위로 선택되곤 한다. 부분적으로는 그들의 우월한 지능으로 인하여 자신의 가치에 대한 지나친 믿음일종의 과대망상, 자기전념self－absorption, 피해자와 그 가족에 대한 무관심, 그리고 분명한 양심의 결여 등으로 특징되는 인성을 가진다고 한다. 이런 면에서, 반사회적 인성장애psychopathy는 대인적인, 감정적인, 그리고 행동적인 기능에 장애를 주는 인성장애이며, 심각한 반사회적 행위와 밀접하게 연계되어 있다. 이 장애는 여성보다 남성에게 더 많이 나타나고, 인종이나 사회계층 등에 의하여 차별적으로 나타나지 않고, 어디에서나 누구에게나 나타날 수 있다고 한다[145].

반사회적 인성장애를 가진 사람들의 핵심적인 특성으로는 우선 그들은 공격적이고, 자기중심적이거나 이기주의적이며, 충동적이고 위험한 행동을 할 성향이 강한 경향이 있다. 그들은 종종 빠르게는 3살 때부터 인생의 아주 초기부터 문제에 빠지기 시작하고, 폭넓은 다양한 유형의 반사회적 행위에 가담하며, 다수의 범죄를 하는 누범 범죄자라고 할 수 있다. 그러나 지금까지 설명한 이들 특성들은 사이코패스뿐만 아니라 다수의 심각하지만 반사회적 인성장애가 아닌 강력범죄자들에 대한 기술이기도 하다. 이들 사이코패스들을 다른 강력범죄자들로부터 구별해주는 다른 보다 심각한 특성이 있는데, 바로 이들 반사회적 인성장애 비행소년들은 냉담하고, 죄책감을 결여하며, 두려움이나 불안이 없거나 거의 느끼지 않는다는 점이다. 그들은 약탈적이고, 약취적이며, 기만적이고, 다른 사람들과 따뜻한 관계를 형성하지 못하는 것으로 보인다. 그들은 양심이 없고, 그들의 강력범행으로 향하는 경로에 개입하려는 소년사법이나 형사사법제도의 노력에 둔감한 것

---

144 Thompson & Bynum, op cit., p. 108
145 Regoli et al., op cit., p.129

제2부 소년비행의 이론

으로 보인다146.

Pinel이 반사회적 인성장애자의 구성을 처음 임상적으로 기술하였는데, 그는 환상과 같은 정신병적 특징이 없는 통제되지 않은 분노와 이상스러울 정도로 부도덕한 행동을 보이는 사람에 대한 진단을 기술하였던 것이다. 다시 말하자면, 이들은 극단적으로 위험해보이지만 동시에 그들의 감정과 정신건강의 통제 하에 있다는 것이다. 일찍이 일부에서는 이와 같은 장애를 '도덕적 광기moral insanity'라고도 칭하여, 이들에게서는 정신적 결함이 없이도 강력한 범죄행동이 일어날 수 있음을 다시금 주지하였다147.

반사회적 인성장애에 대한 현대적 이해는 1941년 Hervey Cleckley의 '제정신의 가면The mask of Sanity'의 출간과 함께 본격화되었다. 그는 심지어 가장 심각한 비행소년과 반사회적 인성장애자의 완전한 반사회적 차이를 기술하였다. 그에 따르면 상습적 비행소년과 우리가 반사회적 인성장애자라고 부르는 사람의 경계선은 다음과 같은 반사회적 인성장애자의 16가지 특징에서 찾을 수 있다고 하였다148.

A. 표면적 매력과 '좋은' 지능

B. 망상과 기타 비이성적 생각의 신호의 부재

C. 신경성이나 정신신경증의 부재

D. 비현실성

E. 불신과 불성실

F. 후회나 부끄럼의 부재

G. 부적절하게 동기가 부여된 반사회적 행위

H. 잘못된 판단과 경험에서 배우지 못함

I. 병리적 자기중심성과 사랑에 대한 무력함

J. 주요 감정적 반응에서의 일반적 빈곤

K. 직관의 구체적인 상실

---

146 R. Hare, "Psychopathy: A Clinical construct whose time has come," Criminal Justice & behavior, 1996, 23:25－54

147 Regoli et al., op cit., p.130

148 H. Cleckley, The Mask of Sanity, St. Louis, MO: C. V. Mosby, 1941, p. 268

L. 일반적 대인관계에 있어서의 무반응성

M. 음주 또는 때로는 음주하지 않고서도 하는 환상적 행동

N. 거의 실행되지 않은 자살

O. 비인간적, 사사로운, 거의 통합되지 않은 성생활

P. 어떠한 인생계획도 따르지 못함

(3) 반사회적 인성장애 청소년들의 특성과 행동

범죄학자들에 의하면, 반사회적 인성장애 청소년들에게는 그들을 정형화하는 어떤 일련의 기질이 있다고 한다. 그 중에서도 특히 청소년 반사회적 인성장애는 비행행위에 기여하는 한 무리의 인성특성으로 이해될 수 있다고 한다. 바로 이 인성 프로파일이 그러나 불행하게도 부정적이라는 점이다. 반사회적 인성장애 청소년들은 매우 까다롭고 종종 의심이 많으며, 기만적이며, 약탈적이고, 거만하고, 감성적이지 않고, 공격적이라고 한다. 그들은 또한 양심적이지 못하고 압박을 받지 않아서 다른 사람들의 느낌이나 감정에 대한 관심을 갖지 않고 자신의 필요와 요구를 충동적으로 만족시키려고 한다. 실제 조사결과에서도 가장 반사회적 인성 장애를 가진 어린이들은 매우 충동적이고, 매우 자기중심적으로 이기적이며, 그리고 다른 사람들에 대하여 매우 냉담하고 무감동적인 것으로 조사되었고 한다. 더구나 이런 특성들은 몇 년 뒤의 추적조사에서도 비교적 안정적으로 유지되었다고 하는데, 이는 반사회적 인성장애 기질은 생의 이른 시기에 발달하며 한 번 형성되면 전 생애과정에 걸쳐 지속된다는 것을 보여준다[149].

반사회적 인성장애의 인성기질에 대하여 분명한 것은 인성기질의 예측 타당성이 범죄에 대한 어떤 생물학적, 사회학적 상관성보다 강력하다고 한다. 냉정함이

---

149 D. Lynam, A. Caspi, T. Moffitt, A. Raine, R. Loeber, and M. Stouthamer−Loeber, "Adolescent psychopathy and the Big Five: Results from wto samples," Journal of Abnormal Psychology, 2005, 33:431−443; P. Frick, E. Kimonis, D. Dandreaux, and J. Farell, "The 4−year stability of psychopathic traits in non−referred youths," Behavioral Sciences and the Law, 2003, 21:713−736; D. Lynam, A. Caspi, T. Moffitt, R. Loeber, and M. Stouthamer−Loeber, "Longitudinal evidence that psychopathy scores in early adolescence predict adult psychopathy," Journal of Abnormal Psychology, 2007, 116:155−165

나 무감각함에 관련된 반사회적 인성장애 기질이 체포되는 횟수를 예측하는 가장 강력한 예측요소였으며, 이는 그 중요성에서 남성 성별의 중요성을 능가하고, 일탈적 교우관계와 낙후된 지역사회에 거주하는 것보다 2배 이상 강력한 예측력을 가졌다고 한다. 또한 두려움이 는 것과 관련된 반사회적 인성장애 기질은 마약거래와 불법적인 금전소득의 가장 강력한 예측요인이었고, 이는 성별, 비행교우, 그리고 지역사회요소보다 더 예측력이 강하였다고 한다[150].

(4) 반사회적 인성장애의 원인

그렇다면 왜 일부 젊은 청소년들이 이처럼 입심이 좋고, 기만적이며, 약탈적이고, 냉혹하며, 무책임하고, 충동적이며, 죄의식이 결여되고 그래서 너무나도 쉽게 다른 사람들을 희생시킬 수 있는 것일까? 그러한 그들의 병리가 선천적인가? 아니면 그들을 사이코패스로 만든 무언가가 일어났기 때문인가. 그것도 아니면 본성 Nature과 양육Nurture이 어떤 형태로건 결합된 결과인가. 지금까지 연구결과들을 증거로 보면 본성과 양육이라고 하는 생물심리학적 요소와 사회학적 요소들이 결합된 결과라고 보는 것이 가장 안전한 추론일 것이다.

일부 행동과학자들은 반사회적 행위의 병리적인과적 요인들을 탐색하는 방법으로 일차적primary 사이코패스와 이차적secondary 사이코패스를 구별하였다. 일차적 사이코패스는 동정심, 즉 공감능력과 같은 감정을 처리하고 표현하는 능력을 방해하는 뇌의 비정상성을 가진 사람이라고 보며, 그들의 반사회적 행위는 대부분 선천적인 것이라고 할 수 있다. 그러나 가장 생물학적으로 초점을 맞춘 설명마저도 반사회적 행위의 발전에 있어서 사회적 환경의 중요성을 지적하고 있다. 다시 말해서, 심지어 일차적 사이코패스도 자신의 행위를 결정하는 데 있어서 다른 사람들의 영향에 반응한다는 것이다. 이차적 사이코패스도 일차적 사이코패스와 동일한 특성을 가지지만 초기 유아기의 심각한 트라우마에 대한 적응, 순응으로 그리고 보통 부모의 거절이나 학대의 결과로 발전된다고 한다. 이렇게 이차적 사이코패스의 발전에 있어서 인생 초기 트라우마의 중요성으로 인하여 일부 범죄학자

---

150 M. Vaughn, C. Litschge, M. DeLisi, K. Beaver, and C. McMillen, "Psychopathic personality features and risks for criminal justice system involvement among emancipating foster youth," Children and Youth Service Review, 2008, 30:1101–1110

들은 이들을 구별하기 위하여 소시오패스sociopath라는 용어를 사용하기도 한다. 이 소시오패스는 사이코패스에 비해 유전지형보다 학대, 방기, 폭력과 같은 극단적으로 나쁜 환경과 더 강력한 관련이 있다고 한다[151].

상습적인 누범소년범죄자는 흔히 과거에는 '사이코패스psychopathic'또는 '소시오패스sociopathic'이라고 불렸지만 보편적으로 '반사회적 인성antisocial personality'이라고 불리는 증상의 결과로 보기도 한다. 물론 전체 남자 소년범죄자의 3% 미만이 반사회적인 것으로 분류되지만, 지속적인 상습적 누범자들의 상당수가 바로 이 기질을 공유한다는 것이다. 이들 반사회적 청소년들은 전형적으로 청소년기에 적대적 반항 장애oppositional defiant disorder로 시작한 다음 행동장애conduct disorder를 보인다고 한다. 이런 아이들이 성장해가면서 낮은 수준의 죄의식과 불안을 보이고, 지속적으로 다른 사람들의 권리를 침해한다는 것이다. 10대 후반에 접어들면서 이들은 피상적인, 가공적인 매력과 평균 이상의 지능을 보이게 되는데, 바로 이런 점들이 종종 이들이 다른 사람들과의 지속적인 관계를 형성하지 못하게 하는 인성장애의 가면을 씌우게 된다. 종종 학교 안가기, 가출, 약물남용, 거짓말, 충동성 등과 같은 일탈적 행위에 가담하게 되고, 이들 사이코패스들은 다른 사람들에 대한 공감, 동정심이 결여되곤 한다. 이들은 초기 아동기 가정생활은 좌절, 싸움, 그리고 괴로움으로 가득하다고 한다[152].

결과적으로, 전 생애에 걸쳐, 이들 반사회적 인성장애자들은 비현실적이고, 불안정하며, 많은 것을 요구하고, 자기중심적이라고 한다. 반사회적 인성장애라는 개념의 발전에 가장 많은 기여를 한 Hervey Cleckley는 이런 유형의 범법자를 "항상 문제를 일으키면서, 처벌과 경험으로부터 배우고 이익을 얻지 못하며, 어떤 집단, 사람, 또는 강령에도 진정한 충성심을 유지하지 못하는 상습적으로 반사회적인 사람이다. 그들은 종종 냉담하고 단기 쾌락적이며, 눈에 띄게 감정적으로 미성숙하고, 책임감과 판단력이 결여되고, 자기들의 행위가 마치 합리적이고, 정당화되고, 근거가 있는 것처럼 보이도록 자기들의 행위를 합리화하는 능력을 가진

---

151 Regoli et al., op cit., p.133

152 R. Blackburn, "Personality disorder and psychopathy: Conceptual and empirical integration," Psychology, Crime and Law, 2007, 13:7 – 18; L. Mealey, "The sociobiology of sociopathy: An integrated evolutionary model," Behavioral and Brain Science, 1995, 18:523 – 545; P. Johansson and M. Kerr, "Psychopathy and intelligence: A second look," Journal of Personality Disorders, 2005, 19:357 – 369

다"고 규정하였다[153].

반사회적인 것으로 고려되는 사람들은 폭력적이고, 파괴적인 행위에 가담하는 흥분감, 전율을 추구하는 사람thrill seekers이라고 할 수 있으며, 이들의 일부는 대인관계를 유지할 수 있는 능력이 없고, 책임에 대한 두려움을 보상받기 위해서 폭력적이고, 성적인 일탈적 모험에 가담하게 된다. 비행소년들은 단기적 쾌감, 외향적 생활유형, 파티, 음주, 그리고 성적 상대자가 많은 것 등을 갈망하는 감각을 추구하는 사람들sensation seekers이라고 기술되어 왔다. 이러한 반사회적 인성의 발달에 기여한 요인들은 다양하다. 감정적으로 장애가 있는 부모, 사랑의 결여, 아동기 부모의 거부, 그리고 일관적이지 못한 훈육 등이 포함되는 것으로 알려지고 있다. 그러나 다른 한편에서는 반사회적 인성이 측정할 수 있는 신체적 조건에 그 기반을 두고 있으며, 일반 대중보다 그들은 각성수준이 낮다는 견해이다. 결과적으로, 반사회적 청소년들은 그들이 편안한 수준에까지 이르기 위해서는 평균이상의 자극이 필요하다는 것이다[154].

7) 공격성 이론

학자들은 종종 각각 상대적으로 수반되는 일련의 행위들을 반영하는 서로 다른 상이한 구성요소로 공격성을 나누곤 한다. 이렇게 구분하는 저변의 가정은 공격성의 유형이 다르면 그 공격성의 원인도 서로 다를 수 있으며, 훗날 살아가면서 비행에 가담하는 이유에도 서로 다르게 관련될 수 있기 때문이다. 심리학자들이 하는 가장 중요한 구분은 반응적 공격성Reactive aggression과 사전적 공격성Proactive aggression이다. 반응적 공격성은 충동적이고, 깊이 생각하지 않았으며, 계획되지 않은 것이며, 분노에 의하거나, 어떤 인지된 촉발이나 유발provocation에 대한 반응으로서 일어나는 공격이다. 그래서 이런 유형의 공격을 우리는 피가 끓고, 감정적이며, 화나고, 방어적이며, 충동적이거나 적대적인 공격이라고 부른다. 반면에 사전적 공격성Proactive aggression은 이와는 반대로 피해자를

---

153 H. Cleckley, "Psychopathic States," in S. Aneti(ed.), American Handbook od Psychiatry, New York: Basic Books, 1959, pp. 567－569

154 L. Yablonsky, The Violent Gang, Baltimore, MD: Penguin, 1971, pp. 195－205; A. Raine, T. Lencz, K. Taylor, B. Hellige, S./ Bihrle, I. Lacasse, M. Lee, S. Ishikawa, and P. Colletti, "Corpus callosum abnormalities in psychopathic antisocial individuals," Archives in General Psychiatry, 2003, 60:1134－1142

해치는 것에 더불어 어떤 도구적 목표를 얻기 위한 사전에 조율된 수단을 수반하는 것이다. 이런 면에서 가장 극단적인 사전적 공격성으로 자신의 성적 일탈을 충족시키기 위하여 피해자를 성폭행하고 살해하는 강간살인을 들 수 있다. 이러한 사전적 공격성을 때로는 도구적 또는 냉혈적 공격이라고도 한다[155].

사전적 공격성과 반응적 공격성 두 가지 유형의 공격 중에서도 사전적 공격성이 다른 사람에 대한 공격적 폭력의 사용을 사전에 계산하고 계획하는 것이기 때문에 훨씬 더 심각한 공격성으로 간주되고 있다. 아동기에 이 사전적 공격성 점수가 높은 아이일수록 그 후에도 행동장애를 가지며, 보다 심각한 비행에 가담할 확률도 더 훨씬 높아진다고 한다. 다시 말하자면 사전적 공격성은 그 특성상 약탈적이라는 것이다. 그러나 반응적 공격성은 자신을 향한 실제 위협이나 위협의 인식에 대한 대응이나 반응, 즉 그 자체가 방어적인 것으로서의 폭력의 사용이기 때문에 '정상적'인 형태의 공격성으로 간주되고 있다. 그러나 우리가 사전적 공격성과 반응적 공격성을 고려할 때 한 가지 중요한 결점이 있다면 그것은 만약 누군가가 극단적으로 공격적이라면 그 사람은 모든 경우의 상황에서 일반적으로 늘 공격적일 것이라는 점이다. 실제 연구에서 사전적 공격성이 매우 높은 청소년은 반응적 공격성도 매우 높은 것으로 확인되기도 하였다. 즉, 사전적 공격성과 반응적 공격성의 구분이 크게 의미가 없을 수도 있다는 것이다[156].

공격성에 대한 한 가지 중요한 사실은 공격성의 형태가 사전적이건 반응적이건, 직접적이건 간접적이건 간에 공격성은 전 생애에 걸쳐 비교적 안정적, 즉 크게 변하지 않는다는 사실이다. 즉, 인종, 지역, 세대 또는 연구기법에 상관없이 연구결과는 놀랍게도 폭력성이 전 생애에 걸쳐 비교적 안정적이었다는 것이다. 심지어 공격성이 지능지수 IQ보다 더 극단적으로 안정적이었다고 한다. 더구나 폭력의 안정성이 가장 높은 사람이 가장 극단적으로 공격성이 높거나 아니면 극단적으로 낮았다고 한다. 다시 말해서, 어느 한 시점에서 가장 공격적인 사람이 다른 시점에서도 가장 공격적이고 반면에 한 시점에서 가장 덜 공격적인 사람이 다

---

155 C. Anderson and B. Bushman, "Human aggression," Annual Review of Psychology, 2002, 53:27－51; F. Vitaro, M. Brendgen, and E. barker, "Subtypes of aggressive behavior: A developmental perspective," International Journal of Behavioral Development, 2006, 30:12－19

156 Regoli et al., op cit., p. 124

제2부 소년비행의 이론

른 시점에서도 가장 공격적이지 않았다는 것이다. 결국, 사람의 공격성은 변할 가능성이 매우 낮다는 것이다. 이런 점에서 폭력범죄자의 개선이 매우 어려우며, 아동과 청소년에게 있어서 공격적 행위의 전력이 장래 비행의 가장 좋은 예측요인이 될 수 있음을 알 수 있다. 이처럼 공격성이 변하지 않고 안정적인 이유는 자기규제행위들과 관련된 인성의 다른 측면들과 엮여있기 때문이라고 한다[157].

8) 반항성장애(Oppositional Defiant Disorder)

반항성장애는 가) 종종 평정심을 잃는다, 나) 종종 어른들과 논쟁을 한다, 다) 어른들의 요구나 규칙을 따르기를 적극적으로 거부하거나 거역한다, 라) 종종 의도적으로 사람들을 무시한다, 마) 자신의 실수나 비행에 대하여 다른 사람들을 비난한다, 바) 종종 다른 사람들이 쉽게 건드리거나 무시한다, 사) 종종 화가 나고 분개한다, 아) 악의나 원한을 품는다 등의 특성 중에서 4개 이상을 가지고 부정적이고 적대적이며 반항적인 행위 유형을 6개월 이상 지속하는 것이다. 이 반항성장애가 아동기 다른 비행들과 구별되기 위해서는 이런 범주의 행태가 유사한 연령이나 발달단계의 개인에게서 전형적으로 관찰되는 것보다 더 빈번하게 발생해야만 한다. 이 반항성장애와 관련된 행위들이 임상적으로 사회적, 학업적, 그리고 직업적 기능에 심각한 장애를 초래한다는 것이다. 이 장애를 가진 아이들은 정신병자는 아니고, 기분장애mood disorder의 고통을 받지도 않는다고 한다[158].

반항성장애는 품행장애에 대한 전조로 가장 잘 알려지고 있다. 품행장애로 진단된 거의 모든 아이들은 이 반항성장애도 역시 가지고 있기 때문이다. 그러나 반항성장애와 품행장애가 반드시 쌍방향적인 것은 아니어서, 품행장애가 있다고 반드시 반항성장애가 있는 것은 아니지만 반항성장애가 있는 아이는 거의 다 품행장애도 있다고 할 수 있는 것이다. 그리고 반항성장애와 품행장애를 동시에 가

---

157 D. Olweus, "Stability of aggressive reaction patterns in males: A Review," Psychological Bulletin, 1979, 86:852–875; R. Loeber and D. hay, "Key issues in the development of aggression and violence from childhood to early adulthood," Annual Review of Psychology, 1997, 48:371–410; T. Ross and M. I. Fontao, "The relationship of self–regulation and aggression; An Empirical test of personality systems interaction theory," International Journal of Offender Therapy and Comparative Criminology, 2008, 52:554–570

158 Regoli et al., op cit., p. 126

진 아이들이 보다 심각한 장애의 증상을 보이며, 더 많은 추가적인 정신의학적 장애를 가지고, 여러 가지 기능성이 낮으며, 더 많은 비정상적인 행위를 보인다고 한다. 종합하면, 보다 심각한 반항성장애를 가진 아이일수록 청소년기에 품행장애를 가질 확률도 그만큼 더 높다고 할 수 있다[159].

9) 품행장애(Conduct Disorder)

품행장애는 다른 사람의 기본적 권리나 나이에 어울리는 사회적 규범이나 규칙이 침해되는 반복적이고 지속적인 행위유형이라고 할 수 있다. 아이들이나 청소년이 품행장애로 진단되기 위해서는 지난 12개월 내에 다음의 범주에 해당되는 행위 3개 이상을 적어도 한 가지 범주가 최소한 6개월 이상 지속되어야 한다[160].

가) **사람과 동물을 향한 공격성**: 자주 사람들을 괴롭히고 위협하고 협박한다
　　자주 신체적 싸움을 건다
　　다른 사람에게 심각한 부상을 초래할 수 있는 흉기사용
　　사람들에게 신체적으로 잔인함
　　동물들에게 신체적으로 잔인함
　　강도 등 피해자와 직면하는 동안 절도
　　누군가에게 성적활동을 강요
나) **재물의 파괴**: 심각한 손상을 초래할 의도로 의도적으로 방화 가담
　　화제 외 다른 방법으로 다른 사람의 재물을 의도적으로 파괴

---

159 P. Frick, B. Lahey, R. Loeber, L. Tannenbaum, Y. Van Horn, M. Christ, E. Hart, and K. Hanson, "Oppositional Defiant Disorder and Conduct Disorder: A Meta－Analytic Review of Factor Analysis and Cross－Validation in a Clinic Sample," Clinical Psychologyu Review, 1993, 13:319－340; B. Lahey, R. Loeber, H. Quay, P. Frick, and J. Grimm, "Oppositional Defiant Disorder and Conduct Disorder: Issues to be resolved for DSM－IV," Journal of the American Academy of Child and Adolescent Psychiatry, 1992, 31:539－546; J. Biederman, S. Faraone, S. Milberger, J. Jetton, L. Chen, E. Mick, R. Greene, and R. Russell, "Is childhood oppositional defiant disorder a precursor to adolescent conduct disorder? Findings from a Four－Year Follow－Up Study of children with ADHD," Journal of the American Academy of Child and Adolescent Psychiatry, 1996, 35:1193－1204

160 Regoli et al., op cit., p. 128

다) **속이거나 도둑질**: 다른 사람의 집, 사무실, 자동차에 무단침입

의무를 피하기 위해서 또는 호의나 물품을 얻기 위해 자주 거짓말

좀도둑 등 피해자와 대면하지 않고 값나가는 물건 자주 훔침

라) **규율의 심각한 위반**: 13세 이전부터 부모님의 불허에도 불구하고 야간 미귀가

부모와 살면서 최소한 2회 이상 야간 가출

13세 이전부터 빈번한 학교 무단결석

마) **사회적·학업적·직업적 기능상 심각한 장애를 초래하는 행동장애**

품행장애를 가진 아이들은 부모, 교사, 그리고 타인에게 일련의 다양한 문제를 야기하는데, 그것은 품행장애를 가진 아이들의 공격적이고 반사회적인 행동으로 인하여 여러 가지 문제를 일으키고 학교에서도 징계를 받거나 퇴학을 당하기도 쉽기 때문이다. 품행장애를 가진 아이들의 한 가지 주요문제는 그들이 자신의 감정을 다루고 규제하는 데 어려움을 겪는다는 점이다. 그들은 감정적 상황은 물론이고 보통의 사회적 상호작용 과정에서조차 쉽게 공격적으로 된다는 것이다. 그들은 일종의 적대적 속성 편견hostile attribution bias이라고 하는 것으로 다른 사람들이 자기편이 아니라는 비교적 확고한 믿음을 가지고 있고 따라서 그에 맞게 다른 사람들에게 부정적으로 대응한다는 것이다. 또한 이들은 자기들이 보이는 적대적이고 엉뚱한 행동으로 관습적인 동료들이 피하게 되고, 이런 사회적 소외와 자신의 반사회적 행동이 자신에게 문제를 초래한다는 인식이 품행장애가 있는 아이들에게 약물남용의 문제를 갖게 하는데도 기여하게 된다[161].

사실 품행장애의 더 큰 문제는 다른 사람들과의 공감능력의 결함을 암시하는 특성인 냉담하고 무정한 기질Callous-unemotional trait이라고 할 수 있다. 이 냉담

---

161 R. Loeber, J. Burke, B. Lahey, A. Winters, and M. Zera, "Oppositional Defiant and Conduct Disorder: A Review of the past 10 years, Part I," Jurnal of the American Academy of Child and Adolescent Psychiatry, 2000, 39:1468-1482; P. Frick and C. Dickens, "Current perspectives on Conduct Disorder," Current Psychiatry report, 2006, 8:59-72; P. Frick and A. S. Morris, "Temperament and developmental pathways to conduct problems," Journal of Clinical Child and Adolescent psychology, 2004, 33:54-68; C. Sharp, N. Perterson, and I. Goodyear, "Emotional reactivity and the emergence of condcuct problems and emotional symptoms in 7-to-11-tear olds: A 1-year follow-up study," Journal of the American Academy of Child and Adolescent Psychiatry, 2008, 47:565-573; A. Putnins, "Substance abuse among young offenders: Thrills, bad feelings, or bad behavior?" Substance Use & Misuse, 2006, 41:415-422

-무정한 기질을 가진 아이들이나 청소년들은 일반적으로 자신의 감정이나 느낌을 보이지 않으며, 누군가가 기분이 나쁘거나 다치더라도 도움을 주지 않으며, 자신이 옳지 못한 무언가를 하더라도 죄의식이나 잘못을 느끼지 않으며, 친구가 아예 없거나 있어도 몇 안 되고, 다른 사람의 느낌을 고려하지 않고, 어린 아이들에게 친절하지 않으며, 학교에서 학업수행에 관심이 없다고 한다. 간단하게 말해서 그들은 무정하고 감정적으로 차가운 사람들이라고 할 수 있다. 그런데 그들의 이 냉담-무정한 기질이 품행장애와 다른 행동문제에 밀접하게 관련이 된다는 것이다. 이러한 기질과 반사회적 행위가 함께 일어난다면 그 원인은 일반적으로 유전이 그 근원이라고 한다[162].

10) 지능과 비행

심리학자들은 오랫동안 지능의 발달과 지능수준이 결과적으로 그 사람의 행위에는 어떤 관계가 있는지 관심을 가져 왔다. 그들의 보편적 주장은 지능지수IQ가 낮은 아이들이 불균형적으로 지나치게 많은 양의 비행에 책임이 있다는 것이다. 심리학자들뿐만 아니라 초기 범죄학자들도 낮은 지능이 곧 비행의 원인이라고 확신하였다. 그들은 만약에 어떤 아이가 지능이 낮은지 판단하고 결정할 수 있다면, 사회적으로 해악적인 행동을 범하기 전에 미리 잠재적인 비행소년들을 파악할 수 있을 것이라고 생각하였던 것이다. 실제로 사회과학자들이 소년원이나 교도소와 같은 시설에 수용된 청소년들을 대상으로 지능과 범죄의 관계를 시험함으로 지능과 범죄가 상관관계가 있는 것으로 보이기 시작하였다. 비행청소년들이 지능이 선천적으로 낮았고, 통상적으로 보다 지능이 높은 청소년에 비해 더 많은 범행을 저지르는 것으로 인식되었다.

저지능과 비행이 상관성이 있다는 그들의 주장은 다음과 같은 가정을 전제로 하고 있다. 우선, 지능이 결여되거나 부족한 사람은 자신의 행동을 통제할 수 없

---

162 E. Viding, J. Blair, T. Moffitt, and R. Plomin, "Evidence for substantial genetic risk for psychopathy in 7-year olds," Journal of Child Psychology and Psychiatry, 2005, 46:592-597; E. Viding, P. Frick, and R. Plomin, " Aetiology of the relationship between Callous-Unemotional Traits and conduct problems in children," British Journal of Psychiatry, 2007, 190:33-38; E. Viding and E. McCrory, "Why should we care about measuring Callous-Unemotional Traits in children?" British Journal of Psychiatry, 2012,, 200:177-178

다는 것이다. 그들은 옳고 그름을 판단할 수 있는 능력이 없으며, 자신의 충동을 지배할 능력을 갖지도 못했기 때문이라는 것이다. 그리고 제한된 지능만 가진 사람들은 합법적인 수단을 통하여 자신의 욕구를 충족시키기 위하여 직장에서 경쟁할 수 없으며, 그래서 자신의 자존감을 유지하고 재정적 생존을 도모하기 위해서는 법을 어길 수밖에 없다는 것이다. 합법적인 기회는 그들의 능력 밖이고, 따라서 자본주의 사회에서 경쟁하고 살아남기 위해서는 범죄에 눈을 돌릴 수밖에 없다는 것이다. 또한 지능이 낮은 사람들은 정상적인 능력을 가진 사람들에 비해 형사사법 절차와 규율을 잘 협상할 수 없으며, 따라서 훨씬 더 높은 비율로 구금되고 만다는 것이다[163].

그러나 여기서 문제는 과연 둘의 관계가 있는지, 그리고 관계가 있다면 상관관계인지 아니면 인과관계인지, 인과관계라면 지능과 범죄 어떤 것이 원인변수이고 결과변수인지 등이 설명되어야 한다. 물론 이보다 먼저 논의되어야 할 것이 있는데, 그건 바로 지능이라는 것이 과연 선천적인 것인가 아니면 후천적으로 길러지는 것인가, 즉 본성Nature이냐 양육Nurture이냐의 논쟁이다.

(1) 본성이론과 양육이론

본성이론은 말 그대로 사람의 지능은 유전적으로 결정되며 따라서 선천적으로 타고나는 것이라는 주장이다. 20세기 초, 교도소와 소년원의 수형자들에게 새롭게 개발된 지능지수IQ를 검사하였더니 수형자의 상당수가 지능검사 점수가 매우 낮았다고 한다. Henry Goddard는 1920년대 이미 이런 조사결과들을 가지고 다수의 시설수용자들이 그가 말하는 소위 "저능아 또는 정신박약아feebleminded"였으며, 따라서 그는 모든 비행소년 중에서 적어도 절반 정도는 정신적 결함이 있는 소년들이라고 결론을 내렸다. 1926년 William Healy와 Augusta Bronner도 시카고와 보스턴에서 한 집단의 비행소년들을 검사한 결과 그들의 지능이 정상 이하였으며, 비행소년들이 비비행소년들보다 정신적으로 결함이 있을 가능성이 5배에서 10배에 이를 정도였다고 결론을 내린 바 있다. 이러한 연구결과들이 낮은 지능지수가 곧 잠재적으로 비행아동을 가르키는 것이며, 선천적으로 타고난 낮은 지

---

[163] H. H. Goddard, Feeblemindness: Its Causes and Consequences, New York: Macmillan, 1914, Fuller, op cit., p. 123에서 재인용

능과 비행행위 사이에는 상관관계가 존재한다는 증거로 받아들여졌다. 그런데 그때까지는 IQ검사가 개인의 타고난 유전적 구성을 측정하는 것으로 믿어졌으며, 많은 범죄학자들이 비행을 향한 표준이하의 사람들의 사전성향으로 받아들였던 것이다[164].

(2) 양육이론

1930년대 들어 인간행동에 대한 문화적으로 민감한 설명들의 발달은 지능에 대한 양육이론Nurture theory으로 이어졌다. 이러한 사고에는 지능이 부분적으로는 생물학적이지만 주로 사회학적인 것이라는 믿음에서 시작된다. 양육이론은 지능은 유전되지 않으며, 따라서 지능지수가 낮은 부모라고 필연적으로 지능지수가 낮은 자녀를 낳지는 않는다고 주장한다. 이들의 주장은 당연히 사람들이 지능이 낮아서 범행을 한다는 주장을 믿지 않는다. 그 대신 이들은 부모, 친척, 학교, 친구, 그리고 수많은 다른 요소들이 주는 환경적 자극에 따라 아이들의 지능수준이 결정되며, 낮은 IQ 점수는 비행과 범죄행위도 조장하고 부추기는 환경 때문에 초래되는 것이라고 믿는다. 따라서 교육환경이 좋아지면 지능지수도 높아지고 반대로 비행은 감소하게 된다는 것이다. 양육이론은 일찍이 1920년대부터 비행소년들은 그들의 지능이 낮기 때문에 거의 자동적으로 비행을 범하게 된다는 주장에 반기를 들기 시작하였다. 실제로 뉴욕의 수용시설에서 이루어진 초기의 한 연구에 따르면, 비행소년의 80% 정도가 추상적 언어지능abstract verbal intelligence은 일반대중에 비해 낮았으나 기계를 만지는 소질이나 비언어적 지능에서는 거의 정상적인 수준이었다는 것이다. 구체적으로 체포된 횟수, IQ, 그리고 범행의 유형 사이에는 아무런 관계가 없었다고 한다[165].

---

[164] H. Goddard, Efficiency and Levels of Intelligence, Princeton, NJ: Princeton University Press, 1920; W. Healy and A. Bronner, Delinquency and Criminals: Their Making and Unmaking, New York; Macmillan, 1926, Siegel & Welsh, op cit., p. 113에서 재인용

[165] J. L. Rogers, H. H. Cleveland, E. van den Oord, and D. Rowe, "Resolving the debate over birth order, family size, and intelligence," American Psychologist, 2000, 55:599−612; J. Slawson, The Delinquent Boys, Boston: Budget Press, 1926, Siegel & Welsh, op cit., p. 115에서 재인용

(3) IQ와 비행 관계의 현주소

Hirschi와 Hindelang은 IQ와 비행의 관계에 대한 관심을 다시 가지고 IQ와 비행의 자료들을 면밀하게 통계적으로 분석한 결과, IQ검사가 지능에 대한 타당한 예측인자이며, IQ가 비행을 예측하는 데 있어서 인종이나 사회계층보다 더 중요한 변수라는 증거에 더 무게를 실어야 한다고 결론을 내렸다. 물론 낮은 IQ가 비행확률을 증대시키지만 그것은 단지 낮은 지능이 학업에 미치는 영향 때문이라는 것이다. 즉, IQ가 낮은 아이들이 학교성적이 좋지 않고, 학교에서의 실패와 학업 수행능력의 결여가 비행에 강력하게 관련되기 때문이라는 것이다. 결국, 비행과 IQ가 관계는 있지만 직접적인 원인이라기보다는 간접적인 영향에 지나지 않는다는 것이다. 1980년대 중후반, Harvard의 James O. Wilson과 Richard Hernstein은 그들의 저서 "범죄와 인간본성Crime and Human Nature"에서 평균적으로 비범죄자들에 비해 덜 현명하고 상이한 일련의 지적 강점과 약점을 가지고 있어서 범죄성과 낮은 지능 사이에는 분명하고 일관된 연계성이 있다고 주장하였다. 이들 미시적 연구뿐 아니라 거시적 연구에서도 비행과 IQ의 관계는 발견되고 있으며, 주민들의 IQ가 낮은 군이나 주에서 IQ가 높은 군이나 주에 비해 범죄율이 더 높았다는 것이다. 이처럼 낮은 지능이 비행의 시작에 직접적인 원인으로 작용한다고 주장하는 측에서는 비행과 IQ의 주된 연계는 추상적 개념을 해석하는 능력이며, 낮은 지능의 아이들은 자기들의 범행의 결과를 미리 예측하지 못하고 피해자의 감정을 헤아리지 못하기 때문이고, 따라서 제한된 지능을 가진 아이들이 사건과 몸짓을 오해하고, 바보스럽게 행동하고, 위험을 감수하고, 해로운 행위에 가담하기 더 쉽다고 주장한다[166].

종합하자면, 정확하게 지능이 어떻게 비행에 영향을 미치는지는 그리 간단하지 않지만, 보편적으로 다음의 다섯 가지 경우로 설명을 한다. 첫째, 지능은 비행에 영향을 미치지 않지만 아마도 지능과 비행 둘 다 사회적 계층과 같은 제 3의 변수

---

[166] T. Hirschi and M. Hindelang, "Intelligence and delinquency: A revisionist review," American Sociological Review, 1977, 42: 471 – 586; J. Wilson and R. Hernstein, Crime and Human nature, p.148; K. Beaver and J. P. Wright, "Association between country – level IQ and country – level crime rates," Intelligence, 2011, 39:22 – 26; J. Bartels, J. Ryan, L. Urban, and L. Glass, "Correlates between estimates of State IQ and FBI Crime Statistics," Personality and Individual Differences, 2010, 48:579 – 583

에 영향을 받기 때문이라는 것이다. 그러나 실제 연구에서는 동일한 사회계층 내에서도 지능이 낮은 아이들의 비행률이 더 높았다고 한다. 두 번째 설명은 범죄자들이 출산 합병증, 환경오염, 그리고 머리부상 등으로 인한 뇌의 역기능으로 지능이 낮아지고 이어서 비행으로까지 이어진다는 것이다. 뇌손상은 낮은 자아존중감이나 학교문제 등 일련의 끝임없는 문제를 유발하는 인지결함을 초래하고, 이로인하여 비행으로 이어진다는 것이다. 세 번째는 비행과 지능의 관계가 인지적 공감능력과 도덕적 사고에 의해서 더 심화된다는 것이다. 연구에 의하면, 인지적 공감능력이 약한 사람은 그렇지 않은 사람에 비해 범법자가 될 가능성이 더 높았다고 한다. 그러나 흥미롭게도, 인지적 공감능력과 비행의 관계는 지능이 고려되자사라졌다고 한다. 이는 아마 비행과 타인과 공감하는 능력 둘 다 지능에 의해 통제된다는 것을 보여주고 있음을 알 수 있다[167].

네 번째 설명은 지능이 학교관련 변수를 통하여 전이되는 간접적인 영향을 비행에 미칠 수 있다는 것이다. 지능검사에서 좋은 점수를 얻은 학생일수록 학교성적도 좋았다고 한다. 지능지수가 낮은 아이가 학교성적도 좋지 않고, 학업성적이낮은 아이가 학교를 싫어하고 공부에 대한 열망도 낮으며, 이런 학생들은 학교당국이나 교사도 싫어하게 되어 일부가 비행으로 이어진다는 것이다. 결국, 지능이비행을 직접 예측할 수는 없지만, 비행과 직접적으로 관련이 있는 낮은 학업성취도, 비행교우관계, 그리고 낮은 자기통제는 예측할 수 있었다는 것이다. 끝으로, IQ검사에 의한 지능지수는 부분적으로 유전적인 것이라는 점이다. 이들은 지능의70%는 유전적인 영향이고, 나머지 30%는 환경적인 영향이라고 한다[168].

---

167 J. Guay, M. Ouimet, and J. Proulx, "On intelligence and crime: A comparison of incarcerated sex offenders and serious non−sexual violent criminals," International Journal of Law and Psychiatry, 2005, 28:405−417; A. Raine, P. Brennan, and S. Mednick, "Birth complications combined with early maternal rejection at age 1 year predispose to violent crime at age 18 years," Archives of General Psychiatry, 1994, 51:984−988; D. Jolliffe and D. Farrington, "Empathy and offending: A systematic review and Meta−Analysis," Aggression and Violent Behavior, 2004, 9:441−476

168 J. Mc Goin and T. Pratt, "Cognitive ability and delinquent behavior among Inner−city youth: A life−course analysis of main, mediating, and interaction effects," International Journal of Offender Therapy and Comparative Criminology, 2003, 47:253−272; J. McGoin, T. Pratt, and J. Maahs, "Rethinking the IQ−Delinquency relationship: A Longitudinal analysis of multiple theoretical models," Justice Quarterly, 2004, 21:603−645

이처럼 저지능, 특히 낮은 언어적 지능이 어떻게 비행에 영향을 미치는가를 설명하기 위하여 주로 세 가지 이론을 활용할 수 있다. 먼저, 긴장이론Strain theory에서는 낮은 지능이 긴장의 증대를 초래하고, 그것은 곧 교육적 성공을 이루기 어렵게 만들고 동시에 교사, 친구, 그리고 다른 사람들과의 부정적 관계의 가능성을 높이기 때문일 것으로 설명한다. 또한 낮은 지능은 문제해결능력과도 관련이 있어서 언어능력 점수가 낮은 사람은 합법적인 채널을 통해서 긴장을 극복할 수 있는 능력이 부족하기 때문이기도 하다고 설명한다. 한편 사회학습이론social learning theory은 언어적 지능이 낮으면 학업과 같은 관습적인 행위에 대한 재강화 가능성을 낮추고, 그로 인하여 범죄가 더욱 매력적인 것으로 만들기 때문이라고 설명한다. 통제이론control theory에서는 지능지수가 낮으면 학업성취도가 낮아지고 학교에 대한 태도도 부정적이게 되어 동조성에 대한 가치를 약화시키기 때문이라고 한다. 또한 지능이 낮으면 범행의 결과를 예견하고 자기-통제력을 행사할 능력이 낮아지게 되어 범행으로까지 이어지게 된다고 설명한다[169].

11) 심리학적 이론과 비행예방

심리역동적 이론에 따르면, 만약 아이들의 본능적 충동이 통제되지 않는다면 비행으로 자신을 표출하는 내적 갈등을 경험하게 된다는 것이다. 이러한 견지에서 보면 비행은 마음 속 깊이 자리한 심리학적 문제이고, 범법자들은 자신의 정신적 장애의 원인을 이해하는데 요구되는 상담을 필요로 하는 것이다. 소년사법에 있어서 이러한 심리역동적 이론은 1950년대 집단상담, 집단요법, 그리고 기타 교정기법이 활용될 때 그 정점에 이르렀으며, 이는 다시 오늘날 위험한 청소년이라고 이름이 붙여지는 '비행 전 청소년predelinquent'들을 그들이 비행을 범하기 전에 미리 파악할 수 있다는 생각을 갖게 하였다. 따라서 예방 프로그램은 뭔가가 필요한 아이들을 위하여 개발되었던 것이다.

이와는 반대로 행동이론들은 비행을 아이들과 그들의 환경의 상호작용에 기인한 것으로 인식하여 아이들에게 삶의 새로운 방식을 가르치는 것을 강조하였다. 이러한 행동이론을 적용한 가장 유명한 프로그램이 바로 행동수정요법behavior modification therapy이며, 이는 조건화conditioning를 통하여 사람의 행동을 수정하는

---

169 Agnew & Brezina, op cit., p. 239

방식이고, 20세기 후반 음주, 흡연, 약물, 과식 등의 부적응적 행동을 치료하는데 많이 활용되었다. 다른 한편에서는 청소년비행을 인성과 행동장애 등의 견지에서 바라보아 다수의 프로그램들이 부모들에게 아이들의 문제행동을 관리하고 줄이기 위한 가장 효과적인 방법을 가르치는 부모훈련을 강조하였다[170].

5. 개인단위이론의 비판

생물학적, 정신의학적, 그리고 심리학적 이론들이 우리가 다수의 행동장애와 비행을 이해하고 처우하는 데 많은 도움을 주었지만, 다른 이론들과 마찬가지로 문제가 없지는 않다. 우선, 이들 이론이 제시하는 이론적 가정과 개념에 대한 비판이 적지 않다. 이런 비판은 당연히 대부분 인간행동은 상대적으로 문화적이라는 견해를 가진 사람들로부터 나오는데, 이들은 생물학적 소인 가설을 정당화하려면 언제, 어디서나 불가피하게 범죄적일 수밖에 없는 특정행동을 범하도록 태어난 사람이 있다는 것에 동의가 필요하다고 주장한다. 그러나 지구적, 국제적 범주의 규범도 존재하지만 모든 사회와 문화에 공히 존재하는 분명하고 확실한 규율이나 규범은 없으며, 따라서 특정 유형의 범죄적 행위는 불가피하게 문화-특수적culture-specific이고 시간-제한적time-bound이어야 한다는 것이다[171].

개인단위의 연구와 이론에 대한 가장 빈번하고 심각한 비판은 바로 그들의 연구방법이 매우 약하고 타당하지 않다는 점이다. 우선 이들 연구의 대부분이 이미 시설에 수용되거나 기소된 범법자들을 대상으로 하였기 때문에 종종 그들의 연구 결과가 비행집단을 대표하는 것인지 아니면 단순히 소년사법제도에 의하여 체포되고 기소될 확률이 가장 높은 청소년들을 대표하는 것인지 결정하기가 어렵게 된다. 또 다른 일부 비평가들은 개인단위의 연구가 사회적, 정치적으로 정상적일 수 있다고 하는데, 예를 들어 가난한 청소년의 평균이상이 청소년범죄자가 되었다고 가정할 때, 풍요롭지 못한 청소년들이 충동적이고, 탐욕적이고, 지능이 낮으며, 또는 일반적으로 열등하다고 가정될 수 있는가? 그러나 다수의 사회과학자들

170 R. McMahon, "Diagnosis, assessment, and treatment of Externalizing problems in children : The Role of longitudinal data," Journal of Counseling and Clinical Psychology, 1994, 323:901-917

171 Thompson & Bynum, op cit., p. 114

에게는 인종, 성별, 계층편견 등의 견지에서 보아 결코 받아들여지기 어려운 결론이다[172].

비평가들은 또한 개인단위의 이론이 알려진 유형의 범죄를 다 설명하지 못하기 때문에 일종의 비행행위에 대한 일반화된 설명으로서는 제한적이라고 지적한다. 사실 청소년비행의 추세란 사회계층, 계절성, 인구밀도, 그리고 성역할과 같이 개인적 요인보다 사회적－생태학적 요소들과 연계된 유형을 반영하는 성향이 더 강하다고 할 수 있다. 비행의 시작과 유지에 영향을 미치는 것으로 보이는 사회적 영향 요인들은 개인에게 초점을 맞추는 비행설명으로는 설명될 수 없는 것이다. 개인적 기질이 도시와 도시 사이, 지역과 지역 사이의 범죄율이 다양한 사실을 어떻게 설명할 수 있겠는가 의문이라는 것이다.

이러한 비판에 개인단위이론가들도 주장을 굽히지 않고 항변한다. 일탈행위 설명에 대한 기회－심리학적, 정신의학적, 그리고 생물사회적 접근의 합법화가 장차 중요하고 생산적인 패러다임의 이동임이 증명될 것이라고 주장한다. 이들은 개인단위설명에 대한 비판가들이 자신들의 연구가 환경과 사회뿐만 아니라 정신과 신체적 요소까지 동등한 무게를 두었다는 사실을 종종 간과한다고 주장한다. 그들의 주장에 따르면, 비행률의 차이는 발달의 문제를 보상하거나 바로잡는데 필요한 보살핌과 처우를 받거나 범죄를 저지르기 위한 기회에 대한 차별적인 접근의 결과라는 것이다. 또한, 개인단위이론가들은 청소년들이 다 다르기 때문에 당연히 반사회적 행동을 할 잠재성도 다르다고 믿는다[173].

6. 기질이론과 비행예방

개인단위의 이론들이 대부분 생물유전학적, 심리학적 기반에서 시작하기 때문에 그 예방 또한 심리학적이고 생물사회적인 이론에 그 기반을 두고 있다. 우선 이들은 모두가 아이들의 가정생활을 비행설명에 있어서 핵심요소로 지적하고 있

---

172 G. Walters and T. White, "Heredity and crime: Bad genes or bad research," Justice Quarterly, 1989, 27:455－485;

173 J. Cochran, P. Wood, and B. Ameklev, "Is the religiosity－delinquency relationship spurious? A test of arousal and Social Control Theory," Journal of Research in Crime and Delinquency, 1994, 31:92－113; L. Ellis, "Genetics and criminal behavior," Criminology, 1982, 10_43－66

어서 모든 예방노력은 청소년의 가정생활과 개인적 관계를 강화하는데 쏟아야 한가는 것이다. 만약에 부모가 아이들에게 필요한 사랑, 양육, 보살핌, 영양 등을 제대로 제공하지 못하면 그 아이는 적정하게 발달하지 못할 것이라고 한다. 이론의 기초가 심리학적이건 생물사회적이건, 아니면 양자의 결합이건 간에, 비행예방은 아이들의 발달초기단계에 닿을 수 있어야 하는 것이다.

제2장

사회과정이론

제1절

사회학습이론(Social Learning Theory)

청소년들은 다른 사람들로부터 비행에 가담하는 것을 학습한다는 것이다. 인간의 모든 행동은 학습의 결과이고 비행 또한 예외는 아니어서 학습의 결과라는 것이다. 이들 중요한 사람들이 청소년들에게 비행을 재강화시키고, 비행에 호의적인 신념을 가르치며, 청소년들을 비행적 모형에 노출시킨다는 것이다. 그 결과, 청소년들이 비행이 특정한 상황에서는 바람직한 것이거나 최소한 정당화될 수 있는 무언가로 간주하게 된다는 것이다. 사회학습이론의 기본은 Akers의 이론이며 그의 이론은 한편 Sutherland의 차별적 접촉이론differential association theory을 정교화하고 재구성한 것이라고 할 수 있다.

Sutherland는 범죄행동의 발달에 있어서 정신적 결함이나 유전적 영향과 반대되는 사회화socialization의 역할을 강조하였다. 특히, 그는 범죄행동은 다른 사람들과의 상호작용과 의사소통을 통하여 학습되는 것이라고 주장하였다. 더 나아가 그는 범법자들은 범행의 기술뿐만 아니라 범죄성criminality을 조장하는 합리성과 태도도 학습한다고 주장하였다. 그러나 그는 어떻게 그러한 것들이 학습되는지는 정확하게 구체화하지는 않았다. 그런데, 행동심리학의 발전에 힘입어, Burgess와 Akers는 개인이 범죄와 비행행동을 학습하는 구체적인 기제mechanism를 확인함으로써 Sutherland의 차별적 접촉이론을 더욱 정교하게 발전, 확장하였다. 예를 들자면, 청소년들은 보상을 받는 행동은 반복하지만 처벌되는 행동은 회피하는 경향이 있다고 주장하여 일종의 '조작적 조건화operant conditioning'라는 학습 기제 learning mechanism를 인용하였던 것이다[1].

한마디로 사회학습이론에 따르면, 청소년들은 다른 사람들에게의 노출이나 다른 사람들과의 접촉을 통하여 동조적인 행동을 학습하는 것과 동일한 방법으로 비행에 가담하는 것도 학습한다는 것이다. 가족이나 친구들과 같은 일차적이고 친근한 집단primary group이 청소년들의 학습에 특별히 큰 영향을 미치지만 기타 주변 사람들로부터도 배우며, 또한 청소년들이 반드시 직접적인 접촉을 통해서만 배우는 것이 아니라 언론이나 인터넷 등을 통한 간접적인 접촉으로도 학습할 수 있다는 것이다. 그런데 청소년들이 비행을 학습하거나 아니면 동조행위를 학습하거나 그것은 일차적으로 그들이 접촉하는 집단의 특성에 달렸다고 한다. 즉, 비행에 호의적인 신념을 가지고 비행에 가담하는 사람들과 접촉하는 청소년일수록 비행을 학습할 가능성이 더 높다는 것이다. 물론 단순히 비행친구와의 접촉이 비행가담 확률을 높인다는 사실만으로 학습이론이나 차별적 접촉이론이 반드시 옳다는 것은 아니다. 예를 들어, 비행교우와의 접촉이 비행가능성을 높일 수 있지만 학습이 아니라 긴장이 그 원인일 수도 있다는 것이다. 따라서 학습이론이 옳다는 것을 입증하기 위해서는 청소년들이 비행교우로부터 비행에 가담하는 것을 배운다는 것을 보여주어야만 하는 것이다. 대부분의 학습이론은 청소년들이 자신이 접촉하는 다른 사람들이 비행행동을 차별적으로 재강화할 때; 비행에 호의적인 신념을 가르칠 때, 그리고 모방할 모형을 제공할 때 비행을 학습한다고 비행을 학습하는 구체적인 기제를 기술하고 있다[2].

---

1 Agnew & Brezina, op cit., p. 129
2 M. Colvin, Crime and Coercion, New York: St. martin's Press, 2000, pp. 72−81

제2부 소년비행의 이론

1. 차별적 재강화(Differential Reinforcement)

　사람들은 보상받는 행동은 재강화하고 반면에 처벌되는 행동은 피하기 마련이다. 그래서 우리는 다른 사람들이 과거에 비행을 재강화하였고, 앞으로도 비행을 재강화하리라고 예견할 때 비행에 가담하는 것을 학습하게 된다는 것이다. 즉, 우리는 보상되고 그래서 재강화되는 행동을 학습하기 마련인데, 비행이 보상받고 그래서 재강화될 때 비행에 가담하는 것도 배우게 된다는 것이다. 그러나 재강화라는 것이 전부 아니면 전무all-or-nothing의 문제는 아니라고 한다. 특히, 재강화가 행해지는 빈도frequency, 기대되거나 주어지는 재강화의 정도amount, 그리고 재강화의 상대적 가능성relative probability of reinforcement에 따라 좌우되기 때문이다. 즉, 비행은 빈번하게 보상되고 거의 처벌되지 않고빈도, 많은 양의 돈이나 사회적 인정이나 쾌락과 같은 보상이 그 양과 질적인 면에 크고 많은 반면에 처벌은 거의 없을 때정도, 그리고 다른 대안보다 재강화될 가능성이 더 높을 때상대적 개연성 일어날 가능성이 더 높다는 것이다.

　위에서 보았듯이, 우리가 어떤 행동을 배우게 하는 재강화는 사실 긍정적positive인 것과 부정적negative인 것이 있을 수 있다. 긍정적인 재강화에서는 어떤 행동이 무언가 긍정적인 결과-무언가 좋은 것을 가져다주는 것인 반면에, 부정적인 재강화는 어떤 행동이 처벌을 가하는 사람이 제거되거나 회피되는, 무언가 나쁜 것을 제거하는 결과를 초래하는 것이다. 예를 들어서, 비행에 대하여 친구들로부터 칭찬을 받는 것이 긍정적 재강화라면, 비행을 함으로 왕따를 피하는 것은 부정적 재강화라 할 수 있을 것이다. 한편, 재강화가 특정 행동이 반복될 가능성을 높이는 반면에 처벌은 그 행동이 반복될 가능성을 낮추게 된다. 재강화와 마찬가지로, 처벌도 긍정적일 수도 부정적일 수도 있는데, 긍정적 처벌은 무언가 나쁜 것의 표현으로 아이가 나쁜 행동을 했을 때 부모가 뺨을 때리는 것과 같은 것이며, 부정적 처벌은 무언가 좋은 것을 제거하는 것으로 부모가 용돈을 줄이거나 외출을 금함으로써 비행을 처벌하는 경우이다.

2. 비행에 호의적인 신념

사람들이 남의 것을 훔치지 않는 것은 남의 것을 훔치는 것이 나쁜 것이라는 신념을 배웠고 그것을 내재화했기 때문이다. 그러나 일부 사람들의 경우에는, 비행에 대하여 호의적인 신념을 학습하여 갖게 되고 그래서 비행에도 직접 가담하기 쉬워진다는 것이다. 물론 비행에 호의적인 신념이, 어떤 사람들은 강도나 절도와 같은 심각한 비행이 일반적으로 좋거나 받아들여질 수 있다는 것을 의미하지는 않는다. 다만 극히 일부만 이들 중요범죄를 용인하는 것으로 알려지고 있는데, 비행에 대한 호의적인 신념은 대체로 세 가지 유형으로 나누어진다고 한다.

먼저, 그들은 일반적으로 약간의 음주나 흡연, 통금의 위반, 일부 도박, 학교결석 등 일부 경미한 비행을 용인하는 것이다. 다음은 일부 중요비행을 포함한 비행을 조건적으로 용인, 정당화, 합리화하는 것으로 이들은 폭력은 일반적으로 옳지 않지만 일부는 변명할 수 있고, 정당화될 수 있으며, 심지어 바람직할 수도 있다고 믿는 것이다. 여기서, 청소년들이 자신의 비행을 변명하고 정당화하려고 책임의 부정denial of responsibility, 부상의 부정denial of injury, 피해자의 부정denial of the victim, 비난하는 사람의 비난Condemnation of the condemners, 그리고 더 높은 충성심에의 호소Appeal to higher loyalties라고 하는 다섯 가지 기술이 있는데, 그것이 바로 중화의 기술Techniques of neutralization이라고 한다. 물론 모든 비행소년들이 그와 같이 자신의 비행을 중화하지는 않으며, 위의 기술 외에도 자신을 정당화하는 기술과 방법은 더 많을 수 있다.

3. 비행적 모형의 모방

사람들의 행동은 단순히 처벌과 재강화, 그리고 신념의 기능만은 아니며, 주변 사람들의 행동에 영향을 받기도 한다는 것이다. 특히, 사람들은 모방이 재강화를 가져다줄 것이라고 믿을만한 이유가 있을 때 다른 사람들의 행동을 모방하거나 모형화하곤 한다는 것이다. 아마도 우리가 역할모형을 좋아하고 존경하며, 그 모형이 재강화되는 것, 쾌락의 신호를 보내는 것을 보고, 모형의 업적을 모방하는 것이 재강화되는 환경에 있을 때 모방할 가능성이 가장 높은 것이 바로 그런 이유에서일 것이다3.

물론 우리가 모방하기 위하여 반드시 그 모형과 직접적인 접촉을 할 필요는 없다. 사실, 오히려 대부분의 청소년들은 자신의 모델을 언론에서 찾으며, 실제로 비행소년의 다수가 언론에 비친 모델을 모방했노라고 진술하고 있다. 일부 언론은 극단적인 폭력을 보이는 역할을 미화하기도 하며, 그러한 역할이 오히려 보상받고 처벌되지 않음으로서 재강화되고 있다. 비행적인 모형에 노출된 사람이 스스로 비행에 가담할 가능성이 더 높다는 것인데, 여기서 모방이 비행교우와의 접촉이 비행에 미치는 영향을 설명해주는 역할을 하는 것이다4.

제2절

차별적 접촉이론

범죄학의 아버지라고 불리는 Edwin Sutherland는 "화이트칼라범죄가 범죄인가? Is 'White Collar Crime' Crime?"라는 제목의 미국범죄학회 회장 취임 연설에서 기존 범죄와 그 이론에 대한 생각을 달리하고자 주류 범죄학자들에게 도전장을 내밀었다. 그는 주류범죄학자들이 노상범죄street crime에 지나치게 초점을 맞추었다고 비판하며, "범죄와 범죄성criminality에 대한 관습적인 일반화conventional generalization가 오로지 하류계층의 범죄만을 설명하기 때문에 타당하지 않다"고 주장하며 주류범죄학자들이 그들의 이론적 초점을 확대해야 한다고 도전했던 것이다. 그는 결국 계층, 인종, 그리고 성별과 같은 사회적 차원들을 뛰어넘는 범죄행위의 사회학적 설명으로서 이 '차별적 접촉Differential Association'을 제안하였던 것이다. 그는 자신의 저술 "범죄학의 원리Principles of Criminology"에서 9가지의 가정을 이용하여

---

3 J. D. Baldwin and Baldwin, J. I., Behavior Principles in Everyday Life, Englewood Cliffs, NJ: Prentice−Hall, 1981, p. 187

4 D. C. Payne and B. Cornwell, "Reconsidering peer influence on delinquency: Do less proximate contacts matter?" Journal of Quantitative Criminology, 2007, 23: 127−149

자신의 이론을 설명하였다[5].

차별적 접촉이론의 9가지 가정[6]

1. 범죄행위는 학습된다
2. 범죄행위는 소통의 과정에서 다른 사람들과의 상호작용에서 학습된다
3. 범죄행위 학습의 주요부분은 근친집단 내에서 일어난다
4. 범죄행위가 학습될 때, 학습에는 가) 때로는 매우 복잡하고 때로는 매우 단순한 범행의 기술, 그리고 나) 특정한 방향의 동기, 충동, 합리화, 그리고 태도가 포함된다
5. 특정한 방향의 동기와 충동은 법령을 호의적이거나 비호의적으로 규정하는 데서 학습된다
6. 법률의 위반에 대한 호의적인 규정이 비호의적인 규정을 능가하기 때문에 비행소년이 된다
7. 차별적 접촉은 빈도, 기간, 우선순위, 강도에서 다양할 수 있다
8. 범죄와 반 범죄 유형과의 접촉에 의한 범죄학습의 과정은 여타 다른 학습에 내포된 기제의 모든 것을 포함한다
9. 범죄행위가 일반적 필요와 가치의 표현이지만, 비범죄적 행위도 동일한 가치와 필요의 표현이기 때문에 그러한 일반적 가치와 필요로는 설명되지 않는다

Sutherland의 차별적 접촉이론을 구성하는 9가지 가정을 구체적으로 살펴보자. 첫 번째 가정은 비행행위가 유전되거나 어떤 생물학적 기질의 결과가 아니라 학습된다는 것을 제시한다. 심지어 범죄의 생물학적 예측요인에 관심을 가진 연구자들까지도 비행을 포함한 어떤 행위라도 유전되기보다는 오히려 일부 사람들이 특정 행위에 가담할 확률을 더 높이는 경향이나 소질이 있을 수 있다고 보는 편이다. 사실, Sutherland는 일부 사람들을 "나쁜" 사람으로 만드는 어떤 기질이나 특성을 가지고 태어났다는 그 특성상 매우 결정론적인 심리학적, 생물학적 전통에 대항하는 것이었다. 이처럼 유전보다는 비행을 학습되는 것에 초점을 맞춤으로써 그는 보다 사회학적인 비행설명을 지향했던 것이다[7]. 두 번째와 세 번째 가정은

---

[5] E. H. Sutherland, White Collar Crime, New Haven, CT: Yale University Press, 1949, p.217, Bates & Swan, op cit., p. 88에서 재인용

[6] E. H. Sutherland, Principles of Criminology(4th ed.), Philadelphia, PA: Lippincott, 1947, pp. 4−9, Bates & Swan, op cit., p. 89에서 재인용

[7] A. Walsh, "Behavior genetics and anomie/strain theory," Criminology, 2000, 38(4):1075

학습이란 친구와 가족과 함께 일어날 가능성이 가장 높은 하나의 사회적 과정으로 고려하는 것이다. 이 두 가정은 우리가 집단 괴롭힘과 소문을 확산시키기 위한 social media의 활용을 이해하는 데 매우 유용한 것이다. 소문의 확산은 그 특성상 동료들 사이에 이루어지는 하나의 소통행위이다. 집단 괴롭힘도 개인을 집단적으로 괴롭히는데 한 사람 이상이 가담하는 사회적 행동으로 밝혀지곤 한다.

네 번째 가정은 비행을 학습하고 비행행동을 지속하기 위해서는 두 가지 분명한 쟁점이 필요하다는 것을 보여주고 있다. 우선, 누구나 비행을 저지르기 위해서는 그 수법을 배워야 한다는 것이다. 사이버 상에서의 왕따나 집단 괴롭힘 또는 집단 따돌림에 있어서도 청소년들은 소문을 퍼뜨리기 위한 기술을 배워야 하는 것과 같다. 두 번째는 청소년들은 왜 처음부터 그러한 비행행위에 가담하고 싶어 하는지 알아야 될 필요가 있다는 가정이다. Sutherland는 청소년들이 비행과 일탈행위에 가담하고 지속하기 위하여 비행과 일탈행위를 수용하는 방향으로 자신의 태도를 바꾼다고 믿었다. 구체적으로, 사람들은 자신이 하려는 행위가 처음 배웠던 것만큼 그리 나쁘지 않다거나 의문스러운 사람에 대한 그런 행위는 괜찮다고 판단하는 것으로 그 행위에 대한 자신의 태도를 바꾼다고 믿었던 것이다. 다섯 번째 가정이 바로 처음 타인에 대한 부정적인 말을 해서는 안 된다고 배웠음에도 나쁜 소문을 퍼뜨리는 것이 괜찮다고 자신의 태도를 바꾸게 되는 이유를 설명하고 있다. 만약 사람들이 법령의 위반을 호의적으로 보는지 아니면 불의로 보는지에 따라 그 사람이 그 행동에 가담할 확률이 더 높아지기도 하고 더 낮아지기도 한다는 것이다[8].

여섯 번째 가정은 차별적 접촉이론의 가장 중요한 부분으로서, 비행에 호의적인 규정이 부정적인 규정을 능가할 때 비행을 범할 가능성이 높아진다는 주장이다. 예를 들어, 어떤 하나의 메시지가 다른 메시지들보다 더 널리 퍼져있고 더 지배적이라면 사람들이 그 메시지에 귀를 기울일 가능성이 그만큼 더 높아지게 되고, 결국 사람들이 그러한 소문에 충분히 노출되면 그 소문을 퍼 날라도 괜찮다고 믿기 시작하게 된다는 것이다. 일곱 번째 가정은 사람들의 차별적 접촉은 얼마나 자주 접촉에 노출되고, 얼마나 오래 노출되며, 얼마 이른 시기부터 노출되었으며,

---

−1107

8 Bates & Swan, op cit;, p. 90

그리고 비행에 대한 호의적인 메시지를 제공하는 사람을 얼마나 존경하고 존중하는가에 따라 다양하다는 것이다. 즉, 아주 어린 시기부터 일찍이, 자신에게 중요한 사람에게, 아주 빈번하게 그리고 오랫동안 노출되는 사람일수록 차별적 접촉이 심화되고 따라서 그만큼 비행에 호의적인 태도와 기술을 학습하여 스스로도 비행에 가담할 가능성이 더 높아진다는 것이다. 여기서 중요한 사실은 Sutherland가 강조한 것은 사람들과의 차별적 접촉이 아니라 비행에 대한 규정에의 차별적 노출이라는 점이다[9].

　요약하면, 차별적 접촉의 과정을 보면, 사람들과의 차별적 접촉으로 인하여 차별적인 태도를 갖게 되고 이로 인하여 비행행위를 학습하고 행하게 된다는 것이다. 차별적 접촉이론은 가장 오랫동안, 가장 대중적인 비행이론이었으나, 동시에 날카로운 비판과 도전도 함께 받았고, 그러한 비판에 대응하여 이론이 수정되고 보완된 이론들이 제시되었다. 그 대표적인 이론으로서, Akers 등이 제안한 긍정적 재강화Reinforcement를 들 수 있다. Akers와 Burgess는 조작적 조건화, 처벌과 재강화의 개념을 Sutherland의 차별적 접촉이론에 추가하였다. 그들의 주장에 따르면, 가장 기본적인 면에서 학습은 Sutherland의 주요가정이었던 사회적 상호작용에서 일어나는 것이 아니라, 오히려 개별적인 개인의 행동 그 자체에서 진전되는 보상과 처벌로부터 작동된다는 것이다. 쉽게 말해서, 사람들의 행동은 그 행동에 대한 보상과 처벌이라는 특정한 행동에 대한 반응에 따라서 형상화된다는 것이다. 그런데 이 보상과 처벌은 구체적으로는 4가지 형태로 나누어지는데, 긍정적 재강화, 부정적 재강화, 긍정적 처벌, 그리고 부정적 처벌이 그것이다. 더 자세하게 설명하자면, 사람들의 행동은 이들 재강화로 인하여 더 강화되는데, 먼저 긍정적 재강화는 마치 마약을 함으로 얻을 수 있는 쾌감처럼 그 행동에 대한 보상이라고 할 수 있다. 그러나 부정적 재강화는 그 행동이 자신이 중단하기를 원하는 부정적인 사건을 중단시키기 때문에 그 행동을 강화하는 것이라고 할 수 있지만 사실 이해가 그리 쉽지 않은 재강화이다. 예를 들면, 어느 소년이 학교에서 집단 따돌림이나 괴롭힘을 당하고, 그로 인하여 학교를 가지 않게 되지만 학교를 가지 않음으로써 오히려 집단 따돌림이나 괴롭힘으로부터 야기되는 부정적 감정은 피할 수 있기 때문에 학교에 가지 않는 행동을 더욱 강화시킨다는 것이다. 원래 처

---

9 ibid., p. 91

제2부 소년비행의 이론

벌은 행동을 줄이기 위하여 고안된 것이지만 이런 경우 오히려 그 행동을 강화하거나 증가시키게 된다는 것이다. 한편, 긍정적 처벌은 행동을 줄이기 위해서 고안된 것으로서, 예를 들어 만약에 학생이 집단 괴롭힘이나 따돌림을 하다가 붙잡히면 구금을 목적으로 방과 후 학교에 남도록 하는 것과 같은 것이다. 이와는 반대로, 부정적 처벌은 처벌로서 무언가를 추가하거나 도입하는 것이 아니라 무언가를 빼앗는 것이다. 집단 따돌림이나 괴롭힘을 예로 들면, 가해학생이 학교에서 퇴학을 당하거나, 적어도 운동 등 학교 활동에 참가할 수 없게 하는 것이다. Akers의 차별적 접촉이론이라고 할 수 있는 사회학습이론을 종합하자면, 청소년의 비행행위가 발전되고 지속되는가의 여부는 그 소년의 인생에 있어서 그 행동에 대한 보상과 처벌에 따라 좌우되는 차별적 처벌과 보상에 따라 결정된다는 것이다. 그러나 Sutherland의 차별적 접촉과는 달리 이 차별적 재강화또는 접촉이 반드시 비행교우나 아니면 비비행교우와 함께여야 할 필요는 없다는 점이다. 가정, 학교, 종교 등도 모두가 이 차별적 재강화에 기여할 수 있기 때문이다[10].

제3절

사회통제이론

1. 사회통제와 비행의 개관

사회통제이론은 일반적으로 Beccaria와 연관된 초기 고전주의 이론으로부터 시작되는 것으로 알려지고 있다. 고전학파와 신고전학파 모두가 자유의지Free Will와 개인의 합리론적 쾌락주의에 대한 믿음을 기초로 하고 있다. 일찍이 Beccaria는 개인을 합리적 행위자rational actor로 간주하고, 이런 신념체계 하에서 형벌제도를

---

10 R. Akers, "Social learning and deviant behavior: A specific test of a general theory," American Sociological Review, 1979, 44:635−655; R. Akers, "Is differential association/social learning cultural deviance theory?" Criminology, 1996, 34(2):229−247

개혁하고자 하였다. 현대 통제이론의 가장 중요한 부분은 개인이 자유로운 행위자인 개인들은 만약 쾌락주의적 행위가 사회에 해악이 된다면 사람들이 자기들의 삶에서 그러한 쾌락주의적 행동을 하지 못하도록 통제될 필요가 있다는 주장을 한 것이다. 바로 이 점이 절대다수가 하지 않는 범죄나 비행을 왜 일부 범죄자와 비행소년만이 범죄와 비행을 하는지를 설명하고자 했던 지금까지의 비행 또는 범죄이론과는 전혀 다르게 모든 인간이 범행할 수 있음에도 왜 일부만 범행에 가담하고 절대다수는 가담하지 않는가를 설명하려 했다는 것을 알 수 있게 해준다. 비행은 사람들이 가장 편하고 손쉽게 자신이 원하는 것을 얻을 수 있는 방법이며, 따라서 왜 아이들이 비행을 하는지 설명이 따로 필요가 없다는 것이다[11].

사회통제이론에 따르면, 인간은 기본적으로 반사회적이어서, 규범의 위반에 끌리게 되고 그래서 일탈하도록 동기가 부여되어 비행은 우리 사회의 자연스러운 질서라는 것이다. 이러한 인식이 사회통제이론가들로 하여금 비행적 동기에 대한 관심 하나만으로는 사람들로 하여금 비행을 하도록 이끄는 어떤 힘이나 요인들을 다 설명할 수 없으며, 그것은 바로 모든 사람이 다 어떠한 일탈의 동기를 느낄 수 있기 때문이라는 것이다. 즉, 모든 인간은 다 얼마간의 비행적 동기를 갖고 있기 때문에 비행동기 하나만으로는 비행을 설명할 수 없다는 것이다. 결국, 중요한 문제는 "왜 사람들이 사회의 규율을 지키지 않는가?"가 아니라 오히려 "왜 사람들이 우리 사회의 규율을 지키는가?"를 물어야 한다는 것이다[12].

통제이론에 따르면, 사람들은 자신이 받게 되는 통제와 제재로 인하여 비행에 가담하지 않는다고 한다. 긴장이론이나 학습이론이 사람들을 비행으로 미는 요인들에 초점을 맞추는 반면에, 통제이론은 사람들이 비행에 가담하지 않도록 제재하는 요인들에 초점을 맞추는 것이다. 이런 제재들이 바로 사람들이 비행을 하지 못하도록 붙잡는 벽과 같은 것이라고 한다. 그런데 사람들은 통제수준이 다르고 또는 비행에 대한 제재가 사람마다 다르다는 것이다. 어떤 사람은 통제수준이 높고 강하여 비행은 매우 나쁜 것이며, 만약 비행을 하면 엄중하게 제재를 받을 것이며, 그렇게 되면 부모와 친지들을 기분 나쁘게 하고 많은 권리도 잃을 것이며 미래도 어두워질 것이라고 믿게 되어 비행에 가담하지 않는다는 것이다. 반면에

11 Bates & Swan, op cit., p. 93 ; Agnew & Brezina, op cit., p. 148
12 S. Traub and C. Little, Theories of Deviance(3rd ed.), Itasca, IL: Peacock, 1985, p. 241

제2부 소년비행의 이론

어떤 사람은 이와는 정반대여서 누구도 어떤 것도 자신을 제재하지 않고 잃을 것도 없어서 자신이 원하는 것을 가장 쉽고 편리한 방법으로 자유롭게 추구하기 쉬운데, 그 가운데는 종종 비행이 포함된다고 한다, 만약 이들이 무언가 갖고 싶다면 훔칠 수 있고, 누군가가 자신을 화나게 한다면 그를 때릴 수 있는 것이다.

2. 사회통제의 주요형태

통제이론은 사회에 대한 개인의 유대bond를 강조한 Travis Hirschi의 초기이론을 필두로 상당한 인기를 누려오고 있다. Hirschi에 따르면, 다른 사람들에 대한 감정적 전념attachment, 도덕적 신념, 그리고 사회적 유대의 기타 요소들이 비행적 충동을 억누르는 데 도움이 된다는 것이다. 그러나 최근 들어서면서 그는 자기 – 억제self–restraint의 역할을 더 중시하여, 이를 '자기–통제이론self–control theory'이라고 정리하였다. 물론 통제이론은 다양한 형태를 보이는데, 그 차이는 비행을 억제하는 것으로 알려진 통제의 유형에서 찾을 수 있지만 모두가 왜 더 많은 사람들이 더 많은 비행과 범죄를 범하지 않으며, 우리가 범죄와 비행을 하지 못하도록 억제하는 것은 무엇인가 라는 동일한 의문을 던진다.

그런데 지금까지 알려진 통제이론은 대체로 통제의 유형이 각각 4개의 요소로 구성되는 두 가지 유형, 즉 직접적 통제direct control와 동조성 이익stake in conformity에 바탕을 두고 있다. 첫째 유형인 직접적 통제는 청소년비행을 직접적으로 통제하려는 다른 사람들의 노력이라고 할 수 있는 것으로, 청소년들에게 규칙을 정하고, 청소년의 행동을 관찰하며, 규칙위반과 비행에 대하여 제재하며, 관습적 행위를 하도록 청소년을 재강화하는 것이다. 두 번째 유형의 통제 또는 제재는 청소년들이 관습성에 동조함으로써 얻는 이익으로서 그들이 비행에 가담함으로써 잃을 수 있는 것이라고 할 수 있다. 청소년들이 비행으로 잃을 것이 많으면 그만큼 비행에 가담할 확률은 낮아진다는 것이다. 청소년들이 동조함으로써 얻고 일탈함으로써 잃을 수 있는 이익이나 이해관계는 관습적 사람들에 대한 감정적 전념, 교육을 받는 등 관습적 활동에의 투자, 비행에 관한 청소년들의 믿음이라고 할 수 있는 신념, 그리고 자기 스스로 자신을 제지할 수 있는 능력인 자기–통제로 구성된다. 이를 쉽게 풀이하면, 관습적인 사람들에게 감정적으로 전념할수록, 관습적인 활동에 많이 투자할수록, 비행이 도덕적으로 옳지 못하다는 신념을 가질수록, 그리고 자신을 통제할 수 있는 능력이 강할수록 비행으로 잃을 것이 많기 때문에 그만큼 비행에 가담할 확률이 낮아지는 반면 그 반대인 경우엔 잃을 것이 없거나 상대적으로 적기 때문에 그만큼 비행에 가담할 확률은 높아진다는 것이다[13].

3. 주요 사회통제이론

1) 고전적 사회통제이론

(1) Nye

Nye는 외적 사회통제와 내적 사회통제를 구분한 첫 번째 이론가이다. 비록 그 이후의 이론가들이 자기들의 이론을 Nye처럼 내적 통제와 외적 통제로 동일하게 이분화하지는 않았지만, 대부분은 자기반성이나 자신과의 독백을 통하여 비행에 가담하지 않겠노라고 결정하는 내적 사회통제와 사회가 그 사람으로 하여금 범죄에 가담하지 못하도록 개인에게 행사하는 공식적 통제의 개념을 수용한다. Nye의 입장은 대부분의 비행행위는 충분하지 못한 사회통제의 결과라고 보고, 4가지 집락의 사회통제를 제시하였다. 첫째, 우리들의 양심을 통하여 안으로부터 행사된 내재화된 통제internalized control로서, 모든 사회는 어린이들의 의식과 양심 속에 그 사회의 규율과 규범을 심어 주려고 노력한다는 것이다. 이런 유형의 통제가 가장 강력한 통제로서, 사실 만약에 이 내적 통제가 전적으로 효과적이라면 다른 세 가지 집락의 통제가 필요 없게 될 수 있다는 것이다. 불행하게도 다양한 이유로 내적 통제가 절대로 완전하게 효과적일 수가 없으며, 그 효과성을 다양하게 하는 이유 중의 하나가 사회의 규율과 규범은 완벽한, 완전한 사회화를 가능하게 하는 수준에서 항상 합의되지는 않다는 것이다. 또한, 강력한 내적 통제는 아동이 부모를 완전하게 받아들일 때만이 오로지 이루어질 수 있다는 것이다[14].

두 번째 집락은 부모와 간접적 통제로서, 부모가 통제를 내재화하는 데 매우 중요하지만 동시에 부모는 아이들에게 간접적 통제를 행사할 수도 있다는 것인

---

13 Agnew & Brezina, op cit., pp. 150-151
14 Bates & Swan, op cit., p. 95

데, Nye는 이 간접적 통제를 자녀가 비행에 가담할 때 부모가 보일 수 있는 일종의 불용인, 불인정disapproval으로 보았다. 자녀가 부모의 불용인, 불인정을 염려하는 한 비행에 가담하지 않게 되어, 자신의 행위에 대한 부모의 의견을 통하여 간접적으로 통제되는 것이다. 세 번째는 제재하거나 처벌하지 않고 행사되는 직접적인 통제로서, 어떤 사회도 자기 자신의 행위를 규제하기 위하여 개인에게 전적으로 의존하는 일은 없다는 것이다. 비행을 통제하기 위하여 처벌, 불인정, 조롱, 배척, 그리고 추방의 형태로 비공식 집단이 사회 전체에 의한 추가적인 통제가 활용되어야 한다는 것이다. 바로 이러한 통제는 종종 경찰이나 기타 공식기관에 의하여 부여되고 있다. 네 번째는 개인이 비행에 가담하지 않을 이유를 제공하기 위하여 필요한 것으로서, 개인들이 자신이 원하는 것을 얻기 위하여 비행에 가담하지 않도록 함으로써 목표와 가치와 같은 만족을 충족시키기 위한 대안적 수단이 필요하다는 것이다. 현실적으로 실제로 가용한 일련의 대안적 수단이 있다면 위의 세 가지 통제도 비행 가능성에 더 강력한 영향을 미치게 될 것이라는 주장이다[15].

(2) Hirschi

아마도 통제이론과 가장 밀접한 관련이 있는 이론가는 Travis Hirschi일 것이다. 그의 통제이론은 유대이론Bond Theory으로 불리고 있으며, 행위에 대한 간접적 통제에 초점을 맞추고 있다. 그의 주장에 따르면, 비행은 차별적 접촉이론이나 긴장이론이 제안하는 것처럼 개인을 둘러싼 긴장이나 자극 또는 학습된 행위에 대한 반응이 아니라고 한다. 그 대신, 사회통제이론은 비행활동은 정해진 것이며, 따라서 설명되어야 하는 것은 비행이 아니라 비행의 결여라고 주장한다. 사실, 우리는 비행을 만들어 내고 참여하는 능력이 있을 뿐만 아니라 비행의 의도적인 행위자요 참여자라는 것이다. 그럼에도 우리가 비행이나 범죄에 가담하지 않는 이유는 우리를 사회적으로 수용할 수 없는 행동에 가담하지 못하게 하는 동조성에 대한 사회적 유대를 갖고 있기 때문이라고 한다. 이러한 사회적 유대는 애착attachment, 전념committment, 참여involvement, 그리고 신념belief이라는 4가지 요소로 구성된다.

---

[15] ibid.

애착이란 유대의 감정적 요소이며, 이는 동조적인 사람들이 우리를 어떻게 생각하는가에 대하여 신경을 쓰고 염려하기 때문에 우리가 비행에 가담하지 않는다는 것을 지적하고 있다. 만약 우리가 자신에게 중요한 누군가에게 강력하게 애착을 갖게 되면 어떤 행동에 가담하기 전에 우리의 행동에 대한 그들의 반응을 심사숙고한다는 것이다. 더 쉽게 설명하자면, 만약 우리가 자신이 강하게 애착을 갖는 사람들이 우리에게 실망할 것이라고 생각하게 되면 비행에 가담하지 않게 된다는 것이다. 우리가 가장 강하게 애착을 갖는 중요한 다른 사람이라면 당연히 부모 또는 예외적으로 다른 가족이라고 할 수 있지만, 때로는 동조적이지 않을 수도 있는 친구나 선생님에 대한 애착도 우리를 일탈하지 못하게 할 수 있다고 한다.

전념이란 유대의 합리적, 이성적 요소로서, 사람들은 자신이 관습적인 사회에 강한 전념을 가질 때 비행에 가담할 가능성이 더 낮아진다는 것을 보여주고 있다. 관습적인 사회에 강하게 전념함으로써 스스로 비행의 이익과 비용을 저울질 하도록 만든다는 것이다. 비행을 함으로써 잃을 것이 더 많은 사람은 비행을 하지 않을 것이기 때문이다. 일반적으로 청소년들에게 있어서 관습적인 활동이란 교육이거나 기타 학교활동이며 성공적으로 학업을 이수하고 직업을 유지하는 사람들을 위한 것일 가능성이 가장 높다고 할 수 있다. 실제로 지나치게 일찍 부모가 되거나 일을 하게 되는 청소년이 비행소년이 되는 확률이 더 높았다고 한다.

참여는 동조적인 활동에 가담하는 시간이 많은 사람일수록 비행에 가담할 시간은 그만큼 적어진다는 것을 제시하는 유대의 요소로서, '게으른 손이 악마의 작업장'이라는 옛 속담과도 같은 것이다. 다시 말하자면, 운동이나 숙제 등과 같은 관습적인 활동에 많은 시간을 할애하는 청소년들은 당연히 비행활동을 위한 시간은 그만큼 줄어들 수밖에 없는 것이다. 여기서 위의 전념과 참여가 다른 점은 전념이 청소년 자신이 가담하는 관습적인 활동의 이익을 잃고 싶어 하지 않는다는 것을 강조하는 유대임에 비해서 참여는 관습적인 활동에 가담하는 시간에 특히 초점을 맞추는 것이다. 끝으로, 신념은 사회의 규범과 규율을 더 강조하고 더 잘 이해하고, 알며, 동의하는 청소년일수록 일탈할 가능성이 그만큼 더 낮아진다는 것을 암시하고 있다. 사회적 통제가 하나의 규범적 이론이라고 가정한다면 약화된 규범을 가진 사람이라도 완전하게 규범과 규율을 알지 못하는 것으로 사료되는 것은

아니지만, 그러한 사람들은 '법의 도덕적 타당성moral validity'을 받아들일 가능성
도 그만큼 더 낮아진다는 것이다[16].

2) 현대적 사회통제이론

(1) 생애과정과 발달이론(Life Course and Developmental Theories)

지금까지 기술한 비행이론들은 왜 일부 청소년들이 다른 청소년들보다 더 많은
비행에 가담하는가를 설명하는 데 초점을 맞추고 있다. 비행을 많이 하는 사람과
그렇지 않은 사람을 구별하는 것, 그들의 차이점을 찾아내는 것도 중요하지만 한
가지 더 알아야 할 것은 일부 비행소년들은 더 많은 범행을 저지를 뿐만 아니라
생애과정을 거치면서 그들의 범행형태도 달라진다는 점도 잊지 말아야 한다는 것
이다. 익히 알고 있듯이, 대부분의 비행소년들이 청소년기에 들면서 그들의 비행
수준도 증대하지만 성인기로 접어들면서 줄어든다고 한다. 이들을 우리는 청소년
기 제한적adolescence-limited 유형이라고 하고, 그 이유는 이들의 비행이 청소년기
에 대체로 제한되기 때문이다. 그러나 불행하게도 일부 비행소년들 중에는 성인
이 되어서도 높은 수준의 범행을 지속하는데, 이들을 우리는 생애-과정 지속형
Life-course persistent이라고 한다. 생애과정-발달이론은 따라서 이 두 집단의 차
이가 무엇 때문인가를 알고자 하는 것이다[17].

이 이론은 기본적으로 청소년과 관련된 생물학적 변화와 사회적 변화가 그들의
긴장strain을 증대시키고, 통제control는 약화시키며, 범죄학습은 증대시키는데, 일
부 청소년이 특정한 생물학적·사회적 요소들로 인하여 더 많은 범죄학습을 하고,
더 높은 수준의 긴장과 낮은 수준의 통제를 경험하게 되어 더 많은 범행을 더 오
래하게 된다고 주장한다. 대부분의 사람들은 청소년기에 국한하여 비행을 하는
데, 그것은 성인기에 접어들면서 직장과 가정에 더 전념하고 동료-지향적 생활
유형에서 멀어지고 당연히 비행적 교우관계도 줄어들며, 자신의 삶에 대한 통제
력을 가지게 되고 긴장도 더 잘 극복할 수 있게 되기 때문이다. 이러한 변화의

---

[16] C. E. Kubrin, Stucky, T. D. and Krohn, M. D., Research Theories of Crime and Deviance,
New York: Oxford University Press, 2009, p.172
[17] Agnew & Brezina, op cit., p. 185

중심에는 졸업, 취업, 입대, 그리고 결혼과 육아 등이 자리하고 있다[18].

　이와는 대조적으로 일부 비행소년들은 자신의 전 생애과정에 걸쳐 범행을 지속한다. 이들은 아마도 그들에게 기대되는 문화적, 사회적으로 성숙하지 못하였기 때문일 것이며, 이들의 미성숙성은 그들의 초기 생애에서 경험한 다양한 문제 때문일 것으로 보인다. 그 중에서도 가장 눈에 띄는 것이 있다면 낮은 자기통제력, 급한 성격과 같은 범죄에 기여하는 기질이나 소인을 가지거나 부모의 양육과 훈육을 제대로 받지 못한 경험 등이 있다. 이러한 문제들은 오랜 시간을 두고 지속되며, 불량교우관계, 학업성과의 저조, 직업과 혼인의 문제 등 청소년기 이후의 추가적인 문제에도 기여하며, 이 모든 문제들이 긴장은 증대시키고 통제는 약화시키며 범죄학습도 증대시키는 결과를 초래한다는 것이다. 이것이 바로 이들이 인생의 대부분을 높은 수준으로 범행을 계속하는 이유라고 할 것이다[19].

　전통적인 사회통제이론이나 사회유대이론들이 부모와 교사에 대한 애착, 학교에의 전념, 운동과 같은 관습적 활동에의 참여 등 소년과 청년들이 유지하는 사회적 유대에 초점을 맞추는 반면에, 생애과정이론은 이 사회유대를 청소년기에서 성인기로 확대하는 것이다. 한편 발달이론은 문제행동의 발달은 상당부분 연령에 따라 결정되는age-determined 순서에 맞게 순차적으로, 그리고 점진적인 형식으로 일어나는 것이라고 주장한다. 발달범죄학자들은 따라서 이 연령과 연계된 발달age-linked development과 그러한 발달에 영향을 미치는 인과적 요인을 검증하려고 한다. 초기 전통적 사회통제이론가들은 자아통제의 수준은 어린 나이에 이미 자리를 잡기 때문에 생애과정이나 발달이론가들이 주장하는 것처럼 생애사건life event들이 비행행동에 어떠한 영향을 미치지는 못한다고 주장한다. 그러나 생애과정 및 발달이론가들은 개인이 자신의 생애과정에 걸쳐서 사회유대의 기회를 제공하는 여러 발달단계를 거치기 마련이며, 누구나 전 생애과정에 걸쳐서 범죄를 지향하는 삶의 궤적을 가질 수도 있지만 그 궤적이 생애사건의 변화와 함께 변할 수 있다고 주장한다[20].

---

18 M. Massoglia and Uggen, C., "Settling down and aging out: Toward an interactionist theory of desistance and the transition to adulthood," American Journal of Sociology, 2010, 116: 543-582

19 Agnew & Brezina, op cit., pp. 192-193

20 R. Sampson & Laub, J., "Understanding variability in lives through time: Contributions of

생애과정－발달이론에 따르면, 궤적trajectory이란 "일련의 전이와 변화로 특징 지워지고 장기적인 행동유형과 관련되는 전 생애에 걸친 발달의 경로 또는 회로"이다. 여기서 전이transition란 궤적에 새겨진 단기 또는 특정한 생애사건이라고 할 수 있으며, 이런 생애사건에는 졸업, 결혼, 취업 등이 해당된다고 할 수 있다. 생애과정－발달이론이 일종의 사회통제이론으로 자리할 수 있는 것은 이들이 연령에 따라 등급화age－graded 되는 비공식적인 사회통제이론의 하나이기 때문이다. 이들은 사회구성원과 가정, 학교, 직장 등과 같은 광의의 사회기관 사이에는 사회적 유대가 있으며, 생애사건이 비행을 지속할지 아니면 중단할지 그 가능성에 영향을 미친다고 주장한다. 이들의 이론은 따라서 세 가지 구성요소로 이루어진다고 한다[21].

첫째, 아동기와 청년기에는 가정과 학교에 대한 유대가 비행에 가담할 확률을 설명하는 데 중요하여, 강한 유대를 가진 청소년일수록 비행에 가담할 확률이 낮아진다는 것이다. 두 번째 요소는 비행에 가담할 확률에 대한 일정 수준의 안정성이라고 할 수 있는 것으로, 청소년기에 비행에 가담하지 않은 사람은 성인범죄에 가담할 확률도 낮은 반면에 청소년기에 비행에 가담한 사람은 성인으로서도 범죄에 가담할 확률이 더 높아진다는 것이다. 이러한 요소는 우선 일부 사람들은 단순히 그냥 다른 사람들에 비해 비행에 가담할 가능성이 더 높다는 비행가담 가능성의 안정적인 개인적 차이가 있으며, 둘째, 비행으로 구금되거나 낙인이 찍히면 그만큼 직업성이 좋지 않아지는 것과 같이 청소년 비행이 그 후의 청소년 및 성인의 사회유대에 크게 영향을 미친다는 것이다. 세 번째 요소가 가장 중요한 요소로서, 궤적의 가능성을 가진 성인기의 중요한 생애사건이 있다는 것이다. 다시 말하자면, 범죄의 궤적은 성인기로의 전이에 있어서 사회통제의 주요기관에 의하여 수정될 수 있다는 것이다[22].

Moffitt은 지금까지의 생애과정－발달이론을 더 확대하여, 범법자들 중에는 두

---

life－course criminology," Studies in Crime and Crime Prevention," 1995, 4:143－158; Burfeind and Bartusch, D., Juvenile Delinquency: An Integrated Approach(2nd ed.), Boston, MA: Jones & Bartlett, 2011, p. 99

[21] R. Sampson and Laub, J., Crime in the making: Pathways and turning point through life, Cambridge, MA: Harvard University Press, 1993, p. 8

[22] Sampson & Laub, op cit, 1995, p. 146; Bates & Swan, op cit., p. 97

가지 ,범법자 집단이 있다고 주장하였는데, 그 중 첫째는 그들의 비행이 신경발달과 정neurodevelopmental process으로부터 파생되는 생애-지속 집단life course-persistent group으로서 이들은 그들의 비행이 매우 지속적일 것으로 예측되는 집단이지만 비교적 작은 규모의 집단이라고 한다. 두 번째는 청소년기-제한adolescence-limited 집단으로서 상대적으로 규모가 큰 집단이며 그들의 비행은 사회과정으로부터 파생되고, 시간이 흐르며 그들의 비행은 대부분 중단하게 된다는 것이다[23].

(2) 권력-통제이론(Power-Control Theory) - 사회통제와 성

지금까지의 통제이론은 그 특성상 일반주의, 일반론이라고 할 수 있는 것으로, 그들의 가정은 다양한 인구 모두에게 걸쳐서 비행의 가능성을 예측할 수 있다는 것이었다. 예를 들어서 비행에 있어서 인종, 계층, 그리고 성별의 차이에 차별적 접촉이론을 적용하는 것이 일반이론을 이용하는 아주 좋은 예라고 할 수 있다면, 통제이론의 생각과 이념은 비행에 있어서 성별의 차이를 설명하는 데 도움이 되는 이론의 새로운 다양성이나 변이를 형성하기 위한 또 다른 관점들과 통합, 융합되는 것이다. 그것이 바로 권력-통제이론으로 알려진 통제/신 마르크스주의 비행이론이다. 이론에 따르면, 과거 비행이론들은 사회계층과 성별에 충분한 관심을 갖지 않았으며, 자신들의 새로운 이론은 거시수준에서 큰 그림을 조망하는 마르크스 또는 "권력이론"을 미시구조적 수준microstructural level에서 바라보는 "통제이론"과 개인 간의 매일매일의 일상적 상호작용을 조명하는 "통제이론"을 혼합함으로써 그 문제를 해결하려는 시도라는 것이다. 이렇게 두 이론이 함께 이용될 때 우리로 하여금 상이한 유형의 지배dominance와 그러한 지배와 복종관계가 어떻게 소년과 소녀 비행의 생성에 관련이 되는지를 이해할 수 있게 도움을 준다는 것이다[24].

---

23 T. Moffitt, ""Life-course persistent" and "adolescence-limited" antisocial behavior: A developmental taxonomy, " Psychological Review, 1993, 100:674-701; T. Moffitt, "Life-course persistent and adolescence-limited antisocial behavior: A 10 year research review and research agenda," in B. B. Lahey, T. E. Moffitt, and A. Caspi(eds.), Causes of Conduct Disorder and Juvenile Delinquency, New York: Guilford, 2003, pp.49-75; T. Moffitt, "Life-course-persistent versus adolescence-limited antisocial behavior," in D. Cicchetti and D. Cohen(eds.), Developmental Psychopathology(2nd ed.), New York: Wiley, 2006, pp.570-598

24 J. Hagan, Gillis, A. R. and Simpson, J., "The class structure of gender and delinquency: Toward a power-control theory of common delinquent behavior," American Journal of Sociology, 1985,, 90:1151-1178; Hagan, J., Simpson, J. and Gillis, A. R., "Class in the

사람들이 행동의 자유를 더 많이 가지고 반면에 그들에 대한 통제가 더 작아진다면, 규범을 어기고 절도, 기물파손, 폭행 등 일반적인 비행행위를 범할 가능성은 그만큼 더 높아진다는 것이 권력－통제이론의 설명이다. 이론에 따르면 그런데 소년들이 소녀보다 자신들이 원하는 바 행동의 자유가 더 많고, 최상위 계층의 소년과 소녀 모두 자신들이 좋아하는 대로 행동할 자유가 가장 많다는 것이다. 결국, 최상위 계층의 소년들이 전반적으로 사회적 규범을 일탈할 능력이 가장 높다고 하면서, 몇 가지 이유를 설명하고 있다. 우선, 부모의 엄격한 통제 하에 있는 청소년들은 위험을 감수할 가능성이 그만큼 더 낮으며, 비행행위를 범한다면 문제에 직면할 것이라고 인식할 가능성은 그만큼 더 높아진다는 것이다. 둘째, 소녀들은 소년들에 비해 가정에서 법규를 어기면 안 된다고 가르침을 받고 배우고 그래서 처벌을 더 무서워할 확률이 더 높기 때문이라는 것이다. 이러한 주장에 대한 경험적 연구에서 모든 계층에서 소년이 소녀보다 비행할 확률이 더 높았으나, 실직자 가정 등 저소득층 출신의 경우에는 남녀의 차이가 거의 없었고, 전반적으로 부모가 기업소유주인 가정 출신의 청소년들이 전반적으로 다른 계층 출신보다 보통의 비행에 가담할 확률이 더 높았다고 한다. 이는 아마도 최상류계층의 청소년들이 다른 계층의 아이들에 비해 부모로부터의 통제를 적게 받고 따라서 비행에 가담할 확률도 그만큼 더 높아지기 때문이라고 한다. 즉, 상류층 아이들은 문제와 곤란에 빠질 우려나 걱정도 할 필요도 없기 때문에 그냥 비행을 행동으로 표출하면 그만이지 굳이 모험심을 가질 필요도 없기 때문이라는 것이다[25].

(3) 중화이론(Neutralization Theory)

차별적 접촉, 사회학습/사회통제 이론과 같은 규범적 이론에서 파생되는 여러 가지 의문 중의 하나는 사람들이 잘못된 것인 줄 알면서도 어떻게 하여 나쁜 행동에 가담할 수 있을까 하는 것이다. 이 의문에 대한 설명으로서 Sykes와 Matza가 제안한 이론이 바로 중화이론이다. '우리는 왜 우리가 믿고 있는 법과 규범을 위반하는가?'에 대한 설명으로서 바로 중화의 기술Techniques of neutralization을 적용

---

household: A poer－control theory of gender and delinquency," American Journal of Sociology, 1987, 92:788－816; Hagan, J., Gillis, A. R. and Simpson, J., "Clarifying and extending power－control theory," American Journal of Sociology, 1990, 95:1024－1037

[25] ibid.; Bates & Swan, op cit., p. 101

한다는 것이다. 즉, 잘못된 것인 줄 알면서도 그 행동에 가담할 수 있는 것은 바로 각종 중화의 기술을 적용하여 자신과 자신의 행위를 합리화하기 때문이라고 한다. 이론에 따르면 규범에 대한 우리의 이해의 대부분은 기존의 일정한 융통성을 동반하기 때문에 우리 사회는 이러한 유형의 합리화를 할 수 있도록 조직되어 있다는 것이다. 즉, 우리는 규범체계를 이해하면서 동시에 어떠한 특정한 여건 하에서는 그러한 규범들이 적용되지 않을 수도 있다고 한다. 사람들은 이따금 자신의 잘못을 합리화하거나 중화하기 때문이라는 것이다. 아래는 자기 또는 자신의 행위를 합리화하고 중화하기 위한 5가지 중화의 기술이 제시되고 있다[26].

첫 번째 기술은 책임의 부정Denial of responsibility으로서, 자신의 행동에 책임을 지기보다는 마치 당구공처럼 무기력하게 자신이 새로운 상황에 처해진 것으로 간주한다. 자기 외부의 어떤 힘이 자신의 행위를 하도록 몰아내었다는 신념이 자신이 규범을 위반했을 때 다른 사람들이 인정하고 허용하지 않는 것도 무시할 수 있게 해주고 또한 잘못된 것으로 고려되는 행동에 대한 나쁘게 느끼는 감정도 피할 수 있게 해준다는 것이다. 두 번째는 부상의 부정Denial of injury으로, 자신의 행동으로 누군가가 부상을 당하거나 다쳤다는 것을 부정하는 것, 즉 아무도 다치지 않았는데 뭘 그러냐는 식의 중화이다. 예를 들어, 자전거를 훔친 것이 아니라 잠시 빌려 탔을 뿐이며, 기물파손이 아니라 장난이라고 재규정하는 것이며, 이는 청소년들로 하여금 사회통제노력의 정당성, 정통성에 도전하는 것이다. 세 번째는 피해자의 부정Denial of the victim으로서, 피해자가 피해를 당해 마땅하다거나 주어진 상황이나 여건으로 인하여 비행이 발생할 필요가 있었다고 진술함으로써 자신의 비행행위를 정당화하는 것이다. 섬세한 연금술로 자신을 응보자의 입장으로, 반면에 피해자는 행동을 잘못한 사람으로 전환시키는 것이다. 마치 로빈 후드처럼, 경제활동의 장을 균형, 형평을 맞추기 위해서 부자로부터 훔쳐서 가난한 사람들에게 나누어주는 것이라고 정당화시키는 것이다. 네 번째는 비난하는 사람을 비난하는 것Condemnation of the condemner으로서, 자신을 비난하는 사람을 비난함으로써 자신의 행위를 비난하거나 용인하지 않는 사람들에게 뒤집어씌우는 것이다. 오히려 자신을 비난하고 사회통제기능을 운용하는 사람, 경찰, 교사, 부모 등

---

26 Sykes, G. and D. Matza, "Techniques of neutralization: A theory of delinquency," American Sociological Review, 1957, 22(6); 664–670

을 부패하고 어리석으며 잔인한 것으로 낙인을 붙이는 것이다. 이렇게 함으로써 자신의 행위와 동기에 대한 감정을 억누르고 다른 곳으로 옮길 수 있게 된다는 것이다. 다섯째는 더 높은 충성심에 호소하는 것Appeal to higher loyalties으로서 비행을 범한 청소년들이 자신보다 더 높은 사람의 요구나 더 큰 목적 때문에 어쩔 수 없었다고 자신의 비행을 정당화하는 것이다. 예를 들어 청소년들이 종종 절친한 우정이나 동료집단과의 관계를 유지하기 위하여 때로는 일부 법률위반마저 필요하게 된다고 주장하는 것이다. 일반적으로 법규에 반대하는 것이 아니라 특별한 상황에서 규범위반이 어쩔 수 없이 필요했었다고 주장하는 것이다[27].

제4절

일반긴장이론(General Strain Theory)

긴장이론에 따르면, 청소년이 긴장이나 스트레스를 경험하게 되면 혼란스럽고 당황하게 되고 기분이 나빠지게 되어 그 결과 때로는 비행에도 가담하게 된다고 한다. 즉, 그들은 자신이 경험하는 긴장으로부터 탈출하거나 긴장을 줄이기 위하여 비행에 가담한다는 것이다. 예를 들어, 청소년들이 동료들로부터의 놀림을 끝내기 위하여 폭력에 가담하고, 금전문제를 해결하려고 훔치게 되며, 학대하는 부모로부터 벗어나기 위하여 가출한다는 것이다. 또한 그들은 자신에게 잘못을 저지른 사람에게 보복하기 위하여 비행을 감행하고, 기분이 좋아지게 하려고 약물을 남용한다는 것이다. 그러나 물론 긴장이 청소년들이 비행을 하는 유일한 이유는 아니며, 일부 비행은 긴장과는 아무런 관계도 없이 일어난다. 그럼에도 긴장이론가들은 긴장이야말로 다수의 비행행위에 있어서 핵심적 역할을 하며 따라서 비행원인의 선두주자라고 주장한다[28].

그런데 긴장이론에는 여러 가지 주장이 있다. 그 첫 번째 현대적 형태의 긴장이

---

27 Sykes & Matza, 1957, op cit.
28 Agnew & Brezina, op cit., p. 114

론은 Robert Merton의 이론으로서 범죄를 설명하기 위하여 문화적으로 수용되는 성공의 목표를 성취할 수 없는 개인의 무력함, 무능력함을 포함하는 한 가지 형태의 긴장을 강조하였던 것이다. 개인의 성공목표가 차단되면 좌절하게 되고 마약매매, 절도, 또는 심지어 매춘 등을 포함하여 자본주의사회의 문화적으로 수용되는 성공인 금전적 성공을 위한 불법적 또는 범죄적 경로에 호소하게 된다는 것이다. 긴장이론은 사람들이 생물학적이거나 심리학적인 기질이나 문제가 아니라 힘들고 좌절하게 하는 상황이나 여건으로 그렇지 않다면 정상적인 사람이 범죄나 비행 속으로 떠밀릴 수 있다는 견해를 옹호하는 것이다. 이러한 견해에 의하면, 긴장에 대한 비행적 반응은 심리학적으로 이해할 수 있으며 따라서 예측할 수도 있다는 것이다[29].

긴장이론은 다양한 형태로 범죄를 설명하지만, 모든 긴장이론은 모두 기본적으로 비행으로 이끄는 주요한 유형의 긴장은 어떤 것이며, 긴장이 비행으로 이어지게 할 가능성이 가장 높은 조건은 어떤 것인가를 기술하려고 한다. 모든 긴장이론은 공히 긴장은 보통 비행으로 이어지지는 않으며, 오로지 특정한 조건에서만 비행으로 이어진다고 한다. 그 결과, 긴장이 비행을 초래할 확률에 영향을 미치는 그러한 '조건화 변수conditioning variables'들을 찾으려고 하는 것이다. 그렇다면 Agnew가 말하려고 했던 주요형태의 긴장에는 어떤 것들이 있을까?

Robert Agnew는 청소년들의 삶과 인생에 있어서 긴장을 초래할 수 있는 것들에 대한 논의를 확장하였는데, 우리 사회의 개인이나 집단을 비행행위로 인도하고 이끄는 상황에 초점을 맞추었다. 그는 청소년들이 "범죄 속으로 들어가도록 압박을 받는다pressured into crime"고 제안하였던 것이다. 가치 있는 목표를 성취하지 못하는 것과 함께, 긴장은 부정적인 관계로부터 초래될 수도 있다고 한다. Agnew는 세 가지 주요유형을 특정하였다. 동료들로부터 인기를 얻지 못하거나 학교 대표팀에 뽑히지 못하는 등과 같이 목표성취에 대한 실제 실패나 실패의 예견, 부모의 사망이나 애정관계의 붕괴 등과 같은 긍정적 자극의 실제 손상이나 손상의 예측, 그리고 신체적 폭력, 성적의 하락, 공개망신, 차별, 또는 억압 등과 같은 부정적 자극의 실제 현시나 예견으로 긴장을 세 가지 주요 유형으로 특정하였다[30]. 그는

---

29 Ibid., pp.114–115
30 R. Agnew, "Foundation of general strain theory of crime and delinquency," Criminology,

청소년들의 긴장을 크게 두 가지, 목표를 성취하는 데 실패하는 것과 긍정적 자극의 상실/부정적 자극의 표출이라고 주장하였다. 우선, 성취하지 못하면 긴장을 가져오는 목표에는 금전, 지위/존중, 자극과 흥분, 그리고 성인으로부터의 자율성을 들고 있다. 물론 이들 목표가 청소년들에게 있어서 매우 중요한 핵심적 목표이지만 다른 목표를 성취하지 못하는 데서 오는 긴장도 다양하게 존재한다는 것이다.

Agnew는 사람들이 경험하는 다양한 긴장 중에서 일부 긴장이 다른 긴장에 비해 범죄와 비행을 유발할 가능성이 더 높다고 주장하면서, 긴장이 그 크기와 양이 매우 커서 중대할 때, 긴장이 부정의unjust한 것으로 여겨질 때, 긴장이 낮은 자아통제와 상호 관련될 때, 그리고 긴장이 범죄적인 방식으로 긴장을 극복하도록 어떤 압박이나 유인을 제공할 때가 범죄를 유발할 가능성이 가장 높은 긴장이라고 제시하였다. 좀 더 구체적으로 보면, 범죄를 유발할 가능성이 높은 긴장으로 부모가 자녀를 거부하는 것Parental rejection, 변덕스럽거나 지나치게 엄격한 훈육, 아동학대와 방치, 부정적인 학교 경험, 학대적인 교우관계, 범죄피해, 경제적으로 퇴락한 지역사회 거주, 그리고 인종이나 성별 등과 같은 특성에 기초한 차별 등이 있다고 한다[31].

그렇다면 긴장은 청소년들에게 어떤 영향을 미칠까? 긴장을 초래하는 사건이나 조건들은 청소년들을 화나게 하고, 좌절하게 하며, 우울하게 하고, 불안하게 하는 등 그들을 나쁘게 느끼게 한다는 것이다. 이런 부정적 느낌들이 이어서 그러한 기분을 바꿀 수 있는 행동을 하도록 압력을 가하게 되는데, 자신의 나쁜 감정을 해소하기 위하여 할 수 있는 무언가를 하고자 원하게 되고, 비행이 바로 가능한 하나의 반응이라는 것이다. 좌절과 분노의 감정이 특히 비행적 반응을 초래하기 쉬운데, 그러한 감정들이 청소년들이 행동하도록 활력을 주며, 보복의 욕구를 제공하며, 금기를 낮추기 때문이다[32].

1992, 30(1):47−87

31 R. Agnew, "Building on the foundation of general strain theory: Specifying the types of strain most likely to lead to crime and delinquency," Journal of Research in Crime and Delinquency, 2001, 38:319−361

32 S. J. Ellwanger, "Strain, attribution, and traffic delinquency among young drivers: measuring and testing general strain theory in the context of driving," Crime and Delinquency, 2007, 53: 523−551; R. Agnew, "General strain theory: Current status and directions for further research," pp. 101−123 in F. T. Cullen, J. P. Wright, and K. R. Blevins(eds.), Taking Stock: The Status of Criminological Theory, New Brunswick, NJ: Transaction, 2006

물론 모든 사람이 다 자신의 긴장에 범죄나 비행으로 반응하는 것은 아니며, 실제로 대부분의 사람들은 합법적이고 동조적인 방식으로 자신의 긴장을 극복한다고 Agnew는 조심스럽게 지적하고 있다. 개인에 따라 다양한 극복방법과 전략이 있겠지만, 대체로 행위적behavioral 극복, 인지적cognitive 극복, 그리고 감정적 emotional 극복으로 나누고 있다. 우선, 행위적 극복 전략은 긴장 그 자체를 줄이는 데 도움이 될 수 있는 행동에 초점을 맞추는 전략이며, 인지적 극복 전략은 그 긴장의 영향을 완화하기 위하여 긴장을 재해석하려는 시도이며, 감정적 극복 전략은 긴장에서 초래될 수 있는 부정적 감정을 완화하기 위한 시도라고 할 수 있다. 긴장을 극복하는 전략은 부정적일 수도 있고 긍정적일 수도 있으며, 비행이나 범죄는 나쁜 긴장극복 전략의 하나라는 것이다[33].

그런데 마지막으로 궁금해지는 것은 왜 긴장을 느끼는 모든 청소년이 아니라 일부가 비행을 통하여 긴장을 극복할 확률이 더 높은 것인가? 긴장이론가들은 다수의 요소가 사람들이 긴장에 비행으로 반응할지 여부에 영향을 준다고 주장한다. 우선, 긴장이 개인이 중요하다고 생각하는 삶의 영역을 포함할 때 비행으로 이어질 가능성이 더 높다고 한다. 예를 들어 자신의 남성다움의 정체성에 큰 의미와 가치를 부여하는 청소년에게 자신의 남성다움에 대한 도전은 비행으로 이어질 가능성이 더 높다는 것인데, 이는 긴장이 삶의 핵심영역을 건드리면 무시하기 더 어렵고 인지적 긴장 극복으로 멀리 하기도 힘들기 때문이다. 또한 당연한 것 같지만 긴장극복 능력이나 자원이 좋지 않은 청소년일수록 긴장이 비행으로 이어질 확률이 더 높다고도 한다. 예를 들어, 소통할 수 있는 언어적 기술, 높은 수준의 '자기–효능감', 그리고 지능, 문제해결능력 등의 부족이나 결여는 비행으로 이어지고 반면에 우수한 청소년은 비행을 극복할 가능성이 더 높다고 한다. 그 밖에도 과거 비행경력이나 비행에의 노출 경험이나 관습적인 사회적 지지가 부족한 청소년도 비행이 긴장에 대한 우선적 반응일 가능성이 더 높다고도 한다[34].

---

33 Bates & Swan, op cit., pp. 103–104; Agnew & Brezina, op cit., pp. 121–122

34 R. Agnew, "Foundation for a general strain theory of crime and delinquency," Criminology, 1992, 30: 47–87; R. Agnew, "An overview of general strain theory," pp. 161–174 in R. Paternoster and R. Bachman(eds.), Explaining Criminals and Crime, LA: Roxbury, 2001

제3장

상황적 요소와 비행

　지금까지의 이론들은 일반적인 사전적 성향이나 기질 또는 비행 가담의지를 창출하는 요소에 초점을 맞추었다고 할 수 있으며, 그러한 요소에는 높은 수준의 긴장과 높은 수준의 범죄학습, 그러나 낮은 수준의 자기통제와 비행소년이라는 낙인이 내포되곤 하였다. 비행의 성향이나 소인을 가진 사람일수록 그렇지 않은 사람에 비해 비행을 할 확률이 더 높다는 설명인 것이다. 그래서 일부 사람들이 자신의 삶 속에서 그들의 비행성향이나 소질이 가장 강한 시점에 더 많은 비행을 범하는 경향이 있지만, 심지어 그런 성향이나 기질이 가장 강한 사람이라도 항상 비행을 하는 것은 아니며 사실 그들도 대부분의 시간은 비비행적 활동으로 보낸다. 결국 비행의 기질이나 성향을 가진 사람이 실제로 비행에 가담하고 안 하고는 그들이 처한 환경의 형태에 크게 좌우된다는 것이다. 결국, 비행의 성향이나 기질이 강한 사람이 비행에 기여하거나 공헌할 수 있는 상황에 처할 때 비행발생의 확률이 가장 높을 것이라는 추정이다[1].

---

[1] Agnew & Brezina, op cit., p. 199

제1절

비행 유인 상황과 비행이론

1. 긴장이론

1) 상황적 긴장

긴장이론에 따르면, 비행은 개인이 긴장에 시달릴 때 일어나기 가장 쉽다고 한다. 다양한 유형의 상황적 긴장이 있지만, 가장 보편적인 형태의 상황적 긴장은 다른 사람에 의한 도발이나 자극provocation, 특히 의도적인 것으로 여겨지는 언어적, 신체적 공격이라고 한다. 그와 같은 공격은 특히 남성이 다른 남성으로부터 공격을 받을 때 폭력적인 반응을 촉발하거나 유발할 가능성이 특히 더 높다고 한다. 그러한 공격은 부정적인 자극을 일으키고, 특히 자신의 남성다운 정체성이나 어른스러움에 대한 도전으로 간주하는 남성에게는 그러한 공격이 자신의 지위에 대한 위협으로도 보이기 때문이다. 실제로 폭력에 가담한 비행소년의 60% 정도가 자신이 무시당하고, 욕을 먹고, 협박을 당하고, 학대를 당하며, 자신의 물품이 손상을 당하는 등의 형태로 의도적으로 도발이나 자극을 받았기 때문이었다고 답했으며, 촉발이나 도발이 폭력을 유발하는 데 있어서 핵심적인 역할을 했던 것으로 밝혀지기도 했던 것이다[2]. 그러나 다수의 범법자들이 집단 왕따와 같이 다른 사람들의 촉발에 의한 무고한 피해자가 아니라는 것도 염두에 두어야 한다.

2) 긴장에 대한 비행적 극복 가능성을 증대시키는 요소

비행의 기질이나 성향이 있는 사람이 긴장을 유발하는 상황에 빠질 때 비행에 가담할 가능성이 더 높지만, 이런 기질이나 성향을 가진 모든 사람이 그러한 긴장을 주는 상황에 비행으로 반응하지는 않는다. 좀 더 일반적으로 설명하자면, 상황적 긴장에 대한 비행적 반응은 그 상황의 특징이 긴장에 대한 개인의 민감성을

---

[2] R. Agnew, "The origins of delinquent events: An examination of offender accounts," Journal of Research in Crime and Delinquency, 1990, 27: 267-294

높이고, 합법적으로 극복할 능력을 낮추며, 비행의 인지비용perceived cost도 낮추고, 비행의 인지이익perceived benefit은 높일 때 가장 일어나기 쉽다고 한다. 긴장 상황에 대한 민감성을 높이는 동시에 극복능력은 감소시키는 것 중의 하나로 음주나 약물의 복용을 들고 있으며, 인지비용과 인지이익과 관련하여서는 사회학습과 연관된 매력적 표적, 비행의 비용편익, 그리고 보호능력의 부재가 이에 해당될 수 있는 것이다3.

2. 사회학습과 통제이론

1) 비행의 비용편익

사회학습과 통제이론의 주장에 따르면, 범죄란 비행의 이익은 높으나 비용은 낮아 보일 때 가장 일어나기 쉽다고 한다. 물론 비행의 이익이란 돈이나 물건처럼 유형의 것일 수도 있지만, 범죄와 관련된 흥분이나 전율 또는 사회적 인정과 같은 무형의 것일 수도 있다. 연구자들에 따르면, 물건을 훔친 비행소년의 다수가 특정한 물품이 필요했거나 또는 재미가 있고 즐겁기 때문에 훔쳤다고 답한다는 것이다. 반면에 비행의 비용은 붙잡혀서 처벌을 받을 가능성은 물론이고, 범행의 도덕적 비용, 즉 그 상황에서 범행을 하면 얼마나 나쁘고 죄스럽게 느끼는가라고 할 수 있다. 그런데, 문제는 대부분의 비행소년은 물론이고 심지어 성인범죄자들도 그렇게 합리적이거나 사고가 깊지 않아서 특정한 상황에서 비행의 비용과 이익을 모두 조심스럽게 고려하는 것은 아니라는 주장들이 힘을 더 받고 있다. 그러나 다수의 연구자들은 청소년들이 대부분의 경우 비행의 이익과 비용에 대하여 최소한 제한된 생각은 한다고 주장한다. 청소년들이 비록 범행 전에 체포와 처벌의 가능성을 철저하게 고려하는 것은 아닐지라도 적어도 부모님이나 경찰관의 주변에서는 범행을 하지 않는 것처럼 비용에 대하여 최소한 대충이라도 생각하기 마련이라고 주장한다. 구체적으로 범법자들이 크고 강한 표적보다는 작고 약한 표적을 공격할 확률이 더 높다는 사실이 이를 보여주고 있다. 물론 비용과 이익에

---

3 L. W. Kennedy and Baron, S. W., "Routine activities and a subculture of violence: A study of violence on the street," Journal of Research in Crime and delinquency, 1993, 30: 88–112

대한 고려의 수준이나 정도는 당연히 사람에 따라 차이가 있다[4].

그런데 몇 가지 상황적 특징이 청소년들이 비행의 이익과 비용을 계산하는 데 영향을 미치는 것으로 알려지고 있다. 사회학습의 관점에서는 이런 상황적 특징을 '차별적 자극discriminative stimuli'이라고 하며, 이는 비행행동이 주어진 상황에서 재강화되거나 또는 처벌되는 가능성이라고 할 수 있다. 일반적으로 매력적인 표적이 있으나 능력이 있는 보호자가 없거나 보호될 수 없으며, 비행을 같이 할 친구가 있을 때가 비행의 이익은 높은 반면에 그 비용은 낮다고 믿을 확률이 더 높다는 것이다[5].

2) 매력적 표적

매력적인 표적이 존재할 때 당연히 비행의 이익은 크고 그 비용은 적게 보이기 쉽다고 한다. 재물과 관련해서는 매력적인 표적이란 가시적이어서 눈에 잘 띄고 접근이 용이하며, 현금이나 보석처럼 가치가 있고 가격이 높으며, 휴대전화처럼 주머니나 가방에 넣을 수 있어서 움직이기 쉽고 숨기기 쉬우며, 휴대전화나 술, 담배, 또는 의상처럼 청소년들이 즐길 수 있고, 보험사기처럼 죄의식을 촉발할 가능성이 낮은 것이라고 한다.

사람과 관련해서는, 매력적인 표적이란 재물과 마찬가지로 가시적으로 눈에 잘 띄고 접근이 용이하며, 현금이나 보석과 같은 가치가 있는 물품을 지닌 것으로 생각되며, 효과적인 저항을 할 가능성이 낮으며, 죄의식을 촉발할 것 같지 않은 표적이라고 할 수 있다. 효과적인 저항능력은 표적의 신체적 조건, 집단인지 단독인지 여부, 그리고 음주 여부 등에 따라 크게 달라진다. 여기에다 불법이민자나 체류자들처럼 경찰에 전화를 할 가능성이 낮은 사람, 그리고 범죄를 촉발하거나 유인하는 경우나 범행에도 심각한 피해를 입을 것 같지 않은 사람도 매력적인 표

---

4 R. Agnew, "The origins of delinquent events: An examination of offender accounts," Journal of Research in Crime & Delinquency, 1990, 27: 267－294; R. Felson, "Big people hit little people: Sex differences in physical power and interpersonal violence," Criminology, 1996, 34: 433－452; S. G. Tibbetts and Gibson, C. L., "Individual propensities and rational decision－making: Recent findings and promising approaches," pp. 3－24 in A. R. Piquero an S. G. Tibbetts(eds.), Rational Choice and Criminal Behavior, New York: Routledge, 2002

5 Agnew & Brezina, op cit., pp. 202－203

제2부 소년비행의 이론

적이 될 수 있다고 한다.

3) 유능한 보호의 부재

일반적으로 범행을 방해하거나 장애를 가할 사람이 주변에 없을 때 비행의 비용도 낮아진다고 한다. 여기서 범행을 방해하거나 장애를 가할 수 있는 사람을 유능한 보호자Capable guardian라고 하고, 그런 상황을 보호가능성이라고 한다. 물론 경찰이 가장 강력한 보호자이겠지만 대부분의 경우는 일반시민들이 이 역할을 수행한다. 예를 들어, 야간에 산책하는 사람이 노상강도를 예방할 수 있고, 주간 이웃의 존재가 주거침입절도를 방지할 수 있으며, 교사의 존재가 교실에서의 학교폭력을 방지할 수 있는 것이다. 이는 잠재적 범죄자가 이들의 존재가 바로 직접적으로 자신의 범행에 개입하여 방해하거나 경찰에 신고할 것을 두려워하기 때문이다.

4) 비행교우의 존재

동료, 특히 비행교우의 존재도 특정한 상황에서 비행의 이익과 비용에 영향을 미친다고 한다. 친구의 존재는 다른 청소년들로부터의 보복을 방지해주고, 비행의 실행에 도움을 주며, 그러한 비행이 정당화할 수 있고 용서될 수 있다고 확신시켜줌으로써 비행의 비용을 낮추어 준다. 동시에 그러한 비행교우의 존재는 종종 비행행동을 재강화해 주기 때문에 비행의 이익도 증대시킨다. 이러한 주장은 대부분의 소년비행이 단독이 아니라 친구들과 집단적으로 행해진다는 사실이 이를 입증해 주고 있다[6].

3. 비행촉발요인

비행의 성향이 있는 청소년이 때로는 비행을 유발하는 상황을 일부러 찾기도 한다. 이런 경우는 대인범죄보다는 재산범죄에 더 많다고 한다. 예를 들어, 범행할 성향을 가진 잠재적 범죄자가 강도나 절도를 할 사람이나 주택을 적극적으로

---

6 L. W. Kennedy and Baron. S. W., "Routine activities and a subculture of violence: A study of violence on the street," Journal of Research in Crime & delinquency, 1993, 30: 88 – 112

찾는 것이다. 그러나 연구결과에 따르면 이러한 경우는 그리 흔치 않다고 한다. 잠재적인 범죄자들은 자신에게 익숙하거나 편리하고 편안한 지역에서 표적을 찾기 때문에 자기 집 근처에서, 자주 다니는 곳 주변에서, 그리고 일상적인 행로 주변에서 표적을 찾는 경향이 있다고 한다. 자신이 이런 장소에 대해서 잘 알고 있기 때문에, 노력을 덜 해도 되고, 더 안전하고 눈에 잘 띄지 않는다고 느낀다고 한다. 그러나 재산범죄의 경우는 자신의 집에서 가까운 곳에서 범하지 않는데, 그것은 자신이 쉽게 인지될 수 있기 때문이다. 반대로 폭력범죄는 집 가까운 곳에서 빈번한데 그것은 폭력범죄가 가족, 친지, 그리고 지면관계에서 주로 발생하기 때문이다.

반대로 범행의 성향을 가진 잠재적인 범죄자들이 범행을 유발하거나 촉발하는 상황을 의도적으로 찾지 않고, 오히려 자신의 일상적인 매일매일의 활동 과정에서 그런 상황에 마주치게 된다고 한다. 학원에 오가는 중에 좀도둑을 하거나 강도하기 좋은 기회에 마주칠 수 있다는 것이다. 폭력범죄의 경우에도 사전에 계획된 것이라기보다는 일상생활의 마찰에서 불거지기 쉽다는 것이다. 이 두 경우를 우리는 상황적 범죄나 충동적 범죄라고도 한다. 이처럼 범죄유발 또는 촉발적 상황에 마주치거나 그런 상황을 찾게 되는 데 영향을 미치는 몇 가지 요소들이 분명히 있는 것이다. 최근 들어 이들 요소들 중에서도 가장 분명한 것으로 개인의 일상 또는 매일매일의 활동 특성이 주목을 받고 있다[7].

1) 개인의 일상활동의 특징

일상활동routine activity이란 개인이 매일 무엇을, 누구와, 언제, 어디서 하는가에 관한 것이라고 할 수 있는데, 일부 특정한 일상활동이 범죄를 유발하거나 촉발 또는 촉진하는 상황에 처해질 가능성이나 확률을 더 높일 수 있다는 것이다. 먼저, 친구, 특히 비행친구들과 함께 감독되지 않고, 구조화되지 않은 활동을 하는데 많은 시간을 보내는 청소년일수록 범죄를 유발하거나 촉진 또는 촉발하는 상황을 맞이할 가능성이 더 높다고 한다. 이들은 보호능력이 있는 부모나 교사 등은 없고 반대로 비행을 같이할 비행친구들이 존재하여 비행의 비용은 낮추고 그 이익은 증대시킬 수 있으며, 또한 비행청소년들은 서로 비행을 촉발하고 서로 갈등

---

7 Agnew & Brezina, op cit., p. 207

에 빠지는 경향이 강하여 이들 청소년은 피해자 촉발의 상황에도 빠지기 쉽기 때문이다. 한편, 일상활동의 시간과 장소도 영향을 미치는데, 청소년들은 친구들과 시간을 많이 보낼 수 있는 시간과 장소, 즉 방과 후 시간에 학교나 학원 주변 등 청소년들이 많이 모이는 곳이 비행을 촉발, 촉진, 유발하기 쉬운 시간적, 공간적 상황이라고 할 수 있다[8].

2) 일상활동에 영향을 미치는 요소

일반적으로 연령과 성별이 일상활동에 특별히 영향을 크게 미친다고 한다. 청소년기는 동년배 친구들과 구조화되지 않은 활동에 감독을 받지 않고 가장 많은 시간을 보내는 시기이며, 남자 아이들이 이런 유형의 구조화되지 않고 감독되지 않은 활동에 친구들과 시간을 더 많이 보낼 가능성이 더 높기 때문이다. 아마도 이런 차이가 비행에 있어서 성별의 차이를 부분적으로는 설명할 수도 있을 것이다. 또한 청소년 개인의 부모의 감독, 학교에 대한 전념, 그리고 자기-통제의 수준도 영향을 미치는 데 그것은 그러한 요소들이 비행유발상황에의 노출을 포함하는 일상활동에 가담할 가능성을 높이기 때문이다. 부모로부터 감독을 받지 않는 청소년일수록 친구들과 감독되지 않고 구조화되지 않은 활동에 가담할 가능성이 당연히 높기 때문이다[9].

---

8 D. Weisburd, Morris, N. A., and Groff, E. R., "Hot spots of juvenile crimes: A longitudinal study of arrest incidents at street segments in Seattle, Washington," Journal of Quantitative Criminology, 2009, 25: 443–467

9 D. W. Osgood, Wilson, K\J. K., O'Malley, P/ M., Bachman, J. G. and Johnston, L. D., "Routine activities and individual deviant behavior," American Sociological review, 1996, 61: 635–655

제4장

미시이론과 공공정책

비행과 범죄이론의 가장 중요한 공헌 중 하나는 바로 이론이 소년비행과 범죄를 다루기 위하여 입안되는 공공정책을 제안해 줄 수 있다는 것이다. 지금까지 제시된 비행이론들은 개인수준과 단위의 행위를 설명하기 위한 것들이었다는 점을 감안하면, 이들 이론으로부터 도출된 공공정책 또한 개인단위와 수준의 행위에 초점을 맞추게 될 것이다.

차별적 접촉이론은 동료들과 사회학습이론의 형태로 친구, 학교, 가정, 그리고 일반 사회와의 상호작용에서 개인들이 경험하는 처벌과 재강화로부터의 비행의 학습에 초점을 맞추고 있어서 차별적 접촉이론에 기초한 공공정책은 다수의 요인에 중점을 둘 수 있다. 한 예로 학교에서는 비행을 선호하는 규범은 줄이거나 관습적 규범은 증대시키는 정책을 들 수 있을 것이다. 이를 위하여 학교에서는 관습적인 동료와의 접촉과 상호작용의 중요성을 강조하는 프로그램을 강화하면 될 것이다.

사회통제/사회유대이론에 기초한 공공정책은 비행을 중단시키기 위하여 강력하게 유지되어야 하는 사회유대의 전부 또는 그 중 하나에 초점을 맞추는 것이다. 예를 들어, 잘 짜여지고 재정이 탄탄하며 내용도 풍부한 성공적인 음악, 운동, 미술 등의 방과 후 클럽활동이나 보이스카웃, 걸스카웃 등 학교 밖 활동을 옹호하는 것이다. 이들 활동을 통하여 청소년들은 적어도 두 가지 유대를 강화할 수 있는데, 이들 프로그램에 참여하여 보내는 시간을 통하여 참여유대involvement bond가

강화되고, 프로그램에 더 전념할수록 타인들과의 유대도 더 강화되고 집단의 성공에도 더욱 전념하게 되어 전념유대committment bond도 강화될 것으로 알려지고 있다.

일반긴장이론은 청소년들에게 있을 수 있는 긴장과 그 극복방법이나 기제mechanism에 초점을 맞추는 것이다. 일반긴장이론은 긴장은 대부분의 청소년들의 삶과 인생에서 정도의 차이는 있을지 모르지만 다 있을 수 있는 것이지만, 일부 긴장은 청소년에 따라 그 가능성이 차이가 있어서 일부집단이 다른 집단에 비해 긴장을 경험할 가능성이 더 높을 수 있다고 한다. 따라서 일반긴장이론에 기초한 공공정책은 이 일부집단이 더 많이 경험할 가능성이 더 높은 긴장을 완화하거나 줄이고 모든 청소년들에게 일반적인 극복기술을 증대시키는 데 초점을 맞추는 것이다.

제2편

거시이론
(Macro Theories)

제1장

사회구조적 원인론

제1절

사회구조와 비행

우리는 계층화된 사회stratified society에 살고 있다. 사회적 층화는 부와 권력과 특권의 불평등한 분배로 인하여 만들어진다. 사회계층은 그 구성원들이 상대적으로 원하는 것들이 유사하고 가치, 규범, 태도, 그리고 생활유형을 공유하는 인구집단으로, 대체로 상류, 중류, 하류 계층으로 분류한다. 범죄학적 관점에서는 빈곤층에 속하는 사람들은 퇴락된 지역에 거주하게 되고, 그곳에서의 삶은 개인적인 사회, 경제적 문제를 더욱 심화시킨다. 부유한 지역에서 성장하는 아이들보다 이들 빈곤한 퇴락한 지역에서 성장하는 아이들이 반사회적 행동을 할 가능성이 더 높다는 것이다. 아마도 그들은 우울해지기 쉽고, 성취동기가 낮고, 미래보다 즉각적인 만족을 택하기 쉽다고 한다. 일부에서는 이러한 상황을 '빈곤의 문화culture of poverty'라고 설명한다. 사회제도에 대한 불신, 무력감, 냉소주의 등이 빈곤문화의 주요 가치라고 한다. 빈곤이 청소년들의 교육적 성공과 후에 직업적 성공으로 이끄는 생활유형과 습관, 기술 등의 개발을 어렵게 만든다. 이들 청소년들의 사회적 유대도 약화시키고, 더불어 지역공동체사회의 융합도 약화시키며, 궁극적으로는 구성원들의 행동에 대한 규제능력도 약화시키게 된다[1].

---

[1] C. Hay, Fortson, E., Hollist, D., Altheimer, I., and Schaible, L., "Compounded risk: The

사회구조이론은 비행이 단순히 개인적 특성이나 기질 또는 요인 등 미시적인 수준의 문제만이 아니라 대규모 사회요인이나 힘 또는 세력 등 영향요인들도 비행에 영향을 미친다는 가정 하에 어떤 사회구조적 요소들이 어떤 영향력을 어떻게 행사하는가를 면밀하게 분석하고자 하는 이론이다. 여기서 우리가 검토하려는 이론들은 사회학적 실증주의 이론으로 간주되는 전통적인 사회학적 이론이다. 이는 사회구조적 관점에 초점을 맞추는 학자들은 사회적 세계를 연구하기 위하여 관찰, 측정, 경험적 검증 등과 같은 과학적 연구방법을 활용하는 실증주의적 접근법을 이용하기 때문이다. 사회구조이론은 비행에 관하여 결정론적 입장을 취하는데, 이들은 주로 사회와 환경의 사회적 조직이라고 할 수 있는 개인의 의식적 통제 밖의 요인들이 비행에 영향을 미치거나 비행을 결정하게 된다고 주장한다. 이러한 사회구조적 관점에서 비행을 설명하려는 이론으로는 크게 아노미이론과 사회해체이론을 들 수 있다[2].

1. 아노미이론(Anomie Theories)

아노미이론은 우리 사회가 어떻게 구조화되며, 그 사회구조가 우리가 사회규범을 지키고 따르는 능력에 어떤 영향을 미치는가를 고려하는 이론이다. 그런데 이런 아노미이론은 우리 사회는 일련의 규범에 기초하고 있으며, 대다수 사회구성원들은 이 규범을 공유한다는 가정에서 출발한다. 만약에 누군가가 일탈이나 비행의 형식으로 규범에 어긋난다면, 이는 전형적으로 그들의 사회적 세상에서 그들로 하여금 그러한 행동을 하도록 이끄는 어떤 영향요인을 경험하기 때문이라는 것이다.

1) Merton의 긴장이론(Strain Theory)

Harvard대학의 박사과정 학생이던 Merton은 자신은 유명대학에 다니고 있지

---

implications for delinquency of coming from a poor family that lives in a poor community," Journal of Youth and Adolescence, 2007, 36: 593–605; B. Warner, "The role of attenuated culture in social disorganization theory," Criminology, 2003, 41: 73–97

2 Bates & Swan, op cit., p. 112

만 사실 필라델피아의 도심에서 동유럽 유대인 이민자의 아들로 자라면서 생활환경과 여건이 좋지 않은 삶에 아주 익숙했던 그는 당시 미국 사회의 시민 모두에게 기회를 이용하고 성공적인 성인이 되도록 강요하는 사회적인 영향요인들에 대해서 너무나도 잘 알고 있었다. 이런 자신의 경험을 토대로 그는 미국사회에 초점을 맞추었던 아노미의 이론을 창안하였으며, 그의 이론은 아직도 일부 유형의 비행의 설명으로서 매우 대중적인 인기를 누리고 있다. 얼핏 보아서는 아노미에 관한 Merton의 개념이 Durkheim의 개념에 반하는 것으로 보인다. 그는 어떻게 사회규범이 그토록 강력하여 일부 사람들로 하여금 규범을 성취하기 위하여 일부 규율이나 심지어 일부 법률까지 어기도록 자극하는지를 생각했던 것이다. 그는 아노미가 규제되지 않은 욕구, 욕망과 관련되지만, 규제되지 않은 욕망이 "미국의 꿈 American Dream"을 바탕으로 하고 있다고 믿었다.

"미국의 꿈"을 이루는 것은 특권이나 부, 또는 심지어 명성을 크게 얻는 것이겠지만 자본주의가 팽배한 미국사회에서 가장 보편적인 것은 재정적, 경제적, 물질적 성공이라는 것이다. Merton은 미국 사회에서 물질적이고 재정적인 부를 얻는 것이야말로 가장 일차적인 주요한 문화적 목표이기 마련이고, 그 결과 사회의 구조가 일부 구성원들에게 그러한 성공을 성취하기 위해서 동조주의자conformist 행위가 아니라 비동조적인nonconforming 행동에 가담하도록 영향력을 행사한다고 주장한다. 다시 말해서 일부 사람들은 특정한 상황에서 규율을 따르기보다는 일탈하도록 강요받게 된다는 것이다. 그는 대부분의 사람들이 미국의 꿈이라는 문화적 목표를 믿지만 모든 사람이 다 그러한 목표를 성취하기 위한 수단에 접근하지 못하기 때문이라고 그 이유를 설명하고 있다. 즉, 문화적 성공을 이루기 위하여 필요한 수단이 모든 사람들에게 동등하게 주어지지 않으며, 그것은 합법적인 수단이 그 사람의 사회경제적 계층에 따라 좌우되기 때문이라는 것이다[3].

Merton은 아노미를 개인의 욕망과 그 욕망을 실현시키기 위하여 필요한 수단의 불균형감 또는 간극에서 파생되는 불만상태로 규정한다. 사람들은 성공윤리를 강조하는 강력한 사회화 과정에 노출되어 문화적으로 용인되는 성공의 목표, 즉 남보다 앞서야 한다는 욕망을 갖게 되지만 동시에 사회는 그 욕망을 실현시킬 수

---

3 R. K. Merton, "Social structure and anomie," American Sociological Review, 1938, 3(5):672−682

있는 문화적으로 용인된 수단도 제시하고 있는데 문제는 모든 사람에게 그 수단이 다 동일하게 제공되지 않고 일부에게는 차단되고 일부에게는 제한된다는 것이다. 이상화된, 사회적으로 용인된 목표와 사회적으로 용인된 방식으로 그것을 성취할 수 있는 제한된 기회와 수단의 현실이 사람들을 무력감과 무기력감의 상태나 아노미에 빠지게 한다는 것이다. 이렇게 합법적 수단과 기회가 거부되면, 경기의 규율도 그 중요성이 줄어들게 되고, 이들에게는 경기를 하는 것이 중요하지 않고 승부가 중요하게 되어 일부는 문화적으로 용인된 목표를 성취하기 위하여 불법적인 수단에 호소하게 된다는 것이다. 그러나 이런 상황에 처한 모든 사람이 불법적 수단에 호소하는 것은 아니며 사람에 따라 다양한 형태로 적응한다는 것이다[4].

일반적으로 대부분의 아이들은 이런 긴장감을 극복하지만, 경제적으로, 사회적으로 굴욕을 느끼는 일부는 다른 사람들을 굴욕시키는 것으로 되갚고자 한다. 심리학자들은 이런 상황에서 자신을 '패배자looser'라고 간주하는 아이들은 자기들을 희생시켜서 잘 먹고 잘 살고 있는 '승자winner'들을 두려워하고 질투하기 시작한다고 경고한다. 만약 이 아이들이 위험한 공격적인 전술을 취하지 않는다면 그들은 분명히 사회적 경쟁에서 낙오가 되고 미래 성공의 기회도 거의 갖지 못하게 된다는 것이다. 이와 같은 부자와 가난한 사람의 날카로운 분열은 비행과 공격으로 이어질 수 있는 불신과 질투의 분위기를 만들게 된다는 것이다[5].

구체적으로, Merton은 재정적 성공이라는 문화적 목표와 그 목표를 성취하기 위한 제한된 기회 사이의 간극이 바로 긴장을 유발한다고 주장하였다. 이렇게 유발된 긴장에 사람들은 다섯 가지 방법으로 적응한다고 기술하였는데, 그 첫 번째는 그냥 긴장에 동조하는 것으로 가장 우선적이고 보편적인 적응방식이라고 한다. Merton에게 있어서 동조conformity란 긴장에 대한 비일탈적 적응nondeviant adaptation으로 간주되었다. 이들 동조주의자들은 미국의 꿈이라는 목표와 그것을 이루기 위한 사회적으로 정당하고 합법적인 방법 둘 다를 수용하는 것이다. 우리들 대다

---

4 Thompson & Bynum, op cit., pp. 123−124

5 J. Braithwaite, "Poverty power, whit collar crime, and the Paradoxes of criminological theory," Australia and New Zealand Journal of Criminology, 1991, 24: 40−58; P. M. Krueger, Bond Huie, S. A. Rogers, R. G. and Hummer, R. A., "Neighborhoods and homicide mortality: An analysis of race/ethnic differences," Journal of Epidemiology and Community Health, 2004, 58: 223−230

수가 사실 동조주의자들이라는 사실이 우리 사회의 안정성을 담보해주고 있으며, 만약 그렇지 않았다면 사회의 안정성은 유지되기 어렵다고 주장하였다.

　두 번째 긴장 적응유형은 혁신Innovation으로서 사람들이 합법적인 수단에의 접근이 차단되었기 때문에 물질적, 재정적 부라는 문화적 목표를 성취하는 정당한 합법적 행로를 받아들이지 못할 때 일어나는 것으로, 특히 비행연구와 관련하여 가장 논의가 활발한 적응방식이다. 세 번째는 의례주의ritualism 적응형태로서 이 적응방식의 사람들은 비록 미국의 꿈이라는 문화적 목표는 포기하지만 학교에 다니고 직장에 나가는 등 대부분의 사회가 보상하는 일들을 지속하는 경우이다. 다시 말하자면 심지어 자신의 행동이 재정적 부를 가져다준다고 믿지도 않고 문화적 목표에 신경을 쓰지도 않지만 이들은 그냥 게임을 하고 있을 뿐이라는 것이다. 사실 사회적으로 용인된 재정적 성공과 진전을 포기하는 것은 일종의 사회규범에 대항하는 것이기 때문에 긴장에 대한 또 다른 일탈적 적응이라고 Merton은 주장하였다. 네 번째는 퇴행주의retreatism로서 물질적 성공이라는 문화적 목표와 그 목표를 성취하기 위한 합법적 수단 모두를 거부하는 사람들의 적응방식이다. 이들은 아마도 합법적 또는 불법적 수단으로 물질적으로 그리고 재정적으로 성공하려고 노력하였지만 결국에는 실패한 후 어떤 면에서는 사회적으로 낙오된 사람으로 간주된다. 이 유형에는 상습적인 약물중독자나 일부 정신질환자 등이 해당되며, 가장 흔치 않은 적응형태라고 한다. 마지막 적응방식은 혁명rebellion으로서 미국의 꿈의 한 부분으로서 조장되는 재정적 성공이라는 문화적 목표를 거부하지만 동시에 그 목표를 성취하기 위한 합법적 수단도 거절하는 사람들의 적응형태이다. 이들은 문화적 목표와 합법적인 수단이라는 전반적인 체계 자체를 거부하고, 그 대신 Merton이 '새로운 사회질서'라고 칭하는 새로운 목표와 수단으로 대체하기를 바라는 사람들로서 정치적 테러범 외에 이 유형에 속하는 사람은 많지 않다고 한다. 이를 요약하면 아래의 그림과 같다[6].

---

6 Merton, op cit.

Merton의 긴장 적응형태

	문화적 목표	제도화된/합법적 수단
동조(Conformity)	+	+
혁신(Innovation)	+	−
의례(Ritualism)	−	+
퇴행(Retreatism)	−	−
혁명(Rebellion)	+/−	+/−

(1) 제도적 아노미이론(Institutional Anomie Theory)

거시적 수준의 아노미이론은 반사회적 행위를 미국사회의 문화적, 제도적 영향의 기능으로 보는데, 이를 '제도적 아노미이론'이라고 한다. 이 이론은 자본주의문화가 가족, 공동체, 그리고 종교를 희생해서라도 경제적 성공을 해야 한다는 강렬한 압박을 조장하기 때문에, 자본주의사회에 아노미가 확산되며, 그 결과 사회의 가치구조가 제도적 사회통제를 약화시키는 경제적 현실에 의해서 지배된다는 것이다. 다시 말해서, 사람들은 돈을 버는데 지나친 관심을 갖게 되어 자신의 행동이 가족의 요구나 도덕성의 제재로는 통제될 수 없다는 것이다[7].

이처럼 사회제도가 무력화되는 데는 세 가지 이유가 있다고 한다. 먼저, 비경제적 기능과 역할이 가치를 잃게 된다고 한다. 가정, 학교, 지역사회와 같은 제도적 여건에서의 다른 성과는 재정적 성공에 비해 그 우선순위가 훨씬 낮아지고, 아이들이 학교에서 좋은 직장을 구하고 많은 돈을 벌기 위하여 공부하게 된다는 것이다. 둘째, 이제는 경제적 역할이 지배적이 되어, 가정, 학교, 지역사회보다 직장의 수요와 요구가 우선이 된다는 것이다. 셋째, 물질주의와 탐욕이 일종의 문화로 자리 잡게 되고, 아이들이 합법적인 수단으로는 충족될 수 없는 물질적 재화에 대한 욕구와 소망을 갖게 되고, 남들보다 앞서기 위하여 무엇이건 할 의향을 갖게 되고, 성공할 수 없는 아이들은 심지어 교도소 수용까지도 성공을 위해서는 어떤 위험이라도 감내할 의지를 갖게 된다는 것이다[8].

---

7 Siegel & Welsh, op cit., pp. 143−144

8 S. Messner and Rosenfeld, R., Crime and The American Dream, Belmont, CA: Wadsworth Publishing, 1997, p. 61

(2) 일반긴장이론(General Strain Theory)

사회학자인 Robert Agnew의 일반긴장이론은 전통적 긴장이론이 소년비행과 중상류층 비행을 설명하지 못했다는 비판에 대한 보완적 설명이라고 할 수 있다. 그는 긴장을 단순히 목표와 수단의 괴리로만 보지 않았으며, 범죄와 비행을 스트레스에 대한 적응으로 보고 사회적 긴장으로 이끄는 세 가지 스트레스의 근원을 제시하였다. 먼저, 목표와 수단 또는 기대와 실제 결과의 괴리로서 Merton의 아노미 개념에 가장 가까운 것이며, 두 번째는 개인의 삶에 있어서 긍정적인 무언가의 상실로서 예를 들어 청소년에게 있어서 부모나 친지의 사망 또는 이성친구와의 결별 등이 있으며, 세 번째는 부정적인 상황이나 사건의 존재로서 나쁜 주거환경과 같은 환경이나 범죄피해나 성적 학대와 같은 보다 개인적인 스트레스 관련 상황이나 사건이라고 할 수 있다[9].

Agnew의 일반긴장이론은 긴장의 미시적 또는 개인적 영향을 파악하는 데 도움을 주고 있다. 그의 이론은 왜 긴장과 스트레스를 느끼는 사람들이 비행행위에 가담할 확률이 더 높은가를 설명해주고 있다. 그에 따르면, 개인들이 느끼는 스트레스나 긴장의 근원은 복잡다단하다고 한다. 그는 비행이 부정적이고 파괴적인 사회관계의 파고 속에서 아이들이 느끼는 분노, 좌절, 그리고 해로운 감정들이라고 할 수 있는 부정적인 감정적 상태negative affective states의 직접적인 결과라고 설명한다[10].

그런데 이런 부정적인 감정적 상태는 다양한 긴장의 근원에서 파생되는 것이라고 한다. 그가 예시하는 긴장의 근원에는 먼저 부와 명예와 같이 아이들이 추구하는 목표를 성취할 수 있는 재정적, 교육적 자원이 부족할 때 일어나는 긍정적으로 가치가 부여된 목표성취의 실패를 들 수 있고, 다음으로 기대와 성취의 괴리로서 이는 아이들이 재정적으로, 사회적으로 훨씬 더 잘하는 것 같은 동료들과 자신을 비교할 때 긴장을 느끼게 된다는 것이다. 예를 들어, 친구가 자신보다 더 좋은 대학에 합격한 것이 그런 아이들은 특별한 힘이나 권력과 같은 것이 있거나 입시가

---

9 Thompson & Bynum, op cit., p. 131

10 R. Agnew, "Foundation for a General Strain Theory of crime and delinquency," Criminology, 1992, 30: 47−87

공정하지 못했기 때문이라고 믿게 되는 것 등이다. 다음은 긍정적으로 가치가 부여된 자극의 제거로서 이는 개인으로부터 긍정적으로 가치가 부여된 자극이 손상, 상실, 또는 제거될 때 아이들이 느끼게 되는 긴장이다. 이런 긍정적 자극의 상실은 아이들이 상실을 방지하려고 노력하고, 상실한 것을 되찾으려고 하며, 대안을 구하려고 하고, 자극상실의 책임이 있는 사람에 대한 보복을 하려함에 따라 비행으로까지 이어질 수 있다는 것이다. 마지막으로, 부정적 자극의 표출로서 이는 아동학대나 범죄피해, 가족갈등, 신체적 처벌, 가족붕괴, 학교실패 또는 각종 차별과 같은 부정적 경험도 긴장을 초래할 수 있다는 것인데, 이런 부정적 경험들이 부정적 감정과 결과적으로 비행을 초래한다는 것이다[11].

이런 각각의 긴장들이 실망, 우울, 두려움, 그리고 가장 중요한 것으로 분노와 같은 부정적인 감정들을 경험할 확률을 높인다는 것이다. 분노는 잘못되어 간다는 인식을 갖게 하고 복수의 욕망을 파생하며, 개인으로 하여금 행동을 취하도록 자극하고, 금지나 제약의 수준을 낮춘다는 것이다. 폭력과 공격이 자신이 잘못 취급되고 당연히 분노하게 되면 정당화되는 것처럼 보이는 것이다. 부정적 자극에의 노출이 일부 아이들을 화나게 하고 그 중 일부에게 부적절하게 반응하거나 대응하게 한다는 것이다. 긴장을 느끼는 아이들이 반사회적 행위에 가담할 확률이 가장 높은 아이들이지만, 그렇다고 긴장을 느끼는 모든 아이들이 다 일탈행위를 하는 것은 아니며, 일탈행위에 가담하는 아이들은 범죄피해경험이나 아동학대와 같은 부정적 자극의 경험이 오래된 아이들이라고 한다. 또한 긴장을 느끼는 아이들 중에서 충동적인 아이, 자기통제가 약한 아이, 부정적 감정을 가진 아이도 긴장에 비행으로 반응할 확률이 더 높다고 한다. 반면에 자신이 어려울 때 도움을 청할 친구, 이웃, 가족이 있는 아이들은 긴장을 극복하기가 더 쉽다고 한다[12].

11 S. Baron, "Street youth, Strain Teory, and crime," Journal of Criminal Justice, 2006, 34: 209－223; Agnew, op cit., 1992; T. Videon, "The effects of parent－adolescent relationships and parental separation on adolescent well－being," Journal of Marriage and the Family, 2002, 64: 489－504

12 P. Mazerolle, Burton, B., Cullen, F. Evans, T. D. and Payne, G., "Strai, anger, and delinquent adaptations specifying General Strain Theory," Journal of Criminal Jusyice, 2000, 28:89－101; P. mazerolle and Piquero, A., "Viokent response to strain: An examination of conditioning influences," Violence and Victimization, 1997, 12: 323－345; Capowich, G. E., Mazerolle, P. and Piquero, A., "General strain theory, situational anger, and social networks: An assessment of conditioning influences," Journal of Criminal Justice, 2001, 29: 445－461; C. Hay and Evans, M., "Violent

긴장이 비행으로 이어지는 것은 아마도 때로는 비행이 그러한 분노와 흥분을 완화해줄 수 있기 때문이라는 것이다. 물론 사회적으로 용인되는 것은 아니지만, 비행을 하지 않았다면 스트레스와 긴장으로 가득한 삶을 살았을 누군가에게 만족과 위안을 제공할 수 있다는 것이다. 자기-보호self-protection를 위하여 폭력을 이용하는 것이 일부 긴장을 느끼는 아이들에게 자기-가치self-value의 느낌을 갖게 해준다는 것이다. 실제 연구에서도 자신이 제대로 대접받지 못하기 때문에 긴장을 인식하는 사람이 높은 수준의 상황적 분노와 높은 수준의 절도를 보고하였으며, 긴장을 양산하는 사회적 조건에서 생활하는 것이 부정적 감정과 반사회적 행위 가담으로 이어지고, 자신의 성공가도가 차단되었다고 믿는 아이들이 긴장을 인식하고 범죄행동에 가담할 확률이 더 높았으며, 반대로 공정하게 취급받았다고 인식하는 아이들은 부정적 감정을 가지고 비행에 가담하는 확률이 더 낮았다고 한다.[13]

2) 문화전이이론(Cultural Transmission Theory)

문화전이이론의 전통은 비행이나 범죄가 상이한 사회집단의 상반되거나 때로는 경쟁적인 문화에 초점을 맞추는 것이다. 이론의 저변에는 도시화와 산업화와 관련된 인구의 이질성heterogeneity으로 인하여 각각이 자신만의 구별되는 신념, 전통, 가치, 규범, 그리고 행위적 기대를 가진 인종적, 종교적, 정치적, 그리고 사회계층적 부문화의 불균형적 혼합을 초래하였다는 가정이 자리하고 있다. 더구나 도시 인구의 이들 다양한 구성이 각자의 집단이 자신의 기준을 옳고 정상적이라고 판단하고 다른 집단의 그것을 일탈적이고 비행적인 것으로 판단함으로서 피할

---

victimization and involvement in delinquency: Examining predictions from general strain theory," Criminology, 2002, 40: 43−71; W. Bao, Haas, A., and Pi. Y., "Life strain, coping, and delinquency in the People's Republic of China," International Journal of Offender Therapy and Comparative Criminology, 2007, 51: 9−24

13 T. Brezina, "Teenage violence toward parents as an adaptation to family strain: Evudence from a National Survey of Male Adolescents," Youth and Society, 1999, 30: 416−444; C. Rebellion, Piquero, N. L., Piquero, A., and Thaxton, S., "Do frustrated economic expectations and objective economic inequity promote crime?: A randomized experiment testing Agnew's General Strain Theory," European Journal of Criminology, 2009, 6: 47−71; C. Rebellion, Manasse, M., Van Gundy, K., and Cohn, E., "Perceived injustice and delinquency: A test of General Strain Theory," Journal of Criminal Justice, 2012, 40: 230−237

수 없는 갈등으로 이끌게 된다는 것이다[14].

(1) Sellin의 문화갈등이론(Theory of Culture Conflict)

범죄학자인 Thorsten Sellin은 '문화갈등과 범죄Culture Conflict and Crime'란 자신의 저술에서 도시사회의 지역에 따라 범죄율이 상당히 다른 것이 가치, 관습, 그리고 행동규범이 전 인구에 걸쳐 동일하지 않으며, 도시의 지역별로 인종과 문화 그리고 사회계층별로 다양하게 구성되며 이들 집단별로 구별되는 신념, 규범, 그리고 행동이 지배하는 자기들만의 부문화적 '섬islands'을 형성하고 있는데, 이들 상이한 집단들이 서로 지역적으로 그리고 사회적으로 직접 접촉하기 때문에 어쩔 수 없이 문화적 갈등이 초래된다는 것이다. 그래서 Sellin은 이 문화갈등이 특히 하류계층 집단에게 무엇이 동조적 행위이고 무엇이 일탈적 행위인가와 관련하여 오해와 자기중심주의의 잠재성을 초래하게 된다고 결론을 짓는다. 그래서 심지어 범죄와 비행의 규정마저도 문화적으로 상대적인 개념이 되고, 지배사회로의 문화동조가 완결되지 않은 특정 지역과 집단의 문화적 범주 내에서 해석된다는 것이다[15].

(2) Burgess의 동심원이론(Concentric Zone Theory)

동심원이론은 범죄의 분포가 공간적으로 균등하지 않고 도심에 집중되고 있다는 점에 착안하여 시작된 것이다. Chicago가 당시 자연스럽게 형성된 다양한 도심지역이 각각 특정한 부분의 인구집단이 지배하고 상업지구, 중상층 거주지역, 하류계층 주거단지 등으로 구분되었으며, 이들 인구집단화와 지역적으로 전문화된 지역활용 등 도심으로부터 동심원처럼 퍼져나가는 것을 알았다. Burgess는 그 중에서도 제2 구역, 즉 전이구역zone of transition을 범죄와 비행을 포함하는 사회문제와 다양한 개인적 부적응의 문제를 일어나게 하는 도심환경이라고 지적하였다. 이 구역은 다양한 인종들이 처음 이민 오면서 정착하는 지역으로 각자 자기 모국의 인종적, 문화적 정체성을 유지하고 있다. 이 구역의 주민들에게 사회가 정착과 재정착, 그리고 해체와 재조직화를 거듭하기 때문에 아무것도 영속적인 것이 없으며 항상 사회적 변화를 겪는다고 한다. 바로 이런 사회해체, 산업화, 인구

---

14 Thompson & Bynum, op cit., p. 133

15 ibid., p. 134

이동, 그리고 지역사회의 변화와 같은 도심의 역동성이 범죄와 비행에 영향을 미친다는 것이다[16].

(3) Shaw와 McKay의 비행다발지역(High Delinquency Areas)

Clifford Shaw와 Henry McKay는 시카고대학교 사회학자들을 중심으로 한 초기 인간생태학의 영향을 받아 시카고 시의 범죄와 비행의 공간적 분포를 지도 위에 표기하였고, 이것이 아마도 현재의 범죄지도crime map의 시작이라고 할 수 있을 것이다. 그 결과 그들은 범죄와 비행이 도심지역에 집중된다는 사실을 확인하였다. 비행발생률이 높은 이 도심지역을 그들은 '비행다발지역'이라고 하였으며, 이 지역은 바로 Burgess가 주장한 '전이구역Zone of Transition'과 일치한다는 것도 확인하였다. 그들은 비행률은 아이들이 양육되는 거주지역의 종류를 반영하고 있으며, 퇴락하고 가난에 찌든 도심 전이구역이 사회해체를 초래하고 이는 다시 비행을 초래하게 되는 것이라고 결론을 내렸다. 그들은 이 비행다발지역은 때로는 주류사회의 이익, 가치, 규범과 상반되는 지역적인 가치와 규범을 가지는 특징이 있으며, 이 지역적 부문화가 그 지역에서 자라는 후속세대에게 반사회적인 가치와 규범을 성공적으로 전이시키는 것으로 보았다[17].

(4) 관심의 초점(Focal Concerns)

1958년, Walter Miller는 자신의 고전적 논문인 "갱 비행의 환경을 유발하는 하류계층 문화Lower-Class culture as generating Milieu of Gang delinquency"에서 하류계층문화를 규정하는 독특한 가치체계를 제시하였다. Miller에 의하면, 청소년들이 그러한 관심의 초점에의 동조가 하류계층의 삶을 지배하며, 하류계층 관심의 초점에 매달리는 것이 불법이나 폭력적 행위를 조장한다는 것이다. 하류계층 청소년들의 관심의 초점은 먼저 문제아trouble는 하류계층에서는 문제를 일으키는데 실제 또는 잠재적 가담이 그 사람을 평가하는 것으로 여겨지고, 강인함toughness은 신체적, 정신적 강인함을 인정받는 것으로 싸움의 용맹함을 뜻하고, 스마트함smartness은 상대방보다 더 영악하고 영리하고 약기를 바라는 것으로 주로 노상에

---

[16] Thompson & Bynum, op cit., p. 135
[17] ibid., p. 136

서의 영악한 약물거래를 의미하고, 흥분excitement은 음주, 도박 또는 약물남용 및 성관계 등을 초래하는 것이며, 운명fate은 자신의 삶이 자신의 운명을 좌우하는 강력한 정신적 힘에 달렸다고 믿는 것이고, 자율성autonomy은 경찰, 교사, 부모 등 권력자들로부터 독립적인 것이며 통제를 잃는 것은 강인함과 어울릴 수 없고 받아들일 수 없는 연약함이라는 것이다. 관심의 초점이라고 반드시 중류계층 가치에 반항하는 것은 아니며 오히려 특별히 하류계층 지역의 조건에 맞도록 진화한 것이라고 한다[18].

(5) 차별적 기회이론(Differential Opportunity Theory)[19]

Merton의 아노미이론은 매우 대중적이었으며, 다수의 학자들이 그의 아노미이론을 확장하였는데, 그 중에서도 Cloward와 Ohlin의 차별적 기회이론Differential Opportunity Theory이 대표적이라고 할 수 있다. 이들은 자신들의 저서인 "비행과 기회Delinquency and opportunity"에서 개인에게 주어지는 불법적인 수단이 자신의 아노미와 긴장에 적응하는 형태에 어떤 영향을 어떻게 미치는가라는 의문에 초점을 맞춤으로서 Merton이 미처 고려하지 않았던 부분을 논의의 장으로 끌어냈던 것이다. Merton이 주장했던 바, 우리 모두가 성공을 위한 균등한 합법적 수단이나 기회를 갖지 못하는 것처럼, 문화적 목표를 성취하기 위한 불법적 수단과 기회도 모든 사람에게 동등하게 주어지지 않는다는 것이 Cloward와 Ohlin 이론의 핵심적 주장이다.

Cloward와 Ohlin은 이론의 완성을 위하여 청소년 갱과 그들이 형성된 지역사회를 연구하였다. 그들은 지역사회의 조건과 합법적이거나 불법적인 기술을 배우고 실행하기 위해 주어지는 기회에 초점을 맞추었던 것이다. 그 결과 그들은 일부 쇠락한 지역에서 제한된 합법적 기회에 직면하여 '범죄적 비행 하위문화criminal delinquent subculture' 또는 Gang이 형성되었다는 것을 알게 되었다. 이들 지역에는 오래 존재해온 범죄적 부문화와 청소년 갱 사이의 이미 형성된 유대가 있어서 성인범죄자가 관련된 범죄적 사업이나 활동을 학습하는 것이 그리 이상하지 않았던

---

18 W. Miller, "Lower—class culture as a generating milieu of gang delinquency," Journal of Social Issues, 1958, 14: 5—19, Siegel & Welsh, op cit., p. 147에서 재인용

19 R. Cloward and Ohlin, L., Delinquency and Opportunity: A Theory of Delinquent Gangs, New York: Free Press, 1960, Bates & Swan, op cit., pp. 117—118에서 재인용

것이다. 이런 지역에서는 범죄활동에 관련되고 참여하는 성인들이 지역사회에서 눈에 잘 띄는 구성원들이었으며, 그들을 흉내 내고 싶어 하는 청소년들에게 일종의 역할모형으로 행동했던 것이다.

그러나 사회적으로 불안정한 해체된 지역에 나타나는 경향이 있는 다른 지역에서는 청소년들에게 합법적이거나 불법적이거나 기회와 수단 모두가 다 부족한 결과로 "갈등적 비행 하위문화Conflict Delinquent Subculture"가 형성된다는 것이다. 이런 지역에서는 청소년들이 할 수 있는 것이 별로 없고 역할모형도 거의 없어서 결과적으로 청소년들이 매우 좌절하고 자신을 둘러싼 세상이 매우 흐린 것으로 보게 된다는 것이다. 당연히 이들 지역의 청소년들은 자신의 좌절을 표출하는 수단으로 종종 폭력에 호소한다는 것이다. 남자 아이들이 물리적 힘과 위협을 통하여 존중 받고자 시도하는 것이다. 반면에 빈곤층이나 노동자 계층의 거주지역에서는 "퇴행주의 비행 하위문화Retreatist Delinquent Subculture"가 형성되고, 이런 하위문화에 속하는 청소년들은 범죄적 비행하위문화나 갈등적 비행하위문화 어디에서도 자신의 자리나 위치를 찾지 못하는 것으로 그 특징을 규정하고 있다.

(6) 비행하위문화이론(Subcultural Theory of Delinquency)[20]

Albert Cohen은 자신의 저서 "비행소년Delinquent Boys"에서 하류계층 청소년들의 비행은 실제로는 미국 중산층 문화의 가치와 규범에 대한 저항이라고 주장하였다. 사회적 조건이 그들이 합법적으로 성공을 성취하지 못하도록 만들기 때문에 하류계층 청소년들은 Cohen이 명명한 지위좌절status frustration이라는 일종의 문화갈등을 경험하게 된다는 것이다. 그 결과, 그들의 다수가 집단을 형성하고, 비공리적, 악의적이고, 부정주의적인 행위에 가담하게 된다는 것이다. Cohen은 이런 Gang 문화가 대중사회의 가치와 직접적으로 반대되는 가치체계를 가진 하나의 독자적인 하위문하라고 보고, 비행소년의 행위는 대중, 주류문화의 규범으로는 잘못된 것이지만 자신들의 하위문화의 기준으로는 정확하게 옳은 것이 된다[21].

Cohen에 의하면, 비행하위문화의 발전은 게토ghetto나 도심환경에서 확인되는

---

20 A. Cohen, Delinquent Boys, New York: Free Press, 1955, Bates & Swan, op cit., pp. 118－120에서 재인용
21 A. Cohen, delinquent Boys, New York : Free press, 1955, Siegel & Welsh, op cit., p148에서 재인용

사회화관행socialization practices의 결과라는 것이다. 이를 겪은 아이들은 미국사회가 요구하는 사회적, 경제적 성공을 성취하는데 필요한 기본적인 기술이 부족하다는 것이다. 그들은 또한 적절한 교육도 부족하고 따라서 지식이나 사회화 기초를 세울 기술을 가지지 못하게 된다. 그들의 부모도 아이들에게 지배적인 중류계층문화에 진입하는데 필요한 기술을 가르치지 못한다고 한다. 그러한 박탈의 결과는 발달장애, 소통기술의 문제, 그리고 만족을 참고 미루지 못하는 등의 결과를 초래한다는 것이다. 하류계층 아이들이 직면하는 한 가지 심각한 단점은 교사와 같은 권력적 지위의 사람들에게 인상을 심어주지 못한다는 것이다. Cohen은 이들 권력자들이 만든 기준을 '중류계층 잣대middle class measuring rod'라고 불렀으며, 그들이 이들 표준을 충족시키지 못할 때 하류계층 청소년들이 경험하는 갈등과 지위좌절이 주요 비행원인이라는 것이다.

Albert Cohen의 비행하위문화이론도 Merton의 아노미이론에 영향을 받았다고 할 수 있다. 경제적으로 불리한 조건에 놓인 배경을 가진 소년들이 중류계층기준을 영속시키는 제도권에서 성공할 수 없게 되는 데서 오는 긴장을 다루는 방식을 시험하였다. 개인적 책임, 야망, 장기목표의 계획, 연기된 만족, 비폭력적 여가, 그리고 다른 사람의 재산에 대한 존중 등은 중류계층의 가정과 지역에서 더 보편적으로 가르쳐지는 것이며, 결과적으로 노동자계층 젊은이들에게는 항상 그러한 중류계층 기준에 노출되지 않는다는 것이다. 결국 이들은 그러한 가치를 강조하는 학교에서 성공하지 못하게 되고, 그러한 자신의 지위에 대한 좌절로 그들은 Cohen이 명명한 "반응-형성reaction-formation"에 가담하게 된다. 그들은 폭력적 행위, 즉각적인 만족, 일반적으로 사회와 권위에 대한 일방적인 부정적 태도 등을 조장하고 가담함으로써 중류계층 가치를 뒤집기로 결심하게 된다. 긴장에 대한 다른 대응과는 달리, 그들의 하위문화적 대응은 구체적인 목적보다는 감정적 목적을 만족시키는 데 그친다고 한다. 그것은 그들의 행동은 대부분 성실하게 일하고 장기적인 목표를 조장하는 문화에 반하기 때문이다.

소년들의 가정은 그들의 목표와 욕구를 충족시켜주지 못하고, 학교에서도 성공하는 데 도움이 되는 자원을 갖지도 못하며, 시간제 일자리조차 얻을 수단도 없다. 그렇지만 그 소년들은 텔레비전이나 영화에서 보는 미국의 꿈과 물질적 성공이라는 영향을 오랫동안 받아왔다. 전통적 아노미이론가들에게는 소년들이 처한 바로 그러한 상황과 여건이 사회구조에서 그들 소년들의 위치가 소년들에게 긴장을 겪게 한다는 것이다. 불법적인 수단으로 돈을 버는 "창의적"이거나 혁신적인 방법이 바로 그러한 상황에서 파생될 가능성이 높은 비행의 한 형태라는 것이다. 그런데 차별적 기회이론가들은 이들 소년들이 쉽게 접근할 수 있는 불법적인 돈벌이 수단과 방법에 특별한 관심을 둔다. 학교에서나 합법적으로 돈을 벌 수 있는 노력에서도 뛰어날 수 없게 되어 느끼는 실망과 굴욕과 수치가 Cohen의 비행하위문화를 활용하고자 한다면 특별히 관심을 가져야 할 부분이다.

3) 긴장이론의 한계와 비판

아노미이론은 몇 가지 유형의 하류계층 비동조성nonconformity을 설명하는 데는 매우 유용하지만 하류계층 사람들에 관한 몇 가지 가정에 문제가 있다. 먼저, 하류계층 사람들이 상류계층 사람들과 마찬가지 수준의 욕망을 가진다고 전제하지만 연구결과에 따르면 하류계층 사람들은 줄어든 삶의 기회를 비교적 현실적으로 평가하고, 그에 맞게 자신의 기대치를 맞춘다는 것이다. 또 하나의 잘못된 가정은 구조적 좌절이 비행을 유발한다는 것인데, 사실은 하류계층 청소년의 극히 일부만 비행에 가담한다는 점에서, 그리고 소년보다 소녀는 같은 처지에 있음에도 훨씬 적게 비행에 가담하는 이유에서 구조적 좌절이 반드시 비행을 유발하지는 않는다는 것이다. 더구나 대부분의 하류계층 비행소년들이 결국엔 법을 준수하는 사람이 되는데, 사회구조가 변하지 않았음에도 그들이 준법시민으로 변화한 것을 사회구조의 개선으로는 설명할 수 없다는 것이다. 더 근본적인 한계는 비행이 하류계층 청소년들의 전유물이 아니라 비행은 모든 계층 청소년들에게 공통된 것이라는 점이다. 결국 긴장이론은 수단과 기회가 주어진 중상류계층 청소년들의 비행을 설명할 수 없다는 것이다. 더불어, 사회계층과 성별이 비행과 가장 강력한 상관관계를 가지고 있음에도 긴장이론은 소녀비행에 대해서도 아무런 설명을 하지 못하였다는 점이다[22].

---

[22] Thompson & Bynum, PP. 130－131

2. 사회해체이론(Social Disorganization Theory)

사회해체이론은 비행발생률을 사회경제적 조건과 결부시킨다. 장기적이고 끝이 없는 빈곤은 지역사회와 그 주민들을 어렵게 만들고, 비행발생률은 이들 하류계층 도시 거주지역에 작동하는 파괴적인 사회세력에 매우 민감하다고 한다. 거주민들은 관습적인 사회에 대한 불신과 무력감을 갖게 되고, '미국의 꿈'의 한 부분이 되지 못하는 데 대해서 매우 좌절하게 되며, 이들 퇴락한 지역사회에서 자라는 아이들은 관습적인 세상에서 성공의 희망은 거의 없다는 것을 듣게 되어 비행의 위험성이 매우 높아진다는 것이다. 빈곤이 지역사회를 안정되게 하는 가족, 학교, 이웃 등을 손상시키고 약화시켜서 지역사회가 비공식적 통제를 주입하여 주민을 통제하는 능력이 손상되는데, 이러한 지역사회를 우리는 사회적으로 해체되었다socially disorganized고 하며, 이는 곧 주민들이 쉽게 반사회적 행위의 유혹에 넘어가게 한다는 것이다. 아무런 사회통제가 없다면, 아이들은 비행집단에 가입하고, 법률을 위반하며, 파괴적인 행위에 가담하기 쉬워진다는 것이다[23].

1) 사회생태학(Social Ecology)

사회해체이론은 1920년대부터 미국의 시카고를 중심으로 크게 유행하였던 범죄와 비행에 대한 사회구조적 이론으로, Durkheim의 아노미 이론보다는 늦게, 그러나 Merton의 긴장이론보다 앞서서 만들어졌으며, 당시 미국 도시지역의 다양한 변화를 연구하기 위한 학자들의 욕망에서 시작되었다고 한다. 사회해체이론의 출현은 개인이 내적으로 무언가 잘못되어 그로 하여금 범행을 하도록 만든다는 심리학적 이론이나 비행동기와 같은 외적 요인들에서 원인을 찾았던 개인단위에 초점을 맞추었던 이론으로부터의 현격한 관심의 이동을 의미한다. 사회해체이론은 개인을 전혀 바라보지 않지만 거주지나 지리적 지역 사이의 범죄와 비행 발생률을 검토하는 것이다. 이들에게 범죄문제에 있어서 가장 중요한 것은 다름 아닌 바로 지리적 입지, 위치인 것이다. 실제로 이들 주장이 현재도 틀리지 않다고 여겨지기도 하는데 그것은 범죄분포가 공간적, 지역적, 지리적으로 균등하지 않고 차이가 현저하기 때문이다.

---

23 Siegel & Welsh, op cit., pp. 133-134

이런 사회해체이론의 시작은 미국 시카고대학교 사회학과 교수들이라고 할 수 있으며, 그런 이유로 사회해체이론을 "시카고학파"이론으로 부르기도 한다. 이론의 주요사상은 사회는 조직되었으나 해체되었다가 다시 재조직되는, 조직에서 해체로 다시 재조직으로 전환, 이동하는 변화하는 순환의 한복판에 있다는 것이다. 이런 변화와 변동의 과정에서 일부 거주지역은 지나치게 해체되기 때문에 해체된 사회에 적응하기 위하여 사람들은 일탈행위에 가담할 수밖에 없다는 것이다. 이 이론은 실질적으로 인간을 식물과 동물세계에 비추어 우리들로 하여금 '자연적인 거주환경Natural habitats'이 어떻게 우리의 행동에 영향을 미치는지를 생각게 한다.

사회해체이론은 시카고대학교 사회학과의 Park와 Burgess 두 교수가 이론의 형성과 발전에 핵심적인 역할을 하였다. 그들은 당시 유행이었던 다윈의 진화는 물론이고, 자신들을 에워싸고 있는 변화하는 환경과 개인, 그리고 사회집단 사이의 관계의 연구인 사회생태와 관련된 이론들로부터 아이디어를 얻었다고 한다. 그들은 도시에서의 인간행위를 설명하기 위하여 식물생태학에서 그 개념을 빌어서 자신들의 도시생태학이론을 제시하였던 것이다. 마치 식물처럼, 우리 인간은 일반적으로 생존을 위하여 서로 주고받고, 의존적인 공생의 상태state of symbiosis 에서 살아간다고 한다. 농어촌으로부터 도시로의 인구의 이동과 같은 도시화와 이민, 그리고 기술의 발전산업화과 같은 주요한 사회의 변화가 때때로 사회적 균형을 방해한다고 한다. 특정한 지역에 사는 사람들의 차이나 이질성의 증대로 인하여, 공유하는 규범이 결여되고, 그로 인하여 지역사회 유대가 약화되어 그 지역의 비공식적 통제가 붕괴되거나 약화되고, 사람들이 사회적 규범, 법률, 규율을 어기지 못하도록 설득할 수 있는 사회구조가 제 역할을 하지 못한다는 것이다. 당연히 새로운 수준의 균형에 도달하기까지 범죄율은 높아지기 마련이라는 것이다. Park와 Burgess는 이와 같은 순환과정의 궤적을 설명하기 위하여 생태학적 개념을 이용하였던 것이다.

Park와 Burgess는 일단 도시가 완전하게 발달하게 되면 도심을 중심으로 퍼져 나가는 5개의 상이한 동심원대concentric zone로 구획될 수 있다는 것이다. 도심이 대지이용률이 가장 높고 대규모 사회변화의 영향을 가장 강력하게 느끼는 지역이고, 이곳 거주 주민들은 전형적으로 인구밀도가 그리 높지 않고 주거이전이 빈번하지 않은 외곽으로 이주하게 되고 그 자리를 다시 그들 바로 밑의 사람들이 전입하여 채우게 된다. 이들 각각의 지대는 지대별 특성을 가지고 있으며, 각 지역에서의 생활의 특성은 장소place의 기능이며, 그 지역의 인구사회학의 변화에도 불구하고 다년간 변하지 않는 것으로 보인다는 것이다. 이들 5원심지대는 가장 도심의 중심상업지구, 이민자들의 급속한 전입, 퇴락한 주거환경, 공장, 그리고 버려진 가옥 등으로 특징지어 지는 전이지대transitional zone, 일인임대가구가 많은 근로자계층지대, 뒤뜰과 차고가 있는 일인가정 가구가 주 주거형태인 주거지대 residential zone, 그리고 교외의 통근자지대commuter zone로 나누어진다.

이 5지대 중에서 범죄와 비행이 다발하는 것으로 알려진 지대는 주로 지대 1의 중심상업지대와 제2 지대인 전이지대라고 할 수 있다. 제1 지대 중심상업지대는 전형적으로 다수의 기업이 위치하고, 도시화, 이민, 그리고 기술변화의 힘이 가장 강하게 영향을 미치는 도시의 중심지역이다. 제2 지대 전이지대는 도심에 바로 붙어있는 지대로 물리적 퇴락이 가장 심하고 사회문제가 가장 풍부한 곳이어서 많은 홈리스homeless들이 노상에서 살고 있으며, 사람들이 함께 매우 가까이 생활하는 곳이라고 한다. 대부분의 새 이민자들이 비용과 가격문제로 이 지역에 첫 발을 내딛지만 가급적 오래 살지 않고 빨리 그곳을 벗어나려고 한다. 그 결과 주민들의 주거이전이 빈번해지고, 궁극적으로는 이들 지역에서는 상호 비공식적 사회통제력informal social control이 발휘되지 않기 때문에 이 지대에서 범죄를 목격할 가능성이 가장 높아진다는 것이다.

2) 사회해체와 비행이론

시카고대학교의 Clifford Shaw와 Henry McKay는 시카고의 비행분포가 동심원 구역과 어떤 관련이 있는지를 분석하여 그들의 사회해체이론을 내놓았다. 지난 30여 년 동안 시카고에서 있었던 56,000건의 법원기록을 토대로 10세에서 16세까지 청소년들의 비행을 지도 상 그들의 주소지에 점을 찍어서 비행의 지대별 분포를 파악하였다. 그 결과는 바로 Park와 Burgess의 모형을 그대로 지지하는 것이었는데, 연구결과 비행률이 제1 지대인 도심상업지대와 제2 지대인 전이지대가 오랜 기간을 두고 지속적으로 가장 높은 것으로 나타났다. 흥미로운 것은 그 지대에 살았던 거주자들의 인종적 집단은 시간에 따라 바뀌어도, 비행과도 상관관계가 없었다고 한다. 비행은 사회가 해체된 지역사회에 거주한다는 것과 밀접한 관련이 있었고, 시 중심으로부터 멀어질수록 비행률은 낮아졌다고 한다. 그와 같은 연구결과는 앞서 연구된 Park와 Burgess와도 같은 맥락으로서, 비행은 사람의 개별적 기질이 아니라 지역, 위치에 기인한다는 것이다. Shaw와 NcKay는 경제적 지위와 비행률 사이의 직접적인 관계를 언급하지는 않았지만 오히려 경제적 박탈을 겪고 있는 지역에서 거주민의 전출률과 인구이질성이 높은 편이며, 이는 사회해체를 증대시키는 것으로 가정되었다[24].

3) 사회해체이론의 발전

사회해체이론은 1940년대가 지나면서 사람들이 범죄문제에 대해서 개인주의적 이론이나 사회생태학에 초점을 맞추지 않은 이론에 더 초점을 맞추기 시작함에 따라 점점 그 대중성을 잃어갔다. 이와 더불어 사회해체를 어떻게 정확하게 측정할 것인가에 대한 혼란과 혼동도 만만치 않았으며, 종단적longitudinal 연구와 같이 사회해체를 연구하기 위하여 필요한 유형의 연구를 수행하기도 어려워졌던 것이다. 이러한 사회해체론적 이론이 다시 고개를 들기 시작한 것은 지난 80년대 이후부터였다[25].

Sampson과 Groves는 1989년 "지역사회구조와 범죄: 사회해체이론의 검증"이라는 논문에서 사회해체와 비행을 다룬 Shaw와 McKay의 이론을 수정, 보완한 일종의 변형 이론을 제안하였다. 그들은 사회해체를 "지역사회 구조가 그 주민들의 가치를 실현하지 못하고 효과적인 사회통제를 유지하지 못하는 것"으로 정의한 다음, 자신들이 이론화한 것은 사회해체가 범죄와 비행에 영향을 미치는 구체적인 방법이라고 설명하였다. 다시 말해서, 사회해체와 그것이 비행의 형태로 표출되는 사이의 중간단계인 매개변수를 논하였던 것이다. 그들이 말하는 매개변수는 3개로서, 사회해체가 1) 지역의 교우관계망을 약화시키고, 2) 감독되지 않은 십대 동료집단을 형성케 하고, 3) 지역주민들의 공식적, 자발적 조직에의 저조한 참여 등 조직참여를 낮추어서 결국 비행과 범죄를 용이하게 한다는 것이다[26].

---

24 Bates & Swan, op cit., p. 124

25 R. J. Bursik, "Social disorganization and theories of crime and delinquency: Problems and prospects," Criminology, 1988, 26(4): 519−551

26 R. J. Sampson and Groves, W. B., "Community structure and crime; testing social disorganization theory," American Journal of Sociology, 1989, 94(4): 774−802

현대 사회생태학자들은 지역사회의 퇴락과 경제적 곤궁을 비행과 연계시키고 는 있지만, 과거에 비해 지역사회의 가치와 규범은 덜 강조하는 반면에 지역사회 의 특성과 그것들이 대인관계에 미치는 영향을 더 많이 강조하고 있다. 이들에 따르면, 퇴락하고 범죄로 얼룩진 지역사회의 삶은 지지적인 가족supportive family 과 친근한 사회관계의 긍정적인 영향을 중화시키기에 충분할 정도로 강력한 영향 력을 주민들의 행위에 미친다는 것이다. 최근 이루어지고 있는 사회생태학적 연 구들은 주로 다음과 같은 분야에 집중되고 있다[27].

비행발생률과 무질서, 빈곤, 소외, 단절, 그리고 비행의 두려움과의 관계를 강 조하여, 이런 특성을 가진 지역사회가 높은 비행발생률을 경험하게 되고, 버려진 건물이나 주택이 '비행을 끌어들이는 자력, 즉 마그넷'magnet for delinquency으로 작용한다는 것이다. 중산층이 도시외곽으로 점점 나가면서 빈곤이 집중되어 남겨 진 사람들은 사회적으로 소외되어 비공식적 사회통제력을 약화시킨다는 것이다. 버려진 주택이나 낙서로 뒤덮여진 건물, 길모퉁이에 웅성거리는 아이들, 사회적 단절 등은 주민들로 하여금 사람과 범죄에 대한 두려움을 키우게 되며, 이러한 두려움이 팽배해지면 결국 주민들이 범죄와 그 공포에 포위되고 마는 '포위정신 상태siege mentality'에 빠지게 된다고 한다[28].

1990년대에 들어서면서, Sampson 등은 사회해체이론에 집합적 효율성 또는 집합효능collective efficacy이라는 개념을 추가하였다. 이들은 '집합효능성 또는 집 합적 효율성'을 '공동선common good을 대표하여 개입할 의향과 결합된 주민들 사 이의 사회적 융합'이라고 규정하였다. 이어서 그들은 이 집합효율성 또는 집합효 능감이 사회해체가 공동체사회 또는 지역사회에 미치는 영향을 감경하거나 완화 하며 나아가 폭력도 완화시킨다고 이론화하였던 것이다. 어떤 면에서는 집합효율 성이나 집합효능감은 자신의 지역 공동체사회가 더 조직화되도록 만들기 위하여 지역 공동체사회의 이름으로 지역공동체사회 구성원들이 행동하는 매일의 일상 적 방식이라고 할 수 있다. 이들 연구자들은 아이들의 놀이터를 관찰하고, 약물을 다루거나 학교를 빠지려는 청소년들을 선도하거나, 지역의 공공장소에서 문제를

27 S. De Coster, Heimer, K. and Wittrock, S., "Neighborhood disadvantage, social capital, street context, and youth violence," Sociological Quarterly, 2006, 47: 723-753
28 Siegel & Welsh, op cit., pp.135-137

일으키거나 소란을 피우는 것을 말리는 등과 같이 공공질서를 잡고 유지하기 위하여 주민들이 함께 공동으로 활동하는 비공식적인 방식을 주시했던 것이다. 이들의 연구에 따르면, 공동체사회가 심각하게 퇴락했거나, 장기거주자가 많지 않고 적거나 할 때 이 집합효율성이나 집합효능감은 공동체사회에 부정적인 영향을 끼쳐서 그 결과 더 많은 폭력이 일어난다는 것이다[29].

제2절

사회과정과 비행

일부 사회학자들에게는 사회과정의 핵심적 요소와의 관계가 그 사람의 비행경력의 시작과 지속을 이해하는 열쇠라고 한다. 그들에게 있어서 우리가 어떻게 사는가how we live가 우리가 어디에 사는가where we live보다 더 중요한 것이다. 이러한 견지에서 보면, 비행은 개인이 다양한 조직, 제도, 그리고 사회과정과 갖게 되는 상호작용인 사회화socialization의 기능인 것이다. 아이들이 가지는 가족, 교사, 친구 등과의 상호작용과 관계가 긍정적이고 지지적이면 그 아이는 사회의 규율 내에서 성공할 수 있지만, 반대로 그 상호작용과 관계가 역기능적이고 파괴적이라면 관습적인 성공은 사실상 불가능해지는 반면 비행적 해결이 가능한 대안이 될 수 있는 것이다. 이러한 견해가 설득력을 얻을 수 있는 것은 사회계층과 비행의 관계가 아직도 확실하지 않기 때문이다. 실제로 수많은 사람들이 빈곤선 이하의 삶을 살지만 비교적 소수의 사람만이 심각한 범죄를 범하는 실정이며, 심지어 이들 중에서도 대부분은 사회적 부패와 빈곤이라는 지속적인 압박에도 불구하고 비행을 중단하고 있다. 사정이 이렇다면 우리는 왜 이들 빈곤층의 아이들 대다수가 비행을 하지 않거나 비행을 지속하지 않으며, 또는 왜 비행을 할 아무런 경제적, 사회적 이유가 없는 일부 아이들이 비행을 하는가 설명이 필요한 것이다. 바

---

29 R. Sampson, Raudenbush, S. W. and Earls, F., "Neighborhood and violent crime: Multilevel study of collective efficacy," Science, 1997, 277(5328): 918-924

로 여기서 비행의 사회과정이론이 대두되는 것이다.

1. 사회화(Socialization)와 비행

1) 사회화의 요소

대체로 아이들을 사회화시키는 사회화기관은 가정을 1차, 학교를 2차, 그리고 사회를 3차 사회화기관이라고 일컫는다. 일부에서는 가정, 학교, 교우관계, 그리고 종교나 신념체계를 비행과 관련된 4대 사회화 요소라고도 한다. 아이들에게 일차적 영향을 미치는 것은 당연히 가족이다. 부모의 양육이 적절하지 못하면 아이의 성장과정은 손상되거나 방해를 받게 될 것이다. 이렇게 성장한 아이는 감정적 well-being에 문제가 생기고, 문제를 외재화externalization하며, 반사회적 행위에 가담할 위험이 높아진다는 것이다. 가족관계가 원활하지 못하고 훈육이 지나치게 엄격하고, 신체적이고 정신적으로 학대를 당하며 자란 아이는 반사회적 행위와 비행에 가담하기 쉬운 반면에, 부모가 지지적이고 아이를 강제적이지 않은 방식으로 효과적으로 통제하고부모효용성, Parental Efficacy, 경제적 곤궁도 겪지 않는 부모와 가정에서 자란다면 아이들의 비행은 줄어들 수 있다는 것이다[30].

청소년들이 대부분의 시간을 학교에서 보내며 따라서 교우관계 또한 학교를 중심으로 형성되기 때문에 학교와 교우관계는 어쩌면 같이 논의할 필요가 있다. 입시위주의 교육제도에서 학생들은 성적만이 강조되고 인성교육이 제대로 되지 않는 교육, 학업성취도가 낮고 학교와 교육에 대한 열망과 열정이 부족하며, 집단 따돌림이나 괴롭힘, 그리고 폭력까지 경험한다면 아이들이 살아가는데 필요한 가치나 규범 등을 학교에서 배우고 자신의 것으로 내재화Internalization하지 못한다면 일종

---

30 D. Formoso, Gonzales, N. and Aiken, L., "Family conflict and children's internalizing and externalizing behavior: Protective factors," American Journal of Community Psychology, 2000, 28: 175-199; M. Cui and Conger, R. D., "Parenting behavior as mediator and moderator of the association between marital problems and adolescent maladjustment," Journal of Research on Adolescence, 2008, 18: 261-284; R. Simons, Wu, C., Lin, K., Gordon, L., and Conger, R., "A cross-cultural examination of the link between the corporal punishment and adolescent antisocial behavior," Criminology, 2000, 38: 47-79; J. Lansford, Wager, L., Bates, J. Pettit, G., and Dodge, K., "Forms of spanking and children's externalizing behaviors," Family Relations, 2012, 6: 224-236; J. P. Wright and Cullen, F., "Parental efficacy and delinquent behavior: Do control and support matter?" Criminology, 2001, 39:677-706

의 사회부적응maladjustment의 증상이라고 할 수 있는 비행의 위험성은 그만큼 높아질 것이다. 그리고 청소년들은 서로 친구들에게 좋은 인상을 크게 심어주고 자신의 사회적 순환social circulation을 유지하고자 노력하기 때문에 어쩌면 교우관계는 칼날의 양면과도 같다. 교우관계가 활발하면 사회관계는 좋아질 수 있지만 부모의 감시를 받지 않고 친구들과 밖에서 보내는 시간이 많아지고, 그만큼 비행의 피해와 가해 위험성도 높아질 수 있다. 반사회적인 친구와 밀접한 교우관계를 지속하는 아이들은 상호 학습을 통해 비행의 위험성을 더 높이게 되고, 그런 반사회성을 내재화하여 성인기까지도 범행을 지속하게 된다. 반면에, 교우관계가 원활하지 못하거나 거절당한 아이라면 아마도 보복을 실행할 수도 있을 것이다. 반대로, 긍정적인 친구와 밀접한 교우관계를 유지하는 아이라면 부모와 학교가 부족했던 사회화 부분도 채워줄 수 있어서 비행의 위험성을 줄여줄 수 있을 것이다[31].

이론적으로, 도덕적 가치와 신념을 가진 아이, 그래서 옳고 그름을 구분할 줄 아는 아이, 그리고 종교행사에 규칙적으로 참여하는 아이라면 반사회적 행위를 거절하기 마련일 것이다. 종교는 사람들을 함께 엮어주고 자기 행동의 결과를 직면하도록 강제한다. 당연히 비행행위를 하는 것은 모든 조직화된 종교의 원리를 위반하는 것이다. 지금까지의 연구도 대부분 종교결신자와 규칙적으로 종교행사에 참여하는 것이 비행을 상당히 줄인다고 보고하고 있다. 종교자체도 아이들의 사회화에 크게 기여하지만 더불어 종교가 부모의 감정적 영향도 향상시키는 것으로 알려지고 있다[32].

2) 사회화가 비행에 미치는 영향

대부분의 범죄사회학자는 물론이고 청소년비행 전문가들, 특히 결정론적 입장

---

31 D. Payne and Cornwell B., "Reconsidering peer influences on delinquency: Do less proximate contacts matter?" Journal of Quantitative Criminology, 2007, 23: 127－149; I. Granic and Dishion, T., "Deviant talk in adolescent friendships: A step toward measuring a Pathogenic attractor process," Social Development, 2003, 12: 314－334

32 T. D. Evans, Cullen, F. Dunaway, R, G., and Burton Jr. V., "Religion and crime reexamined: The impact of religion, secular controls, and social ecology on adult criminality," Criminology, 1995, 33: 195－224; C. Baier and Wright, B., "If you love me, keep my comandments: A Meta－analysis of the effect of religion on crime," Journal of Research in Crime and Delinquency, 2001, 38: 3－21; Petts, "Family and religious characteristics' influences on delinquency trajectories from adolescence to young adulthood," American Sociological review, 2009, 74: 465－483

에서 보면, 사회화와 사회화기관 또는 사회화 요소들이 비행의 주요 결정요인이라고 할 수 있다. 이들의 견지에서 보면, 심지어 가장 퇴락한 도심지역에 거주하는 청소년이라도 그 아이들이 긍정적인 자아—상self-image을 가지고, 도덕적 가치를 학습하며, 부모, 동료, 교사, 그리고 지역사회의 지지와 지원을 받는다면 비행의 유혹에 성공적으로 저항할 수 있다는 것이다. 반대로, 가정에서 학대를 당하고, 범죄자인 부모와 생활하며, 문제아라는 낙인으로 인하여 교사와 동료에 대한 유대가 망가진 아이라면 사회, 경제적 조건이 좋더라도 비행의 유혹에 쉽게 넘어갈 것이다. 결국, 결론은 그 아이의 삶의 기회를 결정하는 것은 사회구조가 아니라 사회화라는 것이다. 아이가 비행소년, 그리고 나아가 성인범죄자가 되고 안 되고는 그가 처한 사회구조가 아니라 그가 발전, 유지해온 상호작용, 즉 사회화가 좌우한다는 것이다. 사회화 과정 동안 더 많은 사회문제에 직면할수록, 그 아이가 성장해 감에 따라 실업과 미혼모와 같은 더 많은 어려움과 장애에 직면할 것이라고 한다[33].

개인의 사회화가 그의 비행 가능성을 결정한다고 믿는 이론가들은 인간행위에 대해서도 이 사회과정적 접근방법을 활용하는데, 범죄나 비행을 설명하기 위하여 이들은 대체로 사회학습과 사회통제라는 독립적인 두 가지 접근방식을 택하고 있다. 사회학습이론Social Learning Theory은 비행은 학습된 행위이며, 청소년들은 비행교우와의 밀접하고 친근한 관계를 통하여 범죄의 태도와 기술을 학습한다고 주장한다. 반면에 사회통제이론Social Control Theory은 모든 사람이 비행을 할 잠재성을 가지고 있지만 대다수의 청소년은 사회에 대한 그들의 유대관계 때문에 통제를 받으며, 그러한 유대가 약화된 극히 소수만이 통제가 약화되어 비행을 하게 된다고 주장한다. 다시 말하자면, 사회학습이론은 아이들은 선하게 태어나서 나빠지는 것을 배우는 것이라고 주장하는 반면에, 사회통제이론은 아이들은 나쁘게 태어나고 따라서 선해지도록 통제되어야 한다고 가정하는 것이다.

---

33 Siegel & Welsh, op cit., pp. 154-155

2. 사회학습이론(Social Learning Theory)

1) 차별적 접촉이론(Differential Association Theory)

범죄학의 아버지라고도 불리는 Edwin H. Sutherland는 화이트칼라 범죄, 직업적 절도, 그리고 정보에 관한 자신의 연구를 통하여 비행이 하류계층 청소년들의 부적절성의 기능이라는 주장을 반박하게 되었다. 그에게 있어서 비행은 개인적인 기질이나 소질도 아니요 그렇다고 사회경제적인 지위, 신분이나 위치 때문에 파생된 것이 아니라, 어떤 문화에서 누구에게나 영향을 미칠 수 있는 학습과정의 기능이라는 것이다. 어떤 행위를 습득하는 것은 사회적 학습의 과정이지 정치적이거나 법률적인 과정이 아니라는 것이다. 비행을 유발할 수 있는 기술이나 동기는 비행의 다른 형태와 친 비행적인 가치, 태도, 그리고 정의를 접촉한 결과라는 것이다[34].

Sutherland의 차별적 접촉이론은 차별적 접촉의 7가지 기본적인 원리로 구성되어 있다.

- 비행행위는 학습된다.

  범죄와 비행의 도구는 읽고, 쓰고, 그리는 것과 같은 다른 학습된 행위와 동일한 방식으로 습득된다는 것이다.

- 학습은 상호작용의 부산물이다.

  아이들은 다른 사람들과 상호작용을 함에 따라 능동적으로 학습과정에 참여한다. 따라서 비행은 다른 사람의 도움이 없이는 일어날 수가 없으며, 비행은 사회화의 기능이다.

- 학습은 근친집단(intimate group) 안에서 일어난다.

  비행의 학습은 친근한 사적 집단 안에서 일어나는데, 아이들의 가족, 친구, 동료들과의 가장 친근한 사회적 동반자들과의 접촉이 그들의 일탈행동과 태도의 발달에 가장 큰 영향을 미친다. 예를 들어, 알코올 남용 가정에서 자란 아이일수록 음주가 사회적으로 육체적으로 이익이 되는 것으로 간주할 확률

---

34 E. H. Sutherland, "White-collar criminality," American Sociological Review, 1940, 5: 2-10

이 더 높다고 한다.

- **범죄기술은 학습된다.**

  범죄발생의 필요충분조건 중의 하나라고 할 수 있는 범행기술도 다른 사람들과의 접촉을 통하여 학습되어야 한다. 범행의 용어, 구체적인 수법과 기술, 법률위반에 대한 적절한 반응, 비행에 대한 합리화, 그리고 후회도 학습해야 한다.

- **법전에 대한 인식이 동기와 충동에 영향을 미친다.**

  사회규율과 법에 대한 반응은 통일되고 획일적이지 않고 사람마다 사회와 문화에 따라 차이가 있다. 아이들은 서로 다른 시각을 가진 다른 사람들과 끊임없이 접촉한다. 아이들은 그들이 도덕적인 것과 부도덕한 것, 옳은 것과 옳지 않은 것에 대한 상이하거나 반대되는 태도에 노출될 때 Sutherland가 말하는 소위 '문화갈등culture conflict'을 경험하게 된다. 사회적 태도와 문화적 규범의 갈등이 바로 차별적 접촉의 개념에 대한 기초이다.

- **차별적 접촉은 기간, 빈도, 우선순위, 강도가 다양할 수 있다.**

  사람이 법을 지킬 것인가 아니면 어길 것인가 어느 것을 학습할 것인가는 사회적 상호작용의 질에 좌우된다. 기간이 오래 지속되고, 접촉의 빈도가 높고, 언제 처음으로 범죄성의 개념을 접했는가를 의미하는 우선순위가 빠를수록, 즉 생의 초기에 한 접촉일수록, 자기가 개념정의를 습득한 집단에 대한 특전이나 중요성이 클수록 더 큰 영향을 미친다는 것이다.

- **비행행위는 일반적인 욕구와 가치의 표현이지만, 비비행적 행위도 동일한 욕구와 가치의 표현이기 때문에 그러한 일반적 욕구와 가치로는 용납되지 않는다.**

  비행과 비비행의 원인은 동일하지 않다는 것이다. 불법행위를 초래하는 것은 오로지 접촉을 통하여 비행에 대한 긍정적인 개념이 부정적인 개념을 능가하는 일탈적 규범을 학습한 때에만 가능한 것이다.

지금까지의 연구결과에 의하면, (가) 일탈적인 부모와 친구, (나) 일탈적인 태도와 (다) 일탈행동 사이에는 상관관계가 있다는 것이다. 즉, 일탈적인 행위를 지지하는 태도를 가진 아이일수록 일탈행위에 가담할 확률도 더 높아진다는 것이다. 이는 비행소년이 일탈적인 정의를 학습하였고, 일탈행위에 대한 그러한 개념정의를 자신의 태도구조에 통합한 것임을 암시한다. 그렇다면 그런 개념적 정의를 누구로부터 배웠단 말인가. 물론 가장 가까운 그리고 친밀한 관계라고 할 수 있는 부모, 동료, 연인관계로부터 대부분 학습되는 것으로 알려지고 있다[35].

2) 중화이론(Neutralization Theory)

중화이론도 또 다른 유형의 사회학습이론이라고 할 수 있는데, 이들에 따르면 비행소년이 되는 과정은 잠재적인 범죄자나 비행소년이 불법적인 행위와 관습적인 행위 사이를 왔다갔다 떠돌며표류, Drift, 관습적인 가치를 중화하거나 상쇄하거나 균형을 맞출 수 있게 해주는 기술을 정복하는 학습경험이라는 것이다. 이러한 것이 가능한 한 가지 이유는 미국사회의 지하가치구조subterranean value structure 때문이라고 하는데, 여기서 지하가치란 문화로 정착되었으나 공개적으로는 비난을 받는 도덕적으로 착색된 영향력이라고 할 수 있다. 이는 관습적인 가치와 나란히 하며, 공적으로는 비난을 받지만 사적으로는 존경을 받고 실천될 수 있는 것으로, 예를 들어 과도한 음주, 운동시합에 도박을 하는 것, 음란물을 보는 것 등이 이에 해당되는 것들이다. 미국사회에서 지하가치와 관습적 가치가 공존하는 것이 상식이어서 완전히 나쁘거나all bad 완벽하게 좋은all good 아이는 거의 없다는 것이다. 때로는 좋은 아이이다가 때로는 나쁜 아이이기도 하고 그 반대이기도 하다는 것이다. 심지어 비행에 거의 전념하는 최악의 비행소년이라도 항상 언제나 비행만 하는 것이 아니라 학교도 다니고 종교생활도 하고 가족행사에도 참가하기 마련이다. 이들의 행위는 완전한 제재와 완전한 자유 사이의 연속선상에 놓이는 것으로 이해되고 있다. 표류 또는 부유drift라고 하는 이런 과정은 하나의 극단적인 행위에서 또 다른 극단으로 움직이는 것으로서 때로는 비관습적이고 자유롭고 일탈적이지만 또 다른 때에는 침착하고 정제된 행위를 초래하게 된다[36].

도덕적 제재를 중화시키기 위하여 아이들은 자기들의 법률위반행위에 대한 일련의 독립적인 정당화를 학습하게 된다. 이를 우리는 중화기술Neutralization techniques 이라고 하며, 이 중화기술이 아이들에게 규범사회의 규율로부터 일시적으로 멀리

---

35 M. Floeger, "Youth employment and delinquency: Reconsidering a problematic relationship," Criminology, 1997, 35: 659–675

36 G. Sykes and Matza, D., "Techniques of neutralization: A theory of delinquency," American Sociological Review, 1957, 22: 664–670

떨어질 수 있게 하는 반면에 지하적 행위에 참여할 수 있게 해준다는 것이다.

- **책임을 부정하다**(Deny responsibility)
  자신의 불법적인 행동이 간단하게 자신의 잘못이 아니며, 자신이 통제할 수 없는 영향으로 초래되었거나 사고였다라고 주장하는 것이다.
- **손상을 부정하다**(Deny injury)
  자신의 비행이 사람을 죽이거나 크게 다치게 한 것도 아니라거나, 심각한 피해를 초래하지도 않지 않았냐고 주장하는 것이다.
- **피해자를 부정하다**(Deny the victim)
  자신의 범죄피해자가 피해를 당해도 마땅하다거나 존경받지 못하거나 부정하게 돈을 번 사람에게서 훔치는 것이 잘못이 아니라고 주장하는 것 등이다.
- **자신의 행위를 비난하는 사람을 비난하다**(Condemn condemners)
  세상은 부패한 곳이어서 관료는 부정을 일삼고, 부모는 자신의 좌절을 자식에게 표출하면서 청소년의 비행을 비난하는 것은 공정하지 못하고, 비난받아야 할 사람은 자신이 아니라 그들이라는 것이다.
- **더 높은 충성에 호소하다**(Appeal to higher loyalties)
  아이들이 때로는 대중사회의 규율을 지키고 동시에 친구집단에 충성하는 딜레마에 빠지곤 하는데, 때로는 친구집단의 요구가 즉각적이고 지역적이기 때문에 사회규율의 준수보다 친구집단에의 충성이 우선하여 어쩔 수 없이 비행에 동참할 수밖에 없다는 것이다.

종합하면, 비행소년들은 자신의 비행을 '의도하지 않았다', '실제로 아무도 다치지 않았다', '피해자가 초래한 것이다', '모든 사람이 다 나만 탓 한다', '나 자신을 위해 한 짓이 아니다' 등으로 자신의 비행을 중화한다는 것이다[37].

중화이론에 대한 논란의 핵심은 과연 비행소년들이 자신의 비행 이전에 중화하는 것인지 아니면 비행 이후에 자신의 행위에 대한 정당화 내지는 이유를 찾는 것인지 여부인데, 실제 다수의 연구에서 비행소년들은 다양한 형태의 일탈행위에 가담하기 전에 중화한다는 것을 밝히고 있다. 그런데 이 중화도 범죄유형과 범죄

---

37 ibid.

자에 따라 차이가 있어서, 상대적으로 더 많이 활용되는 범죄와 더 자주 활용하는 범죄자가 있다고 한다. 중화이론의 또 다른 쟁점은 과연 법률위반자들이 범행을 위해서 과연 도덕적 제재를 중화할 필요가 있는가 여부이다. 만약 비행소년이 수용되는 사회규범에 반대되는 가치를 가지고 있다면 사실은 굳이 중화할 필요도 없지 않은가 하는 것이다. 이에 대한 연구결과는 복합적이다[38].

3. 사회통제이론(Social Control Theory)

사회통제이론은 대부분의 다른 사회학적 이론과는 전혀 다르게 왜 일부 사람들이 범행을 하는가가 아니라 모든 사람들은 법을 위반할 잠재성을 가지고 있으며 또한 현대사회는 불법 활동의 기회를 제공함에도 불구하고 대부분의 사람들이 범행을 하지 않는가를 알고 싶어 한다. 더구나 약물이나 자동차절도 등과 같은 일부 불법 활동은 즉각적인 보상과 만족을 약속하는 흥미롭고 흥분되는 유희임에도 말이다. 비행의 이러한 매력까지 고려한다면, 왜 사람들이 사회의 규율을 준수할까 궁금하지 않을 수 없다. 앞에서 논의된 선택이론choice theory은 처벌의 두려움, 비용 때문이라고 하며, 구조이론가structural theorists들은 사람들이 합법적인 기회에 접근할 수 있기 때문이라고 주장하며, 학습이론에서는 법을 준수하는 부모와 친구들과의 접촉을 통하여 법을 준수하는 것을 습득하였기 때문이라고 역설한다. 그러나 이와는 정반대로 사회통제이론은 사람들이 법을 준수하는 이유는 사람들의 행동과 열정이 내적, 외적 세력과 영향력에 의하여 통제되기 때문이라고 주장한다[39].

사람들이 제대로 사회화되었기 때문에 대부분의 사람들은 강력한 도덕적 감각을 가지게 되고, 이로 인하여 남을 해치지도, 사회규범을 위반하지도 못하게 된다는 것이다. 이처럼 적절하게 제대로 사회화된 사람은 범죄활동으로 인하여 붙잡

---

[38] R. Agnew, "The techniques of neutralization and violence," Criminology, 1994, 32: 555−580; M. Hindelang, "The commitment of delinquents to their misdeeds: Do delinquents drift?" Social Problems, 1970, 17: 500−507; R. regoli and Poole, E., "The commitment of delinquents to their misdeeds: A reexamination," Journal of Criminal Justice, 1978, 6: 261−269; Topalli, V., "When being good is bad: An expansion of Neutralization Theory," Criminology, 2005, 43: 797−836

[39] Siegel & Welsh, op cit., p. 160

히게 되면 사랑하는 부모를 다치게 하고, 학교와 직장에서 배제될 수도 있다는 사실을 알고 또 그것을 두려워한다. 다시 말하자면, 범죄를 포함한 인간의 행위는 관습적인 제도나 기관, 개인, 그리고 과정에 대한 전념과 애착에 의하여 통제된다는 것이다. 그러나 제대로 사회화되지 못한 사람들, 그래서 자신과 다른 사람들에 대한 전념과 애착이 결여된 사람들은 자유롭게 법을 위반하고 일탈행위에 가담하게 된다[40]. 그들은 법을 위반하여도 잃을 것이 없기 때문이고, 대다수의 법을 준수하는 사람들은 잃을 것이 많기 때문에 법을 위반하지 않고 준수하는 것이다.

1) Walter Reckless의 견제이론(Containment Theory)

초기 사회통제이론에 따르면, 통제는 사회적 상호작용의 산물이다. 부적응적 사회관계는 연약한 자아관념weakened self-concept과 낮은 자기존중low self-esteem을 초래하여 아이들을 비행의 위험에 빠뜨리게 되지만, 반대로 자신에 대하여 긍정적으로 느끼고 긍정적인 태도를 견지하는 아이들은 길거리의 유혹에 저항할 수 있다는 것이다. Albert Reiss는 비행소년들이 어떻게 하여 약화된 자아를 갖게 되었는지를 설명해준다. 더불어 Scott Briar와 Irving Piliavin은 범죄활동이 자신의 자아상self-image과 다른 사람들과의 관계를 해칠 것이라고 믿는 아이들이 사회규율에 동조할 확률이 가장 높다고 주장하였는데, 이는 그들이 동조성에 전념 commitment to conformity하기 때문이라고 하였다. 이런 견지에서 Briar와 Piliavin의 이론을 동조성 전념 이론이라고 한다. 이와는 반대로 자신의 사회적 지위나 위치에 별로 큰 관심을 가지지 않는 아이들은 자유롭게 법을 위반할 수 있다고 한다. 선구적인 사회통제이론가인 Walter Reckless는 자신의 '견제이론containment theory'에서 강한 자아상strong self-image이 아이들을 환경의 압박과 유인으로부터 단절시킬 수 있다고 주장하였다. 실제 연구를 통해서 그는 비행을 하지 않은 비비행소년은 비행을 향한 환경적 압박에 직면해서도 자신의 긍정적인 자아상을 유지할 수 있었다는 사실을 밝히고 있다[41].

---

40 S. Briar and Piliavin, I., "Delinquency: Situational inducement and commitment to conformity," Social Problems, 1965-1966, 13: 35-45; A. Sherman and Smith, D., "Crime, punishment , and stake in conformity: Legal and informal control and informal conduct of domestic violences," American Sociological review, 1992, 57: 680-690

41 A. Reiss, "Delinquency as the failure of personal and social control," American Sociological Review, 1951, 16: 196-207; S. Briar and Piliavin, I., "Delinquency:

2) Hirschi의 사회유대이론(Social Bond Theory)

Hirschi는 비행의 온상을 사람을 사회와 연계하고 묶어주는 유대의 약화에서 찾고 있다. 모든 아이들이 다 잠재적인 법률 위반자이지만, 대부분은 친구, 부모, 교사, 고용주와의 관계 때문에 통제된다는 것이다. 이런 유대나 연계가 없고 다른 사람들에 대한 관심과 민감성이 결여되면 아이들은 자유롭게 범죄행동을 하게 된다는 것이다. Hirschi는 개인이 사회와 가지는 유대는 애착, 전념, 참여, 그리고 신념이라는 4가지 주요 요소로 나누고 있다[42].

- **애착(Attachment)** – 다른 사람에 대한 관심과 민감성으로서, 심리학자들은 다른 사람에 대한 민감성이 없는 사람이 반사회적 인성장애자, 사이코패스 pscychopath가 되고, 일관되게 자신을 세상과 관계시키는 능력을 상실하게 된다고 믿는다. 사람들이 사회규범을 받아들이고 사회적 양심을 발달시키는 것은 다른 사람에 대한 보살핌과 애착에 달렸다고 한다. 다른 사람에 대한 애착 중에서도 부모에 대한 애착이 가장 중요한 애착이라고 한다.

- **전념(Commitment)** – 미래를 위하여 저축을 하거나 교육을 받는 것과 같이 일련의 관습적인 행동에 투자하는 시간, 에너지, 노력을 포함하는 개념으로서, 만약에 사람들이 관습적인 사회에 강력한 전념을 형성한다면 자신이 어렵게 성취한 지위를 위태롭게 할 행동에 가담할 가능성이 낮아진다는 것이다. 반대로 관습적인 가치에 대한 전념의 부족은 비행과 같은 위험을 감수하는 행위가 매력적인 대안이 되는 그런 상황이나 조건의 전제가 될 수도 있다는 것이다. 그런데 관습성에 대한 전념은 쌍방향적이어서 음주하는 학생이 학교에서 실패할 확률이 더 높고, 학교에서 실패하는 학생이 음주할 확률도 더 높다는 것이다.

- **참여(Involvement)** – 관습적인 활동에 많은 시간과 노력을 투자한다는 것은 불법행위를 할 시간이나 기회를 갖기 어렵게 만든다. 학교, 학업, 가정 등에 전

Situational inducements and commitment to conformity," Social Problems, 1965 – 1966, 13: 35 – 45; W. Reckless, The Crime Problem, New York: 1967, pp.469 – 483

42 T. Hirschi, Causes of Delinquency, Berkeley, CA: University of California Press, 1969, p. 231

적으로 많은 시간과 노력을 투자하여 참여하는 학생에게는 비행의 잠재적 유혹으로부터 차단되고 그런 유혹에 참여할 시간과 여지가 없어지기 마련이라는 것이다.

- 신념(Belief) − 같은 사회적 여건이나 환경에서 생활하는 사람은 공통의 도덕적 신념을 공유할 가능성이 많은데, 이들은 다른 사람에 대한 민감성, 공유, 그리고 법전에 대한 존중 등과 같은 가치를 고수하기 쉽다는 것이다. 만약 이런 신념들이 없거나 약하다면 아이들이 반사회적이거나 일탈적인 행위에 가담할 가능성이 더 높아진다는 것이다.

이들 사회유대의 주요 요소들은 상호 관련되기도 하고 집합적인 것으로 간주된다. 즉, 애착을 느끼지 못하는 아이가 전념하지 못할 가능성이 더 높으며, 관습적인 활동에 참여하지 못하거나 않는 아이들일수록 관습적인 가치에 대한 신념을 가질 확률은 낮아진다는 것이다. 사회에 대한 유대의 요소 중 하나 이상에 금이 생긴 아이는 그 유대를 유지하는 아이에 비해 반사회적인 활동에 가담할 확률이 더 높아진다고 한다. 부모나 친구 등 자신에게 중요한 다른 사람들significant others에 대한 민감성을 가지고 애착을 느끼는 사람은 합법적인 목표를 채용하고 그것을 향하여 일할 가능성이 더 높고, 위험하거나 반사회적인 행위를 피할 수 있도록 도움이 되는 기술을 습득할 가능성이 더 높아진다는 것이다[43].

---

43 C. Maas, Fleming, C., Herenkohl, T., and Catalano, R., "Childhood predictors of teen dating violence victimization," Violence and Victims, 2010, 25: 131−149

제2장

사회반응, 사회갈등, 그리고 비행

　사회반응이론social reaction theory은 한편으로는 낙인이론으로도 불리는 것으로, 어떤 행위를 일탈적이거나 비행적이라고 낙인을 하는 결정은 의사결정자의 도덕, 가치, 태도에 따라 크게 좌우되는 매우 주관적인 것으로 본다. 사람들이 누군가를 나쁘거나, 악의적이거나, 비행적이라고 그렇게 낙인을 해야만 그 사람이 나쁘고, 악의적이고, 비행적인 사람이 되는 것이다. 강간과 합의된 성관계의 차이는 배심이나 판사가 무엇을 믿고 있고 일어난 사건을 어떻게 해석하는가에 따라 달라진다는 것이다. 사회갈등이론social conflict theory은 의사결정자의 역할에 더 초점을 맞추지만 정치성을 가미하여, 법이란 가진 자돈, 권력의 이익에 봉사하는 것이고, 그들의 행위가 기존의 경제적, 사회적 질서에 위협인가 아닌가에 따라 체포되고, 기소되고, 처벌되는 것이라고 주장한다. 그러나 사회반응이론과 사회갈등이론은 사회통제와 낙인의 동기에 따라 차이가 난다고 한다. 사회반응이론이 권력을 가진 사람들의 도덕적 가치, 신념, 태도에 더 초점을 맞추는 반면, 사회갈등이론은 그들의 경제적, 정치적 이익을 지향한다는 것이다[1].

---

1 Siegel & Welsh, op cit., p. 176

사회반응이론

1. 낙인의 영향

사회반응 또는 낙인이론은 지속된 일련의 비행행위가 어떻게 파괴적인 사회적 상호작용과 대면으로부터 파생되는가를 설명하는 것이다. 이 이론에 따르면, 비행행위를 포함한 불법 행동은 불법행동 그 자체의 도덕성이 아니라 사회적 청중의 반응에 따라 결정된다는 것이다. 심지어 살인범죄도 예외는 아니어서, 대부분의 사람들이 누군가를 죽이는 것은 잘못되고 악의적인 것이라 동의하지만 자기방어나 전쟁에서처럼 용납이 되는 경우도 있다. 물론 낙태와 자기방어처럼 논쟁의 여지가 있는 회색영역gray area도 없지는 않다. 이런 낙인 또는 반응이론의 근원은 사회학의 한 분야인 상징적 상호작용symbolic interaction에서 찾고 있다.

범죄와 비행의 정의는 순전히 주관적이기 때문에 장소와 시간에 따라 변한다. 어떤 사회나 지역과 시간에 범죄가 되는 어떤 행동이 다른 사회나 지역과 시간에는 범죄가 되지 않는 경우로서 이를 흔히 범죄의 시간적, 공간적 상대성이라고도 한다. 그럴 수 있는 원인으로서 대체로 두 가지 관점에서 설명되고 있다. 하나는 Kai Erickson의 주장으로, 일탈은 어떤 형태의 행위의 고유한 특징이 아니라, 그러한 행위들을 직, 간접적으로 목격하는 청중에 의하여 부여된 특징이라는 것이다. 다른 하나는 Howard Becker의 주장으로, 사회집단이 위반이나 침해가 일탈이 되는 규율을 제정하여, 그러한 규율을 특정한 사람에게 적용하고 그들을 이방인outsiders으로 낙인함으로써 일탈을 만든다는 것이다. 즉, 일탈은 사람이 범하는 행동의 질이 아니라 다른 사람에 의하여 그 법을 적용하고 '범법자'에게 제재를 가한 결과이며, 비행인은 낙인이 성공적으로 적용된 사람이고, 일탈행위는 사람들이 그렇게 낙인을 붙인 행위라는 것이다[2].

---

2 K. Erickson, "Notes on the sociology of deviance," Socila Problems, 1962, 9: 397−414; H. Becker, Outsiders: Studies in the Sociology of Deviance, New York: Macmillan, 1963, p. 9

우리는 살아가면서 때로는 긍정적이고 때로는 부정적인 다양한 상징적 낙인을 받게 된다. 또한 우리는 정신질환자나 특수학교와 같은 우리가 속한 집단이나 우리가 처한 상황 때문에도 낙인을 받기도 한다. 그런 낙인이 단지 하나만의 기질이나 소질을 규정하는데 그치지 않고 사회적 기회마저 빼앗아 가기도 하고, 때로는 자아상을 향상시키고 새로운 기회를 주기도 한다. 부정적인 낙인이 붙여진 아이에게는 오명을 씌우게 되고, 자아상을 낮추기도 한다. 그러한 부정적 낙인을 받은 아이가 자신의 자아상이 훼손되지 않은 아이에 비해 비행행위에 가담할 위험성이 더 높아진다는 것이다3.

사회반응이론의 중요한 원리의 하나는 법이 사람에 따라 차등적으로 적용되어, 사회, 경제적 지위를 가진 사람에게는 이익이 되지만 지위와 권력이 없는 사람은 처벌하게 된다는 것이다. 왜 이런 차별적 낙인화stigmatization가 일어나는 것일까. 비록 법률이 형사사법제도의 거의 모든 부분을 지배하지만, 재량적 의사결정이 거의 모든 단계의 형사사법절차상의 운영을 좌우하기 때문이다. 경찰의 체포, 검찰의 기소, 법원의 양형, 그리고 교도소에서의 처우 결정 모두가 재량적 특성에 기반하고 있고, 바로 여기서 차등적 법적용의 문제가 파생될 수 있다는 것이다4.

이렇게 붙여진 부정적 낙인은 어떤 결과를 초래할까. 교사, 친구, 부모 등 중요한 사람들로부터 자신의 지위가 평가절하 된다면, 그 부정적인 낙인과 결과적으로 초래되는 오명이 영속적인 해를 끼칠 수 있다고 한다. 그렇게 낙인이 붙여진 아이들은 자신을 사회적 부랑아나 폐물로 생각할 수 있으며, 그렇게 생각하는 정도에 따라 가정, 학교, 직장에서 그가 어떻게 대우받는지가 결정되기도 한다. 낙인은 결국 아이들의 학교실패와 반사회적 행위를 포함한 다양한 문제를 유발하게 되며, 심지어 아이들로부터 부모를 격리시키고 아이들의 자아상을 낮추게 되어 결국 비행까지도 증대시킨다는 것인데, 이런 과정을 우리는 "반영평가Reflected Appraisal"라고 부른다. 부모의 낙인이 가장 극단적인 해를 끼치는데, 그것은 부모

3 P. Corrigan, "How stigma interferes with mental health care," American Psychologist, 2004, 59: 614−625; L. Jackson, Hunter, J., and Hodge, C., "Physical attractiveness and intellectual competence: A meta−analytic review," Social Psychology Quarterly, 1995, 58:108−122; Adams, M., Robertson, C., Gray−Ray, P., and Ray, M., "Labeling and delinquency," Adolescence, 2003, 38: 171−186

4 R. Chilton and Galvin, J., "Race, crime, and criminal justice," Crime and Delinquency, 1985, 31: 3−14

의 낙인은 아이들로 하여금 집 밖에서 유사한 친구들을 찾게 되기 때문이지만, 반대로 부모와의 유대와 지지는 아이에게 가해진 부정적 낙인도 중화시킬 수 있다고 한다[5].

낙인으로 인한 보다 구체적인 결과의 하나는 개인적인 재평가personal reassessment이다. 문제아로 낙인이 붙여지면, 청소년들은 그 낙인을 자신의 자아상self-image으로 통합시킬 수 있다. 그들은 '만약 모든 사람들이 나를 문제아라고 그런다면 그것은 사실임에 틀림없다'라고 믿게 된다는 것이다. 물론 낙인이 비행소년으로 하여금 비행행위를 시작하도록 초래하는 것은 아닐 수도 있지만, 낙인이 가해지면 그 아이는 '손상된 정체성damaged identity'을 가지게 되기 때문에, 지속적인 범행의 가능성을 높이게 된다. 특히, 사회관계망social network이 중요해진 현대에는 부정적 낙인이 시간과 장소에 구애받지 않고 확산, 유지되기 때문에 이 손상된 정체성은 영속화될 수도 있어 그 영향이 결코 사라지지 않을 우려도 있다. 손상된 정체성은 이들 아이들에게 교육과 취업과 같은 관습적인 기회를 제한한다. 낙인이 붙여진 아이들이 그 낙인을 극복하지 못하면 범죄에 가담하거나 때로는 자신의 부정적 낙인에 대하여 사이버 폭력 등을 이용하여 대항하기도 한다[6].

한편, 부정적 낙인은 낙인이 가해진 사람의 개인적 문제에만 그치지 않고 일탈적 집단과 도당을 형성케 한다는 것이다. 문제아라는 낙인이 가해진 아이들은 그들의 반사회적 행위를 더욱 쉽게 해주는 집단이나 패거리 속에서 유사한 낙인이 붙여진 아이들과 합류하게 되는데, 이렇게 되면 그들에게 있어서 비행과 일탈은 거의 습관적이고 자동적인 것이 된다고 한다. 일탈적 집단이나 패거리에 가담하려는 욕구는 스스로를 비하하는 자기-부정적 태도self-rejecting attitude에서 초래되는 것이며, 이는 결국 관습적 가치와 행위에 대한 전념을 약화시키는 결과를 초래한다는 것이다. 비행적, 일탈적 동료는 서로에게 자신들을 거부하는 사람들

---

5 R. Triplett, "The conflict perspective, symbolic interactionism, and status characteristics hypothesis," Justice Quarterly, 1993, 10: 540–558; R. Matsueda, "Reflected appraisals, parental labeling, and delinquency: Specifying symbolic interactionist theory," American Journal of Sociology, 1992, 97: 1577–1611; X. Liu, "The conditional effects of peer groups on the relationship between parental labeling and youth delinquency," Sociological Perspectives, 2000, 43: 499–515

6 J. G. Bernberg and Krohn, M., "Labeling, life chances, and adult crime: The direct and indirect effect of official intervention in adolescence on crime in early adulthood," Criminology, 2003, 41: 1287–1319

을 거부하는rejecting the rejectors데 도움을 주는 것이다. 집단 정체성은 사회적 낙오자 청소년들로 하여금 낙인의 근원, 원천에 대한 경멸을 보일 수 있게 하고, 그들과 거리를 둘 수 있게 해준다는 것이다[7].

2. 낙인의 주요개념

일차적 일탈과 이차적 일탈-Edwin Lemert의 일차적 일탈primary deviance과 이차적 일탈secondary deviance의 개념이 낙인과정의 표준화된 관점으로 정착되었는데, 일차적 일탈은 행위자에게 거의 영향을 미치지 않고 빨리 잊혀질 수 있는 규범위반이나 범죄라고 할 수 있다. 예를 들어, 가난한 대학생이 서점에서 훔친 교과서로 훌륭한 사회인으로 성공하는 경우로서 그의 좀도둑질이 발각되지 않았고, 그의 미래에도 거의 아무런 영향도 미치지 않은 상대적으로 그리 중요하지 않은 사건과 같은 것이다. 반대로 이차적 일탈은 일탈적 사건이 부정적 낙인을 가하는 사회통제기관이나 주요한 다른 사람에게 인지되어 관심을 끌게 될 때 일어나는 일탈이다. 새롭게 낙인이 붙여진 범법자는 일탈행동의 결과를 중심으로 자신의 행동과 인성을 인식하게 된다. 만약 위의 대학생이 교과서를 훔치다 붙잡혀서 낙인이 붙여졌다면 그는 성공한 사회인이 아니라 사람들은 그를 부정적으로 낙인을 붙이게 되고, 그는 사람들의 그러한 의견을 공유하게 되고 결국엔 교도소로 가게 된다는 것이다[8].

여기서 이차적 일탈은 일탈적 역할로의 사회화를 내포한다. 낙인이 붙여진 사람은 자신에 대한 결과적인 사회적 반응으로 인한 다양한 문제에 대하여 적응하고, 공격하고 방어하기 위한 수단으로서 그 낙인에 기초한 행위나 역할을 하는 사람으로 바뀌게 된다는 것이다. 이 이차적 일탈은 일탈확장효과를 초래하는데 그것은 그들이 그러한 일탈적 역할로 고착되어 사회로부터 격리되고, 소외되어 유사한 처지의 사람들을 찾아 일탈적 하위문화나 집단을 형성하게 된다고 한다.

---

[7] H. Kaplan and Johnson, R., "Negative social sanctions and juvenile delinquency: Effects of labeling in a model of deviant behavior," Social Science Quarterly, 1991, 72: 98-122; H. Kaplan, Johnson, R., and Bailey, C., "Deviant peers and deviant behavior: Further elaboration of a model," Social Psychology Quarterly, 1987, 30: 277-284

[8] E. Lemert, Social Pathology, New York: McGrow-Hill, 1052, Siegel & Welsh, op cit., p. 183에서 재인용

그렇게 일탈적 역할이 고착된 아이들은 점점 더 강한 일탈을 하고 더 부정적인 낙인이 붙여지고 결과적으로 정체성 전환이나 전이로 이어지게 된다는 것이다.

- 비밀일탈자(secret deviant)와 잘못도 없이 비난 받는 사람(falsely accused) — 낙인이론가의 한 사람인 Howard Becker는 낙인과 비행행위 사이의 관계를 4가지 가능한 유형으로 분류하였다. 그의 분류는 낙인이 붙여진 사람과 붙여지지 않은 사람, 그리고 비행을 한 사람과 하지 않은 사람의 조합에 기초하고 있다. 비행을 하고 붙잡혀서 낙인이 붙여진 아이들은 순수일탈자pure deviant로 불리며, 이들과 정 반대인 법을 준수하여 부정적 낙인에서 자유로운 아이들을 동조자conformists라고 한다. 일부 아이들은 자신이 하지도 않은 일로 잘못 비난을 받는 잘못도 없이 비난을 받는falsely accused 아이도 있고, 이와는 반대로 규율을 위반하였지만 낙인을 피한 아이들을 비밀 일탈자secret deviants라고 한다. 순수일탈자가 반사회적 행동을 반복할 위험이 가장 높은 반면에, 동조자가 일탈에 가담할 가능성이 가장 낮다고 하는 가정이 사회반응이론의 핵심이지만, 나머지 두 유형이 더욱 중요한 쟁점이 될 수 있다. 만약 낙인이론이 타당하다면, 잘못도 하지 않았는데도 낙인이 잘못 붙여진 아이들이 비밀 일탈자보다 더 이차적 일탈자가 될 확률이 더 높아야 한다. 비밀일탈자가 더 문제가 심각할 수도 있지만, 그들이 낙인과정을 피했기 때문에 부정적 낙인의 영향을 받지 않게 된다. 낙인이론에 따르면, 부정적 낙인, 심지어 잘못된 것이라도 이차적 일탈을 초래하는 핵심적인 요소이며, 비행적 이력을 초래한다는 것이다. 다시 말해, 장기적으로는 잘못된 낙인이 비밀일탈자보다 더 폐해가 커다는 것이며, 바로 이점이 낙인이론의 핵심개념이다[9].

- 악의 극화(Dramatization of evil) — 낙인은 개인적 정체성의 기초가 된다. 부정적 낙인이 원래 처음 붙여진 낙인의 힘을 확장시킴에 따라 낙인이 가해진 범법자는 자신의 정체성을 재평가하기 시작한다. 만약 자신이 진정으로 나쁘거나 악마가 아니라면 그들은 왜 사람들이 요란을 떨고 있는지 스스로에게 물을 것이다. 사회반응이론의 선구자인 Frank Tannenbaum은 이 과정을 악의 극화 dramatization of evil라고 하며, 비행행위에 대한 낙인의 결과와 관련하여 범죄자

---

9 Becker, op cit., Siegel & Welsh, op cit., p. 185에서 재인용

를 만드는 과정은 꼬리표를 붙이고, 그렇게 규정하고, 그에 맞게 동일시하며, 그것을 의식하고 스스로 의식하게 만드는 과정이며, 그것이 비난을 받는 바로 그 기질을 자극하고, 제시하며, 불러일으키는 방법이 된다는 것이다[10].

- **자기실현적 예언**(self-fulfilling prophecy) – 낙인과정은 자기실현적 예언을 만드는데도 일조를 한다. 그들의 의견을 중시하는 중요한 사람들, 즉 부모나 교사와 같은 사람들의 부정적인 환류를 지속적으로 받는다면 이를 정확한 것으로 해석하게 되고 받아들이게 된다. 그들의 행위는 부정적 기대에 동조하기 시작할 것이고, 결국 그들은 다른 사람들이 인식하고 있는 그런 사람이 된다고 한다. 이 자기실현적 예언은 손상된 자아상과 증대된 반사회적 행위로 이끌게 되는 것이다. 실제 연구에서도 중요한 사람들로부터의 낙인을 인식하는 사람이 더 빈번하게 비행에 가담한 것으로 밝혀져서 부정적 낙인의 인식이 중요한 비행의 중요한 예측인자였다고 한다[11].

- **강등의식**(Degradation ceremony) – 재판과 같은 사법절차의 공개적인 의식을 통하여 비행소년의 자아상을 강등시킴으로써 그들을 전환, 전이시킨다는 것이다. 이런 공개적인 의례를 통하여 비행소년을 사회주류로부터 밀쳐내는 것이다. 예를 들어, 법정에서 판사가 비난하고 욕하고, 혐의를 낭독하고, 공식적으로 비행소년이라고 낙인을 가하는 그런 모든 과정이 다 '성공적인 강등'의 모든 조건을 내포한다는 것이다. 이런 과정을 사회학자 Harold Garfinkel은 '강등의식'이라고 하였다[12].

3. 낙인과 비행이론

긴장이론, 사회학습이론, 통제이론은 모두 청소년들의 특성과 그들의 환경에 초점을 맞추어서 어떻게 그러한 특성과 환경이 청소년들을 비행에 가담하게 하는

10 F. Tannenbaum, Crime and the Community, New York: Colombia University Press, 1938, pp.19 – 20

11 R. Matsueda, op cit., ; M. Adams, Robertson, C., Gray – Ray, P., and Ray, M., "Labeling and delinquency," Adolescence, 2003, 38: 171 – 186

12 H. Garfinkel, "Conditions of successful degradation ceremonies," American Journal of Sociology, 1956, 5: 420 – 424

가를 기술하고 있다. 반면에 낙인이론은 사법기관에 의한 공식적 반응은 물론이고 부모, 친지, 동료, 교사 등의 비공식적 반응 모두가 포함되는 비행에 대한 반응에 초점을 맞춘다. 낙인이론은 비행에 대한 이런 반응들이 어떻게 청소년 범법자들이 때로는 또 다른 비행으로 이어지게 하는지를 기술하려는 것이다. 낙인이론은 비행에 대한 반응과 그 반응이 또 다른 비행에 어떤 영향을 미치는가에 초점을 맞추는 것이다. 특히, '비행소년'으로 낙인된 청소년이 종종 '나쁜' 사람이나 '악마' 같은 사람으로 간주되며, 이러한 그에 대한 시각과 관점이 다른 사람들로 하여금 그를 거부하게 하고 거칠게 대하도록 이끈다는 것이다. 사람들의 이런 반응이 비행청소년으로 낙인이 붙은 청소년들로 하여금 다음과 같은 경험 때문에 재비행의 가능성을 더 높이게 된다는 것이다. 낙인이 붙음으로써 관습적인 사람들이 자신과 접촉하고 싶어 하지 않고 관습에 동조하여 얻을 것이 별로 없기 때문에 통제력의 약화를 겪게 되고[13], 다른 사람들이 자신을 더욱 거칠게 대하고 목표를 이루기가 더 어렵기 때문에 더 많은 긴장을 경험하게 되고[14], 관습적인 사람들은 거절하기 때문에 비행적인 교우관계를 주로 갖게 되어 범죄에 대한 사회학습이 증대되고[15], 다른 사람들이 자신을 비행을 범하는 사람으로 간주하고 그렇게 대하기 때문에 자신을 비행행위를 하는 그런 유형의 사람으로 간주하게 된다는 것이다[16]. 낙인이론이 다른 이론들과 다른 또 하나의 특징은 낙인을 초래했던 최초의 비행을 설명하려 하기보다는 왜 일부 비행청소년들은 다른 청소년들보다 비행에 지속

---

13 G. Sweeten, "Who will graduate? Disruption of high school education by arrest and court involvement," Justice Quarterly, 2006, 23: 462–480; G. Lopez, M. D. Krohn, A. J. Lizotte, N. M. Schmidt, B. E. Vasquez, and J. G. Bernburg, "Labeling and cummulative disadvantage: The impact of formal police intervention on life chances and crime during emerging adulthood," Crime and delinquency, 2012, 58: 456–488

14 E. A. Stewart, Simons, R. A., Conger, R. D., and Scaramella, L. V., "Beyond the interactional relationship between delinquency and parenting practices: The contribution of legal sanctions," Journal of Research in Crime and Delinquency, 2002, 39: 36–59

15 S. A. Wiley, Slocum, L. A., and Finn–aage Esbensen, "The unintended consequences of being stopped or arredted: An exploration of labeling mechanisms through which police contact leads to subsequent delinquency," Criminology, 2013, 51: 927–966; J. G. Bernburg, Krohn, M. D., and RiC. J., "Official labeling, criminal embeddedness, and subsequent delinquency: A longitudinal test of labeling theory," Journal of Research in Crime and delinquency, 2006, 43: 67–88

16 M. S. Adams, Robertson, C. T., GrayRay, P., and Ray, M. C., "Labeling and delinquency," Adolescence, 2003, 38: 171–186

적으로 가담하고 더 심각한 비행으로 옮겨 가는지를 설명하려고 한다.

낙인이론은 종종 특정한 행위를 비행행위로 처음 부르는 과정을 설명하고 이어서 바로 그 낙인을 이용하여 그러한 행위를 한 사람에게 대응하거나 처벌하는 특별한 수단을 정당화하기 위하여 다른 이론들과 연계하여 활용되곤 한다. 우리들은 낙인에 관련된 문화적 메시지와 함께 성장하고 생활해옴에 따라 우리들 대부분에게 일상생활 속에서 그 낙인의 영향은 대단히 분명하고 확실하다고 할 수 있다. 마치 이솝우화에 나오는 양치기 소년과 늑대 이야기에서 소년이 거짓말쟁이로 낙인된 후 비록 그가 진실을 말함에도 믿지 않는 것과 같다. 이야기는 비록 거짓은 나쁘다는 도덕적 훈육이지만 실제로 이 이야기를 통해서 낙인이 궁극적으로는 낙인이 찍히는 소년 당사자는 물론이고 지역 공동체사회에도 해로운 것임을 알게 된다. 그런데 낙인은 과거의 행위로 인하여 붙여진 것이지만 문제는 그 사람의 미래에도 영향을 미친다는 점이다.

규율을 만들고 그 규율을 다른 사람들에게 적용하는 데 있어서 능력은 사람마다 다르다고 하는데, 그것은 법적이거나 초법적이거나 실질적으로는 권력의 차이에서 오는 것이라고 한다. 당연히 힘과 권한을 부여하는 지위와 위치에 있는 집단이 자기들의 규율을 가장 잘 집행할 수 있다고 한다. 그 사람이나 집단의 성별, 인종, 연령, 그리고 계층의 구분 모두가 권력의 차이와 관련되고, 이 차이가 그렇게 구별된 집단이 다른 집단에게 적용하고 집행할 규율을 만들 수 있는 정도의 차이를 설명할 수 있다는 것이다[17].

낙인이론은 비행에 대한 반응에 관한 다섯 가지 의문에서 시작한다. 첫째, 왜 특정한 행동이 비행이나 지위 범행으로 규정되는가? 낙인이론가들에 따르면, 우리 사회의 권력집단은 어떤 행위가 비행이고 아닌지를 규정하는데 막강한 영향력을 행사하며, 이들 권력집단은 일반적으로 자신들에게 이익이 되는 방향으로 행동하고 따라서 자기 자신이나 자기 이익을 위협하거나 도덕적으로 반대할 수 있는 행위들을 불법으로 규정하게 된다는 것이다. 둘째, 다른 사람들이 비행에 어떻게 반응하는가? 다양하게 반응하는 것으로 알려지지만 낙인이론가들은 대체로 대부분의 사람들은 거칠고 모질거나 거부하는 반응을 보인다고 설명한다. 셋째, 비

---

17 H. S. Becker, Outsiders: Studies in Sociology of Deviance, Glencoe, IL: Free Press, 1963, p. 18

행에 대한 반응이 추후 비행에 어떤 영향을 미치는가? 우리가 비행에 대하여 보이는 거칠고 거부하는 반응이 또 다른 비행이나 재 비행의 가능성을 증대시키는 것이라고 주장한다. 넷째, 왜 일부 소년범죄자가 다른 소년범죄자보다 거칠고 거부되는 반응을 경험할 가능성이 더 높은가? 즉, 낙인이 왜 모든 사람에게 동일하지 않은가? 우선은 비행소년의 비행, 즉 어떤 비행을 얼마나 빈번하게 범하였는지가 결정하는 것으로 더 심각한 범죄를 더 빈번하게 범한 비행소년에게 더 부정적인 반응이 가해질 가능성이 더 높다는 것이다. 이와는 별개로, 당연히 소년의 비행정도와 유형 외에도 성별, 연령, 인종, 사회계층 등도 영향을 미친다고 한다. 끝으로, 과연 일부 비행소년이 다른 비행소년에 비해 자신에게 가해진 부정적 반응에 추가비행으로 대응하고 반응할 가능성이 더 높을 수 있는가? 바로 이런 의문에 대한 대답이 낙인이론이다[18].

낙인이론의 기원은 다수의 이론과 학자들에게서 찾을 수 있지만 Edwin Lemert, Howard Becker, Erving Goffman의 기여에 비할 수는 없을 것이다. 낙인이론은 6-70년대 다수의 사람들이 시민권과 평등성의 이름으로 항거하고 저항하며 현상에 도전하는 시기에 발전하고 유행하였던 이론이다. 이러한 시대적 상황과 분위기는 낙인이론이 누가 비행에 대하여 낙인을 가하며, 그렇게 낙인되는 사람은 누구이고, 그렇게 낙인된 비행소년이 속하는 사회집단은 어디인지까지 고려할 수 있도록 비행의 분석을 확장시키게 된다. 초기 낙인 이론가들은 낙인의 부여가 낙인이 붙여진 사람에게 어떻게 영향을 미치고, 그 영향력이 장래 그들이 비행할 가능성에는 어떤 영향을 어떻게 미치게 되는지에 관한 생각들을 발전시켰던 것이다. 낙인이론의 주요관점은 궁극적으로는 과연 주어진 특정한 낙인이 얼마나 정당하며, 그리고 낙인의 활용이 미래 범죄와 비행행위의 예방에 효과적일 수 있는지에 대한 의문을 제기한다. 즉, 잘못에 대한 공식적인 낙인이 단순히 범죄를 예방하는 데 있어서 필요한 부분인지, 또는 청소년의 일탈과 Tannenbaum이 말하는 악의 극화에 대한 과장인지 의문을 제기한다[19].

만약 누군가가 일탈행동을 범하고 다른 사람들이 그를 심하게 나쁘게 취급하고, 처벌하며, 궁극적으로는 사회의 다른 사람들과 동일한 테두리 속으로 들어갈

---

18 Agnew & Brezina, op cit., p. 165
19 Bates & Swan, op cit., pp. 138-139

가치가 없다고 폄하하는 등 그에게 강력하게 부정적인 방식으로 반응하고 대응하면, 그와 같은 부정적인 행위와 메시지를 받는 입장의 사람은 그것들을 내재화하는 경향이 있다는 것이다. 이어서 그들은 그와 같은 부정적 경험을 다스리는 한 가지 방법으로서 다른 비행이나 일탈행동에 가담하기로 결정할 수도 있다. Lemert의 설명대로, 낙인stigma과 낙인을 찍는 것stigmatization이 2차적 비행을 일으키는 핵심이다. 낙인이론가들에 따르면, 낙인은 다른 사람들의 반응reactions이 그 사람의 정상적인 정체성을 망가뜨리는 과정이라고 한다. 다른 사람들이 한 사람을 일탈자, 비행소년, 이상한 사람 등으로 낙인을 붙이는 경우, 표적이 된 사람은 낙인이 붙여진 것이다. 만약 낙인과정이 확산되고 특히 막강한 권력과 힘을 가진 낙인 부여자에 의해서 영속화되면 낙인이 붙여진 사람은 '선한 군중'의 구성원이거나 정상적인 사람으로 간주되는 다른 사람들과 함께 어울리기가 무척 어렵게 된다. 결국 낙인이 붙여진 사람은 망가진 정체성이나 신분을 갖게 되는, 즉 낙인이 붙여짐으로써 얼룩이 지는 것이다[20].

낙인이 붙여진 사람에게 그 낙인은 그 사람을 말할 때는 그 사람의 주요지위나 신분master status이 되며, 이런 상황이 청소년들에게 발생하면, 우리는 그런 청소년들을 그들에게 붙여질 수 있는 다른 지위나 신분들, 예를 들어 학생, 아들이나 딸, 운동선수, 예술가 등의 이름으로 일컬어지기보다 비행청소년으로 불리어지게 된다. 낙인이론가들은 그 중에서도 청소년들이 소년사법이나 형사사법을 거치는 것이 그 청소년들이 공동체사회의 시각에서 지위와 신분을 잃고 수치심을 갖게 되는 지위강등의식status degradation ceremony으로 작용한다는 것에 특별히 관심을 가진다. 일부 경우에는 비행소년이란 주 지위가 너무나 강력하여 해당 청소년은 직업적 범죄자의 길을 걷게 하거나 성인범죄의 세계로 이끄는 장기적 비행가담의 길로 들어서게 한다는 것이다[21].

낙인이론가들을 따르는 사회과학자들은 낙인이 이차적 일탈이나 이차적 비행을 초래하는 과정을 더욱 정교하게 발전시켰다. 이러한 시도는 대부분 7-80년대 이론이 지나치게 모호하고 과학적으로 검증할 수 있을 만큼 완전하게 발달하지

---

20 Bates & Swan, op cit., p. 139
21 H. S. Becker, Outsiders: Studies in Sociology of Deviance, Glencoe, IL: Free Press, 1963, Bates & Swan, op cit., p. 140에서 재인용; H. Garfinkel, "Conditions of successful degradation ceremonies," American Journal of Sociology, 1956, 61: 420-424

제2부 소년비행의 이론

못했다는 비판에 대한 반응의 결과이다. 그 중에서도 비판가들은 비행소년이나 부정적 낙인은 항상 비행행위로 이어지는 것으로 이해하고 평가하였지만, 낙인이론의 옹호론자들은 그 과정이 이보다 훨씬 더 복잡하여 이차적 일탈은 관련된 다수의 요소에 좌우된다고 주장한다. 구체적으로, 낙인이 공개되는 정도, 다른 사람들이 낙인이 붙은 사람에게 부정적이거나 배타적인 방식으로 반응하는 정도, 개인적 정체성의 전환, 그리고 대중적으로 일탈적인 것으로 고려되는 행동이나 비행에 가담하는 사람들로부터의 지지에 따라 좌우된다는 것이다[22].

낙인이 붙여진 모든 사람이 다 이차적 일탈을 하는 것은 아니다. 그렇다면, 왜 누군가는 낙인이 붙여진 뒤에 낙인을 하지만 다른 누군가는 낙인이 붙여진 뒤에 이차적 일탈에 가담하지 않는가가 최근 십수 년 동안의 낙인이론의 관심의 초점이었으며, 이를 설명하는 주요 요소는 바로 자아관념self-concept과 사회적 배제 social exclusion라고 한다. 뿐만 아니라, 이처럼 낙인이 붙여지는 사람에 대한 연구는 물론이고 낙인을 붙이는 사람은 누구이며, 낙인을 붙이는 사람이 낙인이 붙여진 사람의 일탈에 어떻게 영향을 미치는가에도 지대한 관심을 표명하고 있다[23].

낙인이론이 이론적 배경으로 하고 있는 이론이 바로 상징적 상호작용주의 symbolic interactionism이라고 할 수 있으며, 이는 곧 사람들은 다른 사람이 생각하고 다른 사람의 눈에 비친 자신, 즉 다른 사람들이 나를 어떻게 인식하는가를 상상하는 것을 자신의 것으로 내재화하는 것이며 이를 Herbert Cooley가 '거울에 비친 나looking glass self'라고 표현하였다. 당연히 비행소년이란 낙인은 청소년의 자아관념에 부정적으로 영향을 미치기 마련이다. 학자들은 이를 입증하기 위하여 교사나 동료 등으로부터의 비공식적 낙인과 소년사법 등으로부터의 공식적 낙인이 자신에 대한 소년의 생각에 미친 영향을 분석하였다. 연구결과, 비공식적 낙인이 소년의 장래 비행에 미치는 영향에서 중요한 역할을 한다는 것을 알게 되었다. 즉, 교사나 친구들이 부정적 낙인을 붙였다고 인식한 소년일수록 낙인을 받아들이지 않고 인식하지 못한 소년에 비해 비행에 가담했노라고 보고하는 확률이 더

---

22 J. G. Bernburg and Krohn, M. D., "Labeling, life chances, and adult crime: The direct and indirect effects of official intervention in adolescence on crime in early adulthood," Criminology, 2003, 41; 1287-1318; R. Paternoster and Iovanni, L., "The labeling perspective and delinquency: An elaboration of the theory and assessment of the evidence," Justice Quarterly, 1989, 6:359-394

23 Bates & Swan, op cit., p. 143

높았다고 한다. 물론 비공식적 낙인보다 공식적인 낙인을 인식하고 받아들일 확률이 훨씬 더 높고 그만큼 그 낙인을 내재화할 가능성도 더 높아서 장래 비행에 가담할 확률도 그만큼 더 높인다고 한다[24].

다수의 학자들이 낙인, 특히 소년사법기관과 제도에 의한 공식적인 낙인이 청소년들이 추구할 수 있는 다수의 경로나 기회를 차단하는 방법으로 장래 비행에 영향을 미치는 방법을 들여다보는 연구를 해왔다. 이들 연구는 비록 완전하게 무시하지는 않지만 자아관념self-concept이라는 사회-심리학적 접근으로부터 한 발짝 거리를 두고 비행소년으로 낙인이 붙여진 젊은이가 항해해야할 사회구조에 우선적으로 관심을 두었다. 이들 젊은이들이 처한 현실은 그들이 다수의 합법적이고 유익한 기회로부터 차단된다는 것이다. 이런 전통의 연구는 일종의 생애과정이론Life course theory과 가정, 학교, 동료나 국가운영의 소년사법제도와 같은 우리 사회의 주요 사회기관이나 제도에서의 낙인화로 인하여 낙인된 비행청소년이 경험하는 불이익이라고 할 수 있는 집합적 불이익cumulative disadvantage을 고려하여 파생된 것이다. 비행청소년으로 낙인된 젊은이가 경험하는 부정적 반응은 장기적으로 문제가 되는 방향으로 그들의 삶의 선택지들을 좁히는 결과를 초래하게 되는 것이다. 바로 이런 상황이 개인이 인생 전반에 걸쳐서 추구하는 비행이나 일탈이라고 할 수 있으며, 낙인이론가들의 용어로 비행적 혹은 일탈적 생애나 이력을 초래할 수 있다는 것이다[25].

여기서 한 가지 흥미로운 것은 지금까지의 논의는 비행소년이라는 부정적 낙인에 대한 부정적 반응을 보았다면, 이와는 정 반대로 다른 사람으로부터의 긍정적 낙인으로 인하여 "위장한 악마devils in disguise"들이 비행과 일탈을 하고도 피할 수 있다는 점이다. 예를 들어, 부모나 어른들로부터는 모범생으로 고려되는 학생이지만 친구들은 그가 파티, 음주, 흡연이나 기타 비행과 일탈에 가담하는 것을 잘 아는 경우이다. 이들은 긍정적 낙인의 강력한 영향과 효과를 잘 알기 때문에

---

24 M. Adams, M. Robertson, C., Gray-Ray, P. and Ray, M. C., "Labeling and delinquency," Adolescence, 2003, 38: 171-186; C. G. Bernburg, Krohn, M. D., and Rivera, C. J., "Official labeling, criminal embeddedness, and subsequent delinquency: A longitudinal test of labeling theory," Journal of Research in Crime and Delinquency, 2006, 43: 67-88

25 R. J. Sampson and Laub, J. B., "A life-course theory of comulative disadvantageand the stability of delinquency," in T. P. Thornberry(ed.), Developmental theories of crime and delinquency, New Brunswick, NJ: Transaction, 1997, pp. 133-161

자신이 하는 일탈로부터 비난을 피하기 위하여 무던히 노력했을 수 있다는 것이다. 그들은 자신에 대한 전반적인 명성이 그들의 비행과 일탈로부터 관찰자들의 시선을 바꾸는 데 조력했다는 것이다. 실제로 광범위한 비행에 가담하면서도 동시에 어른들의 눈에는 긍정적인 낙인을 유지하는 능력은 다수의 청소년들에게 보상과 재강화의 주된 근원이다. 일부 청소년들에게 있어서는 관습적인 사람들로부터 비행적 자아를 숨기는 능력이 장기적으로 범죄에 가담하게 하는 데 도움이 될 만큼 충분한 보상이 될 수도 있다는 것이다[26].

사실, 긍정적 낙인을 형성하고 조작하고, 나아가 부정적 낙인과 발각을 회피하는 과정은 발각되지 않은 비행을 저지른 청소년들에게는 매우 흥분되는 일일 것이다. 성공적인 조작은 인종, 연령, 성별, 계층 등에 따라 달라질 수도 있으며, 백인, 여성, 어린나이, 상류층일수록 그러한 조작이 더 용이한 것으로 알려지고 있다. 아마도 이러한 편견은 하류계층, 소수인종, 남자아이, 그리고 나이든 청소년 등이 전형적인 비행소년이라는 광범위하게 퍼진 비행과 일탈에 대한 사회적 인상으로 인한 부산물로 이해되고 있다.

이처럼 청소년 자신들도 긍정적 낙인의 중요성과 결과적인 보상을 잘 알고 있고, 그래서 때로는 긍정적 낙인을 조작하기도 하지만 부정적 낙인이 주는 엄청난 부정적 영향도 너무나 잘 알기 때문에 스스로 자기들을 더 큰 정치적, 사회적 상황과 여건과 연계시킴으로써 자신들에게 가해지는 부정적 낙인에 저항한다는 것이다. 많은 청소년들이 법집행기관이나 기타 사회통제기관에 의한 불공정한 표적을 경험하기 때문에 자신에 대한 부정적 낙인에 저항한다. 부정적 현상으로서 낙인에 대한 그들의 그러한 저항은 자신들이 유형의 기회로부터 배제되고, 차단된 데 대한 반응이라는 것이다[27].

26 T. Brezina and Aragones, A., "Devils in disguise: The contribution of positive labeling to "sneaky thrills" delinquency," Deviant Behavior, 2004, 25: 513–535

27 P. J. Hirschfield, "The declining significance of delinquent labels in disadvantaged urban communities," Sociological Forum, 2008, 23: 575–601

4. 낙인이론의 평가

낙인이론은 소년사법에 미친 영향이 가장 크지만, 그만큼 논란의 여지도 적지 않았다. 낙인이론을 비판하는 사람들은 낙인이론이 사건과 개인이 일탈적이거나 일탈자로 낙인이 붙여지기 전에 존재해야만 하는 조건, 즉 왜 누구는 낙인이 붙여지고 누구는 '비밀 일탈자'로 남는가를 구체적으로 지적하지 못하거나 또는 일차적 일탈을 설명하거나 구체화하지 못한다는 점을 지적하고 있다. 또 다른 비판가들은 처벌의 억제효과가 범죄를 유발하는 낙인과 오명의 효과를 상쇄한다고도 주장한다. 심지어 일부 연구에서는 낙인을 줄이기 위한 프로그램에 위탁된 청소년들이 보다 형벌적인 소년원에 수용된 비교집단 청소년들보다 차후 비행을 범할 확률이 더 높았다는 것이다. 이 연구의 함의는 처벌의 위협은 억제였으며, 범죄를 유발하는 낙인의 영향은 미미했었다는 것이다[28].

또한 낙인의 실제 비용에 대해서도 몇 가지 의문이 남는다. 일부에서는 심지어 부정적인 사회적 반응이 과연 비행을 유발하는가라는 원천적인 의문을 제기한다. 다수의 비행이력이 낙인이 없이도 쌓일 수 있다는 것인데, 다시 말하면 부정적인 낙인은 종종 습관적인 범행 이전이라기보다 그 이후에 붙여진다는 것이다. 소년사법제도에 의하여 낙인이 가해지고 그로 인한 비행기록을 가진다는 것이 출생부터 다양한 사회적, 감정적 문제를 안고 있는 아이들에게는 큰 영향을 미치지 못한다는 것이다[29].

그럼에도 불구하고, 비행경력의 이해에 낙인이론이 중요한 기여를 한데는 그만한 이유가 있다고 한다. 비행의 원인에 대한 소년사법제도의 역할을 확인하였다는 점인데, 사실 비행은 비행을 통제하고 처리할 권한이 있는 개인이나 기관이 방치된다면 비행에 대한 완전한 이해는 불가능하다고 한다. 또한 낙인이론은 비

---

28 J. Gibbs, "Conceptions of deviant behavior: The old and the new?" Pacific Sociological review, 1966, 9 – 11 – 13;

29 C. Tittle, "Labeling and crime: an empirical evaluation," pp. 157 – 179 in W. Gove(ed.), The Labeling of Deviance: Evaluating a Perspective, New York: Wiley, 1975; M. Kurlychek, Brame, R., and Bushway, S., "Enduring risk? Old criminal records and predictions of future criminal involvement," Crime and delinquency, 2007, 53: 63 – 84; R. Paternoster and Iovanni, L., "The labeling perspective and delinquency: An elaboration of the theory and an assessment of the evidence," Justice Quarterly, 1989, 6: 358 – 394

행이 질병이나 병리적 행위가 아니라는 것을 인식한다는 점이다. 개인의 행위를 형성케 하는 사회적 상호작용과 반응에 초점을 맞춘다는 점이다. 그리고 낙인이론은 일차비행, 즉 비행행위와 이차비행, 즉 비행경력을 구별하고, 이들 개념들이 반드시 다르게 해석되어야 한다는 것을 강조한 점이다[30].

뿐만 아니라, 낙인이론은 소년사법정책은 물론이고 형사사법정책에도 기여한 바가 적지 않다. 실제로 낙인의 영향이 심대함을 알게 되면서 소년사법을 중심으로 청소년의 소년사법제도와의 직면을 제한하거나 줄이려는 노력을 해왔다. 구체적으로, 낙인의 영향을 줄이기 위하여 소년사법의 3-D정책으로서 가급적이면 경미한 비행을 비범죄화시키고Decriminalization, 비행소년들이 소년사법 전 과정을 거치지 않도록 전환시킬 것Diversion, 그리고 비행소년을 시설에 수용하지 않을 것 Deinstitutionalization을 강조하였던 것이다.

제2절

사회갈등이론

1. 사회갈등, 법, 그리고 형사사법

사회갈등이론에 따르면, 현대 사회에서 권력을 소유한 사람들이 규율을 정하고, 법을 통제하며, 누가 일탈자, 비행소년, 범죄자인지를 결정한다는 것이다. 물론 사회갈등이론가들의 동기는 도덕적인 것이 아니고 경제적인 것이다. 그들은 사회적, 경제적 권력을 가진 사람들의 이익을 보호하는 한 법의 도덕적 내용은 크게 신경 쓰지 않는다. 따라서 상이한 집단이 서로 자기들의 의지를 다른 집단에 부과하려고 추구함에 따라 사회는 항시적으로 갈등의 상태에 있다는 것이다. 돈과 권력을 가진 사람들이 자신의 욕구를 충족시키고 이익을 유지하기 위하여 법을 만드는 데 성공하고, 엄청난 이익을 남기기 위하여 체제나 제도를 조작하는

---

30 Siegel & Welsh, op cit., p. 186

것은 합법이지만 좀도둑은 엄중하게 처벌되는 것을 확실히 하고자 한다. 법은 권력을 가진 자기들의 행위가 이들 권력 엘리트들의 욕구나 요구에 동조해야 하는 사람들을 통제하는 동시에 권력의 소유자들의 부를 보호해야만 한다는 것이다. 그러한 규율을 위반하는 사람은 범죄자나 비행인으로 규정되고 그에 맞게 처벌되는 것이다. 결국, 범죄는 가진 자들의 이익을 위한 법이라는 보호망을 넘거나 뚫는 것이라고 한다[31].

권력을 가진 사람들은 다른 사람들을 자신을 추종하게 하는 동시에 자신들의 지위를 유지하기 위하여 사법제도를 이용한다. 남성들이 여성들을 복종시키기 위하여 자신의 경제력을 이용하고, 주류 구성원들이 소수집단의 경제적 향상을 피하고 싶어 하며, 자본가들은 저임금을 받아들이도록 하려고 노동자의 권리를 줄이려고 한다. 갈등이론은 결국 지배계층의 지위에 대한 위협에 대응하기 위하여 지배계층이 법을 이용하는 그런 사회를 중심으로 하고 있다[32].

사회갈등이론가들은 법과 사법제도를 사회의 가지지 못한 사람들을 통제하기 위한 도구로 간주한다. 법률제도와 기관은 권력자와 부자들이 전체 사회에 대하여 선행에 대한 자신들의 기준을 강제하는 데 도움을 준다. 법이란 가지지 못한 사람들의 공격으로부터 가진 사람들의 재산과 신체적 안전을 보호하고, 그러지 않으면 현상유지를 위협하는 사람들의 행위를 통제하는 것이다. 가난한 사람들이 부자보다 더 많은 범죄를 저지를 수도 있고 그러지 않을 수도 있지만 분명한 것은 가난한 사람들이 더 많이, 그리고 더 자주 체포되고 있다는 것이다[33].

갈등 또는 혁신이론은 특히 권력과 사회경제적 계층의 역할을 강조한다는 측면에서 낙인이론의 한 변형이라고도 할 수 있다. 물론 갈등이론은 필연적으로 비행 그 자체가 아니라 사회에서의 권력의 분화, 권력층 사람들에 의한 법, 일탈, 그리고 범죄의 정의, 그러한 사회적 현실에 대한 반향에 관련된 거시적인 구조적 쟁점에 초점을 맞추고 있다. 당연히 이들 이론은 경제, 인종, 그리고 사회정의와 같은 오늘날 우리 사회의 전면에 등장한 쟁점과 큰 그림에 관심을 갖는다.

---

31 Siegel & Welsh, op cit., p. 187

32 T. Platt and O'Leary, C., "Patriot Acts," Social Justice, 2003, 30: 5－21

33 M. Holmes, "Minority threat and police brutality: Determinants of Civil Rights Criminal Complaints in US Municipalities," Criminology, 2000, 38: 343－368

제2부 소년비행의 이론

2. 갈등과 범죄

갈등이론 중 다수가 독일의 칼 맑스의 연구와 그 업적과 그리고 사회계층에 대한 그의 생각과 깊은 관련이 있다. 그는 사회가 실질적으로 계층갈등으로 특징이 지워진다고 이론화하였다. 그는 모든 현존하는 사회의 역사는 계급투쟁의 역사라고 설파하고, 사회의 경제적 기반이 그 밖의 모든 것에 영향을 미친다고 주장하였다. 따라서 그는 법률이 한 사회의 경제적 기반에 영향을 미치고, 범죄 또한 경제와 소유의 문제와 쟁점에 관련이 있다고 믿었던 것이다. 자본주의 경제제도에 있어서 이익과 잉여가치를 창출해야 하는 필요성 때문에 생산수단을 소유한 부르조아쥬와 소유주를 위해 노동을 제공하는 근로자계층인 프로레타리아 사이에는 당연히 계층갈등이 있기 마련이며, 법이란 자본주의를 더욱 유포시키는 데 도움을 주는 수단으로 소유주들의 이익을 반영하도록 작동한다는 것이다. 결국, 자본가들의 이익을 보호하는 수단이요 도구로 작용하는 법을 위반하는 것, 즉 자본가들의 이익에 도전하거나 침해하는 것이 곧 범죄가 되는 것이다.

20세기가 시작되면서, Bonger는 마르크스주의를 범죄라는 주제에 접목시켰다. 그에 따르면, 자본주의는 기업 소유주가 이익을 남기기 위하여 사회의 다른 사람들, 즉 노동자와 소비자들을 지배하고 이용하는 제도이며, 자연히 자본주의는 기본적으로 사람들, 특히 자본가들을 자기중심주의나 이기주의를 지향하도록 함으로써 사회 조직과 구조를 찢기 마련이며, 범죄, 특히 경제범죄는 이윤이라는 이름으로 사람들을 비인간화시키고 서로 경쟁하게 하는 그런 자본주의제도에서 자연스럽게 예견되는 것이라고 설명한다. 따라서 범죄를 최소화하기 위해서는 모든 사람들의 필요와 생산수단의 공유를 고려하는 부의 재분배, 즉 사회주의로의 전이가 필요하다는 것이다. 이런 대책의 제시는 곧 지배에 대한 사회적 강조점을 협동에 대한 초점으로 이동시키는 것을 의미한다[34].

Quinney는 사법제도를 통하여, 국가가 자본주의 지배계층의 사람과 그 이익을 강제로 보호하며, 범죄통제는 억압과 약취의 제도로부터 파생되는 위협인 기존의 사회적, 경제적 질서에 대한 위협을 저지하기 위한 강제적 수단이라고 한다[35].

---

[34] W. Bonger, Community and Economic Conditions, Boston, MA: Little, Brown, 1916, Bates and Swan, op cit., p. 148에서 재인용

[35] R. Quinney, "Crime and development of capitalism," pp. 319-332 in R. Quinney(ed.),

Quinney는 현재 사회의 상태에 도전하는 근로자계층의 사람들은 정부 관리들에 의하여 종종 위험하거나 불복하는 사람으로 낙인이 붙여진다. 정부가 범죄문제나 쟁점을 고려할 때면 그 방법으로 언제나 실제로 범죄를 유발하거나 생산하는 자본주의 사회경제제도를 다시 구축하는 것보다는 개인에 대한 교화개선을 통한 사회복귀를 강조한다. 자본주의 체제 하에서는 경찰의 잔혹성, 시민권의 침해, 불법사찰 등 사회통제행동을 포함하는 지배의 범죄crimes of domination, 전쟁범죄와 암살 등 정부의 불법행동, 경제범죄, 그리고 기본적 인권에 대한 사회적 부정의 등과 같이 주로 국가에 의하여 범행되는 것이다. 이런 지배에 직면하여 일부는 강절도와 약물거래 등 강탈적 범죄를 범함으로써 자본주의 심장인 억압과 압제의 체제와 제도를 수용하는데, 이들 범죄는 금전을 취득하여 경제적으로 생존하기 위한 노력에서 행해지는 것이다. 물론 사람들은 강도, 강간, 살인과 같은 폭력범죄나 대인범죄에도 가담하는데, 이들은 전형적으로 억압받는 사람들을 목표로 하는 범죄이다. 또 다른 일부 사람들은 노동쟁의나 파업 등 불법일 수도 있고 불법이 아닐 수도 있는 저항의 행동을 통하여 자신들이 일하는 기업이나 근로조건에 반대하고 대항하기도 한다[36].

3. 갈등과 비행

사실 대부분의 갈등이론이 성인범죄와 청소년비행 모두를 다루기 위하여 쓰이긴 했지만 특별하게 비행에 초점을 맞춘 갈등이론도 많지는 않다. 그러나 비행과 범죄 모두에 적용될 수 있는 자본주의의 비판이 없는 것은 아니다. 대부분의 자본주의 사회에서 발생하는 범죄의 특성은 대부분 불가피하게 우리의 사회, 경제제도의 구조에서 파생된다고 할 수 있다. 다수의 범죄유형이 자본주의에서 조장되는 불평등과 경쟁의 조건들에 대한 합리적 대응이나 반응을 완벽하게 대변하는 범죄라고 할 수 있으며, 이러한 합리성의 좋은 예가 바로 게토ghetto범죄, 화이트칼라범죄, 그리고 조직범죄라고 할 수 있다. 우리사회가 가난한 사람, 유색인종,

Capitalist Society: Readings for a Critical Sociology, Homewood, IL: The Dorsey Press, 1979

36 Bates & Swan, op cit., p. 149

억압된 사람들을 주로 걸러서 구금시킴으로서 자본주의 제도와 체제에 대한 잠재적 저항을 중지시키려고 한다. 이들의 구금은 그래서 자본주의로 인하여 가장 많은 손상을 입는 사람들의 목소리가 차단되기 때문에 그들의 저항행동을 제한할 수 있고, 구금된 사람들의 범죄성과 비행을 증대시킬 수 있으며, 그들의 직업이나 합법적 기회로부터 차단하게 된다[37].

사실, 청소년비행에 특별히 초점을 맞추기 위하여 Marx의 사상을 활용한 첫 번째 사람은 Rand연구소의 Greenberg라고 한다. 그는 청소년범죄가 고교 초급반 시절에 최고점에 이르렀다가 나이가 들면서 점차적으로 줄어든다는 사실에 주목하고, 그 이유가 청소년들이 노동시장에서 차지하는 지위와 위치의 시간의 흐름에 따른 변화 때문이라고 설명한다. 자신의 10대 시기에 직업을 가질 수 있는 청소년의 능력이 노동법, 의무교육 등 자본주의 경제와 관련된 다양한 이유로 방해를 받게 되는데, 그럼에도 불구하고 자기들의 관습적인 사회생활을 추구하기 위한 자금에 대한 압박은 여전히 높지만 유급노동을 통한 비용의 조달은 여의치 않기 때문에 절도를 택할 가능성이 더 높아진다는 것이다.

Greenberg의 설명이 비단 재산비행에만 국한된 것만은 아니다. 그는 기물파손이나 싸움과 같은 다른 비행을 학생들의 행동의 자유를 제한하는 데 초점을 맞춘 학교체제에 대한 반응으로 간주하였다. 그에 따르면 대부분의 학교절차와 학습내용이 청소년이 성인이 되었을 때 현상을 유지하고 따르며, 규율을 지키고, 예측이 가능하게 행동하는 데 대해서 보상을 하는 자본주의 체제로의 진입을 준비시키는 수단임에도 불구하고 다수의 학생들은 소진되고, 탈진하고, 그렇지 않으면 직업으로 인하여 신분이 강등되는 성인들을 목격하게 된다. 이런 입장에서 청소년들은 학교를 마친 뒤에 그와 비슷한 처지의 직업을 가지기 위하여 학교에서 자유마저 희생할 가치는 없다고 판단하게 된다는 것이다. 비행에 가담하는 청소년에게 아무런 경제적 가치도 안겨주지 않는 비행은 자본주의 제도와의 절연이나 혁명의 형태로 보일 수도 있다고 한다. 결국 학생이 학교를 떠나거나 퇴학을 하면, 그들은 종종 사회통제의 결여에 대해서 더 행복해지기 때문에 학업을 계속하는 학생

---

37 S. F. Messner and Krohn, M. D., "Class, compliance structure, and delinquency: Assessing integrated structural—Marxist theory," The American Journal of Sociology, 1990, 96(2): 300–328

들보다 오히려 비행을 더 적게 하는 결과를 초래할 수도 있다는 것이다. 한편, 고교 저학년 때의 더 높은 비행률은 창의성과 독립적 사고를 어렵게 만드는 학업과정을 거치게 하는 반면 노동시장으로부터 배제되고 차단되는 사실에 기인한다는 것이다. 이는 만약 성인들이 필요로 하는 제한된 직업이나 직장을 더 많은 젊은 청소년들이 차지하게 되면, 자본주의가 생존을 위해서 필요한 성인 소비자가 줄어들고 결국 성인들의 구매력도 떨어지기 때문이다[38].

또 다른 마르크스주의 비행이론의 하나는 심각한 소년비행은 자본주의와 사회경제적 계층 관계에 그 뿌리가 있는 경험의 결과라고 주장한다. Colvin과 Pauly는 근로자계층의 직업을 가진 사람들은 자신이 원하는 대로 직업과 직장을 대할 자유가 없으며 오히려 엄격한 규율을 지키도록 요구받게 되고, 그러한 직장에서의 경험으로 인하여 가정에서도 그와 마찬가지로 엄격한 규율과 훈육을 강조하여 부모와 자녀와의 관계에 부정적 영향을 미치고 둘 사이에 부정적 유대가 형성되게 한다고 주장한다. 자신의 부모에게 부정적인 유대를 가진 청소년은 학교에서도 교사 등 권위자에 대하여 부정적으로 느끼기 쉽고, 이는 나아가 낮은 지능과 저조한 학업성적을 초래하게 된다는 것이다. 결국 이들 청소년은 같은 처지의 친구들과 어울려 그들만의 일종의 하위문화를 형성하고 집단 내 지위 등 목적에 대한 수단으로서 비행에 가담하게 된다는 것이다. 그래서 권위자에 대한 부정적 유대는 비행하위문화와 특히 갈등하위문화 모두 중요한 역할을 한다는 것이다[39].

4. 갈등과 비행예방: 회복적 사법(Restorative Justice)

일부 갈등이론가들은 만약 갈등이 비행의 원인이라면 경제적, 개인적 갈등을 제거하거나 줄이는 것이 비행통제의 열쇠라고 믿는다. 이들에게 있어서, 바로 그런 목표는 오로지 완전하게 사회를 재정리하여 자본주의가 붕괴되고 사회주의국가가 창시되어야만 성취될 수 있는 것이다. 그래서 다른 일부에서는 이보다 더

---

38 D. F. Greenberg, "Delinquency and the age structure of society," Contemporary Crises, 1977, 1: 189－224

39 M. Colvin and Pauly, J., "A critique of criminology: Toward an Integrated Structural Marxist theory of delinquency production," American Journal of Sociology, 1983, 89(3): 513－551

제2부 소년비행의 이론

현실적, 실리적인 갈등해결방법을 요구한다. 바로 여기서 현재 회복적 사법이 자리하게 된 것이다. 지금까지 범법자들에 대해 엄중한 처벌을 적용함으로써 갈등을 줄이려는 노력을 해왔으나, 범법자의 대부분은 힘이 없는 사회적 낙오자, 패배자들이었다. 갈등이론가들은 처벌이라는 옛날 방식은 실패이며, 범죄율이 낮아진 것은 우리가 법을 강화하고 처벌을 높였기 때문이 아니라고 주장한다. 문제아들을 버리기보다는 회복적 사법은 그들을 공동체 사회로 되돌려 놓는 방법이라는 것이다[40].

1) 회복적 사법의 주요개념

사실 회복적 사법이라는 용어는 피해자의 손상과 필요를 해결하고, 아이들이 끼친 손상에 대한 책임을 묻고, 치료와 회복의 과정에서 피해자, 가해자, 그리고 공동체사회를 포함시키는 다양한 프로그램과 관행을 아우르기 때문에 그 정의가 매우 어렵다. 회복과 치유 과정의 핵심가치는 우리와 다르거나 심지어 우리의 적이라고 할 수 있는 사람들까지 포함하는 모든 사람에 대한 존중이라고 할 수 있다. 회복적 사법은 잘못된 행위에 대한 대안적인 사고의 틀을 제공하는 일련의 대안적 지침이요 철학이요 원리이다. 회복적 사법은 처벌, 억제, 구금과 같은 개념을 거부하고, 그 대신에 용서, 교화개선과 사회복귀, 보상, 치유, 회복, 그리고 통합과 같은 개념을 강조한다. 회복적 사법은 전통적 사법이 범죄를 다루는 과정에 공동체사회를 참여시키기 위하여 거의 아무 것도 하지 않았다는 믿음에서 시작된 것이다. 기껏 관료들이 원천적으로 범법자에게 해로울 수밖에 없는 강제적 처벌을 부과함으로써 범법자들이 사회의 생산적인 구성원으로 되돌아갈 수 있는 가능성을 줄이는 데 급급했다는 것이다. 따라서 형벌적인 것보다는 비행이 야기한 손상을 회복시키고, 이를 위하여 피해자, 가해자, 그리고 공동체사회 등 범죄로 인하여 고통 받은 모든 사람, 당사자를 포함시키는 사법정책이 필요하다는 것이다[41].

회복적 사법 운동의 핵심적 기초는 John Braitheaite의 '재통합적 수치심

---

40 R. DeFina and Arvanites, T., "Weak effect of imprisonment on crime; 1971−1998," Social Science Quarterly, 2002, 83: 635−654; K. Daly and Immarigeon, R., "The past, present, and future of Restorative Justice: Some critical reflections," Contemporary Justice Review, 1998, 1: 21−45

41 H. Zehr, The Little Book of Restorative Justice, Intercourse, PA: Good Books, 2002, pp. 1−10 reintegrative shaming'이라고 할 수 있는데, 그의 생각은 바로 수치심shame의 개념에 기초하고 있다. 그가 생각하는 수치심은 우리 스스로가 세웠거나 남들이 우리를 위하여 세웠던 기준을 충족시키지 못할 때 느끼는 감정이다. 이 수치심은 사람들로 하여금 자신이 결점이 있고, 자신에게 무언가 잘못된 것이 있다고 믿도록 이끈다는 것이다. 그 예로, 그는 일본의 범죄율이 극단적으로 낮은 이유로서 바로 범죄로 유죄가 확정되면 엄청난 수치심을 불러일으키기 때문이라는 점을 지적하였다. 결국 수치심이 강력한 비공식적 사회통제인 것이다. 일본과는 반대로 범죄가 일본처럼 그렇게 수치스럽지 않은 미국과 같은 나라는 범죄자들이 자신을 단순히 사법제도의 피해자로 간주하여 범죄에 대한 혐오를 내재화하지 않았기 때문에 범죄율이 높다는 것이다[42].

Braithwaite는 수치심의 개념을 두 가지 별도의 유형으로 나누는데, 가장 보편적인 형태의 수치심은 보통 범법자가 악마의 사람으로 상표가 붙여지고 사회로부터 버려지는 강등과정인 오명화, 낙인화stigmatization를 포함하는 개념이다. 그러나 특별억제special deterrent로서의 낙인은 낙인이 붙여진 아이들이 오히려 유사한 마음을 가진 사람들의 일탈적 하위문화와 결연함으로써 '낙인을 가한 사람들을 거부'하기 때문에 실패할 수밖에 없다고 한다. 이러한 유형의 수치심에 기초한 사법정책의 대표적인 예가 성폭력범죄자들에 대한 신상공개라고 할 수 있다. 그러나 수치심의 두려움이 예상을 뒤엎거나 중화될 수도 있다는 것이다. 수치심이 잘만 관리되면 사람들이 자신이 실수를 했고, 실망하였으며, 일을 바로잡기 위하여 필요한 무언가를 하려고 노력한다는 것인데, 이를 우리는 수치심 관리shame management라고 한다[43].

이를 바탕으로, Braithwaite는 범죄통제는 재통합적 수치심Reintegrative Shaming을 통해서 더 잘 성취될 수 있다고 제안한다. 범죄자들에게 자신의 잘못을 인정하고 이해하고 스스로를 부끄럽고 수치스러워하도록 하자는 것이다. 수치심이 재통

---

42 J. Braithwaite, Crime, Shame and Reintegration, Melbourne, Australia: Cambridge University Press, 1989, p. 81

43 A. Petrosino and Petrosino, C., "The public safety potential of Megan's law in Massachusetts: An assessment from a sample of criminal sexual psychopaths," Crime and delinquency, 1999, 45: 140–158; E. Ahmed, "What, Me ashamed? Shame management and school bullying," Journal of Research in Crime and delinquency, 2004, 41: 269–294

합적이기 위해서 수치심을 주는 것이 짧아야 하고 통제되어야 하며, 용서, 사과, 그리고 후회의 의식들이 따라야 한다는 것이다. 비공식적 사회통제가 법률적, 공식적 통제보다 더 큰 영향을 미치기 때문에 개인적 수치심의 두려움이 법률적 제재의 두려움보다 더 큰 억제효과를 가져다 줄 수 있다는 것이다. 이러한 정책은 또한 특별억제의 기초로서 용서보다는 억압에 의존하는 오늘날의 사법제도를 인간적인 것으로 바꾸는 데도 기여할 것이라고 주장한다[44].

2) 회복적 사법의 과정

회복과정은 가정, 학교, 직장 등 범죄로 인하여 영향을 받은 지반, 가해자, 피해자 사이의 갈등이라는 견지에 반사회적 행위를 재규정하는 것으로 시작되어야 한다. 문제의 해결은 갈등이 처음 일어난 집단이나 지역사회에 아무런 사회적 관계가 없는 전문화된 제도나 기관에 위임되는 것보다 갈등이 처음 발생한 상황이나 여건 속에서 이루어져야 한다는 것이다. 즉, 대부분의 갈등은 법원이 아니라 지역사회 공동체 사회에서 더 잘 해결될 수 있다는 것이다. 갈등에 대한 소유권 또는 관할권을 유지함으로써, 지역 공동체사회는 범행에 대한 공유된 분노를 표출할 수 있게 된다. 공유된 공동체사회의 분노는 범법자에게 직접 소통되어진다. 피해자도 또한 자신의 이야기를 할 수 있는 기회가 주어지고, 범법자는 직접 자신의 사회재통합과 처우에 대한 필요성과 요구를 전달할 수 있다.

제3절

페미니스트이론

비행과 범죄에 집중적으로 초점을 맞춘 페미니스트 이론은 70년대에 대중적 인기를 얻고 크게 확산되기 시작하였다. 다른 이론들과는 달리, 단순히 페미니스트

---

44 C. Hay, "An exploratory test of Braithwaite's Reintegrative Shaming theory," Journal of Research in Crime and Delinquency, 2001, 38: 132−153

작업의 초점이 특별히 비행이 아니라 일차적으로 성별 부정의gender injustice이기 때문에 특별하게 비행원인에 대한 페미니스트 이론은 많지 않다. 그러나 1975년 Freda Adler는 여성범인성의 해방이론으로 알려진 진보적 페미니스트 이론을 개발하였다. Adler의 주장은 전 세대의 학자들이 종종 주장했던 것처럼 여성범죄가 생리학이나 생물학의 기능이나 작용이 아니며, 그 대신 주로 사회적 요인들에 관련이 된다는 것이었다. 여성들이 행동을 잘 하도록 태어난 것이 아니라 그렇게 사회화되었다는 것이다. 여성해방운동이 지속됨에 따라 여성범죄도 지속적으로 증가했다는 것이다. 소녀와 여성들도 가정이라는 굴레를 벗어나서 직장으로 모험을 떠나도록 사회화되고, 동시에 보다 더 소년처럼 행동하도록 권장되고 자극을 받게 된다는 것이다.[45]

많은 소녀와 여성들이 경험하는 새롭게 찾은 자유가 그들로 하여금 과거에는 경험할 수 없었던 범죄적, 비행적 기회를 추구할 수 있게 하였다는 것이다. 살인과 폭행을 제외한 거의 모든 유형의 범죄에 있어서 1960년대 이후 여성의 비율은 급증하였으나 남성비율은 그렇지 않았다는 것이 범죄통계가 말해주고 있다. 이런 현상에 대해서 그녀는 여성들이 남성과 보다 평등해지면서 공식범죄율에서도 급속한 증가율이 지속되었으며, 추가로 그러한 여성범죄는 대체로 경제적 동기에서 행해지고 따라서 전형적으로 폭력적이지 않다고 주장한다. 이러한 그녀의 분석결과는 비교연구를 통해서 다른 대부분의 나라에서도 공통의 현상으로 밝혀졌다고 한다[46].

여성의 생물학적, 생리학적 열등성의 이론에서 범죄와 비행의 사회적 기초나 기반의 논의로 그 강조점이 이동했다는 점은 상당한 평가를 받았지만 적지 않은 비판도 따랐다. 특히 그녀의 업적을 연구한 페미니스트들은 Adler가 분석하였던 자료를 잘못 해석하였거나 또는 단순히 직장에서 특정한 역할을 채우는 것이 권력구조에서도 그에 상응할 만큼 변화되지 않고는 그렇게 크게 변화시킬 힘이 될 수 있다는 개념과 같은 이론의 핵심부분이 구체화되지 않았다고 주장한다. 또 다

---

45 F. Adler, Sisters in crime: The Rise of New female Criminal, New York: McGraw—Hill, 1975, Bates & Swan, op cit., p. 156에서 재인용

46 F. Adler, "The interaction between women's emancipation and female criminality: A cross—cultural perspective," International Journal of Criminology and Penology, 1977, 5: 101—112

른 학자들은 Adler 연구가 성별에 대한 단순한 고려만큼 인종이나 계층의 문제와 쟁점에 대한 관심이 부족했다고 비판한다[47].

Carol Smart는 자신의 저서 "여성, 범죄, 그리고 범죄학: 페미니스트 비판Women, Crime, and Criminology: A Feminist Critique"에서 여성범죄에 대한 관심의 부족과 여성 범법행위에 대한 전통적 설명의 일부였던 부적절한 가정을 주시하였다. 그녀는 여성들이 호르몬과 같은 생리학적 요소 때문에 또는 다른 여성과는 달리 생물학적으로 결함이 있기 때문에 범행을 한다는 생물학자들의 오랜 주장을 반박한다. 그녀는 범죄원인에 대한 이들 주장이 문제가 있으며, 사회적 문제를 생물학적 문제로 다루고 있으면서 특히 엄격한 처벌과 처우를 할 것을 주장한다고 비판하였다[48].

비행이론화에 있어서 상당한 업적을 남긴 Meda Chesney-Lind는 자신의 논문 "소녀범죄와 여성의 위치: 여성비행의 페미니스트 모형Girls' crime and women's place: Toward a Feminist model of female delinquency"에서 심지어 80년대 말까지도 대부분의 비행이론은 남성-중심적이었으며, 특히 비행이론들이 하류-근로자 계층 소년들에게 초점을 맞추는 경향이었다고 지적한다. 그와 같은 하류-노동자계층 소년범죄에 소녀를 추가하여 섞어버리는 접근만으로는 지위비행만으로도 다수의 소녀들이 소년사법의 대상이 되는 비행의 큰 그림을 다루기에는 충분하지 않다는 것이다. 이러한 지위비행을 통한 소녀들에 대한 사회통제망의 확대를 무시함으로써 비행의 전통적 이론들이 많은 것을 놓치고 있다는 것이다. 비록 비행의 주류이론들이 성별에는 별 관심을 기울이지도 않으면서, 소년사법에서는 어린 소녀들의 '성'을 순찰하는데 지나치게 관심을 가진다고 주장한다. 그녀는 페미니스트 범죄학을 지향하는 움직임이 사회제도에 있어서 남성지배라는 더 큰 그림과 인종주의와 계층주의와 같은 변수들이 이들 남성지배와 상호작용하여 소녀들의 삶과 그들의 행동에 영향을 미치는지를 충분히 고려해야 한다고 갈파한다. 가장 대중적으로 인정받은 페미니즘 범죄학 논의의 하나로 알려진 그녀의 또 다른 논문 "페미니즘과

---

[47] K. Daly and Chesney-Lind, M., "Feminism and criminology," Justice Quarterly, 1988, 5: 497-538; M. Chesney-Lind, "Patriarchy, crime and justice: Feminist Criminology in an era of backlash," Feminist Criminology, 2006, 1: 6-26

[48] C. Smart, Crime, Women, and Criminology: A Feminist Critique, Boston, MA: Routledge and Keagan Paul, 1976, Bates & Swan, op cit., p. 156 에서 재인용

범죄학Feminism and Criminology"에서 범죄에 관한 페미니즘 관점에서의 연구들을 분석한 결과 주류 범죄학이 성별쟁점gender issues에서 실패한 두 가지 문제를 제기 하였는데, 첫째는 '일반화 문제generalizability problem'라고 하는 것으로 남성비행과 범죄를 설명하기 위한 이론들이 여성과 소녀들의 비행과 범죄에도 적용될 수 있는 가이고, 두 번째는 '성별비율의 문제gender ratio problem'로서 왜 남성이 여성보다 더 많은 범죄를 범하는가였다. 그녀는 따라서 왜 소녀들이 비행행동을 저지르는가 가 추가로 추구될 필요가 있다고 주장한다. 그녀에 따르면 가부장적 사회에서 여 성과 소녀는 그들의 행위를 형성하는 폭력과 학대에 노출되며, 이러한 폭력과 학 대행동들이 분석의 중심이 될 필요가 있다는 것이다[49].

한편 Maureen Cain은 형사사법제도에 있어서 성 평등성의 결여와 여성들이 사 법제도에 있어서 남성과 다르게 다루어진다는 사실에 공감을 표하고, 법원과 교 도소에서 여성들에게 일어나는 것들은 놀이터, 가정, 그리고 직장에서 일어나는 것들과 연계되어 있기 때문에 전통적으로 추구되어 온 전형적인 자유주의적 페미 니스트 시각을 초월하여 더 큰 그림을 볼 수 있는 페미니즘 연구의 새로운 접근이 필요하다고 역설하였다. 그녀는 소녀와 여성들의 경험이 남자와 소년들에게 비교 되거나 견주어지지 않고 여성과 소녀 자신들만의 기준에서 고려되어야 한다고 주 장하는 것이다. 이러한 그녀의 주장을 "초월범죄학Transgressive criminology"이라고 하며, 그 핵심이 바로 범죄와 비행연구가 남성을 '보편적 기준점universal reference point'으로 이용하는 것으로부터 멀어지는 것이라고 한다[50].

49 M. Chesney – Lind, "Girls' crime and women's place: Toward a feminist model of female delinquency," Crime & Delinquency, 1989, 35(10): 5 – 29; K. Daly and Chesney – Lind, M., "Feminism and Criminology," Justice Quarterly, 1988, 5: 497 – 538

50 M. Cain, "Towards transgression: New directions in feminist criminology," International Journal of the Sociology of Law, 1990, 18: 1 – 18

제4절

발달 및 생애과정과 비행

1. 발달이론의 기원

대부분의 비행이론은 10대 중반에서 후반에 이르는 비교적 구체적인 기간에 발생하는 비행과 같은 비교적 구체적인 행동을 설명하고자 하는 것이어서 일종의 '속사snapshot'이론이라고 할 수 있다. 불행하게도 이러한 '속사'이론들은 여러 가지 중요한 문제를 설명하지 못하고 있다. 예를 들어, 만약 개별 청소년들이 그들의 청소년기 동안 비행에 가담하기 쉽다면 필연적으로 성인이 되어서도 범행할 성향이 강한가? 이들 비행청소년들은 그들의 아동기에도 다른 형태의 반사회적 행동에 취약했는가. 사람들은 반사회적 행위를 향한 성향이라는 견지에서 늘 일정한가, 약간 변하는가 아니면 크게 변하는가. 비행청소년들이 자신의 첫 비행을 범하는 시기에 따는 차이가 있는가. '속사'이론들은 이런 의문에 답하지 않거나 답하기 어렵지만, 발달이론은 이런 의문에 답하고자 하는 것이다.

따라서 기본적으로 발달이론은 다음과 같은 특징을 가지고 있는데, 먼저 초기이론들의 강점들을 통합하며, 비행과 관련된 핵심 위험요소risk factors와 보호요소protective factors들은 개인이 나이가 들고 성장함에 따라 변한다고 주장한다. 그리고 이들은 비행을 독립된 하나하나의 사건이라기보다는 하나의 행위유형으로 간주하며, 비행을 범하는 대부분의 청소년들은 적당히 반사회적이 되고 극히 소수집단만 심각하거나 또는 심지어 병리적으로 반사회적이 된다는 것을 의미하는 비행청소년의 이질성을 인정하고 있다. 당연히 발달이론은 왜 비행소년이 특정한 비행을 저지르는지 그 이유나 원인에는 관심이 없으며, 오히려 그 사람의 범죄이력 전체를 이끈 요소들을 확인하고자 한다. 이런 측면에서 발달이론은 비행의 연구를 과거아동기는 물론이고 미래성인기로까지 확장하였으며, 범죄학을 심리학과 생물학 이념들과도 보다 조화를 이룰 수 있게 만들었다고 볼 수 있다[51].

---

51 Regoli et al., p. 224

생애과정을 통한 인간발달을 추적하기 때문에 때로는 생애과정이론으로도 불리는 발달이론은 비행을 포함한 반사회적 행위는 저변의 기초가 되는 어떤 조건이 나타나는 것이 아니라 발전, 발달해야 하는 것이라고 가정하여 범죄를 낮은 지능, 손상된 뇌와 같은 개인의 병리로 돌리기보다는 개인을 형성하여 각자의 궤적이나 경로를 따라 보내는 생애경험에 기인한 것으로 본다. 생애과정에 있어서 이들 생애궤적들은 취업이나 결혼과 같이 때로는 긍정적인 것일 수도 있고 범죄집단에의 가입과 같이 때로는 부정적인 것일 수도 있다. 그래서 발달이론의 중심이념은 '과거와 미래 행위의 상관성은 모집단의 특성이나 범죄적 성향의 원초적 분포나 관습적 기회에 따른 예측력이 아니라 범죄활동에 대한 이전의 보상을 강화해주거나 이전의 금기를 약화시킴으로써 결과적으로 범죄의 가능성을 증대시키게 된다'는 것이다[52].

범죄학계에서 발달이론이 대중적 인기를 유지하는 데는 두 가지 이유가 있다. 먼저, 비행이론들이 보통 특정 청소년이 정해진 특정한 시기 동안 비행에 가담할 가능성이 있는지 또는 얼마나 많은 문제에 처하게 될 것인지를 설명하고자 고안된 것들이다. 당연히 그들은 일탈과 비행의 잠재적 원인에 대한 시간적 순서나 일탈행동 그 자체에는 크게 관심을 두지 않았다. 이로 인하여 비행의 위험요소나 심지어 보호요인들이 그 사람이 성장함에 따라 변할 수 있다는 가능성을 간과한 것이다. 다음으로, 전통적 비행이론가들은 종종 비행을 전적으로 결과척도로 다루었다는 점이다. 즉, 그들은 오로지 왜 위험요인들이 비행을 초래하는가를 설명하는 데만 관심을 가졌던 것이다. 불행하게도 그들은 비행 그 자체도 비행의 위험요인에 중요한 영향을 미친다는 점을 간과했던 것이다. 즉, 긴장이 비행을 초래할 수도 있지만 비행이 긴장의 원인이 될 수도 있는 것이다. 학교실패가 비행을 초래할 수도 있지만 비행 때문에 학교에서 실패할 수도 있다는 것이다. 이 경우, 비행행동이 학생의 긴장경험을 선행하는 것이고, 학교중퇴가 비행을 초래하는 것이 아니라 비행이 학교를 그만두게 하는 것이다[53].

---

52 D. Nagin and Paternoster, R., "Population heterogeneity and state dependence: State of evidence and directions for future research," Journal of Quantitative Criminology, 2000, 16: 117−144

53 J. P. Wright, Carter, D. and Cullen, F., "A life−course analysis of military service in Vietnam," Journal of Research in Crime and Delinquency, 2005, 42: 55−83; Regoli et al., op. cit., p. 226

발달이론은 그래서 기존의 전통적 비행이론들과는 다른 점이 있다는 것이다. 우선, 어느 청소년 개인이 정해진 기간 동안 비행을 범했는지 여부나 정해진 기간 동안 그 청소년이 얼마나 많은 비행을 저질렀는지를 설명하는 데 관심을 갖기보다는 시간의 흐름에 따른 범죄학자들이 비행이력delinquent career이라고 하는 진전을 설명하고자 한다. 두 번째는 특정 청소년이 왜 비행을 하였으며 또는 주어진 기간 동안 그 청소년이 얼마나 많은 비행을 할까를 설명하는 데 관심을 가지는 대신에 발달이론은 자신의 아동기 동안 '좋은 아이'였던 소년이 10대가 되면서 갑자기 문제를 일으키는 이유를 설명하는 데 더 많은 관심을 가진다. 따라서 발달이론은 청소년이 문제를 일으키기 직전에 일어났던 사건이나 일만이 아니라 대신에 비행이나 범죄발생 전 오랜 기단 동안 그 소년의 생애에 일어났던 일이나 사건에 관심을 가지는 것이며, 이들 생애상황life situation은 위험요인과 보호요인이란 두 가지 광의의 범주로 분류된다[54].

먼저 위험요소risk factors는 개인이 비행적인 사람 또는 범죄자가 될 가능성을 증대시키는 특성, 상황, 여건, 사건 등이라고 할 수 있으며, 반면에 보호요소 protective factors는 개인이 비행적인 사람 또는 범죄자가 될 가능성을 감소시키는 상황, 여건, 사건, 특성이라고 할 수 있다. 보호요소들이 비행에 기여하는 상황이나 여건으로부터 청소년에게 보호 장막을 제공하거나 범죄를 피할 수 있는 저항력을 제공하는 반면에, 위험요소들은 비행이나 범죄에 기여하는 상황이나 여건을 제공하거나 용이하게 한다고 할 수 있다. 이들 위험요소는 대체로 어려운 기질이나 충동성 등 아동요소child factors, 비행교우관계나 형제 등 동료요소peer factors, 학업성취도나 퇴학 등 학교요소school factors, 가족붕괴 등 가족요소family factors, 그리고 지역사회 퇴락 등 지역사회요소neighborhood factors를 포함하는 것이다[55].

54 R. Ressler, Burgess, A., and Douglas, J., "Rape and Rape－Murder: One offender and twelve victims," pp. 123－132 in J. Campbell and DeNevi, D.(eds.), Profilers: Leading investigations take you inside the criminal mind, New York: Prometheus Books, 2004

55 M. DeLisi and Piquero, A., "New frontiers in criminal careers research, 2000－2011: A state－of－the art review," Journal of Criminal Justice, 2011, 39: 289－301

2. 발달이론의 이해

발달이론에서는 비행이 초기 아동기까지 거슬러 올라갈 수 있는 현재 진행의 진전 중인 과정이다. 어제까지 천사 같은 아이가 오늘 갑자기 악마와 같은 연쇄살인범으로 돌변하지는 않는다. 대부분의 강력 범법자들이 아동기에서 시작되고 소년기와 청년기까지 계속되는 문제행동, 반사회적 활동의 긴 기록을 가지고 있다. 강력 소년범행이 일회성 사건인 경우가 거의 없기 때문에 비행전문가들은 이제 비행이력에 대한 자연스러운 역사를 살펴볼 필요가 있다고 주장하는 것이다. 또한 대부분의 젊은 범법자들은 성인범죄자가 되지 않는다. 사람들이 성숙해짐에 따라 범행할 가능성이 그만큼 더 낮아지는 것이고, 그들이 청년이 되었을 때쯤이면 범죄에의 참여와 빈도를 상당히 줄이게 된다. 그렇다면 왜 일부 그들이 성장함에 따라 비행적인 삶의 방식을 포기하는 반면, 다른 일부는 그들의 성인기까지 반사회적 행위를 지속하는가? 왜 일부 범법자들은 비행활동을 상승시키는 반면, 다른 일부는 자신의 법위반을 줄이거나 제한하는가? 왜 일부는 특정한 행동에 전문화하는 반면, 다른 일부는 다양한 이종 범행을 다 하는 generalist가 되는가? 왜 일부는 잠시 자신의 범행을 멈추었다가 생의 후기에 다시 시작하는가? 또 일부 비행소년은 자신의 비행을 조기에 시작하는 반면, 일부는 늦게 시작하는데, 왜, 누가 조기에 시작하고 늦게 시작하는지 어떻게 설명할 것인가?[56]

이런 의문들에 초점을 맞춘 것이 바로 비행이력의 시작, 지속, 그리고 중단을 조명하는 관점인 비행의 발달이론으로 알려진 것이다. 이들에 따르면, 비행과 범죄는 변하지 않는 인간 특성이 아니라, 생애에 걸쳐서 썰물과 밀물처럼 바뀌는 것이라고 한다. 대부분의 비행소년들이 그들의 20대 중반쯤이면 자신의 범행을 줄이거나 중단하지만, 일부는 성인기까지 지속한다. 그러나 전통적 이론들은 범죄이력의 상이한 경로를 구별하지도 않고, 범행궤적의 차이를 설명하지도 않는다. 바로 여기에 발달이론과 생애과정이론이 대두되는 이유이다.

사실 발달이론의 기초는 30년대 Sheldon과 Eleanor Glueck부부의 연구로 거슬러 올라간다. 이들 부부는 일련의 종단연구를 통하여 비행경력의 life cycle을 대

---

[56] P. Petras, Nieuwberta, p., and Piquero, A., "Participation and frequency dyring criminal careers across the life span," Criminology, 2010, 48: 607−638

중화시킨 바 있다. 이들은 지속적인 범법자를 예측했던 사회적, 생물학적, 심리적 특성을 밝히기 위하여 알려진 비행소년들의 이력을 살펴보았던 것이다. 비행이력의 전조로 비행의 조기 시작에 초점을 맞추었다. 아동기 학대가 깊을수록, 성인기 적응의 가능성은 그만큼 더 작아진다고 보았다. 그들은 또한 아주 이른 생애초기부터 반사회적인 아이들이 자신의 범행경력을 성인기까지 계속할 가능성이 가장 높았다는 것도 밝혀 이를 비행이력의 안정성stability of delinquent career이라고 표현하였다. 이들 부부가 밝힌 지속적 범행의 예측요소로 다수의 개인적, 사회적 요인들을 확인하였는데, 그 중에서도 부모와의 감정적 유대와 부모의 훈육이라는 견지에서의 가족관계가 가장 중요한 요소였다. 이들은 자신들의 분석을 사회적 변수에만 국한하지 않고 생물학적, 심리학적 기질에도 관심을 가졌는데, 지능이 낮고, 정신질환의 이력이 있고, 근육형 체형인 아이들이 지속적인 범법자가 될 가능성이 가장 높았다고 한다[57].

Marvin Wolfgang의 Philadelphia Cohort 연구에서도 비행이력의 발달을 설명하였는데, 다수의 비행소년들이 단 한 번의 비행을 하고는 범죄를 그만두지만, 소규모의 습관적 범법자들은 빈번하고 반복적으로 비행활동에 가담하고, 전 생애에 걸쳐 지속한다는 것이다. 그렇다면 왜 표면적으로는 동일한 생애 여건으로 고통을 받음에도 불구하고 누구는 지속적인 범행에 가담하도록 하고 누구는 비행경력을 씻고 보다 관습적인 경로를 따라 살아가는 것일까. 이런 근원에서 발달이론이 발전하여, 오늘에 이르러 세 가지 독립적이지만 상호 관련된 발달관점으로 발전되었다. 그 처음이 생애과정이론Life-Course Theory으로서, 비행행위는 개인적 특성은 물론이고 사회적 경험에서 영향을 받는 역동적인 과정이며, 반사회적 행위를 유발하는 요소는 그 사람의 생애에 걸쳐 극적으로 변한다는 것이다[58].

생애과정이론은 "인간발달은 개인의 전 생애에 걸쳐서 변하지 않고 안정적인 숨겨진 주 기질master trait에 의해서 통제된다"고 주장하는 학자들의 도전을 받게 된다. 사람들은 자신의 생애과정을 따라 순항하는 데 있어서 이들 보이지 않고 숨겨진 기질이나 성향도 항상 함께하여 행동을 지시한다는 것이다. 따라서 반사

57 S. Glueck and Glueck, E., Predicting Delinquency and Crime, Cambrdige, MA: Harvard University Press, 1967, pp. 82-83; S. Glueck and Glueck, E., Unraveling Delinquency, Cambridge, MA: Harvard University Press, 1950, p. 48
58 Siegel & Welsh, op cit., pp. 206-207

회적 행위에 개인의 참여와 가담은 개인적 변화나 속성보다는 기회, 필요, 그리고 환경과 상황과 같은 외부세력에 더 많은 영향을 받아 형성된다는 것이다. 다시 말해, 비행을 범할 성향은 항시적이지만, 비행을 범할 기회가 꾸준히 변한다는 것이다. 세 번째 발달이론적 관점은 비행경력에도 복수의 궤적이 있다는 것이다. 이를 궤적이론Trajectory theory이라고 하여, 하나의 비행경로만 있는 것이 아니며 범법자의 계층이나 유형은 상이하다는 것이다. 발달이론의 세 가지 관점의 주요내용과 각각의 유사점과 차이점을 요약하면 다음과 같다[59].

---

1. 성향이론(Propensity Theory)

- 사람은 인성, 지능, 유전적 구성 등 주 기질(master trait)이 있다
- 사람은 변하지 않는다: 비행기회가 변하고, 성숙해지며 기회가 줄게 된다
- 초기 사회통제와 적절한 양육으로 비행성향을 줄일 수 있다

2. 생애과정이론(Life-Course Theory)

- 사람은 생애에 걸쳐 변한다
- 반사회적 행위에 영향을 미치는 요소는 사람이 성숙해짐에 따라 변한다
- 진화하는 비공식적 사회통제가 위험성 있는 아이들이 경력범죄자가 안 되게 하는 데 도움을 준다

3. 궤적이론(Trajectory Theory)

- 경력 비행소년이 되는 경로는 하나 이상이다
- 범법자와 범행의 유형은 다양하다
- 일부 아이는 범행이력을 아주 어린 조기에 시작하고, 일부는 늦게 시작하지만, 다른 일부는 어떤 형태의 반사회적 활동도 피할 수 있다

4. 세 관점의 유사점

- 비행이력, 경력에 초점을 맞춘다
- 비행은 사건이 아니라 경로로 보아야만 한다
- 비행이력이 초점이다
- 복수의 요인들을 통합한다

---

59 Siegel & Welsh, op cit., p.207

제2부 소년비행의 이론

5. 세 관점의 차이점

- 성향: 보이지 않고 변하지 않는 숨겨진 기질이 반사회적 행위를 통제한다
- 생애과정: 사람은 항상 진화한다
- 궤적: 범죄의 경로는 다양하다

3. 발달 및 생애과정이론(Developmental and Life-Course Theory)

비행은 항상 진화하고, 생애 어느 한 시점에서 반사회적 행위를 유발하는 요인이라도 다른 시점에서는 무관할 수도 있다. 누군가는 생애 초기에 범행의 성향을 보이는 반면에, 그들의 비행활동의 빈도와 특성은 종종 그들의 인성 발달을 형성하는 요인들의 영향을 받게 된다. 아이들은 성장함에 따라, 직업을 생각하고, 부모로부터 독립하며, 결혼을 하고, 가정을 꾸리게 된다. 이러한 전환은 학교를 마치고, 취업을 하고, 결혼을 하며, 자녀와 가정을 갖는 일련의 순서에 따라 일어난다. 그러나 일부에게는 가정, 환경, 개인적 문제로 인하여 합리적이고 시의적절하게 성숙하지 못하는 경우가 생기고, 반면에 누군가에게는 조기퇴학, 조기취업, 조기결혼과 임신 등 그러한 전환이 너무 빨리 일어나기도 한다. 가정문제가 학교문제가 되는 등 하나의 전환이 다른 전환에 영향을 미치기도 한다. 생애과정에 있어서 하나의 단계에서 다른 단계로의 전환은 그 부침이 심하기 때문에 범행의 성향이 안정적이지도 않으며 항시적인 것도 아니며, 발달과정일 따름이다[60].

비행을 조기에 표출하는 원인이 무엇이건, 사람이 성숙해감에 따라 인지적 변화를 거치고 사고의 유형도 변한다. 물론 일부는 불법행동을 지속하지만, 개인적 성장과 성숙은 그 사람이 반사회적 활동의 유혹을 줄이는 데 도움이 된다. 반대

---

60 R. Paternoster, Dean, C., Piquero, A., Mazerolle, P., and Brame, R., "Generality, continuity, and change in offending," Journal of Quantitative Criminology, 1997, 13: 231−266; M. Krohn, Lizotte, A., and Perez, C., "The interrelationship between substance use and precocious transition to adult sexuality," Journal of Health and Social behavior, 1997, 38: 87−103; J. Beyers and Loeber, R., "Untangling developmental relations between depressed mood and delinquency in male adolescents," Journal of Abnormal Child Psychology, 2003, 31: 247−266; S. Milan and Pinderhughes, E., "Family instability and child maladjustment trajectories during elementary school," Journal of Abnormal Child Psychology, 2006, 34: 43−56

로, 퇴학, 실업, 이혼 등 생애 주요 전환의 실패는 파괴적일 수 있고 궁극적으로는 장기적인 직업적 범죄인을 양산할 수도 있다. 이러한 부정적 생애 사건은 집합적일 수 있어서 사람들이 더 많은 결함을 가질수록 추가적인 결함을 갖게 될 확률도 그만큼 더 커진다는 것이다. 이런 붕괴와 파괴의 집합적 영향이 반사회적 행위를 아동기로부터 성인기까지 이어가게 한다는 것이다[61].

생애과정이론은 또한 사람이 성장함에 따라 그들의 행위에 영향을 미치는 요인도 변한다고 주장한다. 사람들이 아동기에서 소년기로, 또는 미혼에서 기혼으로 등 중요한 생애 전환을 하면 그에 따라 사회적 상호작용의 특성도 바뀌게 된다. 아동기의 가정, 청소년기의 교우, 청년기의 취업과 결혼이 아마도 가장 중요한 영향요인들일 것이며, 이러한 생애사건의 성공적인 전환은 그 사람이 범죄를 중단하는 데 도움이 되는 반면에 제대로 전환하지 못한 불행한 사람은 비행의 위험성이 높고 범죄적 생애를 성인기까지 이어갈 가능성이 높은 것이다[62].

생애과정이론의 핵심 개념은 최초비행시의 연령age of onset과 비행의 지속과 중단persistence and desistance이라고 할 수 있다. 대부분의 생애과정이론은 일탈적 생애의 씨앗은 생의 초기에 심어지고, 조기에 시작된 일탈이 이후의 비행과 더 심각한 비행의 강력한 예측인자라고 가정한다. 청소년기 후반에 가장 심각한 비행소년이 되는 청소년은 학령기 전의 아주 이른 나이에 일탈적 생애를 시작하여, 최초 비행이 빠를수록 더 빈번하게, 더 다양한 일탈을 하고 일탈적 생애를 유지할 가능

61 D. healy, "Betwixt and between: The role of psychosocial factors in the early stages of desistance," Journal of Research in Crime and Delinquency, 2010, 47: 419－443; J. McCord, "Family relationships, juvenile delinquency, and adult criminality," Criminology, 1991, 29: 397－417; P. Mazerolle, "Delinquent definitions and participation age; Assessing the invariance hypothesis," Studies on Crime and crime prevention, 1997, 6: 151－167; J. Hagan and Foster, H., "S/He's a rebel: Toward sequential stress theory of delinquency and gendered pathways to disadvantage in emerging adulthood," Social Forces, 2003, 82: 53－86

62 G. R. Patterson, DeBaryshe, B., and Ramsey, E., "A developmental perspective on antisocial behavior," American psychologist, 1989, 44: 329－335; R. Sampson and Laub, J., "Crime and deviance in the life course," American Review of Sociology, 1992, 18: 63－84; D. Farrington, Jolliffe, D., Loeber, R., Stouthamer－Loeber, M., and Kalb, L., "The concentration of offenders in families, and family criminality in the prediction of boys' delinquency," Journal of Adolescence, 2001, 24: 579－596; L. DePadilla, Perkins, M., Elifson, K., and Sterk C., "Adult criminal involvement: A cross－sectional inquiry into correlates and mechanisms over the life course," Criminal Justice Review, 2012, 37: 110－126

성이 더 높다는 것이다. 또한, 조기에 최초 비행을 시작하는 비행소년은 공격적인 행동에 가담할 가능성이 더 높은 반면에, 후기에 시작한 비행소년은 절도와 같은 비폭력적 범죄에 가담할 가능성이 더 높다고 한다[63].

이처럼 비행을 아주 어릴 때부터 시작하는 것이 중요한 이유는 무엇일까. 우선은 비행을 일찍 시작할수록 그만큼 비행의 기간이 길어지고 당연히 비행으로 인하여 얼룩진 생의 상처도 그만큼 지우기가 어려워지기 때문일 것이다. 비행을 일찍이 시작한다는 것은 어린 사람의 생애에 내리막길을 초래한다. 당연히 부모, 교사 등과의 긴장이 시작되고, 관습적 친구들과의 유대가 약화되며, 관습적 활동을 할 기회마저도 사라지거나 줄어들게 되는 반면에 그 자리를 보다 일탈적인 친구들과의 더 밀접한 교우관계의 형성과 일탈적 생활방식에의 참여가 대체하게 된다고 한다. 그렇다면, 왜 일부 아이들이 그렇게 어린 나이에 일찍이 범행을 시작하도록 초래할까. 부적절하거나 잘못되거나 부족한 부모의 훈육과 관찰, 부적절한 감정적 지지, 동료관계의 빈약, 심리학적 쟁점이나 문제 등이 그 원인으로 가장 빈번하게 지적되고 있다[64].

생애과정이론에서 두 번째 중요한 개념은 비행의 지속과 중단이다. 생애과정이론가들은 특히 왜 누구는 범죄에 저항하고 중단할 수 있는 반면 누구는 저항하지 못하고 지속하는가에 관심을 가진다. 오래 전 영국의 런던에서 시행되었던 한 Cohort 연구에 따르면, 습관적 범죄자가 될 위험이 높은 일부 아이들이 비범죄자로 남거나 일탈적 생애를 시작하더라도 후에 중단하는 것을 발견하였는데, 이처럼 위험성이 높은 청소년들이 일탈적 생애를 시작하지 못하도록 보호했던 요소로 약간은 수줍어하는 인성, 어릴 때8살 친구가 많지 않고, 비일탈적 가족, 그리고 어머니로부터 매우 높게 인정받는 것 등을 제시하였다. 아마도 이런 가정은 수줍어하는 아이일수록 위험성 높은 비행교우관계를 형성할 가능성이 낮기 때문으로 해

---

63 A. R. Piquero and Chung, H. L., "On the relationships between gender, early onset and seriousness of offending," Journal of Criminal Justice, 2001, 29: 189 – 206; W. A. Mason, Kosterman, R., Hawkins, J. D., Herremkohl, T., Lengua, L., and McCauley, E., "Predicting depression, social phobia, and violence in early adulthood from childhood behavior problems," Journal of the American Academy of Child and Adolescent Psychiatry, 2004, 43: 307 – 315

64 S. Bacon, Paternoster, R., and Brame, R.M., "Understanding the relationship between onset age and subsequent offending during adolescence," Journal of Youth and Adolescence, 2009, 38: 301 – 311;

석될 수 있을 것이다[65].

4. Sampson과 Laub의 연령별 이론(Age-Graded Theory)

이들도 비행의 발달은 사회경제적 지위와 가족구조와 같은 구조적 조건에서 기질과 같은 개인적 기질은 물론이고 유대와 같은 전통적 통제이론에 이르는 다양한 요소의 영향을 받는다고 가정한다. 그러나 예전의 이론들과는 달리, 이들 요소의 중요성은 생애과정에 따라 다양해진다고 주장하는 것이다. 이들은 가정, 학교, 직장에의 참여와 같은 비공식적 사회통제가 사회구조적 상황이나 여건을 중재 mediate한다고 주장한다. 물론 이들도 다른 이론가들과 마찬가지로 사람들은 각자 범죄적 성향이 다르고 자신을 문제상황에 처하게 할 가능성도 다 다르다고 믿지만, 동시에 사람들은 비공식적 사회통제망으로부터 서로 다른 정도의 사회적 자본을 획득하게 되며, 이 사회적 자본이 다양한 생애과정 단계에 있어서 범행의 지속을 설명해준다는 것이다. 사회적 자본이 적은 사람은 단점의 집합적 지속 cumulative continuity of disadvantages라고 불리는 과정인 미래 생애 기회를 담보하게 한다는 것이다. 반대로 관습적인 유대나 전환점의 경험은 직전의 일탈적 경로마저 바로잡으며 보다 성공적인 결과를 향한 궤적을 걷게 한다는 것이다. 따라서 비행의 원인을 지나치게 단순하고 결정론적으로 보지 않고, 심지어 가장 활동적인 범법자도 자신의 생애과정을 거치며 범행을 중단하기 때문에 변화와 역동성이 범죄적 경력이나 이력을 특징짓는다는 것이다[66].

Sampson과 Laub은 생애 초기 단계에 경험한 문제들이 발달 후기 단계에 부정적인 영향을 미친다고 주장한다. 만약에 아동이 구조적 단점이나 곤경을 경험하면 바로 그 요소가 초기 소년기에 바람직하지 못한 부모양육을 겪을 가능성을 높

---

65 D. Farrington, "The development of offending and antisocial behavior from childhood: key findings from Cambridge Study of Delinquent Development," Journal of Child Psychology and psychiatry, 1999, 36: 2–36

66 R. Sampson and Laub, J., "Life–course dwsisters? Trajectories of crime among delinquent boys followed to age 70," Criminology, 2003, 41: 555–592; J. Laub and Sampson, R., "Turning points in the life course: Why change matters to the study of crime," Criminology, 1993, 31; 301–326; R. Sampson and Laub, J., "Crime and deviqnce over the life course: The salience of adult social bonds," American Sociological Review, 1990, 55: 609–627

이고, 이는 이어서 후기 소년기 비행교우관계를 증대시킬 위험성을 더 높이게 된다고 한다. 바로 이런 단계가 전형적인 비행적 이력이나 경력의 초석임을 보여준다는 것이다. 그러나 그들은 여기서 그치지 않고, 청소년을 비행으로 이끌거나 또는 비행에 저항하는 과정을 개시하는 핵심 생애 사건인 '전환점turning point'이 비행적 경력이나 이력을 차단하고 대신에 친사회적인 발달경로로 재진입시킬 수 있는 가능성도 열어 놓았는데, 생애과정에서 가장 대표적인 전환점은 결혼과 취업이라고 한다[67].

최초비행시기, 비행의 지속과 중단을 설명하려는 다수의 체계적 이론들이 제안되었다. 이들은 전형적으로 인성이나 지능과 같은 개인적 요소personal factors, 소득수준이나 거주지역과 같은 사회적 요소social factors, 결혼이나 군대와 같은 사회화요소socialization factors, 정보처리와 인식과 같은 인지적 요소cognitive factors, 비행기회, 효과적 보호, 그리고 체포위험 등과 같은 상황적 요소situational factors 등을 상호 연계시키는 것이다. 이런 면에서 이들은 인간행위의 복잡한 설명을 위하여 개인적 요소, 사회적 요소, 발달적 요소들을 통합시키기 때문에 한편으로는 통합이론integrated theory이라고도 할 수 있다. 이들은 단순하게 왜 사람들이 범행을 하는가 묻지 않고 대신에 보다 복잡한 의문으로 사람들이 성장함에 따라 일부는 범행을 중단하는데 다른 일부는 지속하는가를 알고 싶어 한다[68].

Sampson과 Laub은 다양한 비행경로가 있다면, 동조성으로 돌아가는 오솔길도 있을 수 있다는 가정에서 비공식적 사회통제의 연령별 이론이라고 하는 범죄에 대한 생애과정/발달의 관점을 제시하였다. 그들에 따르면, 개인적 기질과 아동기 경험이 비행과 범죄의 시작을 이해하는 데 중요하지만, 이들만으로는 성인기로의 범죄의 지속을 설명할 수가 없다는 것이다. 청년기와 그 이후까지의 경험이 소년기 행동의 방향을 재수정할 수 있는데, 일부 경우 사람들이 긍정적인 방향으로 전환되는 반면에 일부 다른 사람들에게는 부정적인 인생 경험이 해롭고 상처를 줄 수 있다는 것이다. 삶을 유지하는 개인과 제도 및 기관과 긍정적인 관계라고 할 수 있는 사회적 자본social capital을 가진 사람들은 범죄를 단절하고 자신의 삶

---

67 Regoli et al., op cit., pp. 238 – 239

68 S. Farrall and Bowling, B., "Structuration, human development, and desistance from crime," British Journal of Criminology, 1999, 39: 253 – 268

을 전환시킬 가능성이 훨씬 더 좋아질 수 있다는 것이다[69].

청소년기 심각한 문제가 있었다면 삶의 기회를 악화시키고 취업가능성과 사회적 관계를 약화시키는 반면에 지속적인 범행의 가능성은 증대시킨다는 것이다. 반대로 긍정적인 경험과 사회관계는 사람들이 사회에 다시 애착을 갖고 비행적 생애 경로를 차단할 수 있게 도움을 주는 전환점이 된다고 한다. 취업이나 결혼과 같은 일부 전환점turning point이 비행기회를 제한하는 비공식적 사회통제의 기제 mechanism를 만들게 된다. 사람들로 하여금 범죄를 중단케 하는 데 도움이 되는 또 다른 하나의 핵심적 요소는 자유의지와 선택의 목적이 있는 실행이라고 한다[70].

경험적 연구에 따르면, 사람들은 그들의 생애과정에 따라 변화하고, 반사회적 행위의 선택을 예측하는 요소들도 시간에 따라 진화한다는 것이다. 비행은 역동적이고, 비공식적 사회통제의 수준에 따라 영향을 받는다고 한다. 예를 들어, 청소년기에 일탈적 교우관계를 많이 구축하면 일탈적 생애를 지속할 가능성이 가장 많다고 하는데, 그것은 비행교우가 일탈적 생애를 떠받치기 때문이라고 한다. 비행교우를 많이 가진다는 것은 부모와 교사가 행사하는 비공식적 사회통제를 중화시킨다고 한다. 한편, 생애 문제의 수준이 증대되면, 사회생활의 비행─저항 요소들은 장애를 받게 된다. 예를 들어, 어린 시기에 일찍이 비행의 낙인을 갖게 되면 그 후의 삶에서 반사회적 태도를 갖게 될 가능성이 높아지고, 교육적 성취는 낮아지고, 직업적 신상이나 신분도 떨어지며, 불안정한 직업 경력만 크게 된다. 결국 어린 시절 사법기관과 관련되었다면 성인기로의 생애 경로도 차단된다. 그러나 생활조건이 향상되고 개인이 사회적 자원을 확보하면 일탈적 생애 궤적이 뒤집힐 수도 있다는 것이다. 청소년기 후반 사회적 자본을 확보한다는 것은 사회적 자본이 부재하여 초래되었던 일부 손상이 지워질 수 있다는 것이다[71].

---

69 Siegel & Welsh, op cit., p.213

70 R. Sampson and Laub, J., "A Life─course view of the development of crime," Annals of the American Academy of Political and Social Science, 2005, 602: 12─45

71 L. Simon, "social bond and criminal recor history of acquaintance and stranger violent offenders," Journal of Crime and Justice, 1999, 22: 131─146; R. Paternoster and Brame, R., "Multiple routes to delinquency? A test of developmental and general theories of crime," Criminology, 1997, 35: 49─84; S. De Li, "Legal sanctions and youths' status achievement: A longitudinal study," Justice Quarterly, 1999, 16: 377─401; R. Hoge, Andrews, D. A., and Leschied, A., "An investigation of risk and protective factors in a sample of youthful offenders," Journal of Child psychology and Psychiatry, 1996, 37: 419─424

제2부 소년비행의 이론

5. 성향이론(Propensity Theory)

생애순환에 있어서 비행의 흐름을 설명하기 위하여 잠재적 기질의 개념을 도입한 이론이다. 이론의 주장에 따르면, 인구집단 속에는 다수의 사람들이 범행의 성향이나 의향을 통제하는 개인적 특성이나 속성을 가지고 있다는 것이다. 이들 성벽은 출생 시부터 나타나거나 생애 초기에 확립될 수도 있는데, 일단 그러한 성벽이 생기면 생애 과정에 걸쳐 비교적 안정적으로 유지된다고 한다. 여기서 이러한 의심을 받는 잠재적 기질에는 지능결함, 손상되거나 충동적인 인성, 유전적 비정상성, 뇌의 물리적-화학적 기능, 그리고 약물, 화학성분, 그리고 부상과 같이 뇌기능에 영향을 미치는 환경적 영향요소 등이 포함된다. 이들 의심스러운 기질 중 어느 하나라도 가진 사람이라면 누구나 비행의 위험성이 있을 수 있고, 직업적 범죄자가 될 위험이 있다는 것이다. 그래서 인간의 행위를 인도하는 이 안정적이지만 보이지 않는 기질이라고 할 수 있는 범행이나 비행을 하고자 하는 성향은 항시적인 것이라고 한다[72].

사람들의 잠재적 기질은 안정적이기 때문에, 청소년기에 반사회적이었던 사람은 범죄를 지속할 가능성도 가장 높다는 것이다. 다시 말해, 만약에 충동적 인성이 아동기 비행에 기여했다면, 인성기질이란 전 생애에 걸쳐 유지되는 것이기 때문에 그 사람으로 하여금 성인으로서도 범행을 유발한다는 것이다. 상태의존성state dependence의 개념에 따르면, 범행의 성향을 가진 아이는 이 잠재적 기질이 정상적인 사회화를 영속적이고 심각하게 붕괴시킨다는 것이다. 사회화의 붕괴는 후에 장기화된 반사회적 행위의 위험성을 증대시킨다는 것이다. 이런 시각에서 보면, 조기 규율위반은 장래 규율위반의 가능성을 증대시키는데, 그것은 조기 규율위반으로 인하여 범죄의 억제는 약화시키는 반면에 범죄의 동기는 강화시키기 때문이라는 것이다. 더 쉽게 설명하자면, 아이가 일단 반사회적 행위의 맛을 보면, 그것을 좋아하게 되고 일탈적 경로를 따르고 싶게 된다는 것이다[73].

---

72 D. Rowe, Osgood, D. W., and Nicewander, W. A., "A Latent Trait approach to unifying criminal careers," Criminology, 1990, 28: 237−270; Ellis, L., "Neurohormonal bases of varying tendencies to learn delinquent and criminal behavior," pp. 499−518 in E. Morris and E. Braukmann(eds.), Behavioral Approach to Crime and delinquency, New York: Plenum, 1988

73 S. Bacon, Paternoster, R., and Brame, R., " Understanding the relationship between onset

이처럼 범행의 성향은 안정적인 반면에, 비행의 기회는 시간의 흐름에 따라 오르락내리락하기 마련이다. 사람이 성장, 발달함에 따라 범행의 기회는 줄어들고 바르게 살아갈 유인은 더 많아지기 때문에 범죄로부터 벗어나게 된다. 결혼과 출산 등으로 한때 비행소년도 성인으로서 새로운 책임감을 갖게 되어 비행이나 일탈할 여지를 남기지 않기 때문이다. 쉬운 예를 들자면, 일반적으로 낮은 지능이 비행을 초래한다고 가정하는데, 이 지능은 대체로 변화 없이 안정적인 것임에도 불구하고 나이가 들면서 비행의 기회는 더 많아짐에도 지능과 관계없이 특히 지능이 낮은 아이들까지도 비행률이 낮아지는 것은 바로 성인 책임감이 비행기회를 앗아가기 때문이라는 것이다[74].

그런데 오늘날 가장 잘 알려진 성향이론은 아마도 Gottfredson과 Hirschi의 범죄 일반이론General Theory of Crime, GTC이라고 할 수 있을 것이다. 이 이론은 원래 Hirschi의 사회통제이론에 기질과 선택이론을 가미하고, 이론의 초점을 사회통제에서 자기통제self-control, 또는 장기적인 비용이 금전적 이익을 초과하는 행동을 피하려는 경향으로 이동시킨 것이다. Gottfredson과 Hirschi에 따르면, 반사회적 행위를 범할 성향propensity은 그 사람의 자기-통제self-control와 직접적으로 연결된다고 한다. 제한된 자기 통제력을 가진 사람은 충동적이고, 다른 사람들의 감정에 둔감하며, 육체적이고, 모험선호자요, 직선적이며, 비언어적일 경향이 있고, 지금 여기here and now 지향적이어서 먼 미래의 목표를 위하여 일하기를 거부하며, 고집이 세고 성실함이 부족하다는 것이다. 이들 자기 통제력이 부족한 사람들은 모험을 즐기고, 적극적, 능동적이며, 육체적이고 자기중심적이다. 그들이 성장하여도 불안정한 혼인, 직업, 교우관계를 갖게 되기 쉬우며, 설사 그들이 일탈행동에 가담하여도 수치심을 느끼기보다 쾌감을 느낄 확률이 더 높고, 비행과 관련이 있는 음주나 흡연 등 위험한 행위에 가담할 가능성이 높다고 한다. 이들은 일하지 않고 획득할 수 있는 금전, 사귀지도 않는 성, 그리고 즉각적인 보복 등에서 만족을 찾는다고 한다[75].

age and subsequent offending during adolescence," Journal of Youth and Adolescence, 2009, 38: 301-311

74 Siegel & Welsh, op cit., p. 218

75 M. Gottfredson and Hirschi, T., A General Theory of Crime, Stanford, CA: Stanford University Press, 1990, p. 89. 90. 112; A. Piiquero and Tibbetts, S., Specifying the direct

그렇다면 낮은 자기-통제와 충동성을 초래하는 것은 무엇일까. 왜 일부 사람들은 자기-통제가 약하고 충동적이 되는 것인가. Gottfredson과 Hirschi는 출생 직후에 시작되는 부적절한 부모의 자녀 양육에서 부족한 자기-통제의 근원을 찾으려고 한다. 아동의 행동을 관찰할 수 없거나 관찰을 거부하고, 일탈행동이 일어났을 때 그것을 인지하지 못하거나 거절하며, 그 행위에 대해서 처벌하는 부모가 자기-통제가 결여된 아이를 양산한다는 것이다. 부모에게 애착을 갖지 못하는 아이, 제대로 감독되지 못하는 아이, 범죄성이 높은 부모를 가진 아이들이 자기-통제가 약한 아이로 발전될 가능성이 높다는 것이다. 낮은 자기-통제는 세대 간 전이도 가능하여 부모 자신이 자기-통제가 낮을수록 부적절한 양육의 가능성이 높고, 자녀의 청소년기 낮은 자기-통제와 연계될 수 있다는 것이다. 그런데 Gottfredson과 Hirschi는 유전이 아니라 부모양육이 자기-통제를 좌우한다고 믿었지만 최근 들면서 충동적 인성이 생물학적 또는 사회적 원인에서도 기인될 수 있다는 연구가 나오고 있다. 이런 연구결과들이 낮은 자기-통제나 충동성 같은 기질들이 후천적으로 발달되기보다는 유전된다는 증거이고, 또한 바로 이것이 이들 잠재적 기질들이 전 생애에 걸친 안정성을 설명해준다는 것이다[76].

그런데 만약 비행성향이 생애에 걸쳐 안정적으로 유지되는 것이라면 왜 성장함에 따라, 집단에 따라, 그리고 성별에 따라 비행이 다양할까 의문이 남는다. 이에 대해서 Gottfredson과 Hirschi는 비행행위와 비행성향은 서로 다른 개념이라는 점을 상기시킨다. 비행행위는 범법자가 그 행위가 이익이 된다고 인식할 때 가담하는 불법행동이나 사건이어서 합리적이고 예측이 가능하다는 것이다. 아이들이 비행이 최소한의 처벌만으로 큰 보상을 약속할 때 가담하는 것이며, 따라서 처벌이 비행을 억제할 수 있고, 또 표적이 잘 보호된다면 비행도 그만큼 감소하기 마련이

---

and indirect effects of low self-control and situational factors in offenders' decision making: Toward a more complete model of rational offending," Justice Quarterly, 1996, 13: 481-508; D. Forde and Kennedy, L., "Risky lifestyles, routin activities, and the General Theory of Crime," Justice Quarterly, 1997, 14: 265-294

[76] S. Nofziger, "The Cause of low self-control: The influence of maternal self-control" Journal of Research in Crime and Delinquency, 2008, 45: 191-224; K. M. Beaver, Shutt, J. E., Boutwell, B., Ratchford, M., Roberts, K., and Barnes, J. C., "Genetic and environmental influences on levels of self-control and delinquent peer affiliation: Result froma Longitudinal sample of adolescent twins," Criminal Justice and Behavior, 2009, 36: 41-60

어서 비합리적인 사람만 감히 범행에 가담한다는 것이다. 반면에, 범법자는 범행의 성향을 갖게 되더라도 아무런 제재도 받지 않고 반사회적 행동을 행하는 로봇이 아니라고 한다. 즉, 그들의 삶도 학교에 다니고 교회에도 가는 등 다양한 관습적인 행동으로 가득하다는 것이다. 그러나 동일한 범행기회가 주어지더라도 범죄에 취약한 사람일수록 비범죄자보다 법을 위반할 확률이 더 높다고 한다. 범행의 성향은 그 사람의 생애에 걸쳐 안정적으로 유지되지만 비행의 기회에 따라 비행활동의 빈도는 변한다는 것이다. 결국, 비행참여를 설명하려면 비행성향과 비행기회가 모두 고려되어야 한다는 것이다. 즉, 개인의 비행률 변화, 성별 차이, 그리고 집단 간 차이 등의 다양성은 바로 이 기회의 문제로 설명된다는 것이다[77].

Gottfredson과 Hirschi는 사회화와 비행의 개념을 통합함으로써, 일부 청소년 중에서는 자기-통제가 낮지만 비행을 하지 않고, 반대로 일부 청소년 중에는 자기-통제가 높은데도 비행을 하는 이유를 설명해준다. 자기-통제가 낮고 충동적 인성을 가진 아이도 자신의 충동적 욕구를 충족시키는 일탈적 기회가 없기 때문에 일탈적 생애를 걷지 않고 그 대신 자신의 충동적 인성을 발산할 다른 출구를 찾는다는 것이다. 반면에, 기회가 충분히 강하다면, 비록 상대적으로 자기-통제가 강한 아이라도 법을 위반하도록 현혹될 수 있어서 비행의 자극이나 유인이 자기-통제를 상쇄할 수도 잇다는 것이다. 또한 비행기회와 비행성향의 통합은 왜 일부 아이들이 습관적인 범행의 길을 걷는 반면에 유사한 환경에서 살아가는 다른 일부 아이들은 비행에 저항할 수 있는가도 설명해 주고 있다[78].

물론 이 범죄의 일반이론이 상당히 설득력이 있지만 해소되지 않은 의문과 비판도 없지 않다. 우선, 비행성향은 단지 범죄와 관련된 다양한 여러 인성기질 중의 하나에 지나지 않는다는 지적이다. 또한 환경이 인성에 영향을 미친다는 증거에도 불구하고 일반이론은 이 환경적 요소의 영향을 가볍게 다룬다는 것이다. 즉, 환경이 인성과 상호작용하여 행동을 형성한다는 것이다. 그리고 일반이론이 인성이나 비행기질이 성별과 인종에 따라 매우 다름에도 불구하고 이 점에 대한 설명

---

77 Siegel & Welsh, op cit., pp. 221−222

78 M. Delisi and Vaughn, "The Gottfredson−Hirschi critiques revisited: Reconciling self −control theory, criminal careers, and career criminals," International Journal of Offender Therapy and Comparative Criminology, 2008, 52: 520−537; M. Reisig, Wolf, S., and Pratt, T., "Low self−control and Religiosity−crime relationship," Criminal Justice and behavior, 2012, 39: 1172−1191

을 생략하고 있다는 지적이다. 즉, 남성이 여성에 비해 월등히 많은 비행을 하지만 남성이 여성에 비해 그만큼 월등하게 충동적이라는 증거는 없다는 것이다. 청소년비행은 교우관계가 중요한 인과요인이라고 지적되고 있음에도 일반이론에서는 비행성향이나 충동적 인성의 발현과 그와 같은 기질과 비행의 관계에 대한 교우관계의 영향을 제대로 고려하지 않고 있다는 비판을 받고 있다. 그러나 가장 중요한 비판은 일반이론이 비행성향이 변하지 않는다고 가정한다는 점이다. 과연 인성과 행동유형은 생애과정에 걸쳐서 변하지 않을 수 있는지 의문이라는 것이다. 여기에 더하여 일반이론이 가정하는 것 중 하나인 대부분의 비행소년이 충동적이라는 주장에 대해서 비판가들은 다수의 비행소년이 충동적이기보다는 합리적이고 계산적이라고 주장하고 있다. 끝으로 자기-통제도 당연히 생애과정에 걸쳐서 변하지 않고 안정적으로 유지되기보다는 변한다는 것이다[79].

6. 궤적이론(Trajectory Theory)

궤적이론은 생애과정이론과 성향의 요소를 결합한 세 번째 이론이다. 이론의 기본전제는 범죄로의 경로는 하나 이상이며, 범죄자의 계층도 하나 이상이라는 것으로서 종합하면 비행 생애에도 동일한 궤적이 아니라 비행 생애는 그 궤적이 서로 다를 수 있다는 것이다. 모든 아이들이 다 다른데 하나의 모형으로 모든 아이들의 전 생애에 걸친 여정을 다 설명할 수는 없다는 것이다. 성별에 따라서, 범죄유형에 따라서, 최초 비행 연령에 따라서 그들의 비행 생애 궤적은 다를 수 있다는 것이다. 그리고 성향이론이 생애 전반에 걸친 사회적 영향을 경시하고, 생애과정이론이 사회적 사건은 모든 사람에게 동일하게 영향을 미친다는 점을 견지하기 때문에 이들 두 이론 모두가 소년범법자에도 상이한 유형과 계급이 있다는 사

79 R. Wiebe, "Reconciling psychopathy and low-self-control," Justice Quarterly, 2003, 20: 297-336; A. Piquero, MacDonald, J., Dobrin, A., Daigle, L., and Cullen, F., "Self-control, violent offending, and homicide victimization: Assessing the General Theory of Crime," Journal of Quantitative Criminology, 2005, 2: 55-71; C. Gibson, "An investigation of neighborhood disadvantage, low self-control, and violent victimization among youth," Youth Violence and Juvenile Justice, 2012, 10: 41-63; A. Piquero, Jennings, W., and farrington, D., "On the malleability of self-control: Theoretical and policy implications regarding a general Theory of Crime," Justice Quarterly, 2010, 27: 803-834

실을 간과하고 있다. 청소년들은 범행의 속도가 다르고, 다른 종류의 범죄를 저지르며, 상이한 외부영향력의 영향을 받는다는 것이다[80].

이 이론에 따르면, 모든 지속적인 범법자들이 다 아주 어린 나이에 시작하지는 않고, 일부만 자신의 비행 생애를 조기에 시작하여 성인기까지 지속하는 반면에 다른 일부는 청소년기에 문제를 일으키지 않고 10대가 될 때까지 법을 위반하지 않는다고 한다. 또 일부 범법자는 조기에 절정에 이르러서 빠르게 중단하는 반면에, 다른 일부는 성인기까지 지속한다. 일부는 범행빈도가 높은 범법자이고 일부는 상대적으로 그리 빈번하게 범행하지 않는다. 결국, 상이한 범행경로가 있다는 것이다[81].

대부분의 발달이론가들은 지속형 비행소년은 조기에 비행을 시작하는 아이로서 자신의 비행 생애를 청소년기에 시작하여 성인기까지 지속한다고 믿는다. 반대로, 궤적이론가들은 일부 아이들은 자신의 성인기까지 문제를 일으키지 않는 후발 주자late boomers라고 믿는다. 실제 연구에서도 이들 후발 주자들이 실제로 심각한 강력 범죄에 가담할 확률이 가장 높다는 것이 밝혀지기도 하였다. 이들 후발 주자들은 심리적 병리와 사회적 기술과 위험 감수 행동을 결합하기 때문에 그들의 행동이 시간이 흐름에 따라 점점 더 폭력적이 된다는 것이다. 즉, 이들 후발 주자들이 옛 말의 '늦게 배운 도둑이 날 새는 줄 모른다'는 것처럼 늦게 시작은 하지만 청소년기 후반에 결국 따라 잡는다는 것이다. 반면에 일부 집단의 아이들은 결코 법을 위반하지 않는다. 비록 완전히 설명되지는 않았지만, 일부 사회심리학자들은 내향적인 청소년들의 낮은 유명세와 인기가 비행집단의 압력으로부터 장벽을 쳐주는 역할을 한다고 주장한다. 물론 일부에서는 이를 반박하고, 그들의

---

80 G. E. Higgins, Ricketts, M. L., Marcum, C. D., and Mahoney, M., "Primary socialization theory: An Explanatory study of delinquent trajectories," Criminal Justice Studies, 2010, 23: 133−146; Zheng, Y. and Cleveland, H., "Identifying gender−specific developmental trajectories of nonviolent and violent delinquency from adolescene to young adulthood," Journal of Adolescence, 2013, 36: 371−381; Tzoumakis, S., Lussier, P., Le Blanc, M., and Davies, G., Onset, offending trajectories and crime specialization in violence," Youth Violence and Juvenile Justice, 2013, 11: 143−164; W. Jennings and Reingle, J., "On the number and shape of developmental/life−course violence, aggression, and delinquency trajectories: A state−of−the−art review," Journal of Criminal Justice, 2012, 40: 472−489

81 I. Chung, Hill. K. G., Hawkins, J. D., Gilchrist, L., and Nagin, D., "Childhood predictors of offense trajectories," Journal of Research in Crime and delinquency, 2002, 39: 60−91

동조성은 그들이 인기가 없어서가 아니라 오히려 밀접한 부모의 관찰과 친사회적인 교우관계에 관련되는 것이라고 주장한다. 역할모형으로부터 비행을 배우지 못한 아이들이 바로 범행을 하지 않을 절제자가 될 가능성이 가장 높다는 것이다[82].

비행의 경로는 매우 다양하지만, 대체로 세 가지 구별되는 유형으로 비행경로를 설명하고 있다. 첫째 경로는 권위 갈등 경로authority conflict path라고 하여, 어릴 때부터 고집스러운 행동으로 시작하여, 이런 행동이 자신의 방식대로 행동하거나 복종하지 않는 등 저항하게 하고, 이어서 무단결석이나 가출 등 권위 있는 존재를 피하게 하는 유형이다. 두 번째는 은신적 경로covert path라고 하여, 거짓말이나 좀도둑질 등 경미한 행위로 시작하여 점점 더 심각한 범행으로 상승시키는 것이다. 세 번째 유형은 공공연한 공개적 경로overt path로서 공격성으로 시작하여 공격적인 행위로 이어서 다시 폭력으로 격상되는 유형이다[83].

Moffitt에 따르면, 대부분의 젊은 범법자들은 청소년기 제한adolescent-limited이나 생애과정 지속life-course persistent 둘 중 하나의 경로를 따른다고 한다. 청소년기 제한적 범법자는 경미한 일탈을 하고, 친구들과 10대의 반사회적인 행위로 고려되는 것들을 하는 전형적인 10대로 간주되는 청소년 범법자이다. 이들이 10대 중반에 이르면서 보다 문제가 많은 10대들의 반사회적 행위를 흉내 내기 시작하고 18세쯤에 이르도록 성장하면 비행의 빈도를 줄이기 시작한다는 것이다. 생애지속형은 상대적으로 아주 소수의 집단이 취하는 경로로서 그들의 비행 생애를 비교적 일찍 시작하고 성인기를 훨씬 지나서까지 지속한다. 이들 생애과정 지속형은 가정의 역기능과 그들을 반사회적 행위에 취약하게 하는 신경학적 문제를 결합하여 가지고 있다고 한다. 이런 신경학적 문제들은 임신 중의 약물남용, 영양

---

82 T. Moffitt, "A review of research on the taxonomy of life-course persistent versus adolecsence-limited antisocial behavior," pp. 277-311 in F. T. Cullen, J. P. Wright, and K. R. Blevins(eds.), Taking Stocks: The Status of Criminological Theories, vol. 15, New brunswick, NJ: Transaction Publications, 2006; M. Johnson and Menard, S. " A longitudinal study of delinquency abstention: Differences between life-course abstainers and offenders from adolescence into adulthood," Youth Violence and Juvenile Justice, 2012, 10: 278-291; Chen, X. and Adam, M., "Are teen delinquency abstainers social introverts? A test of Moffitt's theory," Journal of Research in crime and Delinquency, 2010, 47:439-468

83 R. Loeber, Wung, P., Keenan, K., Gioux, B. Stouthamer-Loeber, M., Van Kammen, W. and Maughan, B., "Developmental pathways in disruptive behavior," Development and Psychopathology, 1993, 23: 12-48

실조, 화학물질에의 노출 등이나 유전적 결함 등에 기인할 수 있다고 한다. 이들 생애과정 지속형은 언어능력, 사고력, 학습능력이 낮은 등 사회적, 개인적 역기능을 가지고 있으며, 뿐만 아니라 청소년기 제한형보다 더 심각한 정신건강문제를 보이고 더 다양한 반사회적 행위를 더 빈번하게 범행한다고 알려지고 있다[84].

7. 발달이론의 평가와 정책적 함의

일부에서는 발달이론은 관습적 행위와 비행이 시간을 두고 어떻게 펼쳐지는가를 설명하는 기술적 모형이지 전혀 이론이 아니라고 극단적으로 비판한다. 일반이론들이 대부분 설명하고 있지만 대부분의 발달이론이 비행의 일반성과 다양성을 설명하는 데 어려움이 있고, 범죄성향의 증거도 최소화한다고도 비난한다. 발달이론의 또 다른 한 가지 문제는 발달이론이 반사회적 기질과 행위가 시간을 두고 발달한다고 가정하는 반면, 일반이론들은 일부 개인단위의 요인은 생애 모든 단계에서 비행을 설명할 수 있다고 주장한다는 것이다. 예를 들어, 자기통제나 충동성과 같은 기질은 발달하는 것이 아니라 이미 개인 안에 존재하는 것이라고 주장한다[85].

또한 발달이론은 행위의 결정요인으로서 사회제도와 기관에 초점을 맞춘다는 점에서 놀라울 만큼이나 유사하며, 단지 용어상 아주 작은 다양성만을 보일 뿐이라고 한다. 예를 들어, 모든 발달이론이 가족, 동료, 학교, 그리고 개인 사이의 쌍방향적 관계를 이해하려고 한다는 점에서 거의 차이가 없다는 것이다. 더구나 발달이론들은 가족구성의 차이와 상이한 형태의 가족구성이 청소년의 발달에 영향을 미치는 방식을 전혀 고려하지 않았다고도 비판한다. 또한 모든 발달이론들이 발달을 강조하지만, Motiff와 Mednick 등의 이론을 제외하고는 개인적 발달의 아주 초기, 최초 단계를 무시한다는 것이다. 즉, 비행을 완전하게 이해하려면 생애 어느

---

84 T. Moffitt, "Adolescence−limited and life−course−persistent antisocial behavior: A developmental taxonomy," Psychological Review, 1993, 100: 674−701

85 M. Gottfredson, "Offender classifications and treatment effects in developmental criminology: A propensity/event consideration," Annals of the American Academy of Political and Social Science, 2005, 602: 46−56; M. Vaughn, DeLisi, M., Beaver, K., and Wright, J. P., "Identifying latent classes of behavioral risk based on early childhood manifestation of self−control," Youth Violence and Juvenile Justice, 2009, 7: 16−31

지점이 아니라 임신, 출산 등 처음부터 시작되어야 한다는 것이다. 그러나 너무 늦게 시작함으로서 너무나 많은 강물이 이미 다리 밑으로 흘러갔다는 것이다[86].

더 근본적인 논란으로서 청소년들에게 과연 얼마나 많은 비행경로가 있을 수 있으며, 다양한 위험요소들이 정확하게 어떻게 서로 관련되는지 완전한 합의에 이르지 못하고 있다는 사실이다. 비행경로에 대해서 가장 큰 관심을 가졌던 Moffitt조차도 처음 세 가지로 유형화했으나 나중에 두 가지 유형을 추가하는 등 비행경로에 대한 정형화가 되지 않았다는 것이다. 또한 상이한 발달모형을 형성케 하는 building blocks들이 정확하게 어떻게 서로 관련이 되는지와 관련된 논쟁도 있다. 예를 들어, 상호작용이론interactional theory은 동료의 일탈이 비행에 미치는 가장 큰 영향은 직접적인 것이라고 가정하여 일탈적인 동료와 접촉을 시작하면 자동으로 비행가담 위험에 놓이게 된다고 가정하지만, 반대로 사회발전모형social development model은 그 영향이 대부분 간접적이어서 비행교우와의 접촉은 동료집단으로부터 일탈적 가치를 학습하고 그것을 내재화한 이후에만 비행으로 연결될 수 있다고 주장한다. 따라서 직접적으로 비행을 유발하는 것은 비행의 학습이지 일탈적 교우와의 접촉이 아니라는 것이다[87].

발달이론은 비행을 심리사회적 결핍이나 결함에서부터 사회적 유대에 이르는 다양한 원인에 기인한 것으로 가정하기 때문에 당연히 다양한 정책적 함의를 갖게 된다. 사회통제관점을 기초한 발달이론은 아이들을 부모와 재연결시키는 것이 개입전략의 중요한 목표가 되어야 하고, 긴장이론을 원용하는 발달이론은 아이들에게 성공할 수 있는 기회를 제공하는 데 초점을 맞추기 마련이다[88].

---

86 J. Lauritsen, "Explaining patterns of offending across the life course: Comments on Interactional theory and recent tests on the RYDS−RIS data," Annals of the American Academy of Political and Social Science, 2005, 602: 212−228

87 C. Odgers, Casoi A., Broadbent, J., Dickson, N., Hancox, R., Harrington, H., "Prediction of differential adult health burden by conduct problem subtypes in males," Archives of General Psychiatry, 2007, 64: 476−484; J. C. Barnes, Beaver, K., and Boutwell, B., "Examining the genetic underpinnings to Moffitt's developmental taxonomy: A behavioral genetic analysis," Criminology, 2011, 49: 923−954

88 Regoli et al., op cit., p. 249

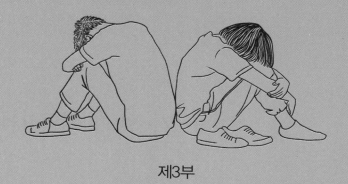

제3부

사회환경과 소년비행

제1장 가정과 소년비행
제2장 학교와 소년비행

가정과 소년비행

소년비행에 가장 크게 기여하는 요인이 무엇일까라는 질문에 대한 가장 보편적인 대답은 가정이다. 즉, 가정이 소년비행에 기여하는 바가 그만큼 크다는 것이다. 우리가 비행과 관련하여 가정을 논할 때는 대부분 두 가지 쟁점-가정의 구조 family structure, 즉 아동이 생활하는 가정의 구조와 가족의 과정family process, 즉 부모와 자녀 사이의 유대와 감시 등 상호작용에 초점이 맞추어진다. 당연히 가정이 비행연구에서도 그리고 공공의 담론에서도 그 중심에 있어 왔다. 그만큼 우리는 가정과 같은 중요한 제도와 기관이 비행행위에 영향을 미칠 것으로 믿어 왔음에도 불구하고 아직도 우리가 모르고 그래서 알아야 할 것이 너무나 많다는 것이다. 예를 들자면, 과연 가족구조가 소년비행에 영향을 미치는지, 그렇다면 어떻게 미치는지에 관한 의문들이다.

청소년들이 비행에 가담하게 될지 여부를 결정하는 데 있어서 가장 핵심적인 역할을 하는 것이 가족이라고 거의 모든 주요 비행이론들이 주장하고 있다. 가족은 청소년의 긴장의 정도와 긴장에 대한 반응, 청소년이 동조성을 학습할 것인지 아니면 일탈을 학습할 것인지, 청소년이 받게 되는 통제, 그리고 청소년에게 가해지는 낙인의 정도에 영향을 미침으로써 그 청소년의 비행가담여부에도 영향을 미친다는 것이다. 가족이 청소년들의 비행에 직접적인 영향을 미치기도 하고, 교우관계의 선택, 학업성취, 그리고 개인적 기질 등에 영향을 미쳐서 비행에 간접적으로 영향을 가하기도 한다. 학자들은 비행은 대체로 가족의 기능의 결과라 믿고 있으며, 그래서 일부에서는 특정 여건에서의 청소년 비행에 대해서는 그 부모에게 책임을 묻는 법률을 제정하기도 하는 것이다1.

제1절

가족구조와 비행

비행과 관련하여 가족구조에 초점을 맞춘 연구의 문제점 중 하나는 사회학적 변수로서 결손가정broken home에 대한 어떠한 체계적인 개념적 명확성도 없다는 것이다. 가족구조를 검증하는 대부분의 연구가 가정을 생물학적 용어로 규정하고, 아동이 생물학적 부모인 아버지, 어머니와 같이 살고 있는가를 묻고 있다. 가족구조를 부모 중 어느 한 쪽의 부재로 측정하는 연구들이 서로 다른 결과를 내놓고 있다. 일부연구는 생물학적 부모 모두와 동거하는 경우와 부모 중 한 쪽이 결여된 가정출신 소년들의 비행 간에는 상관관계가 있다고 보고하고, 다른 일부에서는 그 관계가 주로 지위비행을 중심으로 하는 일부 비행의 경우에만 해당된다고 하며, 또 다른 일부는 가족구조가 미치는 영향은 거의 없으며 그 대신 애정, 갈등, 감시감독, 그리고 전반적인 가정의 상태와 같은 가족의 과정과 관련된 요소가 비행의 더 중요한 예측인자라고 주장한다2.

가족구조와 비행의 관계는 전통적으로 논의되어 온 결손가정뿐만 아니라 어머니의 직장생활이 비행을 증대시키는가, 보육원 등 청소년의 시설수용이 비행의

---

1 G. R. Patterson, DeBaryshe, B. D. and Ramsey, E., "A developmental perspective on antisocial behavior," American Psychologist, 1989, 44: 329－335; R. Arthur, "Punishing parents for the crimes of their children," Howard Journal of Criminal Justice, 2005, 44: 233－253; E. M. Brank, Hays, S. A. and Weisz, V., "All parents are to blame(except this one)," Journal of Applied Social Psychology, 2006, 36: 2670－2684

2 J. H. Rankin, "The family context of delinquency," Social Problems, 1983, 30: 466－479; J. H. Rankin and Wells, L. E., "The effect of parental attachments and direct controls ondelinquency," Journal of Research in Crime & Delinquency, 1990, 27: 140－165; J. H. Rankin and Kern, R. M., "Parental attachments and delinquency," Criminology, 1994, 32: 495－515; S. A. Cernkovich and Giordano, P. C., "Family relationships and delinquency," Criminology, 1987, 20: 149－167

가능성을 높이는가, 10대 부모일수록 비행소년 자녀를 둘 확률이 더 높아지는가 등과 같은 보다 구체적인 의문까지 다루고 있다. 먼저 거의 모든 학자, 실무자, 심지어 일반 시민들까지도 결손가정이 비행의 주요원인이라고 믿는다. 이론적으로도 우선 결손가정의 청소년들은 부분적으로 결손과 관련된 갈등과 그 갈등으로 인한 재정적 문제와 기타 문제들로 인하여 더 많고 강한 긴장에 놓이게 된다는 것이다. 또한 이들 결손가정의 아이들은 통제를 적게 받는다고 하는데, 그것은 아마도 결손이 부모와 자녀 사이의 유대를 붕괴시키고, 효과적인 감시감독을 위한 부모의 능력을 감퇴시키며, 청소년의 학업성취에도 부정적인 영향을 미치기 때문이라고 한다. 뿐만 아니라, 이들 결손가정 청소년들은 관습적인 역할모형에 노출되기도 쉽지 않은 반면에 비행을 권장하는 비행교우 집단의 희생양이 되기도 쉬우며, 비행소년으로 낙인 될 가능성도 높아진다고 한다[3].

최근 들어 관심을 갖기 시작한 것으로 과연 어머니의 가정 밖 직장생활이 자녀의 비행을 증대시키는가라는 논란이 대두되고 있다. 어머니의 가정 밖 직장생활이 자녀의 비행을 증대시킬지도 모른다고 의문을 가지는 이유는 우선 어머니와 자녀의 감정적 유대를 약화시키고 자녀에 대한 어머니의 감시와 감독이 줄어들기 때문이라고 가정한다. 그러나 이런 가정과는 달리 물론 사회와 문화에 따라 큰 차이가 있지만 적어도 서구사회에서는 어머니의 가정 밖 직장생활이 자녀의 비행을 증대시키지는 않는 것으로 보고되고 있다. 그리고 시설수용이 청소년의 비행 가담 위험성을 높일지도 모른다는 주장에 대한 경험적 연구들은 약간의 영향을 미치는 것으로 보고하고 있으며, 특히 장기간의 수용일수록 영향을 미칠 가능성은 더 높아질 것으로 추정되는데 그것은 아마도 역할모형의 부재, 유대의 결여, 낙인 등 다양한 이유로 설명될 수 있을 것이다. 끝으로, 미혼, 특히 10대 부모와 그 자녀의 비행 위험성의 관계도 있다고 하는데, 그것은 출생합병증, 아동학대와 방기, 부적절한 훈육과 통제, 빈곤 등이 그 원인으로 지적되고 있다[4].

그러나 가족구조의 개념화나 왜 가족구조와 비행의 상관성이 있는지를 이론적으로 원인을 제시하는 연구는 거의 없지만, 지금까지의 연구를 종합하자면 비행

---

3 C. Rebellon, "Reconsidering the broken home/delinquency relationship and exploring its mediating mechanisms," Criminology, 2002, 40: 103 – 136

4 Agnew & Brezina, op cit., pp. 255 – 257

과 가족구조의 연계에 대한 이해에 도움이 될 수 있는 4가지 이론적 가정은 가능해진다. 먼저, 긴장Strain이론가들은 가족구조가 아동의 삶에 있어서 스트레스를 주는 사건을 대변할 수도 있기 때문에 매우 중요하다고 제안한다. 그들의 주장에 따르면, 한부모 가정은 아동이 부모의 죽음이나 이혼을 경험했음을 보여주는 것이며, 때론 계부모 또한 아이에게는 스트레스를 주는 상황이 될 수 있다는 것이다. 더구나 한부모 가정은 아이들이 필요한 위기극복기제의 상실을 초래하게도 된다. 둘째, 사회통제social control이론은 가족구조가 가정에서의 공식, 비공식 통제의 변화나 차이를 보여주는 것이기 때문에 중요한데, 한부모 가정이나 계부모가 생물학적 부모에 비해 감시감독이 훨씬 덜 일관적일 수 있다는 것이다. 셋째, 페미니스트이론은 모자가정과 같은 한부모가정에 수반되는 자원의 부족이나 결여에 초점을 맞추어서, 모자가정의 자원이 부족한 것과 같은 차이는 여성의 일보다 남성의 일을 더 특권시하는 가부장적 사회 때문이라고 설명한다. 그들에 따르면, 이런 자원의 차이가 홀어머니가 비효율적이어서가 아니라 그들의 공헌과 기여를 동등하게 가치를 부여하지 않는 제도와 체제가 빚은 불이익 때문이라는 것이다. 넷째, 비판이론Critical theories은 가족구조가 청소년이 자신의 비행으로 받게 되는 사회적 반응에 어떻게 어떤 영향을 미치는지에 초점을 맞추는 것으로, 양부모 가정 출신 비행소년이 비공식적으로 처리되는 반면에 한 부모 가정 출신 비행소년은 소년사법제도가 제공할 수 있는 도움과 감시가 더 많이 필요하다고 주장한다[5].

제2절

가족작용(Family Process)

가족작용이라 함은 가족 간의 상호작용을 의미한다고 할 수 있으며, 가정에는 청소년비행에 영향을 미칠 수 있는 아주 다양한 가족작용이 있을 수 있다고 한다.

---

[5] Bates & Swan, op cit., pp. 172—173

그 중에서 가장 보편적으로 연구되는 가족작용 형태나 내용은 유대attachment, 감독supervision, 갈등conflict, 그리고 훈육discipline이라고 일컬어진다. 먼저 가족 간의 유대의 정도나 수준이 오랫동안 소년비행에 매우 빈번하게 그리고 성공적으로 연계되어 왔다. 일반적으로, 부모와의 유대와 비행가담 확률이 관계가 있는 것으로 밝혀지고 있는데, 자신의 부모와 유대가 강한 청소년일수록 비행을 할 가능성은 더 낮아진다는 것이다. 그러나 이 관계에는 몇 가지 고려사항이 따른다. 예를 들어, 어머니와의 유대가 아버지와의 유대보다 더 중요하며, 부모와 자녀가 동일성별인 경우가 성별이 다른 경우보다 더 중요하다는 것이다. 흥미로운 것은 부모가 자식과의 유대가 강하다고 하는 경우는 자녀의 행동에 영향을 미치지 못하는 반면에 자녀가 느끼는 부모와의 유대만이 청소년의 행위에 영향을 미친다는 것이다[6].

감독은 부모가 자녀와 같이 있거나 자녀가 무엇을 하고 또는 어디에 있는지에 대해서 직접적인 지식을 가지고 있는 직접적이거나, 자녀가 누구랑 어울려 다니는지 또는 자녀의 친구를 만났는지 등을 부모가 알고 있는지 여부의 간접적인 경우로 나눌 수 있다. 이 경우에도 부모와 자녀 사이에는 온도의 차가 있어서 대체로 자녀가 자신이 부모로부터 감독을 받고 있다고 느끼는 것보다 부모가 더 감독을 한다고 느끼는 것이 보편적이라고 한다. 갈등은 뒤에 기술할 훈육과 밀접한 관련이 있는데, 예를 들어 훈육이 지나치게 엄격하면 많은 갈등이 초래되는 것이 보통이라고 한다. 가족갈등을 연구한 대부분의 연구에서 갈등수준과 비행 사이에는 상당한 관련이 있는 것으로 밝혀지고 있다. 여기서 한 가지 흥미로운 사실은 가족갈등이 다양하게 측정된다는 점이다. 일부는 부모 사이의 갈등을, 다른 일부에서는 부모와 자녀 사이의 갈등을, 그리고 또 다른 일부에서는 형제자매 사이의 갈등을 측정한다는 것이다. 그러나 부모와 갈등을 경험한 청소년이 형제자매와 갈등을 경험한 청소년보다 비행에 가담할 가능성이 더 높은 것으로 알려지고 있다[7].

6 M. J. Leiber, Mack, K. Y. and Featherstone, R. A., "Family structure, family processes, economic factors, and delinquency," Youth Violence and Juvenile Justice, 2009, 7(2): 79-99; M. Hoeve, Stams, G., van der Put, C., Dubas, J. vander Laan, p. and Gerris, J., "A meta-analysis of attachment to parents and delinquency," Journal of Abnormal Child Psychology, 2012, 40:771-785

7 K. Klein, Forehand, R., Armistead, L. and Long, P., "Delinquency during the transition to early adulthood: Family and parenting predictors from early adolescence," Adolescence, 1997, 32: 61-82

마지막으로, 훈육과 비행의 관계는 흥미롭지만 동시에 혼돈스럽기도 한데, 그것은 이 둘의 관계가 두 가지 전혀 다른 방향으로 생각할 수 있기 때문이다. 일반적으로 훈육은 두 가지 방향에서 기술되는데 그중 첫째는 처벌이나 훈육에 대한 비교적 단도직입적인 측도로서 처벌의 존재나 수준으로 개념화하는 것이고, 두 번째는 훈육이 훈육의 존재나 수준보다는 훈육의 형태로 개념화하는 것이다. 그런데, 두 가지 측도 모두 비행과 중요한 관련이 있는 것으로 알려지고 있는데, 만약 청소년이 지나치게 엄격한 훈육이나 일관적이지 못한 훈육을 경험하면 비행에 가담할 가능성이 더 높아진다는 것이다[8].

제3절

아동학대

아동학대는 비행과 관련하여 여러 가지로 중요성을 가진다. 먼저 학대maltreatment의 정의는 대체로 학대abuse와 방기neglect의 두 가지 범주를 내포하는 개념이다. 학대는 명백한, 공공연한 공격이라고 특징지어질 수 있으며, 다음의 세 가지 방향으로 범주화할 수 있다. 우선, 물리적 학대physical abuse는 말 그대로 차고, 때리고, 찌르고, 물고하는 등의 신체적 공격을 포함하는 것이고, 감정적 학대emotional abuse는 아동에 대한 지속적인 비판, 거절, 그리고 평가절하 등의 행위이며, 성적 학대sexual abuse는 강간, 추행, 유사성행위 등을 일컫는다.

아동방기neglect는 아동의 기본적 필요를 제공하지 않거나 박탈하는 것이라고 규정할 수 있으며, 세 가지 유형으로 구분할 수 있다. 첫째는 물리적 방기physical neglect로 아동에 대한 약탈로 아동이 물리적, 신체적 해를 받는 것이며, 교육적 방기educational neglect는 학교 등록과 방기하거나 상습적인 결석을 내버려 두는 등

---

8 C. Hay, Fortson, E. N., Hollist, D. R., Altheimer, I. and Schaible, L. M., "The impact of community disadvantage on the relationship between the family and juvenile crime," Journal of Research in Crime and Delinquency, 2006, 43: 326－356

과 같이 아동의 교육적 필요를 충족시키지 못하는 것이며, 감정적 방기emotional neglect는 아동이 애정이나 호감이 필요한 것을 무시하거나 아동이 보는 앞에서 배우자를 학대하는 등 다른 사람의 학대에 가담하는 것을 내포하는 것이다[9].

그렇다면, 아동학대는 어떻게 비행과 관련이 될까? 가정에서의 학대가 당연히 청소년 비행에 영향을 미친다고 우리는 믿고 있다. 물론 대부분의 연구도 아동학대가 이후의 폭력행위에 영향을 미친다는 믿음을 지지하고 있다. 하지만 주의를 기울일 부분도 없지 않다. 아동학대와 비행의 관계가 '폭력의 문화culture of violence'에 대한 가장 단순한 논의나 폭력의 세대 간 전이가 제안하는 것보다 훨씬 더 복잡하기 때문이다. 사실 이 관계는 연구보다는 일반 대중들에게서 더 논의되는 것으로, 일반적으로 대중들은 '부모한테 맞거나 학대당한 아동이 후에 자신의 자녀도 학대하고 때리게 된다'고 믿게 된다는 것이다. 그러나 둘의 관계는 이보다는 훨씬 더 복잡하여, 물론 학대가 정해진 어떤 조건 하에서 몇몇 형태의 비행에 연계는 되지만, 학대를 당한 다수의 아이들은 성장하여도 결코 폭력에 가담하지 않는다. 학대에의 노출이 아동의 미래 비행 가담 위험을 증대시킨다는 합의에도 불구하고, 다수의 학대 피해 아동은 그러한 조기 곤경을 극복한다는 것도 잘 알려진 사실이다. 살인이나 기타 폭력범죄의 범법자가 불가피하게 된다기보다는 오히려 다수의 학대당한 아동들은 그리 심각하지 않은 범행을 범하거나 범죄행위 전체를 전혀 범하지 않는다. 따라서 우리는 당연히 다양한 폭력범죄나 비폭력범죄를 범하는 아동학대 피해자와 범하지 않는 아동학대 피해자를 구분할 필요가 있다[10].

많은 연구자들이 물리적 학대가 성장 후 폭력의 표출에 미치는 영향에 초점을 맞추고 실제로 물리적 학대가 청소년 폭력의 예측인자라고 일관되게 보고되고 있다. 하지만 일부에서는 물리적 학대가 아동에 대한 방임보다 발생할 확률이 훨씬 낮은 아동학대의 유형이며, 그럼에도 불구하고 아동방임에 대한 연구는 잘 이루어지지 않는다고 비판한다. 대규모 전국 단위의 연구에서 사실 물리적 학대는 차

---

9 Bates & Swan, op cit., p. 180

10 J. P. Mersky, Topitzes, J. and Reynolds, A. J., "Unsafe at any age: Linking childhood and adolescent maltreatment to delinquency and crime," Journal of Research in Crime and delinquency, 2012, 49(2): 295 – 318; J. M. McGloin and Widom, C. S., "Resilience among abused and neglected children grown up," Development and Psychopathology, 2001, 13: 1021 – 1038

후 폭력행위에 관련되지 않았으나, 방임과 성적 학대가 차후 폭력의 예측인자였다는 사실이 밝혀지기도 하였다. 이와 더불어 아동학대와 비행의 관계를 복잡하게 만드는 것은 이처럼 학대의 유형뿐만 아니라 학대의 시기도 중요하다는 것이다. 즉, 조기의 학대일수록 비행과 범죄에 미치는 영향이 후기 학대보다 더 큰 영향을 미친다는 것이다. 결국, 학대와 비행은 관계가 있지만, 이 관계가 성립될 확률이 더 높은 조건에 유의해야 한다는 점이다[11].

아동학대가 청소년비행에 미치는 영향은 이론적으로도 충분히 설명되곤 한다. 우선, 아동학대는 긴장의 주요유형이며, 학대를 받는 청소년은 가출을 하거나 학대하는 사람을 폭행하는 등 학대를 줄이거나 끝내기 위한 노력으로 비행에 눈을 돌리기도 하며, 자신을 학대하는 사람에 대한 보복을 추구하며, 약물 등을 통하여 학대로부터 야기되는 부정적 감정을 관리하는 경향이 있다는 것이다. 사회학습이론은 학대는 아이들에게 폭력이 문제를 해결하기 위한 적절한 방식이라는 것을 묵시적으로 가르친다고 주장한다. 아동학대는 아동으로 하여금 부모에게서 멀어지고 비행적 교우관계를 형성할 가능성을 높이게 된다고도 한다. 통제이론은 아동학대가 부모와의 유대를 약화시키는 등 4가지 유형의 모든 통제를 다 약화시킨다고 주장하며, 낙인이론은 아이를 학대하는 부모는 그 아이를 '나쁜' 아이로 알게 모르게 낙인을 붙이는 것이라고 주장한다[12].

---

11 Mersky et al., op cit.; Bates & Swan, op cit., pp. 183−184

12 C. L. Chapple, Tyler, K. A. and Bersani, B. E., "Child neglect and adolescent violence," Violence and Victims, 2005, 20: 39−53; M. T. Zingraff, Leiter, J., Meyers, K. A. and Johnsen, M. C., "Child maltreatment and youthful problem behavior," Criminology, 1993, 31: 173−202; M. T. Zingraff, Leiter, J.,Johnsen, M. C., and Meyers, K. A., "The mediating effect of good school performance on the matreatment−delinquency relationship," Journal of Research in Crime and Delinquency, 1994, 31: 62−91

가족의 구금

  분명히 우리의 상식은 부모님이 교도소에 수감되면 자녀, 특히 어린 자녀에게 미치는 영향은 지대할 것이라고 말한다. 물론, 그 영향은 어머니와 아버지가 다르고, 아들과 딸이 다르며, 영유아기가 다르고 소년시절이 다를 것이다. 더구나, 부모가 수용된다고 해서 모든 자녀에게 균등하게 영향을 미치지는 않을 것이다. 부모의 구금이 자녀에게 영향을 미치는 것은 아마도 아버지의 부재가 필요한 역할모형을 앗아가기에 적정한 사회화가 어렵고, 자녀에 대한 감독과 훈육, 그리고 양육이 힘들며, 어머니의 부재는 기본적인 양육과 교육에도 영향을 미칠 것이기 때문이다. 결론적으로, 범죄자 부모를 둔 청소년일수록 그 스스로도 비행소년이 될 확률이 더 높다는 것이다. 더구나 만약 부모가 전과회수가 다수에 이르고, 유죄확정이 소년이 태어난 이후에 일어난 것이라면 그 영향은 더욱 커진다고 한다. 범죄뿐만 아니라 부모에게 약물이나 알코올 중독 문제나 인성문제가 있는 청소년일수록 비행소년이 될 가능성이 더 높아진다는 것이다. 이런 견지에서, 부모의 일탈이나 범죄가 가족구조보다 더 좋은 비행예측 요인이라고는 하지만, 비행과의 상관관계가 가족의 질과 사회화만큼 강하지 않다고 한다[13].

  그렇다면, 왜 부모나 가족의 범죄성이 청소년의 비행에 영향을 미치는 것일까. 사회학습이론에서는 범죄자 부모일수록 범죄를 모형화modeling하고, 범죄를 재강화reinforcement하며, 범죄에 호의적인 가치를 가르칠 가능성이 더 높기 때문이라고 주장한다. 그러나 꼭 그렇지만은 않은 것이 이는 지나치게 단순한 주장이고 실제 자료에 따르면 부모가 아무리 범죄적인 사람이라도 자녀와 함께 범행하는 경우는 드물며, 심지어 자녀의 범죄행위를 용인하거나 용서도 하지 않는다는 것을 알 수 있다. 그럼에도 불구하고, 비록 부모가 범죄를 가르치거나 권장하지는 않을지라도 자녀가 강인하고 싸움도 잘 하기를 바란다는 것이다. 한편, 통제이론은 범죄적/일탈적 부모일수록 자녀들과의 강력한 유대를 형성하고, 적절하게 자

---

13 Agnew & Brezina, op cit., p. 258

녀를 감시감독하며, 효과적인 훈육기법을 활용할 가능성이 더 낮기 때문에 자녀의 비행과 부모의 범죄성이 관련이 된다고 설명한다. 긴장이론은 범죄적/일탈적인 부모일수록 학대적인 행위에 가담하고, 서로 갈등할 가능성이 더 높다고 하는데 이는 그들이 효과적인 부모와 배우자가 되는데 필요한 사회적 기술과 기질이 부족하기 쉽기 때문이라고 한다. 낙인이론은 부모가 범죄자라면 그 자녀들도 나쁜 아이들로 낙인이 가해질 우려가 더 높아지기 때문이라고 주장한다[14].

가족의 범죄성이 청소년의 비행에 영향을 미치는 것은 비단 부모의 범죄성만이 아니라 심지어 형제들의 범죄성도 영향을 미친다는 것이다. 아마도 그것은 형제들은 동일한 가정환경에 동일하게 노출되기 때문에 비행적인 형제를 가진 청소년일수록 스스로도 비행소년이 될 확률이 더 높아진다는 것이다. 그러나 이러한 유사성이 유사한 가족환경에 노출되었기 때문만은 아니라고 한다. 아마도 비행적인 형제들이 범죄의 가능성을 높이는 방향으로 서로 사회화시킬 수 있는데, 예를 들어 서로가 비행의 모형을 제공하고, 비행을 재강화해 주며, 비행에 호의적인 신념을 가르친다는 것이다. 뿐만 아니라 비행적인 형제는 언어적이고 물리적인 학대의 근원이 되기도 하는 것이다[15].

---

14 ibid.

15 D. M. Button and Gealt, R., "High risk behaviors among victims of sibling violence,' Journal of Family Violence, 2010, 25: 131－140

학교와 소년비행

범죄통계나 수형자통계는 범죄자와 수형자 중에서 학력수준이 낮은 사람 또는 학업성적이 낮은 사람이 절대다수를 차지하고 있음을 보여주고 있다. 이는 곧 학교에서의 실패, 학업의 중단, 그리고 비행가담 사이에 연관성이 있음을 보여준다고 할 수 있을 것이다. 많은 학생들이 학교에서 실패하고 학교를 싫어하게 되고, 그러면 학교는 일종의 긴장의 근원이 되어 통제력이 제대로 작용하지 않게 되어 결국 비행교우관계로 이어지게 된다. 당연히 교사나 지역사회에서는 이들 학생을 '나쁜' 아이들로 낙인을 붙이기 마련이다. 그러나 이 관계가 우리가 생각하는 것만큼 그리 단순하지만은 않다고 한다.

제1절

학교에서의 실패

학교에서 실패하는 학생은 장차 비행이나 범죄에 가담할 확률이 그만큼 더 높아진다고 알려져 있다. 그렇다면 학생들이 학교에서 경험하는 실패엔 어떤 것들이 있을까. 가장 먼저 학업성취도가 낮은 경우일 것이다. 비행소년이 비비행소년에 비해 학업성적이 낮거나 열등반에 편성되었거나 특수교육반이나 비진학반에 편성되는 확률이 더 높다고 한다. 둘째, 비행소년들이 학교활동에 잘 참여하지 않는데, 특히 숙제를 하는 데 보내는 시간이 적고 과외활동에도 잘 참여하지 않는다. 셋째, 이들은 학교에 대한 애착도 낮아서 비행소년일수록 학교를 좋아하지 않으며, 심지어 자신들에겐 학교가 적절하지 않다고 느끼는 경향이 있다고 한다. 넷째, 비행소년들은 당연히 교사들과의 관계가 좋지 않으며, 다섯째 비행소년들은 교육과 직업 목표도 낮으며, 여섯째 학교를 중퇴하기 쉽고, 학교의 규율을 위반하거나 수업에 빠지고 학교에 결석하는 등 비행을 일삼게 된다는 것이다[1].

지금까지 알려진 바로는 학교에서의 실패가 비행에 관련되는 것은 다음의 4가지 방향에서 가정되고 있다. 그 첫째는 직접적인 관계로 학생이 학교에서 실패를 하면 비행에 가담할 확률도 그만큼 더 높아진다는 것이다. 아마도 학교에서 실패를 경험하게 되면 자신의 실패에 대해서 분노하고 좌절하기 때문에 비행에 가담하는 것으로 가정할 수 있을 것이다. 두 번째는 첫 번째와는 정반대의 직접적인 관계로 비행소년일수록 학교에서 실패할 확률도 그만큼 더 높아진다는 것이다. 비행을 하면 학교에서 정학이나 퇴학을 당하게 되고 결국엔 학업을 중단할 가능성이 더 높아지기 때문일 것이다. 첫 번째와 두 번째는 소위 인과관계에서 선행요인의 문제로 학교실패가 비행을 초래하는지 아니면 비행이 학교실패를 초래하는지가 쟁점이지만 어떤 경우이건 비행과 학교실패는 직접적인 관련이 있다는 것이다.

세 번째는 간접적인 관계로 학교에서 실패하게 되면 그 학생에게 중재나 매개 사건이나 경험에 영향을 미치게 되어 결국 비행에도 영향을 미칠 수 있다는 가정이다. 학교에서 실패하게 되면 학교와의 관계가 약화되고 그런 학교에 대한 약화된 애착이 학교에서 문제를 일으키는 데 대하여 크게 신경을 쓰지 않으며 자신의 교육도 중단하게 되기 쉽기 때문이다. 결국 학교실패는 학교와 교육에 대한 애착을 낮추고 이는 이어서 비행에 가담할 확률에 영향을 미친다는 가정이다. 마지막으로 상상의 관계로 제3의 변수가 학교실패와 비행 모두를 초래한다는 가정이다. 학교실패와 비행이 관계가 있는 것처럼 보이지만 사실은 또 다른 변수가 학교실패와 비행 모두를 초래하기 때문에 상상의 관계라고 한다.

그렇다면 처음부터 왜 일부 학생들이 학교에서 실패하는 것일까? 일부에서는

---

1 Agnew & Brezina, op cit., pp. 271－273

그들의 개인적 기질, 예를 들어 우울증, 충동성, 낮은 자아통제, 가정과 가족문제, 또는 교우관계 등 다양한 개인적 기질에서 그 원인을 찾고 있다. 물론 이들 개인적 요인 외에도 학교에서의 경험이 비행에 영향을 미치게 하는 것으로 간주되는 요인들은 더 있다. 먼저 능력별 학급편성tracking이다. 학생의 지적 능력이나 수학 능력에 따라 학급이 편성되는 이런 방식이 교육을 보다 효과적이게 한다고 하지만 학생의 교육성취나 사회경험에는 오히려 유해한 것으로 연구결과가 밝혀지고 있다. 이런 학급편성이 문제가 되는 것은 학생들의 교우관계를 편협하게 하고 또는 기존의 교우관계를 단절시키기도 하고, 더 중요한 것은 그렇게 편성된 학급의 학생들에게 붙여지는 낙인 때문이다. 학생들에게 붙여진 낙인은 일종의 자기실현적 예언self-fulfilling prophecy이 되기 때문에 열등반에 편성된 학생은 스스로를 학교-지향적school-oriented이지 않거나 학교실패자school failure로 보기 시작한다는 것이다.

학생들이 느끼는 학교에 대한 애착과 전념도 학교에서의 자신의 소외수준과 성패에 영향을 미친다고 한다. 학교에서 소외를 느끼는 학생일수록 학교에서 실패할 확률도 높아지는데 이들의 소외는 학교에서의 다양한 경험에 의해서 더욱 촉진될 수도 있다고 한다. 위에서 기술한 능력별 학급편성도 열등반으로 편성된 학생들이 낙인으로 인하여 소외되거나 소외를 느끼게 만든다고 한다. 물론 그 밖의 많은 학교경험들이 소외를 느끼게 할 수 있지만, 긍정적인 학급관리, 과외활동에의 참여, 관용적 훈육정책, 그리고 소규모 학교 등 4가지 요소가 학교에서의 연결성과 소외의 수준에 영향을 미친다고 한다. 그리고 이 연결성과 소외가 비행소년이 될 가능성에 관련이 있다는 것이다. 학교에 연계되어 있는 학생은 관계적 또는 물리적 공격에 가담할 확률은 물론이고 그러한 학교에서의 공격피해자가 될 확률도 더 낮아진다는 것이다.

왜 모든 학생들이 학교에서 성공하거나 적응하지 못하고 일부 학생들은 부정적인 경험을 학교에서 갖게 되는 것일까. 우선은 일부 특정한 학생들의 낮은 지능과 자기-통제와 같은 특정한 기질이 학생들로 하여금 학교에서 부정적인 경험을 하도록 만든다는 것이다. 그와 같은 기질을 가진 학생들일수록 학업성취도를 충족시키지 못하고 학교규율을 준수하지 못한다는 것이다. 둘째, 부모의 거부, 범죄성, 잘못된 훈육과 같은 가족과 가정 관련 요인들도 학생들의 학교에서의 경험에 영향을 미친다고 한다. 셋째, 비행교우관계도 학생들의 학교경험에 부정적으로 영향을 미치며, 넷째 학생들의 비행이나 일탈도 그들의 학교생활과 성적 등 학교에서의 주요 경험에 부정적 영향을 미치기 마련이다. 물론 이처럼 학생과 관련된 변수나 요소들만이 학생들의 학교생활과 경험에 영향을 미치는 것이 아니라 종종 사회적 계층, 인종, 성별, 주거안정이나 지역사회특성 등의 변수는 물론이고 학교의 위치나 규모 또는 형태와 같은 학교특성도 학생들의 경험에 큰 영향을 미친다고 한다[2].

제2절

학업의 중단

점점 더 분명해지는 사실이 있다면 그것은 바로 학교가 청소년과 그들의 교육궤적에 지대한 영향을 미친다는 것이다. 그런데 학교중퇴나 학업중단은 우리가 생각하는 것보다 더 역동적이고 누적된 과정의 이탈이라고 한다. 다시 말해, 청소년들이 어느 날 아침 일어나서 갑자기 학교를 그만 두는 것이 아니라 그들은 처음 개인적인 좌절과 아마도 외관상으론 무관한 학교의 결정으로 시작되어 학교실패, 그리고 퇴학이나 학업중단으로 끝나는 길고 오랜 여정을 겪은 결과라는 것이다[3].

그렇다면, 과연 학업중단이나 퇴학이 비행의 가능성에는 어떤 영향을 어떻게 미친다는 것일까? 수용시설의 수형자나 미결구금자들의 특성에 대한 통계를 보면 우리는 학업중단이나 중퇴가 비행과 범죄의 가장 강력한 예측요인이라는 것을 알 수 있다. 예를 들어 절대다수의 수형자나 미결구금자들이 고등학교를 마치지 못한 것으로 알려지고 있기 때문이다. 그런데 여기서 논란의 여지가 있고 논의가 필요한 것이 있는데, 바로 학업중단이나 퇴학이 이후 비행이나 범죄의 원인인지

---

2 Agnew & Brezina, op cit., pp.274 − 275

3 J. D. Finn, "Withdrawing from school," Review of Educational Research, 1989, 59: 117 − 142; R. W. Rumberger, "Dropping out of middle school: A multilevel analysis of students and schools," American Educational Research Journal, 1995, 32(3): 583 − 625

아니면 학업중단이나 퇴학과 비행 모두가 다른 인생경험의 결과인지 여부이다. 일부에서는 학업중단이나 퇴학이 이후 비행의 원인이 아니라 오히려 가상의 관계일 가능성이 더 높다는 것이다. 예를 들어, 학교보다 일을 해야 하기 때문에 어쩔 수 없이 학업을 중단하는 경우라면 오히려 비행에 가담할 확률이 더 낮다는 것이다. 따라서 학업중단과 비행의 관계는 학업중단의 이유에 대해서 구분하여야 하고, 청소년들의 학업중단 이후의 경험이 그들의 비행가담확률에 지대한 영향을 미친다는 것을 인식해야만 한다는 것이다[4].

제3절

학교와 비행

1. 학교에서의 범죄와 비행

언제나 학교는 범죄와 폭력의 온상으로 그려져 왔다. 학교에서의 총기난사와 같은 범죄에 대한 언론의 관심은 우리로 하여금 학교가 학생들에게 위험한 장소로 믿게 하였다. 물론 현실은 이와는 약간 다르다고 한다. 당연히 학교에서도 범죄와 비행은 발생하지만, 국가적인 초점은 일어나고 있는 실제 비행이 아니라, 사실은 학교총기난사와 같은 사건에 대한 우리들의 잘못된 관심이 집단 괴롭힘 bullying이나 사이버 집단 괴롭힘cyber bullying과 같은 다른 유형의 비행과 피해자화까지도 너무나 오랫동안 가면을 씌우게 되었다는 것이다.

상식적으로 학생들이 학교에서 살해당할 가능성은 거의 없지만 그럼에도 불구하고 그들이 학교 밖에서보다 학교 안에서 어떤 범죄나 비행의 피해자가 될 확률

---

4 P. A. Aloise-Young, Cruickshank, C., and Chavez, E. L., "Cigarette smokong and self-reported health in school dropouts: A comparison of Mexican American and non-Hispanic white adolescents," Journal of Pediatric Psychology, 2002, 27: 497-507; G. Sweeten, Bushway, S. D., and Paternoster, R., "Does dropping out of school mean dropping into delinquency?" Criminology, 2009, 47(1): 47-91

이 더 높다고들 한다. 물론 학교에서의 범죄피해란 어느 학교에서 어떤 학생들의 어떤 유형의 범죄 피해를 논하는가에 따라 크게 달라진다. 남학생보다 여학생이, 고학년보다 저학년 학생이, 농촌보다 도시학교 학생이, 그리고 소수인종이 폭력 범죄의 피해자가 될 확률이 더 높다는 것이다[5].

2. 따돌림 또는 괴롭힘(Bullying)과 사이버 따돌림 또는 괴롭힘(Cyber Bullying)

학교에서 일어나는 대부분의 비행과 피해자화victimization는 재산범죄와 폭력범 죄와 같이 전통적으로 우리가 유형화하는 방식으로 유형화하지만, 일부 형태의 비행과 피해자화는 학교라는 상황에 더욱 특화되어 있다. 비록 따돌림 또는 괴롭 힘이나 사이버 따돌림 또는 괴롭힘이 항상 학교 교정에서 일어나는 것은 아니지 만, 어떤 형태이건 학교경험과 절대적으로 연계되어 있다.

1) 따돌림 또는 괴롭힘

괴롭힘이나 따돌림은 청소년들의 삶에 있어서 어쩌면 가장 광범위한 형태의 피 해자화요 비행이다. 따돌림이나 괴롭힘의 주요 특징 중 하나는 바로 반복된다는 특성이다. 물론 반복적인 특성 외에도, 공격적이면서도 동시에 대부분이 무언가 다르거나 무력한 것으로 인식되는 학생에게 초점이 맞춰진다고 한다. 사실, 따돌 림과 괴롭힘은 종종 집단과 다른 것으로 보이는 사람들에게 낙인을 가하는 방법 으로 이용되는 것 같아 보인다. 따돌림과 괴롭힘을 가하는 학생들에게 왜 누군가 를 집단으로 따돌리고 괴롭히는가 그 이유를 물으면 피해자를 그 이유가 어떻건 학생들 사이에 구축된 사회적 규범을 어기는 이방인outsider이나 부적격자misfit로 이야기 한다. 동조성을 요구하는 학생들에게 이들 '이상한 학생들'은 적대를 받아 마땅하다고 보는 것이다[6].

---

5 Bates & Swan, op cit., pp. 203−204

6 B. Moon, Hwang, H. and McCluskey, J. D., "Causes of school bullying: Empirical test od a general theory of crime, differential association theory, and general strain theory," Crime & Delinquency, 2011, 57(6): 849−877; J. Dussich and Maekoya, C., "Physical child harm and bullying−related behaviors: A comparative study in Japan, South Africa, and the United States," International Journal of Offender Therapy and Comparative Criminology, 2007, 51: 495−509; R. Thornberg, "She's wired!" The social construction of

더구나 이것이 집단적인 경우의 집단 따돌림이나 괴롭힘의 결과는 심각한 것으로, 따돌림이나 괴롭힘을 당한 학생은 보다 불안해 하고, 외롭고, 불안정하며, 불행하고, 친구를 사귀기가 더 어렵고, 급우들과의 관계가 좋지 않다는 것이다. 뿐만 아니라, 피해학생들은 아마도 학교결석도 더 빈번해지고 학교로부터 물러나기 때문이겠지만 학업성적도 많이 떨어진다고 한다. 더 큰 문제는 이들 직접적이고 즉각적인 문제 외에도 피해 학생들은 그들 스스로 이후에 따돌림이나 괴롭힘을 하고, 우울증이나 기타 정신건강문제를 겪게 될 위험이 더 높아진다는 것이다. 극단적으로는 이들 피해학생들이 자살할 위험성도 더 높아진다고 한다[7].

2) 사이버 따돌림 또는 괴롭힘

친구들과의 상호작용 방식의 변화가 사이버 따돌림이나 괴롭힘이라는 하나의 기술적, 사회적 행동으로 변형된 형태의 따돌림 또는 괴롭힘이다. 대면관계에서 발생하는 따돌림이나 괴롭힘과 같이, 사이버 따돌림이나 괴롭힘도 위협하는 행위이지만, 대면관계가 아닌 통신수단이나 가상공간에서 발생하는 것이다. 사이버 따돌림과 괴롭힘이 일어날 수 있는 기제는 다양하여 사회관계망, 휴대전화, 전자우편, 블로그, 채팅룸 등이 이용될 수 있다. 이들 소통행위를 사이버 따돌림 또는 괴롭힘으로 만드는 것은 바로 "컴퓨터, 휴대전화, 기타 도구를 이용한 의도적이고 반복된 해악willful and repeated harm"이다. 행동의 의도와 의지는 사이버 따돌림이나 괴롭힘 표적으로 하여금 당혹스럽게 하고, 무섭게 하며, 강등된 것 같고, 치욕스럽게 느끼게 만드는 것이다. 오늘날 청소년들은 누군가를 집단으로부터 따돌리고 괴롭히는 데 가담하고자 결정하는 것은 너무나도 쉬워서 몇 번의 컴퓨터 마우스를 클릭하고 몇 단어만 입력하고, 몇 영상만 게재하여 보내면 끝이다. 이 사이버 따돌림과 괴롭힘은 광범위한 반향을 일으키는데 그것은 친구들 사이의 전자통신이 아주 속도가 빠르고 소문이나 부정적인 문자나 그림이 별 노력이 없이도 수

bullying in school: A review of qualitative research," Children and Society, 2011, 25: 258–267

7 T. R. Nansel, Overpack, M., Pilla, R. S., Ruan, W. J., Simons–Morton, B., & Scheidt, P., "Bullying behaviors among US youth: Prevalence and association with psychosocial adjustment," Journal of the American medical Association, 2001, 285: 2094–2100; B. J. Kochenderfer & Ladd, G. W., "Peer victimization: Cause or consequence of school maladjustment," Child Development, 1996, 67: 1305–1317

많은 사람들에게 순식간에 퍼지기 때문이다8.

대면관계상의 따돌림이나 괴롭힘과 같이, 사이버 따돌림과 괴롭힘도 표적이 된 학생에게 다수의 부정적인 영향을 미친다. 어떤 경우의 따돌림이나 괴롭힘에서나 표적학생은 폭력과 당혹감을 피하기에는 어떻던 다소간 무력하다고 느끼지만, 온라인상에서 표적이 되면 그러한 감정들이 훨씬 과장된다고 하는데, 그것은 우선 사이버 따돌림과 괴롭힘에 관한 규율이나 법규가 잘 없으며, 심지어 그러한 법규가 있다고 해도 성인경찰이 어떻게 순찰하고 밝혀서 법을 집행할 수 있을까 문제가 되기 때문이다. 청소년 피해자들은 여러 가지 다른 방식으로 이 사이버 따돌림과 괴롭힘에 반응하고 대응하는 것으로 알려지고 있다. 통상적으로 다수의 표적학생들은 아무런 대응이나 반응도 하지 않는다고 하는데, 그것은 무엇을 어떻게 할지를 모르기 때문이라고 한다. 따돌림이나 괴롭힘이 지속되면 점증적으로 피해학생들은 우울해지고, 분노하게 되고, 보복하거나 비행에도 가담하게 된다는 것이다9.

전통적인 따돌림이나 괴롭힘과 마찬가지로, 사이버 따돌림과 괴롭힘도 자신에 대하여 좋게 느껴지기 위하여 다른 학생들에게 자신의 우월성이나 힘을 행사하려는 시도로 사료되지만, 사이버 따돌림과 괴롭힘은 전자기기 뒤에 숨어서 하는 보다 익명의 방법으로 할 수 있다. 전통적으로 모든 유형의 따돌림과 괴롭힘 가해학생들은 따돌림이나 괴롭힘을 행사하기 전에 심각한 스트레스를 경험하였고, 감정적으로 좌절하거나 분노함으로써 자신의 스트레스에 대응하고 반응한다는 것이다. 그런데 사이버 따돌림과 괴롭힘 가해학생이 반사회적 행위 전반이나 다른 형태의 비행에 가담할 확률도 더 높다고도 한다.

---

8 J. Patchin & Hinduja, S., "Bullies move beyond the schoolyard: A preliminary look at cyberbullying," Youth Violence and Juvenile Justice, 2006, 4(2): 148−169; Patchin & Hinduja, "Traditional and non−traditional bullying among youth: A test of general strain theory," Youth & Society, 2011, 43: 727−751; D. Hoff and Mitchell, S. N., "Cyberbullying: Causes, effects, and remedies," Journal of Educational Administration, 2009, 47(5): 662−665

9 Hoff & Mitchell, 2009, op cit.; S. Hinduja & Patchin, J., "Offline consequences of online victimization: School violence and delinquency," Journal of School Violence, 2007, 6(3): 89−112

3. 교우관계와 소년비행

10대처럼 친구와 우정이 중요한 시기는 없다고들 한다. 10대에게 가장 중요한 사람은 친구이기 때문이다. 어느 때보다 10대 때 친구들과 가장 많은 시간을 보내고, 일상생활의 중심으로서 친구에 대하여 가장 자주 생각하고, 그만큼 친구들로부터 가장 강하게 영향을 받는다. 당연히 비행도 청소년들의 교우관계와 관련이 있고 문제가 될 수 있기 마련이다. 실제로 대부분의 비행이 친구들과 집단적으로 행해지고 친구들로부터 학습한 결과라는 통계와 연구결과가 이를 잘 대변하고 있다. 이런 연유에서 Sutherland는 일찍이 비행교우와의 접촉이 비행의 주요원인이라는 차별적 접촉이론을 제안하였을 것이다. 비행교우가 청소년의 비행을 재강화 reinforcement하고, 비행행위를 모형화modeling하며, 비행 유발적 가치를 대변하기 때문일 것이다[10].

친구가 비행에 관련되고 문제가 되는 것은 몇 가지 이유가 있다. 첫째는 비행의 사회화 가설socialization hypothesis로써, 매우 비행적이고 일탈적인 친구와 교류하고 어울리고 사회화하는 청소년은 자기 스스로도 비행에 가담할 확률이 더 높아진다는 것이다. 매우 일탈적인 친구들과 더 많은 시간을, 더 밀도 높게 지내는 청소년일수록 그만큼 비행을 행동으로 옮길 확률도 더 높아진다는 것이다. 비행소년과의 사회화 요소가 곧 핵심이어서 청소년들이 친구들로부터 비행소년이 되는 것을 학습한다는 것이다. Sutherland의 차별적 접촉이론의 핵심이 바로 비행집단과의 접촉을 통한 비행의 학습이 비행의 원인이요 동기라고 하는 것도 이 때문이다[11].

둘째로 비행의 기회가설opportunity hypothesis은 청소년으로 하여금 비행에 가담하게 하는 가장 중요한 요소는 반드시 비행소년인 친구가 있어야 하는 것이 아니라 그 대신 청소년들이 부모, 교사, 그리고 기타 사회통제기관원들과 보내는 시간의 정도라는 것이다. 청소년들에게 자유 시간이 주어졌을 때, 권위 있는 사람부모, 교사 등 없이 친구들과 시간을 보내는 청소년들일수록 심지어 친구들이 비행소년

---

10 Agnew & Brezina, op cit., p. 285
11 D. Haynie & Osgood, W., "Reconsidering peers and delinquency: How do peers matter?" Social Forces, 2005, 84(2): 1109 – 1130

제3부 사회환경과 소년비행

이 아니라도 스스로 비행에 가담할 확률이 증대된다는 것이다[12].

그러나 문제는 비행과 비행교우가 관련이 있다는 사실이 곧 비행교우가 있다는 것이 비행을 유발한다는 것을 의미하는 것은 아니라는 것이다. 예를 들어, 비행교우가 없이도 비행에 가담하는 청소년이 있고, 비행교우가 있어도 비행에 직접 가담하지 않을 수도 있으며, 비행교우가 아닌 교우와 접촉하는 청소년도 비행에 가담할 수 있는 것이다. 또한 비행교우와 비행 두 변수 모두가 낮은 자기-통제와 같은 기질이나 가족과 학교문제 등과 같은 제3의 변수에 의해서 영향을 받을 수도 있는 것이다. 더구나, 비행교우와의 접촉이 비행을 유발할 수도 있지만 반대로 비행행위가 비행교우에 선행할 수도 있다. 즉, 비행을 하는 청소년들끼리 서로 교우관계를 맺는 것이다. 이 경우 비행교우관계가 비행의 원인이 아니라 비행이 비행교우관계의 원인이 되는 것이다.

그럼에도 불구하고 다수의 연구에서 비행교우와의 접촉과 비행의 관계가 부분적으로는 비행교우가 비행에 미치는 인과적 영향에 기인하는 것으로 밝혀지고 있다. 몇몇 종단연구나 실험연구에서 다른 변수가 통제되어도 비행교우관계가 그 이후의 비행의 증대로 이어지며, 위험하고 비윤리적 행동에 대한 친구의 인과적 영향이 있음을 밝히고 있다. 더 구체적으로는 비행청소년이 처음부터 흉악한 범죄행위를 하는 강력범죄자라기보다 점진적으로 심화되는 것으로 알고 있다. 실제 연구에서도 처음 비행을 전혀 안 하던 아이가 심각한 비행까지 점진적 진전을 한다는데, 1) 비행에 가담하기 전에 어느 정도 비행적인 친구를 접하고, 2) 이 교우관계가 경미한 비행으로 이어지며, 3) 이 경미한 비행이 보다 심각한 비행교우와의 접촉으로 이어지고, 4) 이 심각한 비행교우와의 접촉이 다시 보다 심각한 비행으로 이어진다는 것이다. 물론 모든 비행청소년이 이와 같은 과정을 완전히 다 거치지는 않아서, 일부는 비행교우 접촉 이전에 비행할 수도 있으며 반대로 비행교우관계를 중간에 중단하는 경우도 있을 수 있는 것이다. 이런 유형이 대체로 가장 보편적 진행과정이고, 따라서 비행교우와 비행행위는 서로 상호적으로 관련이 되며 각각 서로에게 인과적 영향을 미친다고 할 수 있다[13].

---

12 M. War, "making delinquent friends: Adult supervision and children's affiliations," Criminology, 2005, 43: 77-106

13 M. gardner and Steinberg, L., "Peer influence on risk taking, risk preference, and risky decision making in adolescence and adulthood: An experimental study," Developmental

그렇다면, 왜 비행집단의 청소년들이 비행에 가담할 확률이 더 높아지는가. 사회학습이론을 빌자면, 비행교우가 소년비행을 재강화해주고, 비행모형을 제공하며, 비행 유발적인 신념을 조장하기 때문이라는 것이다. 비행집단에의 소속과 접촉이 비행이나 위험한 행위를 함으로 비행교우로부터 지위나 신분을 높이게 되고, 비행으로 초래될 수 있는 처벌이나 보복의 두려움도 줄여주며, 비행하지 않을 경우 친구들로부터 조롱당하는 두려움이 생기고, 자기들만의 도덕적 행동강령을 개발, 발전, 강화시키기 때문이라는 것이다[14].

　그런데 이러한 비행교우와 비행의 관계가 모든 상황에서 동일하지는 않다고 한다. 예를 들어, 모든 친구가 다 비행소년인 경우, 친구들이 응집적인 집단을 형성할 때, 친구들이 비행 유발적인 신념을 가지고 비행을 승인하며 비행에 가담하도록 압력을 가할 때 그 영향이 가장 강하다고 한다. 또한, 감시와 감독이 약하고 부모와의 유대가 약한 청소년, 즉 통제가 약한 청소년들에게서 비행교우가 비행을 초래할 가능성이 더 높으며, 통제의 차이로 인하여 소녀보다 소년들에게 비행교우가 미치는 영향이 더 강하다고 한다[15].

　사회학습이론 일반은 물론이고 비행교우와 비행의 관계에서도 제대로 설명되지 않은 부분이 있는데 바로 왜 누구는 관습적 교우를 접촉하는데 누구는 일탈적, 비행적 교우를 접촉하는가의 문제이다. 일반적으로 과민성 기질을 가졌거나 자기-통제력이 낮은 청소년일수록 비행교우관계를 형성할 가능성이 더 높다고 한다. 이러한 기질이 관습적 교우로부터 거절될 가능성을 높이는 반면에 비행집단의 호소력은 증대시키기 때문일 것이다. 흥분이나 쾌감 등을 추구하는 청소년일수록 비행집단의 활동에 더 끌릴 것이기도 하다. 한편, 비행을 조장하는 대부분의 가정과 가족관련 변수들도 비행집단에 가입할 가능성을 더 높이는 것으로 알려지고

Psychology, 2005, 41: 625−635; R. Paternoster, McGloin, J. M., Nguyen, H., and Thomas, K. J., "The causal impact of exposure to deviant peers: An experimental investigation," Journal of Research in Crime and Delinquency, 2013, 50: 476−503; D. S. Elliott and Menard, S., "Delinquent friends and delinquent behavior: Temporal and developmental patterns," pp. 28−67 in J. D. Hawkins(ed.), Delinquency and Crime: Current Theories, Cambridge: Cambridge University Press, 1996

14 Agnew & Brezina, op cit., pp. 288−289

15 G. M. Barnes, Hoffman, H., Welte, J. W., Farrell, M., and Dintcheff, B. A., "Effects of parental monitoring and peer deviance on substance use and delinquency," Journal of Marriage and the Family, 2006, 68: 1084−1104

있으며, 학교에서의 실패나 부정적 경험도 비행집단과의 접촉 가능성을 높이는 것으로 밝혀지고 있다. 이는 아마도 가정과 학교 관련된 이들 변수로 인하여 청소년에 대한 통제가 약화되고, 통제가 약화된 청소년일수록 더 많은 시간을 집이나 학교 밖에서 보내고 그래서 비행교우에의 노출을 증대시키며 반대로 비행교우와의 접촉으로 잃을 것은 많지 않고, 또한 이들에게는 긴장의 수준도 더 높아지고 그로 인하여 일부 일탈이나 비행활동이 더 매력일 수 있기 때문이다[16].

제4절

약물과 비행

보편적으로 우리는 약물과 알코올이 비행이나 범죄와 직접적인 관련이 있다고 가정해왔으나, 아직도 학자들은 둘 사이에 검증 가능한 연계가 있는지, 있다면 연결고리는 무엇이며, 시간의 흐름에 따라 어떤 변화가 있는지 분명히 하려는 노력을 지속하고 있다. 그럼에도 불구하고 지금까지 알려진 것만으로도 몇 가지 관계에 대한 확신을 가질 수 있다. 우선, 주요 약물을 복용하고 그와 관련된 문제가 있는 청소년일수록 중요비행에도 가담할 확률이 더 높다고 한다. 그리고 약물복용과 비행가담은 시간의 흐름에 따라 유사한 형태로 변화한다는 것이다. 다수의 연구결과에 따르면, 약물복용과 비행가담은 분명히 관련이 있지만 조기 약물복용이 항상 비행으로 이어지는지 아니면 비행이 항상 약물복용으로 이어지는지 분명하지 않다는 것이다[17].

사실, 비행과 약물복용의 관계는 매우 다양하다고 한다. 먼저, 심각한 약물복용과 음주는 청소년들의 신체적, 심리적, 사회적 발달을 지연시켜서 청소년들에게 영향을 미친다고 한다. 예를 들어, 약물남용이 청소년의 두뇌발달에 장애를 주어 자신의 감정을 관리하고 자신에게 이익이 되는 의사결정을 하는데 어려움을 줄

---

16 Agnew & Brtezina, op cit., pp. 289 – 290
17 Bates & Swan, op cit., p. 258

수 있다는 것이다. 다시 말해서, 약물복용과 음주가 자신을 즉각적으로 만족시키지만 장기적으로는 전혀 도움이 되지 않을 충동적 의사결정을 할 가능성을 높인다는 것이다. 이것이 바로 약물복용이 비행 가담으로 연결된다는 논리의 한 형태이다. 이렇게 약물복용이 비행 가담에 직접적으로 연계되는 경우 외에 서로 상호작용하는 다수의 다른 요인들을 통해서도 연계가 된다고 한다. 예를 들어, 약물복용의 습관을 유지하려면 필요한 자금을 마련하기 위하여 절도나 약물판매 등을 하게 되거나, 아니면 약물에 취하여 법률을 위반하게 되는 선택과 결정을 하고, 또는 약물을 복용하는 친구들과 어울려 비행에 가담하게 된다는 것이다[18]. 어떤 경우의 관계이건, 그 결과는 청소년들이 성인으로의 성장과 성숙이 지연되는 것이다. 약물남용이 심한 청소년은 종종 시간제 일자리를 유지하고, 건강한 관계를 유지하며, 성숙한 의사결정을 하는 등과 같은 성인생활로 가는 길목에서 전형적으로 맞게 되는 성취를 성공적으로 완수하지 못하곤 한다.

그런데 왜 약물이 비행에 영향을 미치는 것인가. 물론 가장 먼저 지적해야 할 것은 일부 약물의 약리적 효과 때문일 것 이다. 알코올, 코카인, 메스암페타민 등 일부 약물은 자기−통제력을 약화시키고 과민성을 증대시키며, 헤로인과 같은 강한 약물은 습관성이 강하고 따라서 의존성도 심하기 때문에 이들 약물을 중단하는 것도 좌절과 과민함을 증대시킬 수 있다. 이러한 영향의 결과로, 이들 약물 복용자들이 범죄의 비용에 대한 관심과 지식이 적고, 다른 사람들에 대하여 기분나빠하기 쉽고 촉발에 대해서 공격적인 방식으로 대응하기 쉬우며, 다른 사람들을 기분 나쁘게 하거나 감정을 촉발시키는 방식으로 행동하기 쉽다고 한다.[19]

또한 청소년들이 약물을 구입하는 데 필요한 자금을 마련하기 위하여 절도와 같은 범행을 저지르게 된다. 그리고 약물거래도 범죄에 기여하는데, 약물과 관련한 이해관계, 예를 들어 구역이나 영역 다툼으로 번질 수도 있고, 급기야는 집단폭력이나 심지어 조직폭력으로까지 비화될 수도 있다. 뿐만 아니라, 상습적인 약물복용은 청소년의 부모와 학교에 대한 유대를 약화시키고, 학업성취도를 낮추며, 비행교우관계의 가능성을 높이기 때문에 비행에 가담하기 쉬운 성향을 증대

---

18 E. P. Mulvey, Schubert, C. A. and Chassin, A., "Substance use and delinquent behavior amongst serious adolescent offenders," Juvenile Justice Bulletin, Office of Juvenile Justice and Delinquency Prevention, 2010, p.4

19 Agnew & Brezina, op cit., p. 319

시키게 된다. 문제는 약물복용이 가해자로서뿐만 아니라 피해자로서 범죄에 관련될 가능성도 더 높인다는 것이다. 이는 아마도 그들이 스스로 방어나 저항할 수 있는 능력이 약화되었고, 약물복용을 위한 자신들의 생활양식이 이탈적이기 때문에 범죄에 더 많이 노출되어서 그럴 것으로 이해되고 있다[20].

끝으로 우리가 확실하게 밝힐 수 있는 약물복용과 비행의 관계는 둘 다 청소년기 후반기에 들면서 감소한다는 사실이다. 물론 사람에 따라 연구자에 따라 다를 수 있지만, 대체로 약물복용과 비행은 10대 후반기 청소년기와 청년기 초기의 청소년들에게서 점점 보편적이고 평범한 활동이 아니 된다는 것이다. 이는 청소년들이 성장함에 따라 점점 발전적으로 성숙하고 자신의 인생을 점점 더 분명하게 보기 시작함으로 약물과 같은 흥분이나 쾌감을 추구하는 것들이 점점 좋은 생각이 되지 못하기 때문이다. 더구나 청소년들이 우리 사회에서 더 많은 책임과 더 무거운 역할을 시작함으로 반사회적이거나 비행적인 행동이 자신에게 결코 좋은 것이 아니며, 때로는 자신이 중요시하는 사람과 사물을 잃을 수도 있다는 점을 깨닫게 되기 때문이라고 할 수 있다[21].

제5절

대중매체(Mass Media)와 비행

1. 영상매체(Visual Media)

최근 문화범죄학Cultural criminology에서는 언론을 범죄의 원인으로서 그리고 범죄의 대책 양면에서 다루고 있다. 이런 주장의 근거는 오랫동안 언론학계에서 논쟁이 되고 있지만, 언론의 폭력성에의 노출과 범죄와의 관계에서 이를 찾을 수

---

20 D. M. Alschuller and Brounstein, P. J., "Patterns of drug use, drug trafficking, and other delinquency among inner—city adolescent males in Washington, DC," Criminology, 1991, 29: 589—622

21 Bates & Swan, op cit., p. 260

있다. 즉, 폭력적이고 선정적인 텔레비전이나 영화에 지나치게 노출될수록 그 스스로 폭력행위에 가담할 가능성도 높아진다는 것이다. 대부분의 사람들은 이처럼 텔레비전이나 영화의 폭력성이 폭력행위, 특히 감수성이 예민하고 수용성이 강한 청소년들의 폭력행위의 주요원인이라고 믿고 있다. 이러한 시각을 반영한 것이 어쩌면 영화와 텔레비전 프로그램에 대한 관람제한일 수도 있다. 뿐만 아니라 대중매체의 폭력의 정도나 수준을 제한하는 규정도 마찬가지일 것이다.

과연 관련 자료에도 이와 같은 대중매체의 폭력성과 시청자의 폭력행위의 인과적 관계를 보여주고 있는가. 우리의 상식은 폭력적인 청소년일수록 폭력적인 텔레비전이나 영화를 좋아한다는 것이다. 물론 이런 믿음이 곧 대중매체의 폭력성이 곧 시청자의 폭력행위를 유발한다는 것을 의미하지는 않는다. 이 역시 청소년의 폭력행위와 폭력적인 영화나 텔레비전의 시청 모두 개인적 기질이나 가정환경과 같은 제3의 변수에 영향을 받을 수 있다. 물론 폭력에의 가담이 그로 하여금 폭력적인 텔레비전이나 영화의 시청을 초래할 수도 있고, 폭력적인 청소년이 폭력적인 영화를 더 좋아할 수도 있지만, 거의 모든 연구결과는 대중매체의 폭력성이 시청자의 폭력행위에 인과적 영향을 미친다는 것을 보여주고 있다[22].

종합하자면, 지금까지의 연구결과와 자료로부터 얻을 수 있는 가장 합리적인 결론은 텔레비전과 영화의 폭력성이 청소년의 폭력성에 어느 정도의 영향을 미친다는 것이다. 일부에서 주장하는 것처럼 대중매체의 폭력성이 청소년의 비행의 주요원인으로는 보이지 않지만, 그렇다고 중요하지 않은 것도 아니라는 것이다. 대중매체의 폭력성이 매력적인 주인공에 의해서 범행되고, 그것이 처벌되기보다는 보상되며, 정당한 것으로 표현되고, 폭력의 부정적 결과가 표현되지 않으며, 현실적일 때 폭력행위를 초래, 유발할 가능성이 가장 높다고 한다[23].

그렇다면 대중매체의 폭력성이 시청자의 폭력행위에 왜, 어떻게 영향을 미치는가. 우선, 사회학습이론은 대중매체의 폭력이 청소년 시청자를 폭력적인 모형에 노출시키기 때문이라고 설명한다. 더구나 이들 모형model은 종종 매력적인 인물로 묘사되고 그들의 폭력이 빈번히 보상되고 있어서 청소년들이 어떤 상황에서는

---

22 Agnew & Brezina, op cit., pp. 311−312
23 National Television Violence Study, National Television Violence Study, Volume 1. Thousand Oaks, CA: Sage, 1997, p. 137

제3부 사회환경과 소년비행

폭력이 적절한 대응이라고 느끼게 될 수도 있다는 것이다. 통제이론에서는 대중 매체의 폭력성이 시청자들을 폭력에 둔감desensitization하게 만든다는 것이다. 지나치게 대중매체의 폭력에 노출되면 폭력을 수용, 용인하는 수준Tolerance level을 높이게 되어 폭력이 그리 나쁘지 않은 것처럼 혹은 덜 나쁜 것처럼 보이게 하고 피해자에 대한 관심과 염려도 낮추기 때문이라고 한다. 긴장이론은 이들 폭력 시청자들로 하여금 세상이 더 위험하고 더 폭력적인 곳으로 보게 만들어서 이들이 그 결과 다른 사람을 더 의심하고 더 두려워하게 하여 결과적으로 폭력적인 반응이나 대응의 가능성을 더 높인다는 것이다.

2. 사회적 매체(Social Media)

사회적 매체는 가족이나 친지들과 언제 어디서나 연결될 수 있고, 새로운 친구도 그렇게 쉽게 만들 수 있으며, 사진이나 동영상까지 나눌 수 있고, 정보나 지식을 얻을 수도 있으며, 아이디어를 교환할 수도 있는 등 청소년 세대들에게 다수의 잠재적 이익을 가져다 준다. 그러나 당연히 어두운 곳도 없지 않아서, 남을 해치는 도구로서도 이용될 수 있다는 우려도 동시에 낳고 있다. 그 중에서도 가장 대표적인 것이 바로 '사이버 따돌림 또는 괴롭힘cyber bullying'라고 할 수 있다.

'사이버 따돌림 또는 괴롭힘'은 전자우편, 사회적 매체, 그리고 문자와 같은 전자통신기술을 활용하여 통상적으로 자신을 쉽게 방어할 수 없는 피해자에게 반복적으로 해를 끼치거나 방해하는 것이라고 할 수 있다. 청소년들이 사회적 매체 상에서 허위 신분을 쉽게 가질 수 있고 또 인터넷 상의 익명성으로 인하여 청소년들로 하여금 이 온라인상의 상호작용에서 훨씬 더 공격적으로 행동할 수 있는 기회가 더 많고 그 기회를 행동으로 옮길 가능성도 더 높아지는 것이다. 실제로 현실세계에서는 점잖고, 행동도 잘하는 훌륭한 학생임에도 온라인에서는 완전히 다른 학생이 되어 폭력적이고 공격적으로 될 수 있다는 것이다. 그런 학생에게 왜냐고 묻자 그냥 '할 수 있어서'라고 답했다는 일화가 이런 측면을 잘 보여주고 있다[24].

---

24 R. M. Kowalski, Limber, S. P. and Agaston, P. W., Cyberbullying: Bullying in the Digital Age, Malden, MA: Woley-Blackwell, 2012, p. 79

더구나, 전자통신기술의 활용은 가해자들로 하여금 시간과 장소에 구애 받지 않고 언제 어디서나 피해자를 공격할 수 있으며, 소문과 같은 것을 짧은 시간에 공간적으로 폭넓게, 실제로 어디까지라도 쉽게 그리고 오래 퍼뜨릴 수 있다는 점도 이 사이버 따돌림과 괴롭힘의 심각성을 더하고 있다. 심지어 이런 전자통신기술은 부모나 교사와 같은 성인들은 알지도 못하게 친구들과 가상세계의 시간을 보낼 수 있기 때문에 성인들이 아이들에게 행사할 수 있는 통제력도 약화시키고 있어서 사실상 친구들과 함께 비행을 모의하고 계획하며 조직할 수도 있는 것이다[25].

문제는 사이버 따돌림이나 괴롭힘이 사회적 매체가 유발하거나 초래할 수 있는 비행과 일탈은 아니라는 사실이다. 대다수의 연구에서 사회적 매체의 활용이 사이버 따돌림이나 괴롭힘과 기타 다른 형태의 비행을 포함한 비행과 상관관계가 있다는 것이다. 청소년들이 더 많은 시간을 온라인에서 소비할수록 그들이 비행을 할 가능성이 더 높아진다는 것이다. 물론 상관관계의 존재가 바로 사회적 매체 활용이 비행을 유발하거나 초래한다는 것을 의미하지는 않는다. 그러나 가상공간에서 친구들과 보낸 시간이 심지어 관련된 변수들을 통제하고서도 비행가담 확률과 관련이 있으며, 당연히 더 많은 시간을 가상공간에서 친구들과 보낸 청소년일수록 약물과 알코올 사용뿐만 아니라 다양한 형태의 비행활동의 수준도 더 높았다고 한다[26].

25 Agnew & Brezina, op cit., pp. 316－317
26 Kowalski et al., op cit.

제4부

소년사법

제1장 소년비행의 예방
제2장 소년사법의 철학과 발전
제3장 경찰과 소년비행
제4장 비행소년의 처벌과 교정

소년비행의 예방

범죄학자들이 비행통제를 이야기할 때면 보통 비행이 발생한 이후에 그 비행의 문제에 반응하는 것을 의미한다. 여기서 통제control한다는 것은 비행의 빈도나 심각성을 줄이고, 제한하고, 제약하고 또는 그 전파를 방지하는 것을 뜻한다. 통제는 현재의 비행소년을 다루는 시도, 즉 비행소년으로 확인된 아이를 직접적으로 다루려는 시도의 사후 대응적인 접근이다. 반면에 비행의 관리management는 비행은 어쩌면 '정상적'인 것이며, 어떤 사회라도 범죄로부터 완전히 자유롭게 존재하기란 완전히 불가능하므로 범죄나 비행은 제거될 수 없고 따라서 우리 사회가 할 수 있는 최선은 그것을 관리하는 것이라고 한다. 즉, 우리가 바랄 수 있는 최선은 빈도와 심각성이라는 견지에서 비행을 우리가 인식하고 관리할 수 있는 수준으로 유지하는 것이다. 그러나 불행하게도 대부분의 사회는 관리할 수 있을 정도의 수준을 넘었으며, 따라서 비행은 우리가 관리할 수 있을 수준의 정도로 유지할 수 있도록 예방되어야 한다는 것이다[1].

비행예방을 위해서 우리가 할 수 있는 정책은 다양하다. 누군가에게는 소년비행에 대하여 강경하게 대응하여 처벌적이거나 사법정의 지향적인 대책을 실행하는 것이 분명하고 쉬운 선택일 것이고, 다른 누군가에게는 소년비행의 원인에 강경하게 대응하는 입장으로써 비행이 발생하기 전에 비행을 물리치기 위한 예방 프로그램을 실행하는 것이 그들의 선택일 것이다. 또 다른 누군가에게는 소년비행의 문제를 해결하기 위하여 형사사법과 비 형사사법 대안을 결합하는 것이다.

---

[1] Regoli, op cit., pp. 475 – 476

제1절

비행예방의 다면성

소년비행을 예방한다는 것은 사람마다 다 다른 무언가를 의미한다. 비행예방을 위하여 고안된 프로그램이나 정책은 경찰의 비행소년 체포에서 소년법원의 처분에 이르기까지 다 포함될 수 있다. 그래서 한편에서는 이들 대책들을 비행통제 또는 비행억제라고도 표현한다. 그러나 이보다는 비행예방은 청소년들이 처음부터 비행에 가담하기 전에 그들의 삶에 개입하는 것으로서 최초의 비행행위를 방지, 예방하는 것이다. 비행의 통제나 예방 모두 미래 비행의 발생을 방지하려고 노력한다는 공동의 목표를 가지고 있지만, 예방과 통제를 구별, 구분시키는 것은 예방은 전형적으로 소년사법제도를 개입시키지 않는다는 점이다. 대신에 비행을 예방하기 위한 프로그램이나 정책은 비 사법적 대책들로써 그래서 이들을 종종 비 사법적non-justice 비행예방 또는 대안적alternative 비행예방이라고도 부르는 것이다2. 예방이 더 중요한 이유는 비행소년이 적어도 그 일부라도 성인범죄자, 극단적으로는 상습적인 범죄자로 성장할 수도 있으며, 그들의 범죄로 인한 피해가 엄청나며 피해의 회복이 안 되거나 엄청난 비용을 요한다는 점에서, 그리고 비행소년이란 낙인이 청소년에게는 지나치게 가혹하다는 점에서도 비행이 발생한 후에 대응하기보다는 그 이전에 예방하는 것이 최상이라고 할 수 있다.

1. 비행예방의 다면성

1) 공중보건 접근법(public health approach)

공중보건 접근법이란 청소년비행을 일종의 사회적 질병으로 보아 공중보건과 건강을 통하여 질병을 예방하듯이 청소년비행을 예방하자는 것이다. 이 접근방식은 비행예방을 일차적 예방, 이차적 예방, 그리고 삼차적 예방이라는 세 가지 범주로 나누고 있다. 일차적 예방primary prevention은 헬스 케어 서비스와 일반적 예

---

2 Siegel & Welsh, op cit., p. 434

방교육의 제공과 같은 대책을 통한 개인의 일반적 참살이well-being를 향상시키고, 버려진 자동차를 치우는 등 비행을 촉진할 수 있는 환경을 개선하고, 건물의 외관을 개선하는 등에 초점을 맞추는 것이다. 이차적 예방secondary prevention은 잠재적으로 범법자가 될 위험성이 있는 청소년에게 개입하는 것은 물론이고 알려진 비행활동을 억제하기 위하여 지역사회 프로그램도 제공하는 데 초점을 맞추는 것이다. 삼차적 예방tertiary prevention은 이미 비행을 저지른 비행소년에게 약물중독 처우나 시설수용 등의 대책으로 개입하여 반복 범행이나 누범을 줄이는 데 초점을 맞춘 것이다[3].

2) 발달적 관점

발달적 예방developmental prevention이란 개인의 범죄적 잠재성의 발달을 예방하기 위하여 고안된 개입, 특히 위험요소risk factors와 보호요소protective factors를 표적으로 하는 개입이라고 할 수 있다. 청소년비행의 발달적 예방은 일반적으로 청소년비행에 관한 동기이론이나 인간발달이론을 토대로 하며, 특히 청소년 표본을 그들의 초기 아동기 경험부터 10대의 가장 빈번한 비행 가담과 20대의 범죄에 이르기까지를 추적하는 종단적 연구에 기반을 두는 것이다. 발달적 예방은 청소년기의 비행과 성년기의 범죄는 개인의 발달 과정에서 학습된 행동유형과 태도유형에 영향을 받는다고 주장한다[4].

2. 비행예방의 미래

다수의 성공적인 비행예방 프로그램에도 불구하고 그에 뒤지지 않을 만큼 다수의 전문가, 특히 소년사법 관계자들, 정책입안자, 그리고 정치인들은 예방이 범죄에 대해서 지나치게 너그러우며, 그래서 낭비라고 여겨지기도 한다. 이러한 부정

---

3 P. Brantingham and Faust, P., "A conceptual model of crime prevention," Crime and Delinquency, 1976, 22: 284-296; B. C. Welsh, "Public health and the prevention of the juvenile criminal violence," Youth Violence and Juvenile Justice, 2005, 3: 23-40

4 D. Farrington, "Early developmental prevention of juvenile delinquency," Criminal Behavior and mental health, 1994, 4: 209-227; D. Farrington, "The development of offending and antisocial behavior from childhood: Key findings from Cambridge Study in delinquent development," Journal of Child Psychology and Psychiatry, 1995, 36: 929-964:

적 시각 외에도, 비행예방 프로그램은 다수의 아주 현실적인 장애를 직면하고 있다[5]. 우선, 조기개입early intervention에 대한 윤리적 관심과 우려이다. 성공적일 수도 성공적이지 않을 수도 있는 방법을 이용하여 아동과 소년들의 삶에 일찍이 개입하는 것이 과연 옳은가. 더구나 만약 그 소년이 아직 아무런 법위반 행위도 하지 않고 단지 범행이 우려되는 우범소년이거나 성인이라면 아무런 문제가 되지도 않는 행위지만 청소년이라는 이유로 지위, 신분비행이란 이름으로 개입하는 것이 과연 옳은가 하는 의문이다[6].

두 번째 우려는 고위험군 청소년들을 표적으로 하는 프로그램과 관련된 낙인의 문제이다. 마치 정신과 진료를 받은 사람이나 사회복지 서비스를 받은 사람에게 부정적인 낙인이 붙여지는 것처럼 비행예방이라는 이름으로 제공되는 프로그램에 회부된 청소년들에게 붙여질 수 있는 문제아와 같은 부정적 인식과 낙인의 문제이다. 세 번째는 비록 증거에 기초evidence-based한 비행예방 프로그램의 효과가 입증되었더라도 같은 프로그램이 보다 광범위한 규모로 대중적으로 실행되기가 어려우며 설사 실행되어도 같은 효과를 보장하기 어렵거나 그 효과가 줄어든다는 문제이다. 끝으로, 비행예방 효과는 가시적이지도 않을 뿐만 아니라 그 효과가 나기 위해서는 많은 시간을 요한다는 것이다. 즉시적인 효과를 요구하는 정치제도와 사회에서 불투명하고 장기적인 프로그램을 지속하기란 쉽지 않으며, 오히려 소년원의 신설이 예방 프로그램보다 훨씬 더 유형적인 대책으로 보일 수도 있다는 것이다[7].

---

5 B. Welsh and Farrington, D., "Science, politics, and crime prevention: Toward a new crime policy," Journal of Criminal Justice, 2012, 40: 128-133

6 T. Gabor, "Prevention into the twenty-first century: Some final remarks," Canadian Journal of Criminology, 1990, 32: 197-212

7 D. Offord, Kraemer, H. C., Kazdin, A. E., Jensen, P. S., and Harrington, R., "Lowering the burden of suffering from child psychiatric disorder: Trade-offs among clinical, targeted, and universal intervention," Journal of the American Academy of Child and Adolescent Psychiatry, 1998, 37: 686-694; B. Welsh, Sullivan C., and Olds, D., "When early crime prevention goes to scale: A new look ar the evidence," Prevention Science, 2010, 11: 115-125; K. Dodge, "The science of youth violence prevention: Progressing from developmental epidemiology to efficacy to effectiveness to public policy," American Journal of Preventive medicine, 2001, 20(15): 63-70

소년사법의 철학과 발전

　미국 일리노이 주의 쿡 카운티에서 1899년 처음 문을 연 최초의 소년법원은 법을 위반한 소년비행에 대한 비난을 어떻게 다룰 것인가에 영향을 미쳤던 가장 중요한 철학적 전환, 즉 젊은이들은 성장하고 있고, 아직 충분히 성숙하지 못하여 성인과 같은 이성적, 합리적 선택의 능력이 결여되었으므로 자신의 잘못된 선택에 대하여 책임을 묻는 성인과는 다르게 처리되어야 한다는 사상에 기반한 것이었다. 그러나 현실은 소년사법이 일종의 법률적 경계선상에 놓인 처지라고 할 수 있다. 이들 비행소년들은 법적으로 성인으로 간주되지도 않고, 그렇다고 초기 소년사법의 사상적 기초대로 처우되지도 않는다. 다시 말하자면, 성인범죄자들처럼 적법절차Due process 등의 권리를 다 제대로 보호받지도 못하면서 동시에 소년사법의 보다 동정적인 보호도 제대로 받지 못하는 어쩌면 이중실패나 이중차별의 대상이 되고 있지나 않나 우려를 사기도 한다. 사실, 소년범죄의 심각성으로 부분적이나마 소년사법이 점점 형사사법에 가까워지고 있다는 우려가 나오는 이유이다.

제1절

처벌의 정당성

1. 응보(Retribution)

법을 어긴 사람들을 처벌하는 이유는 매우 다양하다. 가장 기본적인 이유는 바로 응보retribution이다. 응보는 고대 메소포타미아의 함무라비법전에서 유래한 '눈에는 눈, 이에는 이'라는 개념에 기초하고 있다. 즉, '네가 나에게 이렇게 하면 나도 너에게 그렇게 한다'는 사상이다. 좀 더 철학적 용어로 말하자면, 만약 누구라도 잘못된 짓을 한다면 그 잘못으로 인한 해악에 비례, 마땅히 당연하게 그에 상응하는 처벌을 받는 것만이 적정하다는 것이다. 응보는 처벌받을 만하거나 처벌받아 마땅하거나 당연하다는 사상에 의존하고 있다. 일부의 사람들은 응보보다 상식적, 보편적인 용어인 복수revenge를 선호하기도 한다. 응보의 초점은 과거에 있다. 이러한 합리성의 저변에는 처벌은 미래에 대한 어떠한 고려나 관심도 아닌 단순히 그 사람이 과거 잘못에 가담했기 때문에 가해지는 것이라고 한다. 결론적으로, 처벌은 범죄자 자신에 관련된 또 다른 선을 조장하거나 향상시키기 위해서교화개선을 통한 사회복귀: Rehabilitation 또는 시민사회에 대한 선을 위한억제: deterrence나 무능력화: incapacitation 기초나 근거로 가해져서는 결코 안 된다는 것이다. 오로지 처벌이 가해진 사람이 범죄를 범했기 때문에 처벌되어야 한다는 것이다[1].

처벌에 대한 이러한 정당화는 사실 모든 사람은 자유의사free will와 합리성 rationality을 소유하고 있다는 가정이 핵심이다. 우리 모두는 자유롭게 선택할 수 있기에 그 선택에 대해서 모든 책임도 있다는 것이다. 역사적으로 아이들은 14세 전후가 되면 논리적으로 사고하는 능력을 활용할 수 있는 것으로 간주되었고, 따라서 응보가 비행청소년의 처벌에 대한 보편적, 대중적인 정당화였다. 그러나 청소년adolescence이라는 개념이 도입되면서, 아이들의 도덕적 책임성에 대한 논쟁이 지속되었다. 청소년들은 아직 도덕적으로 미성숙하여 합리적, 이성적 의사결

---

[1] E. Van den Haag, Punishing Criminals, New York: Basic Books, 1975, p.26

정 능력이 결여되었고 따라서 그들에게 성인범죄자와 동일한 정당성으로 처벌하는 것은 옳지 않다는 것이다.

2. 억제(Deterrence)

억제란 인간은 합리적이며 자유의지를 가진 존재로서 자신이 책임을 져야 하는 선택을 자유롭게 할 수 있다는 가정에 근거한 처벌의 정당성이다. 억제한다는 것은 곧 예방한다는 것을 의미하고 따라서 이 정당성은 처벌을 통한 예방이라는 미래에 초점이 맞춰진 것이다. 고통의 부과로서 처벌은 처벌을 철회하는 것보다 부과함으로서 더 좋은, 더 많은 결과가 초래될 가능성이 더 높다는 것이 보이지 않는 한 정당화될 수 없다[2].

억제란 개념은 공리적 철학이 그 근원이라고 할 수 있는데, 이는 정부의 역할은 최대다수의 행복을 극대화하는 것임을 강조하는 것이다. 사람들은 자신의 행복을 증대시키고자 하지만 때로는 자기행복의 추구가 대중사회의 이익에 반하기도 하며, 따라서 비록 법률위반이 장래 자신에게 쾌락을 가져다줄지라도 그 법률위반으로 붙잡히게 되면 그로 인한 처벌이 그 법률위반으로부터 얻을 수 있는 어떠한 개인적 이익을 능가할 것임을 인식하도록 영향을 미칠 필요가 있다는 것이다. 결국 비행을 억제하기 위해서는 비행에 대한 처벌로 인하여 청소년들이 선택에 대하여 두 번 생각하도록 해야 한다는 것이다. 당연히 비행이 효과적으로 억제되기 위해서는 처벌이 비행으로 인한 쾌락보다 약간은 더 엄중하고, 확실하며, 신속하게 가해져야 한다는 것이다[3].

그런데 억제에는 두 가지 주요 형태, 즉 특별억제special deterrence와 일반억제 general deterrence로 나누어지는데, 먼저 특별억제 또는 개별억제는 자신의 비행이나 범죄행위로 처벌을 받게 되면 자신이 처벌을 받게 된 선택에 대하여 생각하기 시작하여 장래에는 같은 선택을 또 다시 하지 않을 것임을 결정할 것이라는 주장이다. 반면에 일반억제 또는 전 국민을 목표로 하는 억제는 사람들은 다른 사람들

---

2 H. Packer, The Limits of Criminal Sanctions, Stanford, CA: Stanford University Press, 1968, p.39

3 Bates & Swan, op cit., p. 281

제4부 소년사법

이 처벌되는 것을 관찰하고 그 사람의 범죄가 하지 말아야 할 것의 표본이 된다는 것이다.

3. 무능력화(Incapacitation)

처벌에 대한 이 정당성의 개념은 사람들로 하여금 범행을 하지 못하도록 만드는 것, 즉 그 사람의 범행능력을 무력화시키는 것으로서, 주로 그 사람의 이동의 자유를 제한하거나 격리시킴으로써 또는 그 사람의 사회에서의 선택을 제한함으로써 그 사람의 범행능력을 무력화시키자는 것이다. 억제철학과 마찬가지로, 무능력화도 비래를 지향하며, 범죄를 예방하는 데 관심을 가지는 것이다. 그러나 무능력화는 범죄자나 사회여건을 변화시키는 것이 아니라 사회 내에서 범죄자의 분포를 재조정함으로써 우리 사회에서의 범죄의 영향을 줄이고자 하는 것이다. 만약 교도소가 아무런 것도 할 수 없다면, 범죄자를 구금함으로써 그 기간만큼이라도 그 범죄자의 재범을 연기시키자는 의도이며, 만약 그러한 연기가 충분히 많은 범죄자들에게 충분히 긴 기간 동안이라면 비록 개별 범죄자는 크게 변하지 않더라도 범죄에 있어서 중요한 집합적 효과가 나타날 수 있다는 것이다4.

그러나 수용인구의 증대로 인한 과밀수용과 그로 인한 경비의 과다가 문제가 될 수 있으며, 바로 이 문제를 해소하는 대안으로 제시된 정책이 선별적 무능력화 Selective incapacitation이다. 개념의 핵심은 우리가 재범위험성을 평가, 판단, 예측할 수 있으며, 그 예측에 따라 위험성이 높은 범죄자를 장기간 수용하는 반면에 위험성이 낮은 범죄자는 경미한 처벌로 다루어지고 단기간만 수용함으로써 수용인원과 경비는 줄이되 재범률은 오히려 낮출 수 있다는 것이다. 물론 수용의 방법 외에도 범죄자의 범행능력을 무력화시키는 방법에는 전자감시 가택구금, 성범죄자 신상공개, 음주운전자에 대한 면허취소나 정지 등 다양하지만 가장 극단적이면서 동시에 논쟁의 대상이 되는 무능력화는 아마도 성범죄자에 대한 화학적 거세 chemical castration일 것이다5.

---

4 M. M. Feely and Simon, J., "The new penology: Notes on the emerging strategy of corrections and its implications," Criminology, 1992, 30(4): 449−474
5 Bates & Swan, op cit., p. 284

4. 교화개선(Rehabilitation)

교화개선도 다른 여러 처벌의 정당성과 같이 미래 지향적인 공리적 형벌이다. 사실 영어원문 Rehabilitate은 '다시하다'를 뜻하는 'Re'와 '교육시키다'는 뜻의 'Habilitate'의 합성어로 글자 그대로 '다시 교육시키다'라는 뜻이다. 여기서 한 발짝 더 나아가서 그냥 교육만 다시 시키는 것이 아니라 다시 교육시켜서 사회에 복귀시키자는 미래 지향적인 목적을 가진 것이라고 할 수 있다. 이 정당성에 의하면, 따라서 처벌은 비행소년이 궁극적으로 사회의 건강한 구성원으로 되돌아 갈 수 있도록 자신의 행위를 변화시키는 데 필요한 도움을 주자는 것이다. 이와 같은 처벌의 정당성은 실증주의와 결정론적 사고에 기인한 바 큰데, 교화개선 사상과 철학은 다음과 같은 몇 가지 가정에 기초하고 있다.

먼저, 인간의 행위는 과학적으로 검증될 수 있고실증주의, 따라서 과학적으로 통제될 수 있는 개인의 의식적 통제 밖의 원인의 산물결정론이라는 것이고, 따라서 범죄자와 비행소년은 그들의 행동과 관련되는 요인이나 요인들을 표적으로 하는 일종의 처우를 거쳐야만 하며, 이들 법률위반자들을 처우하기 위하여 시행되는 어떤 처우라도 범죄자 본인의 건강과 행복은 물론이고 사회 전반에 이익이 되도록 하는 목적으로 이루어져야 한다는 것이다. 형벌에 대한 정당성으로서 교화개선을 주장하는 사람들은 법률위반을 이해하는 수단으로서 생물학, 심리학, 사회학, 그리고 사회복지 등 다양한 학문적 분야로 접근하였다. 따라서 범죄자를 처우하고 교화개선하여 사회로 복귀시키는 실질적인 방법도 그만큼 다양하다고 할 수 있다. 생물학적 처우, 심리학적 처우, 사회학적 처우가 그것들이다. 즉, 범죄자의 행위를 변화시키는 데 필요한 요소나 요인에 따라 교화개선 철학이 실행되는 방법이 그만큼 다양하다는 이야기다.

그러나 70년대부터 교화개선과 처우의 효과에 대한 논쟁이 Martinson의 Nothing works라는 극단적 표현으로 시작된다. 즉, 범죄자에 대한 처우로는 성공적으로 범죄자를 교화개선 시켜서 사회로 복귀시킬 수 없다는 주장이다. 물론, 이런 비판에도 불구하고 교화개선 철학은 아직도 건재하며, 옹호자들은 적어도 교화개선이 다른 어떤 형벌의 정당성보다 훨씬 더 인간적이지 않느냐고 되묻는다[6].

---

6 R. Martinson, "What works? Questions and answers about prison reform," The Public

5. 회복(Restoration)

　형벌의 정당성 중에서 아직은 그리 보편적이지는 않은 것이지만 사실 그 뿌리는 오랜 일종의 전통적, 토속적인 종교적 신념에서 찾을 수 있다. 회복이념의 이면에는 형벌이란 이상적으로는 필요한 최소한의 제한적 형태여야 하고, 범죄나 해악으로 영향을 받은 사람, 즉 피해자, 가해자, 그리고 심지어 사회 전반에게 일종의 끝마침이거나 치유를 가져다주기 위하여 활용되어야 한다는 것이다. 이러한 정당성은 한편으로는 형벌이 법률위반자, 그리고 아마도 그 과정에서 신체적으로나 정신적으로 상처를 입은 다른 사람들이 무언가 중요한 변화를 일으키는 데 필요한 것으로 고려된다는 점에서 교화개선과도 유사한 것이다. 그러나 회복적 사법의 옹호자들은 미래의 잘못된 행위를 예방할 변화를 일으키는데 활용될 수 있다고 여김으로써 개인 그 이상에 초점을 맞추는 경향이 있다[7].

　회복의 철학은 형벌의 기대산물로 법률위반자 개인뿐만 아니라 사회 전반의 책임을 강조한다. 이 주장에 의하면, 지역사회도 범죄에 대한 책임을 가지는데, 그것은 우리가 집합적으로 범죄자로 하여금 범행을 하도록 하는 동기를 제공하는 조건들을 만들기 때문이다. 그래서 책임감을 증대시키기 위한 수단으로 형벌을 간주하는 것이다. 구체적으로, 가해자, 피해자와 그 가족들, 그리고 관계된 지역사회가 같이 범죄를 확인하고 문제를 해결하기 위한 방안을 강구하는 것이다. 가해자가 범행을 시인하고 동시에 진심으로 사죄를 구하면, 피해자가 그를 용서하고 피해를 회복시켜주기로 합의하도록 지역사회가 중재하는 것이다. 이를 통하여 가해자는 전과자라는 낙인으로부터 벗어날 수 있고, 피해자는 피해를 회복할 수 있게 된다.

Interest, 1974, 35: 22－54; F. T. Cullen, "The twelve people who saved rehabilitation: How the science of criminology made a difference," Criminology, 2005, 43(1): 1－42

[7] R. Yazzie and Zion, J. W., "Navajo restorative justice: The law od equality and justice," in B. Galaway & J. Hudson(eds.), Restorative Justice: International Perspectives, Monsey, NY: Criminal Justice Press, 1996, pp. 157－173

소년사법이념의 변화

1. 적법절차(Due Process)의 강조

소년사법제도는 미성년자인 비행소년을 보호한다는 취지에서 성인사법에서 보장되는 적법절차적 권리 일부가 제한되거나 보호되지 않는 경우가 있었다. 예를 들어, 공개재판을 받을 권리라거나 변호사의 조력을 받을 권리 등이 이에 속한다. 그러나 소년사법의 성인사법화 경향 등과 맞물려 소년사법으로서의 보호는 축소되는 반면 그렇다고 성인사법에서 보호되는 권리도 제대로 받지 못한다는 비판이 제기되고 이런 변화에 따라 소년사법에서도 청소년의 적법절차의 권리가 점점 확대되고 있다. 대표적으로, 최근 급증하는 추세인 비행소년에 대한 성인 형사사법으로의 이송Transfer에 있어서 사전에 심리를 받고 자신이 이송되는 이유를 설명받을 권리를 보장해 주는 것이다. 이런 변화는 아마도 비행소년이 소년법원과 성인 형사법원 모두에서 가장 나쁜 점만 받는다는 우려에서 나온 것이라고 할 수 있다. 즉, 비행소년은 성인사법에서 보장되는 권리도, 비행소년에게 제공되는 내생적 처우도 둘 다 다 받지 못하는 실정이라는 것이다.

2. 강경대응(Get-tough): 응보, 무능력화, 그리고 억제

범죄와 소년비행이 그 양과 질 양면에서 악화되었다고 느꼈던 70, 80, 90년대에는 앞에서 기술한 비행소년과 소년사법에 대한 적법절차 권리의 강조와 강화에 대응하고 오히려 비행소년과 그들의 비행에 대한 보다 강경한 대응을 강조하게 된다. 청소년을 소−성인, 작은 어른mini−adult으로 간주하는 사회적 구성이 대중적 양식으로 자리하게 된다. 이런 추세를 더욱 부추긴 것은 처우기관에서의 비자발적 교화개선은 일괄적으로 효과적인 것은 아니라는 학계의 연구결과와 청소년들의 비행으로의 추락 등이라고 할 수 있다. 지나칠 정도로 빠르게 성숙하는 10대 청소년들은 많은 사람들에게 위협이 되고, 따라서 그에 상응하게 처우되어야 한다는 것이다. 이런 사회적 인식의 추세는 미국 대법원으로 하여금 소년법정의 익명성을 제거하였으며, 일부 상황에서는 비행소년에 대한 예방적 구금preventative detention도 허용하였는데, 이런 조치들이 바로 비행소년과 소년사법에 대한 적법절차혁명이 더이상 예전처럼 완벽하게 이행되지 않는다는 것을 알리는 하나의 진전이었다.

총기난사와 같은 청소년들에 의한 엽기적 범죄는 특히 대중들의 위기감을 부채질하였고, 이들 청소년범죄자에 대한 강력한 처벌위주의 대응책이 강력하게 대두되었다. 청소년범죄자들이 폭력적이고 구제될 수 없는 강력범죄자의 인상이 대중적인 인식이 되고, 그런 추세에 맞게 비행소년들이 성인범죄자들에게 주어지는 자신을 보호하기 위한 모든 법률적 권리는 주어지지 않은 채 성인범죄자의 처벌만 받게 되는 모양새였다. 이런 사회의 인식을 반영하듯, 청소년범죄자들에 대한 소년사법 면책과 성인 형사법원으로의 이송 증대, 그리고 소년범에 대한 최소강제양형Minimum mandatory sentencing의 도입 및 형사미성년 연령의 하향조정과 보호처분 연령의 하향 등이 줄을 이었다. 문제는 이런 모든 변화가 아직도 소년사법제도가 국친사상과 교화개선을 바탕으로 하고 있으면서 일어난 변화라는 사실이다. 당연히 철학의 충돌이 일어나는 것이다[8].

3. 소년사법의 공중보건 모형(Public Health Model)

공중보건모형은 소년비행의 문제를 소년사법제도에 의해서 다루어져야 하는 문제라기보다는 국가와 국민 건강에 대한 일종의 위협으로 보는 시각이다. 우리가 폭력을 이런 시각에서 바라보면, 공중보건제도가 채용하고 있는 접근방법을 이해할 수 있는데, 사회문제에 대한 공중보건 모형의 기본원리는 가장 요구가 크고 많은 분야에 자원을 집중하는 것이다. 자원의 집중 외에 또 다른 공중보건모형의 공헌은 폭력의 확산을 설명하기 위한 방법으로서 전염병의 은유이다. 즉, 폭력행동은 고위험high-risk지역이나 위험다발hot spots지역과 지역의 집단 내에서 급

---

[8] M. A. Bortner and Williams, L. M., Youth in Prison: We the People of Unit Four, New York: Routledge, 1999, p.175; P. Chamberlain, "Not kids any more: A need for punishment and deterrence in the juvenile justice system," Boston College Law Review, 2001, 41: 391-419

속하게 확산된다는 것이다[9].

　일부 범죄학자들은 폭력의 부문화에서 지역의 사람들, 특히 젊은이들로 하여금 갈등을 정리하고 존중을 얻기 위하여 물리력을 이용하도록 권장하는 높은 비율의 폭력의 근원을 찾는다. 다른 일부 학자들은 폭력을 가해자와 피해자 사이의 보복과 복수의 순환을 통한 확산으로 간주한다. McCord와 Conway는 폭력범행과 관련하여 친구들 사이의 가능한 전염효과를 둘러싼 불확실성을 언급한다. 그들은 폭력적인 공범과의 범행이 폭력범죄를 범할 가능성을 높였다는 연구결과를 토대로 폭력적인 친구의 존재가 비폭력적인 범죄자가 폭력범죄를 범할 가능성을 높인다고 주장하였다[10].

　결론적으로 소년사법모형과 공중보건모형을 비교, 요약하자면, 청소년 폭력에 대한 소년사법의 관점은 청소년들의 폭력이 청소년의 자유선택의 결과이고 따라서 범죄자로 처벌되어야 한다는 것인 반면, 공중보건의 관점은 청소년은 사회적 세력, 영향력의 결과이며 따라서 그들은 처우, 치료되어야 한다는 것이다.

제3절

포괄적 소년사법 전략의 추구

　많은 관심이 강력 소년범죄에 쏟아지는 지금, 소년범죄의 모든 관점을 아우를 수 있는 포괄적인 전략의 필요성이 대두되고 있다. 당연히 포괄적 전략은 비행을 예방하는 것을 우선적으로, 그리고 비행소년을 처리하기 위한 선택지를 확장하는 데 초점을 맞추는 것이다. 그래서 이는 곧 범죄와 빈곤, 아동학대, 약물, 무기, 그리고 학교에서의 행동의 연계를 염두에 두는 것이다. 구체적인 프로그램은 조기 아

---

[9] K. M. Hess, Orthmann, C. H. and Wright, J. P., Juvenile Justice(6th ed.), Belmont, CA: Wadsworth, 2013, p.194

[10] J. McCord and Conwat, K. P., "Co–offending and patterns of juvenile crime," Research in Brief, Washington. DC: US Department of Justice, National Institute of Justice, 2005 December, pp.10–11

동기에서 시작하여 후기 청소년기를 거치는 아동보호라는 선상에서 이루어지는 것들이다. 따라서 이들 프로그램의 구성요소에는 초기 아동기의 예방, 10대 위험군 청소년을 위한 개입, 청소년 범법자에게 범죄의 책임을 묻기 위한 점진적 제재graduated sanctions, 시설수용의 적절한 활용, 그리고 강력 소년범죄자의 형사법원 이송 등을 포함하고 있다. 이와 같은 포괄적 접근은 소년사법, 아동복지, 그리고 기타 청소년봉사기관에 걸친 서비스의 통합을 극대화할 수 있는 장점이 있다[11].

1. 예방

미래의 비행과 관련된 다양한 위험요소들이 연구결과 확인되고 있다. 그 중에서도 가장 중요한 위험요소로 낮은 지능과 재능, 충동성, 부적절한 부모의 감시감독, 부모의 갈등, 그리고 범죄다발지역과 쇠락한 지역사회와 같은 나쁜 거주환경 등이 지적되고 있다. 취학 전 지력향상, 부모의 자녀관리 훈련, 가정방문과 같은 부모교육 프로그램을 포함하는 다수의 초기 아동기 프로그램들이 이들 위험요소를 개선하거나 제거하고 비행과 차후 범행을 예방하는데 효과적인 것으로 확인되고 있다. 이들 프로그램 중 일부는 비용—편익cost—benefit 면에서도 비용을 상쇄할 수 있어서 정부나 납세자들에게 상당한 재정적 이익을 가져다준다는 것이다. 예를 들어 미국의 Head Start나 Smart Start같은 프로그램은 빈곤층 아이들에게 향상된 교육환경을 제공하여 아이들로 하여금 저학년 학습에 더 잘 대비할 수 있도록 학습기술과 인지기술을 개발, 발전시킬 수 있게 해준다는 것이다[12].

2. 개입(Intervention)

개입 프로그램은 통상 이미 경미한 일탈이나 비행을 했거나 비행과 일탈을 할 위험성이 높은 것으로 고려되는 10대 청소년들에 초점을 맞추는 것이다. 당연히

---

11 J. C. Howell, Kelly, M. R., Palmer, J. and Magnum, R. L., "Integrating child welfare, juvenile justice, and other agencies in a continuum of services," Child Welfare, 2004, 83: 143–156

12 E. Garces, Thomas, D., and Currie, J., "Longer term effects of Head Start," American Economic Review, 2002, 92: 999–1012

이러한 프로그램은 해당 청소년들이 더이상 더 심각한 비행에 가담하지 않도록 하려고 고안된 것이다. 이런 유형의 프로그램으로서 가장 대표적인 것으로 BBS Big Brothers Big Sisters, Job Corp를 예로 들 수 있을 것이다. BBS는 성인 자원봉사자와 위험 청소년을 결연시켜서 성인 봉사자가 청소년의 Mentor가 되어 청소년이 비행의 위험에 빠지지 않게 하고 비행하지 않도록 지원하고 보살피는 것이다. Job Corp는 학교를 그만두고 직장도 다니지 않는 학교 밖 청소년이 비행의 위험에 가장 많이 노출된다는 측면에서 이 청소년들에게 직업을 알선해 주려는 노력이다[13].

3. 점진적 제재(Graduated Sanction)

일정 형태의 제재가 필요한 비행청소년에 대하여 처음부터 강력하게 제재를 가하기보다는 제재의 강도를 점진적으로 높이자는 것이다. 이러한 점진적 제재의 유형에는 주로 지역사회에 기초한 전환이나 처우community-based diversion and treatment로 이루어지는 비폭력적 범법자에 대한 즉각적 제재, 주로 경미한 비행을 반복하는 소년이나 초범이지만 강력범죄를 범한 소년을 표적으로 하는 보호관찰이나 전자감시와 같은 중간제재intermediate sanction, 그리고 강력범죄를 반복하거나 폭력적인 범행을 한 소년에 대한 시설수용으로 구성되고 있다. 이러한 프로그램의 이면적 철학은 범죄자가 경미범죄에서 강력범죄로 옮겨감에 따라 제재와 처우를 증대, 강화시키는 동시에 가장 강력한 제재는 가장 위험한 범죄자에게 제한하려는 의도이다[14].

4. 시설수용

모든 청소년비행을 사전에 다 예방할 수는 없으며, 위험성이 있는 모든 소년에

---

13 J. B. Grossman and Tierney, J. P., "Does mentoring work? An impact study of the Big Brothers Big Sisters program," Evaluation Review, 1998, 22: 403-426; P. Z. Schochet, Burghardt, J., and McConnell, S., "Does Job Corps work? Impact findings from the National Job Corp Study," American Economic Review, 2008, 98: 1864-1886

14 J. C. Howell, Preventing and Reducing Juvenile Delinquency: A Comprehensive Framework(2nd ed.), Thousand Oaks, CA: Sage, 2009, p. 220

게 개입할 수도 없고, 모든 비행소년을 점진적 제재에 회부할 수도 없으며, 오히려 때로는 비행소년에 대한 체계적인 보호를 위하며 동시에 사회의 안전을 담보하기 위하여 최소한의 범위에서 마지막 수단으로서 비행소년을 시설에 수용하는 것이다. 다만 수용된 소년들을 위한 시설 내 처우 프로그램을 향상시키는 것을 전제해야 한다. 많은 전문가들이 현재 소년사법에서는 비행소년에 대한 시설수용을 과용하고 있으며 특히 비폭력 비행소년에 대한 시설수용은 지나치다고 보아 이들에 대한 비시설수용deinstitutionalization을 제안하고 있는데, 실제로 많은 연구에서도 적절한 처우가 없는 시설수용은 범죄행위를 억제하는 데 거의 기여하지 못한다고 비판하면서, 가장 효과적인 시설 처우 프로그램은 소규모의 참여자에게 개별적인 처우 서비스를 제공하는 것이어야 한다고 주장한다15.

5. 대안법원(Alternative Court)

소년사법제도에서 비교적 상대적으로 새로운 시도라고 할 수 있는 것이 소년법원의 지나친 업무 부담을 줄이면서 동시에 비행소년에게는 전문적인 서비스를 제공할 수 있는 것이 있다면 아마도 비행소년에 대한 10대 법원teen court과 약물법원drug court의 두 가지 특수법정일 것이다. 10대 법원은 비 강력 비행non-serious delinquency 사례에 대하여 10대 동료집단을 배심으로 활용하는 법원으로서 소년심판에 있어서 성인대신에 동년배 10대 배심에서 처분을 결정하는 것이다. 이는 10대 이야기는 10대가 가장 잘 이해하며 따라서 동년배 배심이 가장 효과적으로 판단하고 대응할 수 있을 것이라는 가정에서 출발한다. 한편, 약물법원과 같은 전문법정은 지금까지는 약물관련 범법자들의 재범을 낮추는데 매우 효과적인 범죄통제 대책으로 평가받고 있다. 이런 전문법정을 운용하는 것은 전문화를 통한 개별적이고 전문화된 처우를 제공하기 위한 것이라고 할 수 있다16.

---

15 Siegel & Welsh, op cit., p. 487

16 O. Mitschell, Wilson, D. B., Eggers, A., and MacKenzie, D. L., "Assessing the effectiveness of drug court on recidivism: A meta-analytic review of traditional and nontraditional drug courts," Journal of Criminal Justice, 2012, 40: 60-71; W. C. Carter and Barker, R. D., "Does complettion of juvenile drug court deter adult criminality?" Journal of Social Work Practice in the Addiction, 2011, 11: 181-193

제4절

세계 소년사법의 변화 추세

지난 반세기 동안, 전 세계에 걸쳐서 소년사법은 상당한 변화를 경험하였다. 그러나 소년사법제도의 정책과 모형은 상이하고 때로는 서로 모순적이기도 하였다. 영국이나 네덜란드에서는 소위 신-자유주의적 추세가 목격되었고, 독일과 스위스에서는 전환diversion이 우선시되는 최소 개입minimum intervention과 교육적 대안이라는 온건한 제도가 유지되어오고 있으며, 다른 일부 국가에서는 회복적 사법restorative justice이, 더 최근에는 소년사법과 공중보건public health, 또는 소년사법과 복지welfare가 상호작용하는 이중 지위의 융합, 통합적 접근이 실험되기도 한다.

1. 현대 소년사법 정책의 추세

청소년 범법자에 대한 국가 개입의 보조성과 비례성subsidiarity and proportionality의 개념에 기초한 정책들이 아직도 효력을 유지하고 있거나 모든 국가가 아니라면 적어도 대부분의 나라에서 새롭게 나타나고 있다. 그러나 최근에는 그와 반대되는 발전도 목격하고 있다. 당연히 이 새로운 전개는 청소년 구금을 위한 최대 형량을 높이고, 추가적인 형태의 안전한 수용을 도입함으로써 청소년 사법 개입을 강화하는 것이다. 이러한 보다 억압적이거나 신-자유주의적 접근의 원인은 복합적이다. 예를 들어 응보와 억제retribution and deterrence를 강조하는 미국에서의 새로운 처벌적 추세는 유럽을 비롯한 다수 국가에도 상당한 영향을 끼쳤을 개연성이 높다.

1) 책임감(Responsibilization)과 신-자유주의(neo-liberalism)

최근 들어 책임감, 즉 행위자에게 문제를 해결하는데 주체적인 역할을 하도록 하는 개념이 청소년 사법의 중추적인 범주가 되었다. 이는 물론 소년범죄의 흉포화와 질적 악화 등 소년범죄 추세의 변화를 반영한 것이다. 그러나 책임감은 비행이나 범죄 행위 당사자인 청소년에게만 국한되지 않고, 점증적으로 부모들까지도 자녀의 행위에 대하여 형사적으로 책임을 지도록 하는 경우까지 확대되기도 한다. 실제로 부모에게 더 책임지게 하는 것은 긍정적인 영향을 가져다줄 수도 있는데, 예를 들어 초기 단계에서의 아동에 대한 지원이 동반되는 부모훈련이 긍정적인 예방적 효과가 있었다고 한다. 그러나 부모 책임감 강화나 증대가 반드시 부모를 범죄화할 필요는 없으며, 부모훈련은 오히려 형사제재로 집행되기보다는 복지기관에 의하여 제공되는 것이 더 바람직할 것이다[17].

청소년범죄자들에게 자신의 행동에 대하여 더 책임을 지도록 하는 책임감의 긍정적 관점은 피해자-가해자 화해victim-offender reconciliation, 중재mediation, 배상reparation/restitution의 확장, 확대에 기여했다는 점이다. 그러나 다른 한편으로는 우리나라의 촉법소년 논쟁처럼 특정한 나이 이하나 미만의 소년은 범죄능력이 결여되고, 따라서 처벌할 수 없다는 이전에 반박 가능했던 추정을 폐지하는 것과 동반되어 오히려 더 문제가 될 수도 있다. 그러한 추정을 공식적으로 폐지한다는 것은 아주 어린 소년들에게도 자신의 행동에 대하여도 책임을 묻겠다는 의지, 결심의 표시이기 때문이다. 영국 청소년 사법의 추세를 보면, 책임responsibility, 배상restitution/reparation, 회복적 사법restorative justice, 그리고 응보retribution와 같은 핵심 용어로 특징지어진다. 소위 이 4-R은 과거 소년사법을 대표했던 4-D, 즉 전환Diversiton, 비범죄화Decriminalization, 비시설수용Deinstitutionalization, 그리고 적법절차Due process를 대체하였다. 이 새로운 담론의 응보적 특성은 지역사회 개입community intervention은 '강하고tough' '믿을 만한credible' 해야 한다는 요건이 좋은

---

17 Cavadino, M. and Dignan, J., Penal Systems. A Comparative Approach, London, Thousand Oaks, New Delhi: Sage, 2006, p.68; I. Pruin, "The scope of juvenile justice systems in Europe," in F. Dunkel, J. Grzywa, P. Horsfield, and I. Pruin(eds.), Juvenile Justice Systems in Europe - Current Situation and Reform Development(3nd ed.), Monchengladbach: Forum-Verlag, 2011, pp.1539-1582

예가 될 수 있다. 간단하게 말하자면, 과거의 '지역사회 처우, 개입'이 지역사회 형벌, 처벌community punishment로 대체되는 것이다. 이러한 변화는 영국 행형학penology을 지배하게 된 소위 말하는 '신-교정주의자 모형neo-correctionalist model'에 기인한다는 것이다[18].

이와 같은 신-자유주의 확대, 확장 추세에는 몇 가지 이유가 있다. 일부는 응보retribution와 무능력화incapacitation와 같은 형벌 철학과 이와 관련하여 종종 부정기형을 수단으로 청소년범죄를 악마화하는 양형 정책을 새롭게 강조하는 데서 찾을 수 있다. 물론 그럼에도 불구하고, 대부분의 국가에서는 고전적 형벌 목적이나 18-9세기 개념으로 회귀하고 있다는 증거는 없다. 전반적으로 비록 '정의 또는 사법justice'이라는 요소가 얼마간 새롭게 강조되기도 하지만 이전의 교육이나 특별 예방의 원리에도 지속적으로 집착하고도 있다. 이런 관점에서 특별히 흥미로운 것은 바로 소위 '가족 집단 회합Family Group Conferencing'을 포함하는 청소년 사법에 있어서 회복적 사법Restorative Justice을 강조하고 그래서 기본적 지향성에 있어서 꼭 '신-자유주의'가 되거나 표방하지 않고도 이런 방식으로 책임감에 기여했다는 것이다[19].

2) 전환(Diversion), 최소 개입(Minimum Intervention)과 지역사회 제재 (Community Sanction)

청소년 범법자들에게 적용할 수 있는 처분의 발전에 있어서는 우리가 이용할 수 있는 전환의 수단이 확실하게 확대, 확장되었다고 할 수 있다. 즉, 전환의 방식이나 형태가 다양해졌다는 것이다. 그러나 이런 것들은 종종 교육적 대책이나 단순히 경고라는 수단으로 규범을 정당화하기 위한 기능과 연계되곤 한다. 그러나

---

18 Cavadino & Dignan, op cit., p. 210; Muncie, J., "The 'Punitive Turn' in juvenile justice : Cultures of control and rights compliance in Western Europe and in the USA," Youth Justice, 2008, 8: 107-121

19 O'Mahony, D. and Campbell, C., "Mainstreaming restorative justice for young offenders through youth conferencing : The experience in Northern Ireland," in A. Junger-Tas and S. H. Decker(eds.), International Handbook of Juvenule Justice, Doordrecht: Springer, 2006, pp. 93-115; O'Mahony, D. and Doak, J., "Restorative justice and youth justice: Bringing theory and practice close together in Europe in reforming criminal justice," in J. Junger-Tas and F. Dunkel(eds.), Reforming Criminal Justice, 2009, pp. 165-182

때로는 최소 개입에 대한 관심은 아직도 기소로부터의 전환이 더이상 아무런 조치가 취해지지 않는 것을 의미한다. 소년사법은 물론이고 심지어 형사사법에 있어서도 자유의 박탈은 최소한의 마지막 수단, 대안이어야 한다는 데는 누구도 이의가 없을 것이다. 실무적으로는 '마지막 수단last resort'이 의미하는 것은 그 수준이 시대와 나라에 따라 다양하다. 일부 강력범죄를 제외한 대부분의 청소년 범행은 비공식적 전환을 수단으로 재판없이 다루어진다. 이러한 추세가 소위 '편의주의expediency principkle', 즉 검찰과 심지어 경찰에 폭넓은 범위와 정도의 재량을 허용하는 오래도록 인정되어 온 원칙, 원리의 직접적인 결과이기도 하다. 그러나 일부 국가에서는 재량이 허용되지 않는 예외도 있으나, 그런 경우에는 대부분 오직 경미한 손상만 초래하는 재산범행은 항상 법정 형사 범죄로 취급되는 것이 아니라는 점을 기억할 필요가 있다. 어떤 경우에는 청소년 법원 판사가 형벌로부터의 전환적 면책을 부여하는 사법적 사면을 시행하기도 한다. 이처럼 비–개입이나 오직 공식적이거나 비공식적이거나 경미한 제재만을 부과하는 아주 다양한 형태가 존재하고 있다[20].

3) 회복적 사법(Restorative Justice)

세계적으로 소년사법 분야에서 보편적으로 보이는 한 가지 발전은 청소년범죄자에게 회복적 사법의 요소들을 적용하는 것이다. 피해자에게 배상과 사과를 요구하는 피해자–가해자 화해, 중재 또는 제재가 그 주요 사례들로서, 대다수는 지배적으로 비공식적 처분전환과 연계된 것이다. 일부에서는, 배상명령을 수단으로 하거나 교육 지침으로서 피해자–가해자 화해를 통하여 회복적 사법 요소가 소년법원에 의한 독자적 제재로 활용되고 있고, 가족 집단 회합이 비교적 최근의 발전이다. 여기서 회합은 피해자와 가해자 모두의 사회적 가족 네트워크를 고려하고 활성화시키려는 형태의 중재이다[21].

---

20 Dunkel, F., Pruin, I., and Grzywa, J., "Sanctions systems and trends in the development of sentencing practices," in F. Dunkel, J. Grzywa, P. Horsfield, and I. Pruin(eds.), Juvenile Justice Syatems in Europe – Current Situation and Reform Development, Monchengladbach : Forum Verlag Godesberg, 2011, pp. 1649–1716
21 O'Mahony D. and Campbell, C., op cit.

그런데 과연 이들 회복적 요소가 실제로 양형 관행, 실무에 영향을 미치는지 아니면 우리가 생각하거나 보기보다 더 억압적인 소년사법제도를 숨기고 위장하려는 단순히 치부를 가리기 위한 눈속임인지 여부는 각각의 경우에 있어서 서로 다른 전통과 배경을 고려해야만 결정될 수 있다. 어떤 경우이건, 피해자-가해자 화해는 양형 관행, 실무에 있어서 적어도 양적으로는 상당한 증가를 보였다. 더 광의로 지역사회 봉사, 즉 사회봉사명령도 회복적 제재로 간주한다면 더 수치는 더 증가할 것이라고 한다. 다양성 속에서도 공통점을 찾는다면, 그것은 대부분 순수한 교화개선적 관점이나 형벌적 관점에서 멀어져 형사 절차의 새로운 개념으로 옮겨가고 있다는 것이다.

4) 청소년 사법의 모형

소년사법은 크게 교화개선, 교육, 복지 지향적인 것과 형벌, 사법 정의를 지향하는 것으로 나누어볼 수 있지만, 사실 어느 모형이건 이상적인 형태의 복지 모형이나 사법 모형을 찾기란 쉽지 않다. 오히려 이보다는 둘의 혼합, 통합 또는 융합형을 찾기가 더 쉬워졌다. 최근 20여 년 동안 복지 대안이라고도 간주될 수 있는 절차적 안전 지침을 도입하거나 기존 지침을 확대함으로써 사법 모형을 강화하려는 소년사법 정책의 분명한 추세도 목격할 수 있다. 이런 추세는 불균형적으로 지나치게 가혹한 양형이나 교육적 대안을 피한다는 의미에서의 비례성의 원리, 원칙을 더 엄격하게 강조하고 있다. 반드시 정확하게, 확실하게 사법이나 복지에 기초하지 않아도 되는 다른 방향들도 마찬가지로 중요하다. 이미 설명한 회복적 사법은 말할 것도 없고, 최소 개입도 역할을 하지만 청소년범죄에 대한 더 엄격한 양형과 '강력 대응get tough'을 지향하는 '신-자유주의적' 추세도 나름의 역할을 한다. 가해자-피해자 화해와 기타 배상적 전략을 포함하는 비공식적 절차전환의 우선순위화인 최소 개입을 지향하는 추세들도 독자적인 청소년 사법 모형, 즉 '최소 개입 모형Minimum intervention model'로 간주될 수 있다. 비단 전환과 지역사회 제재를 우선하는 '최소 개입 모형'과 회복적/배상적 대응, 반응을 우선하는 '회복적 사법 모형'뿐 아니라, 앞에서 기술한 '신-교정주의자 모형neo-correctionalist model'도 하나의 새로운 추세이다[22].

---

22 Cavadino, M. and Dugnan, J., Penal Systems : A Comparative Approach, London,

또한 여기서 대다수 소년사법제도가 복지와 사법 철학뿐 아니라, 최소 개입, 부모와 범법자 청소년에 대한 책임의 부과와 책임감 강화, 재범자에 대한 더 강력한 형벌과 어린이에 대한 안전한 수용을 강조하는 신 교정주의 요소와 회복적 사법도 통합하기 때문에 분명한 경계가 없다. 오히려 회복적 또는 형벌적 요소를 지향하는 방향성의 정도에서 더 분명한 차이가 있다. 결국, 소년사법은 지금까지 기술한 추세로 더욱 형상화되는 복지와 사법 요소를 결합, 통합하는 혼합된 제도를 향하여 움직이고 있다고 결론을 내릴 수 있을 것이다.

5) 소결

소년사법제도는 다양한 형태와 서로 다른 방향성, 지향성을 가지고 발전, 변화해 왔다. 제재와 대안을 보면, 일반적 추세는 소년 범법자들이 위반한 규범의 준수를 향상시키기 위한 목적으로 교육적 또는 다른 대안과 결합된 전환의 확대, 확산을 보이고 있다. 중재, 피해자−가해자 화해, 가족 집단 회합이 전환적 전략의 좋은 사례이다. 다른 한편에서는 아동 청소년 복지에 전적으로 기초한 제도들은 약간 후퇴하는 것으로도 보인다. 전반적으로, 회복적 사법이 신−자유주의나 신−교정주의 접근을 어느 정도 채택하고 있는 나라와 상대적으로 강력한 복지적 지향성, 방향성을 가지고 있는 나라 모두에서 받아들여지고 실행되고 있다. 더불어, 사회기술훈련이나 인지행동훈련, 치료와 같은 청소년 범법자들의 사회적 능력을 향상시키려는 교육적 또는 다른 대안들도 보다 광범위하게 발전되어 왔다. 물론 청소년들에 대해서 마지막 수단으로서의 대안으로서만 자유의 박탈을 활용하는 사상이 바람직한 것으로 받아들여져 왔지만, '신−자유주의' 지향성, 방향성도 소년사법 정책과 실무에도 영향을 미쳐왔다. 청소년 구금 범위의 확대가 이러한 '처벌적' 전환으로 해석될 수 있을 것이다. 실제로 응보, 무능력화, 그리고 개인적 책임감과 범법자 책임과 관련된 처벌적 가치는 청소년 보호와 지원이라는 전통적 원리를 손상하여 정치적 정당성을 얻게 된다.

Thousand Oaks, New Delhi: SAage, 2006, pp. 199, 205, 210

2. 이중 신분, 지위로서의 소년범죄와 범죄자에 대한 이중적 접근

소년범죄와 소년사법에 있어서 이중 신분이나 이중 지위는 여러 의미로 사용될 수 있을 것이다. 가장 빈번하고 보편적인 것은 청소년 비행의 지위, 신분 중첩, 즉 비행소년이 가해자이기도 하고 동시에 피해자이기도 하고 가해자와 피해자가 동질적이지 이질적이지 않다는 것에서 시작될 수 있다. 비교적 더 최근에는 비행소년을 소년사법의 대상이지만 동시에 복지와 보호의 대상으로 봐야 한다는 이중 지위, 신분과 그로 인한 복지적 접근과 사법적 접근이 통합된 이중적, 통합적 접근이 강조되고 있고, 다른 한편에서는 사법적 접근과 공중보건이 통합된 이중적, 통합적 접근의 필요성이 대두되고 있다.

최근, 대중과 학계 모두가 아동, 청소년들에 의한 반사회적 행위에 종종 관심의 초점을 맞추어 범죄성과 공중보건public health에 대한 동시적 관심을 보이고 있다. 소년비행 문제의 규모가 정부와 언론으로부터 엇갈린 반응을 일으켰는데, 한편에서는 비행소년에 대한 보다 향상된 지원과 교화개선을 요구하고 다른 한편에서는 보다 처벌적 접근이 필요하다고 목소리를 높이는 것이다. 실제로는 통계적으로나 실무적으로 볼 때, 청소년범죄자들이 일반 청소년 인구와 비교하여 현저하게 증대된 정신 건강의 심각성과 확산이 일관되게 확인되어 왔다. 비행 청소년들의 비행이라는 범죄성과 정신 건강이라는 공중 보건의 두 가지 이중적 필요를 충족시키기 위해서는 소년사법과 공중 보건의 이중적 접근이 필요하다는 것이다. 또한 전통적으로 강조되어 온 빈곤가정, 결손가정 등 문제 가정과 범죄, 비행의 관련성도 소년사법뿐 아니라 복지 제도의 참여가 전제되지 않는다면 성공할 수 없음을 보여주고 있다. 여기서 청소년범죄자에 대해서 소년사법과 복지 제도가 통합된 이중적 접근이 필요해지는 것이다[23].

---

23 Fougere A., Thomas, S., Daffern, A., "A study of multiple and complex needs of Australian young adult offenders," Australian Psychologist, 2013, 48: 188−195; Kinner, S. A., Digenhardt L., Coffey C., Sawyer S., Hearps S., and Pattern G., "Complex health needs in the youth justice system: A survey of community−based and custodial offenders," Journal of Adolescent Health, 2014, 54:521−526; Young S., Greer B. and Church R., "Juvenile delinquency, welfare, justice and therapeutic interventions: A global perspective," Bulletin, Cambridge University Press, https://doi.org/10.1192/pb.bp.115.052274, 2023, 3, 2 검색

결론적으로, 가정문제로 가출하고 폭력의 전이로 폭력을 행하는 아이에게 소년
사법의 형벌이나 교화개선만으로는 그의 재범을 막을 길이 없다. 그 아이를 비행
소년으로 내몰았던 가정문제는 그대로이고 폭력을 전이시킨 가정폭력과 학대도
그대로라면 범죄의 온상으로 그냥 되돌려보내는 데 지나지 않기 때문이다. 정신
건강도 마찬가지이다. 우울이나 스트레스로 인한 비행임에도 그 원인의 치유보다
는 그로 인한 결과인 비행에만 초점을 맞춘다면 문제는 결코 완전하게 해결될 수
없다. 소년비행은 당연히 소년비행의 근본적, 근원적 원인이 되는 아동에 대한 복
지와 정신건강을 비롯한 공중보건과 함께 해결해야 하는 과제이다.

1) 소년사법의 일반 원리

(1) 복지와 사법 모형

형사범행으로 유죄가 확정된 사람에 대한 형의 선고는 대체로 응보처벌,
retribution, 억제deterrence, 그리고 교화개선rehabilitation이라는 세 가지 핵심 사항을
고려하여 이루어진다. 비행소년의 경우에는 종종 교화개선의 원리에 가장 큰 가
중치가 주어진다. 형사사법제도에서 이 비행소년들을 특별히 고려하는 것이 새로
운 개념은 아니다. 로마법에서도 '나이가 어려서 책임을 질 수 없다는 원리'가 형
사범행에 대한 책임을 지기 위해 요구되는 형사범행에 대한 이해와 능력의 결여
를 근거로 어린 청소년들이 기소되는 것으로부터 보호하였다. 물론 나라마다 그
정도는 다양할 수 있지만 거의 모든 국가에서 법에 저촉되는 어린이, 청소년들에
대한 특별한 고려와 배려를 하고 있다. 일부 국가에서는 아동의 필요, 진단, 처우
그리고 보다 비공식적 절차에 초점을 맞추는 '복지welfare 모형'이 우위를 차지하
는 반면에 다른 나라에서는 책임, 처벌, 그리고 절차적 공식성을 강조하는 '사법
justice 모형'을 선호한다[24].

복지나 사법 모형 내에서, 법에 저촉되는 행위를 한 청소년은 청소년이 떠나는
것이 허용되지 않는 공적 또는 사적 장소에서 공권력하에 있게 되는 어떤 형태의
구금으로 규정되어, '자유를 박탈당할 수' 있다. 청소년이 자유를 박탈당하는 장소

---

[24] Young S., Greer B. and Church R., "Juvenile delinquency, welfare, justice and
therapeutic interventions: A global perspective," Bulletin, Cambridge University Press,
https://doi.org/10.1192/pb.bp.115.052274, 2023, 3, 2 검색

에는 경찰서 유치장에서부터 소년원, 교도소, 병영 캠프boot camp에 이르기까지 매우 다양하다[25].

(2) 형벌적 제도의 정도 차이

UN에서도 법에 저촉되는 행위를 한 청소년들을 관리하기 위한 전문화된 제도의 개발을 지지한다. 1930년대 미국에서 소년법원이 처음 만들어졌을 때, 아동의 이익에 최고로 기여하는 진보적인 제도로 폭넓게 칭송되었었다. 이어지는 공식적 소년법원의 발전은 1970년대 청소년을 구금을 피하고 교화개선의 기풍을 이어가는 상황, 환경, 여건에서 이루어지게 된다. 그러나 1980－90년대의 청소년범죄의 폭증으로, 대중과 정치적 견해는 확고하게 보다 형벌적, 처벌적인 방향으로 돌아섰다. 당연히 이러한 여론의 변화는 소년법원이 내릴 수 있는 형벌, 처벌의 엄중성을 증대시키고, 성인 형사법원에서 재판받게 할 수 있는 청소년의 연령대를 낮추는 법률적 개혁으로 이어지게 된다. 물론, 복지제도가 자동으로 소년사법적 접근보다 선호되는 것으로 가정하는 것은 잘못이다. 그것은 복지 제도도 청소년의 자유를 박탈한다는 측면에서는 동등하게 강제적, 강압적이기 때문이다. 그 결과, 적법 절차, 청소년들로부터 받을 수 있는 증거를 확보하는 데 대한 안전지침, 증거를 검증하는 과정, 그리고 처분에 따른 정밀조사나 청원 절차를 결할 수도 있는 것이다[26].

2) 공중보건 모형의 적용

1899년 성인 범법자와 소년 범법자를 분리하기 위하여 소년사법제도가 처음으로 설치되었는데, 그 설치의 기초에는 소년사법제도의 목표가 교화개선이라는 점이 자리하고 있었다. 그러나 점증적으로 도전적인 상황에 직면한 청소년들이 그들의 무수한 필요를 제대로 다루기에는 제대로 갖추어지지 않은 제도로 쏟아져 들어오고 있음에 따라, 현대 소년사법제도는 압도되어 갈피를 잡지 못하기도 하고 효과적이지도 않다. 극단적인 반사회적 행위를 보이고 그러한 행위로 구금된

---

25 Stevens A., Kessler J., Gladstone B., "Review of good practice in preventing juvenile crime in the European Union," University of Kent & European crime Prevention Network, 2006, http://www.eucpn.org/library/index.asp, 2023, 3, 2 검색

26 op cit.

청소년들만큼 오해를 받고 부당한 대접을 받는 집단도 없다는 비판까지 받게 된 상황이다. 소년범죄의 질적 악화와 낮아지지 않고 높아만 지는 재범률이라는 사실적 통계가 이를 증명하고 있다[27].

　소년사법이 교화개선을 주목적으로 했었음에도, 오늘날의 소년사법제도의 초점은 교화개선이 줄어들고, 형벌적 또는 응보적 패러다임이 지배하는 상황이 되었다. 점증적으로 소년사법과 형사사법이 닮아갔고, 그 결과 청소년의 양형과 구금 경험은 성인들과 크게 다를 바 없게 되었다. 그래서 청소년의 폭력범죄율은 가장 낮아졌고 청소년 인구의 감소로 청소년 범법자 구금시설은 증가하고 수용인원 또한 증가했다는 다수 국가의 사례가 이를 증명하고 있다. 학자들이나 실무전문가들은 사회복지의 사명에서 사회통제 사명으로의 소년사법의 진화를 비판해왔다. 특히 부분적으로는 소년사법이 가난하고 소수 집단 청소년들의 삶에 적절하게 영향을 미치지 못하기 때문에 소년사법을 규정하고 있는 구조가 오늘날의 사회에서는 부적절하다는 것이다. 그 결과, 소년사법제도의 청소년들은 재범률이 높고, 학업성취도는 낮으며, 궁극적으로 성인기 성공도 제한적이라는 것이다. 이는 소년사법제도로의 진입이 다양한 범주의 위험, 예방노력의 실패, 그리고 실행 가능한 지역사회에 기초한 대안의 부재의 정점이라는 것이다. 안타깝게도 소년사법제도는 청소년을 낮은 기대, 제한적인 학업 성취, 그리고 감소된 취업 대안의 종신형을 효과적으로 선고하는 미래 범죄성future criminality의 플랫폼이라는 것이다. 당연히 우리가 소년사법제도의 원래 근본 의도인 교화개선을 되찾고자 한다면 제도 변화가 필요하다는 것이다[28].

　소년사법제도의 최선은 청소년들에게 교화개선의 정당한 기회를 주는 것이고, 최소한은 구금된 청소년의 기본적인 교육, 건강, 행위적 care 필요에 대응하는 것이다. 그런데 실질적인 실제 변화 기회를 제공하기 위해서는 이 care에 대한 상이

---

27 Myers D. M. and Farrell A. F., "Reclaiming lost opportunities: Applying public health models in juvenile justice," https://www.researchgate.net/publication/223400784_Reclaiming_lost_opportunities_Applying_public_health−models_in_juvenile_justice#pf11, 2023, 3, 2 검색

28 Bazemore C. and Umbreit M., "Rethinking the sanctioning function in juvenile court: Retributive or restorative response to youth," Crime and Delinquency, 1995, 41: 296−316; Fas, S. M. and Pi, C., "Getting tough on juvenile crime: An analysis of cost and benefit," Journal of Research in Crime and delinquency, 2002,, 39: 363−399; Myers and Farrell, op cit.

한 관점을 받아들이는 것이 필요하다. 소년사법에 있어서 care는 청소년의 행위적, 학업적, 직업적, 정신건강, 그리고 신체적 건강 요구와 필요를 충족시키는 것은 물론이고, 지역사회로의 전환, 복귀를 용이하게 하는데 필요한 가정과 공중 봉사를 제공하는 것을 의미한다. 이런 관점에서, 청소년이 소년사법제도에 가담하는 것은 어쩌면 공중보건public health의 문제로 고려된다[29].

   예방과 개입에의 공중보건 접근은 교육, 청소년 폭력, 그리고 정신건강에 성공적으로 적용되어 왔다. 예방적 개입은 미국에서 이미 50여 년 전 '만성질병위원회Commission on Chronic Illness'가 공중보건의 관점에서 도입하고 규정하였다. 범죄예방과 마찬가지로 공중보건 모형도 1차, 2차, 3차 개입의 세 가지 단계, 수준으로 대표되고 있다. 첫 단계인 1차적 예방은 일반적, 보편적인 것으로, 미래 건강 합병증을 예방하려고 노력함으로써 인구 구성원 모두에게 이익이 되도록 설계, 고안된다. 면역, 금연 교육, 그리고 매년 하는 신체검사 등이 새로운 사례의 예방 가능한 질병과 조건들을 줄임으로써 건강 문제를 줄이고자 목표하는 예방적 대책의 좋은 예라고 할 수 있다. 2차 단계의 개입은 위험에 놓인 사람들의 집단과 일차 예방에 반응하지 않는 사람들을 위한 표적화된 개입을 제공하는 것이다. 유전적 유방암 위험이 있는 여성들에 대한 2년에 한 번의 유방암 검사, 천식이 있는 아이들에 대한 빈번한 소아과 진료, 약물남용 경향을 가진 사람들에 대한 집단 상담 등이 2차적 개입의 좋은 사례들이다. 2차적 개입은 종종 위험성을 검사하고 해결하기 위한 전문가들의 감시, 모니터링이 많아지는 것을 함축하고 있다. 공중보건에 있어서, 이차적 개입은 조건의 진행을 되돌리거나 중단시키거나 늦추기 위해서 고안된 것들이다. 3차적 개입은 1차와 2차 전략이 항상 효과적이지는 않다는 것을 인정하고, 그래서 종합적이고, 신속하게 시작되고, 필요에 상응한 기간 동안 실시된다. 병원 입원, 개별적 물리적 치료, 개별 심리 치료 등이 3차적 개입의 예라고 할 수 있다. 이 3차 예방 전략은 병 또는 질병과 관련된 장애를 줄이는 것이다[30].

   이러한 공중보건 모형의 관점에서 바라보면, 소년사법은 3차적 개입이라고 할 수 있을 것이다. 청소년이 소년사법제도에 진입하는 것은 그들이 학교나 지역사

---

29 Myers and Farrell, op cit.
30 Myers and Farrell, op cit.

회에서 제공하는 1차적 개입이나, 보호관찰 등의 2차적 개입에 제대로 반응하지 않았기 때문이며, 이 청소년들은 형벌, 교화개선, 또는 더 이상의 대중적 해악의 예방을 위한 수단으로 구금되는 것이다. 소년사법제도란 공공_{정부} 기구, 기관이기 때문에, 그 운영에 있어서 신체적, 정신적 건강 요구와 필요의 검사, 영양식, 의료, 교육, 필요한 교화개선 등을 포함한 보편적_{일차적} care를 제공할 것을 필요로 한다. 2차적 개입은 재범이 예측되는 사람들처럼 유사한 위험을 가진 청소년과 약물 남용, 우울, 교육 결핍 등을 포함하는 들을 위한 독특한 문제에 표적화된 개입을 함축하고 있다. 3차적 개입은 이미 나타난 심각한 건강과 행동 문제와 필요와 요구를 가진 구금된 청소년들을 위한 것이라고 할 수 있다[31].

3) 복지 모형의 적용

통계나 학자들의 연구에 따르면, 복지의 대상이면서 동시에 소년사법의 대상이거나 최소한 집중적 관심과 관찰의 대상인 청소년이 적지 않다고 한다. 이처럼 청소년들이 복수의 제도와의 접촉과 개입은 위탁보호에서 교정으로 이어지는 하나의 파이프라인을 영속화시킬 수 있다고 경고한다. 따라서 소년사법과 아동복지 제도 양쪽의 대상이 된 소위 이중 지위, 신분을 가진 청소년의 과잉을 줄이고 궁극적으로는 제거하는 것이 절대적으로 필요하다는 것이다. 이처럼 청소년들에 대한 손상된 경로를 중단시키고, 대신에 기회의 파이프라인을 만들어주는 것이 그들의 회복탄력성을 조장하고, 보호요소를 만들어 내고, 트라우마와 역경을 경감시키는 데 핵심이라는 것이다[32].

가장 취약한 청소년 대다수는 아동복지와 소년사법제도와의 접촉과 개입으로 부정적인 영향을 받게 되며, 더구나 이러한 이중 지위와 신분을 가지는 청소년들이 필요로 하는 것은 교육, 건강, 행동건강을 포함한 다른 공공기관은 물론이고 다수의 다른 지역사회에 기초한 조직과 단체의 공동의 책임이다. 청소년들을 위한 서비스 간극을 메우고, 이중 접촉의 위기에 놓인 청소년을 조기에 확인하고, 소년사법제도에서 더 심각한 경험을 하지 않도록 각종 안전장치가 제자리에서 제

---

31 ibid.
32 The Children's Partnership and Robert F. Kennedy Children's Action Corps, Building A Brighter Future for Youth with Dual Status, 2018, 8, p. 5

대로 작동하는지 확인함으로써 청소년들의 치유하고 트라우마를 경감시킬 수 있는 정책과 관행을 만들어야 하는 것이다.

그런데 이중 지위, 신분의 청소년들이 특히 취약하고, 종종 아동학대나 방임의 피해자가 되고, 소년사법과 접촉한 것으로 파악되고 있으며, 그들의 복잡한 필요로 인하여 특별한 도전에 직면한 것으로 알려져 있다. 복수의 제도와 접촉하고 개입한 경험이 있는 청소년들은 접촉이 없거나 단일 접촉만 있는 청소년에 비해 부정적 영향을 더 많이 받을 개연성이 더 높다. 실제로 종종 방임의 결과로 아동복지제도와 접촉하게 되는 청소년들이 학업 등 결과가 더 나쁘고 장차 비행의 위험에 놓일 개연성이 더 높은 것으로 알려져 있다. 소년사법제도에 있는 청소년의 2/3 정도가 어떤 순서이건 언젠가는 아동복지제도와 접촉했던 것으로 조사되기도 하였다. 결국 이러한 연구결과나 자료는 이전의 아동복지접촉이 비행에 대한 잠재적 위험요소일 뿐만 아니라 장래 사법 개입을 억제하기 위한 조기 개입과 예방을 위한 기회이기도 한 것이다. 조기 개입과 서비스 제공은 아동복지제도하의 소년 사법 가담을 줄이고 제거하고, 성인기까지에 걸친 여러 제도와의 지속적인 접촉과 가담의 위험을 줄일 수 있다는 것이다[33].

아동복지제도는 아동을 보호하고 가정에 초점을 맞춘 서비스를 제고하고자 하는 반면에 소년사법제도는 공공의 안전을 확보하는 동시에 청소년을 교화개선하고자 하여, 양 제도의 협조와 협력은 이중 지위, 처지에 놓인 청소년들의 건강과 전반적인 웰빙을 향상시킬 수 있다. 이 청소년들은 제도와 제도 사이를 오감에 따라 서비스 중단에 직면하게 되고, 종합적이고 조정된 총체적 접근이 서비스의 중단을 줄이고 제거하고 보살핌을 계속할 수 있게 하는 데 도움을 줄 수 있다. 이러한 노력에는 교육, 건강, 행동 건강, 법집행, 그리고 기타 유관기관을 포함한 서비스의 협력에 포함된다. 이 제도들을 조정하고 통합하는 것은 도전적이지만 청소년들을 위한 장기적 결과를 향상시키고 비용을 절감할 수 있다는 점에서 가

---

33 Cutuli, J. J., George, R. M., Coulton, ., Schretzman, M., Crampton, D., Charvat, B. J., and Lee, E. I., "From foster care to juvenile justice: Exploring characteristics of youths in three cities," Children and Youth Service Review, 2016, 67: 84−94; Jonson−Reid, M., and Barth, R. P., "From placement to prison: The path to adolescent incarceration from child welfare supervised foster or group care," Children and Youth Service Review, 2016, 22(7): 493−516, doi.10.1016/S0190−7409(00)00100−6; Children's Partnership and RFK Childeren's Action Corps, op cit., p. 8

치가 있는 것이다. 이중적으로 아동복지와 소년사법제도에 가담된 청소년들은 종종 이 제도들로 하여금 청소년들의 성장결과를 향상시키고, 청소년들을 더 이상의 피해자화로부터 지키고, 사법제도와의 추가적인 접촉을 줄이기 위한 협조적이고 협력적인 노력을 요하는 필요로 하는 것이 높은 수준이고 위험성이 높은 인구이다[34].

3. 소년 피해자 사법(Juvenile Victim Justice)의 대두

소년비행, 비행소년, 그리고 비행 피해자를 한꺼번에 이야기한다면, 아마도 소년비행 가해자와 피해자의 중첩, 즉 가해자가 피해자가 되고 피해자가 가해자도 되는, 그래서 가해자와 피해자가 전혀 이질적인 집단이 아니라 동질적이라는 말로 대표될 수 있을 것이다. 형사사법에서 성인 피해자가 잊혀진 존재인 것처럼 소년사법에서 비행 피해 소년들은 잊혀진 존재 그 이상 아무것도 아닌 것이 현실이다. 그러나 피해자학과 범죄, 비행 예방의 한 축에서는 범죄예방을 위해서는 피해자의 지원과 보호와 회복탄력성을 높여서 비행과 범죄를 예방하자, 즉 반목 피해자화를 방지함으로써 그만큼의 범죄를 예방하자고 외친다.

당연히 이런 소년 피해자 사법은 경찰, 검찰, 형사 및 민사 법원, 아동보호기관, 아동옹호센터, 피해자 지원, 보호 기관과 단체, 그리고 정신건강 기관을 포함하는 일련의 복잡한 기관, 조직, 단체의 조합이 되어야 한다. 물론 이 모든 기관과 조직들이 각자 엄청난 역할을 함에도 불구하고, 소년 피해자 사법이라는 통합된 총체적 구조나 역할은 아직 존재하지 않으며, 그에 대한 인식과 이해도 부족하여 현재 소년사법을 대표하는 소년 가해자 사법과는 비교도 안 될 정도로 미미하다. 그 결과는 규모의 경제학에서 본 비용—편익적으로 효율적이지 못하고 역할의 중복과 경계로 인한 소외가 문제되고 있다. 소년 피해자 사법이 폭넓게 인지, 인정되지 못하는 것은 부분적으로 피해자 관련 역할과 활동이 지나치게 분할되었기 때문이기도 하다. 가해자 사법제도처럼 전체로서 조직, 구조되고 운영되지 않아서, 피해자 관련 기관이 다른 기관이나 제도, 예를 들어 복지나 공중보건 또는 교육제도의 부분으로 있거나 예속되어서 일차적으로 피해자를 염두에 둔 독자적인 조

---

34 Children's Partnership and RFK Children's Action Corps, op cit., pp. 13–14

지, 기관으로 독립적인 역할을 하지 못하고 있다는 것이다[35].

청소년, 아동의 보호는 그들이 사회의 약자로서 그들에 대한 공격과 위험에 스스로 대처하고 방어할 수 있는 능력이 없거나 부족한 사회 취약계층, 집단이기에 더욱 필요한 것이다. 더구나 사회 취약집단인 청소년이 비행과 범죄의 피해자라면 어쩌면 이중의 취약성을 가진 가장 취약한 존재이지 않을 수 없고, 당연히 보호의 1순위가 되어야 마땅할 것이다. 아동보호기관이나 제도의 일차적 목표는 아동의 안전을 확보, 확립하는 것이다. 소년 피해자를 포함하는 경우, 소년 피해자 사법제도의 부분인 다수의 기관, 기구를 포함하지만, 그렇다고 이 모든 기관, 제도가 다 소년 피해자에게 직접 또는 즉각적인 영향을 미치지는 않는다.

소년 피해자 사법이 제대로 작동하기 위해서는 먼저 정책입안자, 결정자들이 소년 피해자 사법제도의 가장 중요한 단계와 전이, 이행을 파악하고 그 우선순위를 정하는 데 초점을 맞추어야 한다. 지금까지 형사 법정은 정책 관심을 형사 사건에서 증언하는 청소년에 대한 스트레스를 경감시키는 데 집중하였다. 그러나 실제로 극소수의 소년 피해자만이 그런 상황을 맞이하는 반면에, 아동보호 면담이나 건강진단의 효율성과 스트레스에 관련된 쟁점들이 더 많은 비율의 청소년들에게 영향을 미친다고 한다. 이런 점에서 피해 소년들과 가족들을 지지하고 안내하고 방향을 바로 잡아주는 전문가들의 지원, 도움을 필요로 하는 것이다. 바로 이런 관점에서 더 많은 관심이 전체로서 소년 피해자 사법제도를 합리화하고 통합하는데 주어져야 한다. 이를 위하여 최근에는 합동수사를 하거나 정보공유와 의사결정을 위한 다학제적 팀을 전개함으로써 소년 피해자 사법의 특정 관점들을 조정하는데 상당한 노력이 가해지고 있다. 그와 같은 조정과 통합은 과정을 신속하게 진행하고, 의사결정을 조정하고, 그리고 피해자에 대한 부정적 영향을 최소화하려는 것들이다. 이처럼 다수의 기관이 통합되어야 한다면, 당연히 기관 간 정보의 공유가 전제되어야 한다. 소년 피해자 사법제도는 그 구성 기관 간 보다 효율적인 정보의 교류와 공유가 필요한 것이다. 소년 피해자는 학교, 복지, 의료 등 제반 관련 분야 다수 기관과 그것도 수년 동안 관련될 수 있다. 제도 내 한 기관의

---

35 Finkelhor, D., Cross, T. P., and Cantor, E. N., How the Justice System Responds to Juvenile Victims: A Comprehensive Model, US Department of Justice, Office of Justice Programs, Office of Juvenile Justice and Delinquency Prevention, 2005, p. 1

결정이나 정보가 다른 기관의 결정에 영향을 미친다. 예를 들어, 가정폭력이나 아동학대의 경우 피해자와 가해자가 한집, 한가정에서 생활한다면, 가해자에 대한 범죄 수사는 아동을 가정 밖에 보호하는 아동보호기관의 결정에 영향을 미치는 것이다[36].

---

36 Finkelhor et al., op cit., p. 9

제3장

경찰과 소년비행

우리가 비행의 원인을 안다면 그 해결, 즉 소년비행을 줄이거나 통제 또는 적어도 관리하기 위하여 무엇을 어떻게 할 것인가도 알 수 있을 것이다. 우리가 비행의 원인을 정확하게 진단할 수 있다면 그 원인을 제거하거나 해소함으로써 비행은 통제될 수 있는 것이다. 예를 들어, 부모의 거부나 감시의 부재가 비행의 원인임을 익히 알고 있기에 부모의 거부를 해소하고 감시감독을 향상시킴으로써 비행을 통제할 수 있는 것이다. 마찬가지로, 비행의 원인이라고 알고 있는 뇌손상과 납중독과 같은 생물학적 손상을 줄이고, 학교에서 더 잘할 수 있도록 도움을 제공하고, 비행교우관계를 방지함으로써도 비행을 통제할 수 있을 것이다. 보다 원론적으로 말하자면, 비행이론이 주장했던 것처럼 범죄의 학습과 긴장, 그리고 낙인을 줄이는 반면에 통제를 높이면 비행은 예방될 수 있다는 것이다.

그러나 무엇을 할 것인가는 위에서 언급한 것처럼 어느 정도는 알 수 있지만 문제는 그것들을 어떻게 할 것인가이다. 먼저 논할 수 있는 것은 우리 사회의 소년비행을 통제하는 일차적 책임은 정부기관에 있다는 점이다. 바로 경찰, 특히 소년경찰, 소년법원 등 소년사법, 그리고 소년원이며, 그 중에서도 소년비행의 예방은 경찰에 초점이 맞추어져야 하는 것이다. 이를 위해서는 경찰의 비행예방은 먼저 비행을 통제하기 위하여 경찰은 무엇을 어떻게 하는지, 그리고 경찰의 그러한 비행통제 노력은 얼마나 효과적인지, 끝으로 효과성을 높이기 위해서는 무엇을 어떻게 하면 좋을지 그 전략을 논의할 필요가 있다.

먼저 경찰이 어떻게 운용되고 있는가? 일반적으로 경찰은 범죄투사crime fighter의 인상으로 자리하고 있다. 물론 이런 인상은 대중매체의 영향을 크게 받았으며, 당연히 왜곡된 인상이다. 사실 경찰은 대부분의 시간을 범죄통제와는 직접적인 관련이 없을 수도 있는 일에 더 많은 시간을 소비한다. 물론 경찰이 많은 시간을 순찰에 투입하고 있으며, 일부 예방순찰preventive patrol은 범죄의 예방과 통제에 기여하고 있다고 할 수 있다. 그러나 경찰은 행정업무나 다른 서비스업무 등에 더 많은 시간을 보내고 있어서 실제로 주민의 신고에 출동하거나 대중과 접촉하는 시간은 절반도 되지 못하는 상황이다. 심지어 주민의 신고도 대부분은 교통사고나 응급의료 그리고 기타 불편사항 등 비 범죄관련 문제가 대부분이며, 더군다나 비록 범죄관련이라고 하더라도 경미한 것들이 대부분이어서 평균적으로 범죄관련 업무는 20%도 못되는 실정이라고 한다.

대부분의 경찰관들은 청소년들의 위법을 상습적인 범법자의 소행이거나 재물이나 사람에게 큰 손상을 끼치지 않는 한 심각한 것으로 간주하지 않는다고 한다. 경찰이 비행청소년들을 직접 대면하는 것은 대부분 시민들의 신고에 따른 것이고, 대부분의 접촉은 경미한 법적 법률문제와 관련된 것이지만, 비록 소수에 불과하지만 성인범죄와 크게 다르지 않은 범행을 한 비행청소년들도 다루어야만 한다. 이런 면에서 비행을 다루는 경찰은 평화수호나 유지자로서 그리고 범죄예방자로서 역할에 집중한다. 여기서 어쩌면 소년경찰이 역할갈등role conflict, 즉 경찰이 일차적 임무라고 생각하는 법집행의 욕구와 청소년범법자의 교화개선의 필요성 사이의 긴장을 경험하게 된다. 그러나 바람직한 것은 법집행과 보호의 중간 어디쯤에서 소년경찰의 사명과 역할이 정해져야 할 것이다.[1]

뿐만 아니라, 경찰은 범죄와 관련하여 업무의 속성상 어쩔 수 없이 사전예방proactive보다는 사후 대응적reactive일 수밖에 없다. 경찰관이 강력한 범죄를 현장에서 목격하고 마주칠 가능성은 거의 없으며, 오히려 피해자나 목격자가 신고하여 범죄가 일어나고 있거나 일어났음을 알려야만 경찰은 사건을 인지하게 되고 현장에 출동하여 범인을 검거하거나 검거하기 위한 활동을 사후에 벌이게 되는 것이다. 물론 경찰이 특정시간, 특정지역, 특정범죄, 그리고 특정 범죄자에 대한 전략적 순찰strategic policing을 하는 등 예방적 활동을 강조하고 있지만 여전히 사

---

1 Siegel & Welsh, op cit., pp.503-504

후대응적인 특성에서 완전히 벗어나지 못하고 있다. 특히 소년비행과 관련하여 학교, 학원, 공원 주변 등 특정한 공간을 중심으로 하는 예방순찰이나 학교경찰활동을 통한 약물과 학교폭력의 예방도 강화하고 있다.

그렇다면 이러한 예방순찰은 과연 얼마나 효과적일까? 극단적으로 말하자면 경찰의 범죄와 비행통제는 얼마간 효과가 없지는 않다. 만약에 우리 사회에 경찰이 없다면 범죄는 당연히 증가하지 않을까. 물론 경찰력의 증대와 범죄율의 관계가 비례하지는 않지만 경찰력이 미치지 못하는 경우, 예를 들어 치안사각지대나 시간에 범죄가 더 많이 발생하는 것만 보아도 경찰의 범죄예방효과가 없지 않다고 할 수 있다. 이런 주장에도 일부에서는 사회 전체를 놓고 보면 범죄발생의 장소나 시간이 대체displaced되었을 뿐이지 예방된 것은 아니라고도 주장한다. 그렇다고 치더라도 이는 곧 경찰의 범죄억제와 예방효과가 있음을 보여주는 단적인 증거이기도 하다. 그럼에도 불구하고 다수의 학자와 연구결과는 단순한 경찰관의 증원은 범죄율에 거의 영향을 미치지 못하거나 미약한 것으로 알려지고 있으며, 전략순찰과 같은 대안적 순찰전략보다도 영향력이 크지 않다고 주장한다.

사실 경찰의 민영화를 필두로 지역사회와의 치안 서비스 공동생산co-production이 강조되는 마당에 청소년 비행도 예외가 아니어서 지역사회와의 공조와 협동이 더욱 중요해지고 있으며, 그 중심에는 바로 지역사회 경찰활동community policing이 자리하고 있다. 경찰은 심리학자, 정신의학자, 그리고 사회복지사 등의 전문적인 도움을 받아야 하고, 또한 학교, 학부모, 종교기관, 복지기관, 지역사회단체, 그리고 기업의 도움도 필요로 한다. 바로 이런 공조와 협동 및 협조가 지역사회 경찰활동의 심장이다. 지역사회 경찰활동 철학의 요점은 사전 예방적preventive, 능동적proactive, 문제 지향problem-oriented의 경찰활동을 지향하는 것으로, 범죄의 원인을 찾아서 지역사회와 동반하여 그 문제를 해결하기 위한 자원을 확보하는 것이다. 전통적으로 경찰은 순찰차의 차창을 경계로 지역사회와 분리, 격리되어 있었고, 반응적, 사후 대응적으로서, 사건과 사고가 발생하면 그 후에 반응, 대응하는 것이었다. 그러나 최근 들어 경찰은 물론이고 전체 소년사법과 형사사법제도가 법집행을 청소년들을 다루기 위한 협동적 노력에 의존하는 지역사회의 한 부분으로 간주하기 시작하였다[2].

---

2 Hess et al., p. 261

경찰에서의 비행소년과 피해자 처리

경찰은 비행소년과 피해소년이 접촉하게 되는 소년사법제도와 기관 중 첫 번째 기관이다. 성인범죄자와 마찬가지로 경찰이 사법제도의 문지기로 기능하는 것이다. 그런데 바로 이 문지기 기능으로 인하여 청소년에게 심각한 결과를 초래할 수도 있는 비행소년이라는 낙인을 초래할 수도 있기 때문에 특히 중요하다. 비행소년을 소년사법제도로 끌어들이는 경찰관의 의사결정의 중요성이 아무리 강조해도 지나치지 않은 이유이다. 문제는 경찰이 지역사회와 비행소년 모두에게 최선이 되는 균형을 맞추어야 한다는 점이다. 그런데 소년사법의 많은 부분을 사회복지나 사회사업적 부분이 차지하고 있는데 사실 경찰은 경찰업무의 사법정의의 관점에 더 초점을 맞추기 쉽다3.

그러나 비행소년이 관련된 상황은 종종 단순히 소년은 미성년자로 간주되기 때문에, 그리고 현재 우리 사회에서 받아들여지고 있듯이 자신의 행위에 전적으로 책임을 지는 것이 아니기 때문에 상황이 복잡해지기 마련이다. 소년이 학대를 비롯한 제대로 생활할 수 없는 가정생활을 겪거나 범죄다발지역과 같은 퇴락한 지역사회에서 생활하는 등 학습과 행동의 문제를 안고 있을 수도 있다. 우리가 성인은 자신의 범행에 전적으로 책임이 있다는 것을 수용하지만 비행소년은 그렇지 않을 수도 있다고 믿는 것이다. 바로 이점이 다수의 기타 사회적 요인들을 불러들이고, 경찰은 이들 주요 사회화 기관들을 다루어야 하는 것이다4.

---

3 J. S. Walker and Katz, C. M., The Police in America: An Introduction(7th ed.), New York: McGraw−Hill, 2011, p. 249

4 J. D. McCluskey, Varano, S. P. Huebner, B. M. and Bynum, T. S., "Who do you refer? The effects of a policy change on juvenile referrals," Criminal Justice Policy Review, 2004, 15(4): 437−461; B. C. Feld, Juvenile Justice Administration in a Nutshell, St. Paul, MN: West Grop, 2003, pp. 54−55

1. 청소년과 경찰

청소년과 경찰의 관계는 복잡한 편이다. 청소년은 보호의 대상이라고 하지만 일부 청소년, 특히 비행청소년이나 청소년범죄자는 경찰에게 매우 위험한 존재로 간주된다. 반면에 청소년들은 권위에 반항하기 쉬운 그들의 특성상 권위의 상징인 경찰에 대하여 부정적인 태도와 인식을 갖기 마련이다. 그럼에도 불구하고 청소년비행은 빈발하고 있으며, 경찰의 손길이 필요한 청소년 또한 적지 않다. 결국, 경찰은 좋건 싫건 청소년들을 자주 접촉하고 다루어야만 하는데, 안타깝게도 청소년들이 성인에 비해 경찰에 대하여 더 부정적인 태도를 견지하고 있으며, 더구나 더 큰 문제는 청소년들이 범죄의 상당부분을 범하고 있다는 사실이다.

경찰과 청소년 사이의 관계에 있어서 쟁점의 하나는 청소년들이 법률문제에 직면할 때 상황과 무엇을 어떻게 할 것인가가 제대로 정확하게 규정되지 않은 '상황적 모호성situational ambiguity'에 직면하게 된다는 점이다. 때로는 부모는 물론이고 법원까지 그 누구도 아동에게 최선이 무엇인지 확실하지 않다는 것이다. 더불어 때로는 상황의 상태도 불분명하여 예를 들어 아동이 보호자의 보호에서 벗어났을 경우라도 그것이 가출인지 납치인지 실종인지조차도 분명하지 않고, 이 세 가지 경우 모두 아동은 피해자도 가해자도 또는 가해자인 동시에 피해자도 될 수 있다. 예를 들어 부모의 학대를 피하기 위하여 가출한 아이가 배고픔을 견디지 못하고 편의점에서 도둑질을 하였다면 그는 피해자인 동시에 가해자인 것이다. 이런 경우에라도 경찰은 그 아이에게 최상의 이익이 되도록 행동해야 하는데, 과연 무엇을 어떻게 해야 할까?[5]

더 어려운 쟁점은 경찰의 대상이 된 주체가 과연 청소년인가 하는 근본적인 문제이다. 청소년을 어떻게 규정할 것이며, 그들은 과연 책임 있는 자유의지를 가진 소유자인가 아니면 이성적이고 합리적이지 못한 미성숙한 존재인가, 그래서 비행청소년은 처벌의 대상인가 보호의 대상인가, 범죄와 그 피해의 심각성에도 불구하고 오로지 생물학적인 연령만으로 보호처분과 형사처분을 규정해야 할 것인가, 이런 근본적인 쟁점에 대한 명확한 구분이나 규정이 없는 상황에서 사법제도의 최일선 관문인 경찰은 무엇을 어떻게 할 것인가 당황스러울 수 있는 것이다.

---

5 Hess et al., op cit., p. 393

2. 경찰과 비행예방

일반적으로, 경찰은 그들이 자신이 순찰하는 또는 경찰활동을 하는 지역사회와 더 밀접하고 더 참여할수록 평화와 질서를 지키고 유지하는데 더 성공적이라고 한다. 이런 연유에서 현대 경찰은 다방면에서 경찰관을 지역사회로 통합시키려는 노력을 한다. 전통적 경찰활동에서는 경찰관은 순찰차 차창 안의 자신과 그들이 순찰하는 지역사회와 단절되고 상황이 발생했을 때 대응하는 것이었다. 그런 경찰을 지역사회에 더 참여시키고 통합시키기 위하여 시도한 지역사회 경찰활동 형태의 프로그램이나 시도들은 경찰관들을 보다 사전 예방적, 능동적이고 문제가 발생하기 전에 해결하도록 하려고 했던 것이다. 법집행기관들이 성공적이거나 아니면 크게 성공적이지 못했던 다양한 접근방법을 활용하여 질서를 유지하려고 애를 써 왔다. 용의자가 검거되거나 경찰이 접촉하기 전까지는 용의자의 나이조차 알 수 없기 때문에 대부분의 경찰활동이나 전략은 성인과 청소년을 동시에 겨냥할 수밖에 없었다. 그렇지만 현재 폭넓게 활용되는 청소년 비행을 다룰 수 있는 경찰의 대표적인 전술, 전략이 없는 것은 아니다.

1) 지역사회경찰활동(Community Policing)

법집행기관은 지역사회의 신뢰와 협조를 얻는데 힘겨워하고 있다. 특히 청소년들의 행동에 대하여 조금의 용인도 허용하지 않는 경찰을 권위의 상징으로 간주하는 청소년들에게는 더욱 그렇다. 지역사회가 확장되고 순찰구역이 확장되면서 차량순찰에의 의존도는 더 높아지고 그만큼 지역사회와의 격리와 소외는 심화되는 결과로 경찰과 지역사회의 관계는 더욱 약화되었다. 더구나 경찰이 점점 더 전문화되고 관료화되어 감에 따라 지역사회와 주민들과의 밀접한 접촉을 상실하게 된다. 지역사회 경찰활동은 바로 여기서 출발하는데, 경찰과 시민 사이의 긍정적인 관계를 재정립하려는 것이다. 경찰은 경찰임무와 역할의 주요한 변화이고, 지역사회에 적극적, 능동적으로 참여하는 다양한 범위의 활동을 담당하게 되어, 경찰이 과거의 '범죄투사crime fighter'만이 아니라 지역사회의 봉사자로 자리매김하는 것이다[6].

---

6 S. Walker and Katz, C. M., The Police in America: An Introduction(7th ed.), New York:

지역사회경찰활동은 전술tactics이 아니라 철학philosophy이며, 지역사회의 요구와 필요에 대응하는 동시에 범죄의 두려움, 무질서, 그리고 범죄를 줄이기 위하여 고안된 경찰활동에 대한 사전적이고 분권화된 접근이다. 지역사회경찰활동에서는 경찰책임을 집합적인 것으로 간주하여 지속적으로 일어나는 문제를 검증하고, 그 문제의 저변에 깔린 근원을 파악하여, 그 문제에 대한 해결책을 강구하는 것이다. 따라서 경찰관의 일과는 전통적인 법집행활동뿐만 아니라 그밖에 경찰신고 전화에 대한 응대와 같은 다양한 활동을 하게 된다. 이들 활동은 경찰관이 지역사회의 중요한 핵심적인 부분이 되고, 경찰과 지역사회의 상호작용을 증대시키고자 고안된 것이다. 그 중에서도 많은 부분이 범죄예방을 목표로 하며, 시민들로 하여금 자기 지역사회를 담당하는 경찰관에 대한 신뢰, 확신, 그리고 지식을 갖도록 하려는 것이다[7].

종합하면, 지역사회경찰활동은 단순히 비행문제 그 이상을 목표로 하지만, 지역사회경찰활동의 상당 부분은 비행소년이거나 피해소년인 청소년들에게 영향을 미치기 마련이다. 지역사회경찰활동은 시민들로 하여금 경찰과 보다 효과적으로 소통할 수 있게 해주는 사회적으로, 물리적으로 보다 건강한 지역사회 건설을 목표로 하는 것이다. 지역사회에서 어떤 특정한 문제가 확인되면, 지역사회경찰이 또 다른 형태의 경찰행동, 문제-지향 경찰활동에 자리를 내주게 된다.

2) 문제-지향 경찰활동(Problem-oriented policing)

1979년 미국의 Herman Goldstein이 제창한 문제-지향 경찰활동은 지역사회 경찰활동에 관련되지만, 큰 차이가 있다. 가장 중요한 차이는 문제-지향 경찰활동의 사전적 초점이라고 할 수 있다. 범죄를 예방하기 위하여 전 지역사회와의 관계를 개선, 향상시키려고 하기보다는 문제-지향 경찰활동은 범죄나 비행활동이 재발하는 특정한 형태에 초점을 맞추고 법률위반을 조장하는 저변의 원인을 해소하려는 것이다. 예를 들어, 새벽시간 싸움과 폭력이 난무하는 시내 중심가에서 전통적 경찰활동이라면 약탈자들로부터 보행자를 보호하기 위하여 순찰을 강

McGraw-Hill, 2011, p. 301

[7] D. Carter, The Police and The Community(7th ed.), Upper Saddle River, NJ: Prentice Hall, 2002, p. 49

화하는 것이 고작이었을 것이다. 그러나 문제－지향 경찰활동이라면 다수의 시내 중심가 술집들 주변에서의 싸움과 폭력의 유형을 분석하여 미성년자나 만취자에게 술이 판매되었는지, 영업시간이 엄격하게 준수되었는지 등을 조사했을 것이다. 의도적으로 기존의 주류 관련 법률들을 엄격하게 집행하여 싸움질과 폭력이 발생하지 않도록 할 것이다. 구체적으로, 문제－지향 경찰활동은 지역사회의 실질적인 문제에 관심을 집중하고, 경찰의 기능에 대하여 보다 분석적이고 경험적인 접근을 하며, 단지 개별적인 사건이 아니라 그 이면의 근본적인 문제에 초점을 맞추고, 전적으로 형법과 그 집행과 집행위협을 가하는데 의존하기보다는 폭넓은 범위의 다양한 문제 해결책을 찾는 것이다[8].

청소년비행을 다룸에 있어서, 문제－지향 경찰활동은 효과적인 전략이라고 할 수 있다. 예를 들어, 편의점에서 청소년들이 즐겨 듣는 시끄러운 음악 대신에 차분한 고전음악을 틀어줌으로써 청소년들이 주변을 배회하고 모여들지 않도록 하는 것이다. 이렇게 함으로써 경찰과 청소년의 상호작용이나 접촉이 일어나지 않게 되는데, 이렇게 환경을 바꿈으로써 경찰과 편의점주는 청소년들이 비행에 가담하게 이끄는 조건을 변경시키게 된다. 이러한 문제－지향 경찰활동의 이점은 경찰력의 증강이나 경미한 비행행위에 대한 형법의 적용이 없이도 문제를 분석하고, 그 해결책을 찾는 데 있다[9].

3) 무관용 경찰활동(Zero-tolerance policing)

무관용 경찰활동은 일종의 지역사회경찰활동의 한 형태이지만, 훨씬 더 공격적이고 사전적proactive이다. 무관용 경찰활동에서 경찰관의 재량은 성인과 청소년의 경미한 범행 모두를 목표로 한다. 이들 경미한 범행을 비공식적으로 다루기보다는, 법의 예봉을 완전하게 부과하는 재량을 행사한다. 경미한 범행을 공세적으로 공격함으로써, 비행소년과 성인범죄자가 자신의 경미한 범행까지도 아주 엄중하게 다루어지는 것을 안다면 범행의 동기를 갖지 않고 억제될 것이라고 가정하는 것이다. 이러한 무관용 경찰활동은 James Wilson과 George Kelling이 제창한 소위 '깨어진 창Broken－windows' 이론에 기반하고 있다. 창문이 깨어진 채로 방치된

---

8 Hess et al., op cit., pp. 416－417
9 ibid., p. 417

지역은 범죄와 비행을 불러들인다는 것이 그들의 주장이다. 청소년들이 누구도 깨어진 창 하나도 수리하지 않고 방치하고 내버려 둔다면, 아무도 그 집에 대해서 관심을 갖지 않는다고 생각할 것이며 더욱 파손될 것이라고 생각한다는 것이다. 그러나 반대로, 잘 관리되는 마을과 주택이라면 그 지역과 집이 사람이 거주하고 관리되고 있다는 것을 강조한다는 것이다[10].

이 깨어진 창 이론은 당시 뉴욕 시장이었던 Rudy Giuliani가 무관용정책zero-tolerance policy을 도입하면서 경찰활동의 저변에 자리하게 된다. 경찰은 노상방뇨나 공중주취 등과 같은 경미한 공중질서문란행위까지도 일절 용인하지 않고 이들마저도 공격적으로 기소함으로써 다수의 범법자나 잠재적 범법자들에게 일탈행위는 일절 용인되지 않는다는 메시지를 주게 될 것으로 믿었던 것이다. 물론 무관용 경찰활동으로 시민들이 더 안전하게 느끼고 실제로 범죄율도 떨어졌다고는 하지만 동시에 주의를 요하기도 한다.

비판가들은 깨어진 창 이론이 젊은 사람, 가난한 사람, 그리고 사회적으로 주변인들에게 편견을 가졌다고 생각한다. 사회의 다수의 이익을 공격적으로 보호함으로써, 지역사회의 가장 힘이 약한 사람들에게 불리한 영향을 미치게 된다는 것이다. 이들에 대하여 경찰이 지속적으로 당혹스럽게 함으로써 그들이 낙인을 내재화하고, 범죄를 자기 성취적 예언으로 만들게 된다는 것이다. 이와 더불어 무관용 경찰활동은 형사사법망을 확대net-widening시킨다는 비판도 받는다. 즉, 경미한 비행까지도 용인하지 않기 때문에 점점 더 많은 사람들이 국가의 형사사법 망에 걸려들게 되어 결국 국가의 통제가 확대된다는 우려를 하는 것이다[11].

---

10 J. Q. Wilson and Kelling, G. L., "Broken windows: Police and neighborhood safety," Atlantic Monthly, 1982, 249(3): 29−38

11 T. Blomberg, "Diversion and accelerated social control," Journal of Criminal Law and Criminology, 1977, 68: 274−282; L. Green,"Cleaning up drug hot spots in Oakland, California: The displacement and diffusion effects," Justice Quarterly, 1995, 12: 737−754

제4장

비행소년의 처벌과 교정

이론적 배경

소년사법제도에 대한 가장 큰 비판은 충분히 강경하거나 엄중하지 못하다는 것이다. 이러한 시각은 비단 시민들이나 정치권만의 문제가 아니라 경찰이나 법원에서도 비록 소년범죄자에 대한 교화개선과 예방을 충분하게 강조하지도 않지만 동시에 소년범죄자에게 지나치게 관대하다고 비판하는 것이다[1]. 이런 여론을 반영하듯 최근 소년범에 대한 형사사법으로의 이송transfer과 최소강제양형mandatory minimum sentencing 그리고 형사미성년 연령의 하향 등 강경대응책get-tough policy 들이 속속 등장하면서 소년사법이 점점 더 형사사법과 유사해지고 있는 추세를 보이고 있다. 사람들은 이런 변화가 소년비행을 줄일 수 있을 것으로 믿고 있다.

이러한 변화의 이면에는 세 가지 주장이 자리하고 있다. 첫째, 강경하게 대응함으로써 처벌되는 소년범죄자로 하여금 더 이상의 범죄를 범하지 못하도록 억제할

---

1 S. Stone, "Should the juvenile justice system get tougher on juvenile offenders?" pp. 199−295 in J. R. Fuller and E. W. Hickey(eds.), Controversial Issues in Criminology, Boston, MA: Allyn and Bacon, 1998; B. K. Applegate, Davis, R. K. and Cullen, F. T., "Reconsidering child saving: The extent and correlates of public support for excluding youths from the juvenile court," Crime and Delinquency, 2009, 55: 51−77

것이며, 둘째, 비행을 하고도 처벌되지 않았거나 비행을 하지 않은 일반 청소년들도 억제할 것이며, 셋째, 더 많은 청소년범죄자를 구금함으로써 구금기간 동안이라도 그들의 범행능력을 무력화시켜서 더 이상의 범행을 못하게 할 것이라는 논리이다[2].

이러한 이론과 추세를 반영하듯, 미국의 '소년사법과 비행예방국Office of Juvenile Justice and Delinquency Prevention, OJJDP'에서는 "법을 위반하는 젊은이들은 기본적 정의의 문제로 그리고 비행과 싸우고 공동체 사회의 삶의 질을 향상시키는 방법을 통해 범행에 상응한 제재를 일관되고 신속하게 적용함으로써 범행에 대한 책임을 지게 해야 한다"[3]고 설파하였다. 나아가 그들은 소년법원이 점진적 제재graduate sanctions 체계를 마련함으로써 범죄자들에게 책임을 물을 것도 권고하였는데, 여기서 점진적 제재란 글자 그대로 비폭력, 초범자에게는 지역사회에서의 즉각적인 제재를, 이보다 약간 심각한 범죄자에게는 지역사회에서의 중간제재를, 그리고 가장 폭력적인 범죄자에겐 안전한 보살핌을 제공하는 시설수용으로 제재하는 등 점차적으로 처벌의 강도를 높이라는 것이다. 물론 범죄자들이 처벌 수준 간의 이동이 가능하여 잘 하면 낮아지고 잘 못하면 높아지는 것이고, 또한 재범 시에는 더 엄중한 제재를 받는다는 것을 이해하고 있어야만 한다는 것이다[4].

청소년범죄에 대한 강경한 대응정책Get tough policy은 지난 20여 년 동안 소년사법의 주요추세로 자리 잡았고, 앞으로도 우리가 소년범죄에 대응하는 방식으로 자리할 것으로 보인다. 구체적으로, 소년법원에서 결정하는 제재의 확실성과 특히 엄중성을 증대시키기 위한 노력들이 나타나고 있다. 먼저, 강제최소양형 Mandatory Minimum Sentencing과 양형지침Sentencing Guideline이 대표적이다. 최소강제양형이란 전과가 있거나 강력범죄를 범한 청소년, 특히 고연령 청소년범죄자에게 일정한 수준 이상의 형량을 부과하도록 강제하는 것이다. 양형지침은 범죄유형에 따라 소년범죄자에게 내릴 수 있는 최저와 최고 형량을 정하고 판사로 하여

---

2 Agnew & Brezina, op cit., p. 426

3 C. Andrews and Marble, L., Changes to OJJDP's Juvenile Accountability Program, Washington, DC: Office of Juvenile Justice and Delinquency Prevention, 2003, p. 1

4 B. Krisberg, Currie, E., Onek, D., and Wiebush, R. G., "Graduate sanctions for serious, violent, and chronic juvenile offenders," pp. 142−170 in J. C. Howell, B. Krisberg, J. D. Hawkins, and J. J. Wilson(eds.), A Sourcebook: Serious, Violent, and Chronic Juvenile Offenders, Thousand P만: CA: Sage, 1995

금 정해진 범주 내에서 형량을 결정하도록 권고하는 것이다5. 양형지침과 최소강제양형은 모두 판사의 재량을 제한하고, 제재의 엄중성을 증대시킬 목표로 고안된 것이다. 따라서 이들은 범죄를 유발한 문제를 파악하고 그 문제를 해소하기 위한 개별화된 처우 프로그램을 고안하기 위한, 즉 법원은 범죄자를 처벌하기보다는 도움을 주기 위한 것이라는 소년사법제도의 원래 목표와 중대한 결별을 뜻한다.

다음은 혼합양형Blended sentencing으로서, 전통적으로 소년법원이 내릴 수 있는 처벌이 한계가 있었는데, 특히 소년원이나 소년교도소 수용 기간이 단기적으로 제한되기 때문이다. 이런 단점을 보완하기 위한 것 중의 하나가 바로 이 혼합양형인데, 이는 일부 강력 소년범죄자에게 성인교정시설에 장기간 수용할 수 있는 처벌을 내릴 수 있게 허용하는 제도이다. 즉, 소년사법과 형사사법을 혼합한 양형이라고 할 수 있으며, 이 또한 당연히 소년법원이 부과할 수 있는 제재의 엄중성을 높이기 위해 고안된 것이다. 끝으로, 형사법원으로 이송transfer하기 위한 소년사법 면탈waiver 제도로서, 특정한 소년범죄와 소년범죄자를 형벌이 더 엄격한 성인 형사법원으로 더 쉽게 이송할 수 있게 해주는 제도이다6.

제2절

교화개선과 예방

일부 범죄학자들 사이에선 최근 소년사법이 지나치게 강경대응정책get tough policy을 강조해 왔다고 비판한다. 그러한 강경한 접근이 효과가 거의 없다는 것이

---

5 B. C. Feld, Bad Kids, New York: Oxford University Press, 1999, p. 255, 258.

6 J. A. Butts and Mitchell, O., "Brick by brick: Dismantling the border between juvenile and adult justice," pp. 167–213 in C. M. Friel(ed.), Criminal Justice 1000, Volume 2, Boundary Changes in Criminal Justice Organizations, Washington, DC: National Institute of Justice, 2000; R. E. reading and Howell, J. C., "Blended sentencing in American juvenile courts," pp. 145–179 in J. Fagan and F. E. Zimring(eds.), The Changing Borders of Juvenile Justice, Chicago: University of Chicago Press, 2000

다. 물론 그와 같은 정책의 효과성을 얼마간 높일 수는 있겠지만 전반적으로 비행에 미치는 영향은 제한적이라는 주장이다. 즉, 강경대응정책은 수많은 비행의 원인 중에서 낮은 직접적인 통제만을 다루기 때문이며, 더불어 막대한 비용도 초래하며, 다수의 청소년들을 소년수용시설의 잔인한 조건과 환경에 노출시킨다는 것이다. 그래서 단순히 강경하게 대응만 할 게 아니라 오히려 비행소년들을 교화개선해 사회에 복귀시키고, 청소년들이 처음부터 비행소년이 되지 않도록 예방해야 한다고 주장한다. 물론 소년사법이 이론적으로는 교화개선을 강조하지만, 실제로는 소년범죄자들이 효과적인 교화개선을 받지 못하고 있다[7].

원칙적으로, 교화개선과 예방은 소년사법제도의 직접적인 통제로 비행을 줄이려는 것은 아니며, 오히려 비행의 다른 요인에 초점을 맞추어 비행을 줄이려는 것이다. 따라서 가장 일반적인 비행예방과 교화개선 프로그램이라면 당연히 다른 형태의 통제를 강화하고, 긴장이나 범죄로 긴장에 대응하려는 성향을 줄이며, 범죄학습과 부정적 낙인을 줄이려는 것이다. 좀 더 구체적으로 기술하자면, 범죄를 유발, 촉진하는 개인적 기질이나 소질을 바꾸고, 가족유대를 강화시키며, 부모의 감시감독과 훈육을 강화하고, 가족갈등과 학대는 줄이며, 학교에 대한 애착과 학업성취도를 높이고, 비행교우관계를 억제하는 것이다.

그런데 교화개선과 예방은 차이가 있다. 예방은 처음부터 비행소년이 되지 않도록 노력하는 것인 반면, 교화개선은 이미 비행소년이 된 소년의 비행을 줄이려는 것이다. 예를 들어, 모든 청소년들에게 마약에 처음부터 손을 대지 말라고 "Say No", 마약의 유혹에 넘어가지 말도록 하는 전국적인 공익광고나 주로 학교경찰관이 담당하는 "DAREDrug Abuse Resistance Education", 즉 약물남용저항교육과 같은 일차적 예방이 있고, 비행가담 고위험군을 표적으로 하는 예방, 예를 들어 범죄다발지역사회의 청소년이나 교사나 학부모가 비행위험성이 높다고 판단하는 청소년들을 표적으로 하는 이차적 예방도 있다. 반면에 이미 비행을 한 비행소년이 더 이상의 비행을 하지 않도록 교화개선시키는 것은 이런 견지에서 보면 일종의 3차적 예방이라고 할 수 있을 것이다.

---

7 Agnew & Brezina, op cit., p. 452

1. 교화개선과 예방의 역사적 발전과정

예방이란 일부 예외적인 것을 제외하고는 비행통제에 있어서 주요역할을 담당하지는 못하였다. 일찍이 시카고학파의 생태학적 접근에 기초한 사회해체이론을 바탕으로 한 'Chicago Area Project', 즉 비행의 주요원인으로 파악한 해체된 지역사회를 복원, 되살려서 비행을 예방하려 했던 시도에서부터 60년대 뉴욕을 중심으로 한 대도시에서 벌어졌던 Johnson 대통령의 '빈곤과의 전쟁War on Poverty'과 청소년에게 교육훈련을 통해 합법적 기회를 제공하자는 '청소년자원총동원Mobilization for Youth'에 이어 청소년들의 조기교육을 강조한 'Project Head Start', 청소년에게 건강한 싹을 심어주기 위한 'Weed Seed'와 같은 프로그램들이 대표적인 비행예방운동이라고 할 수 있다.

범죄와 비행의 사후 대응에 비해 피해회복의 어려움이나 불가함, 설사 피해회복이 가능할지라도 소요되는 비용과 시간과 노력 등을 고려한다면 당연히 비행과 범죄는 예방이 최선임에도 불구하고 비행이 주요한 역할을 하지 못한 데는 그만한 이유가 있다. 우선, 대부분의 범죄예방 프로그램이 가정이나 가족, 그리고 개인의 인권이나 프라이버시를 침해할 수 있다는 우려이다. 예를 들어, 가정문제가 비행의 주요원인이라면 그 가정에 개입하여 문제를 해결하거나 해소해야 하는데 아무런 불법이나 범죄를 아직은 범하지 않았음에도 국가가 개입하는 것이기 때문이다. 둘째, 비행예방은 시간과 비용과 노력에 비해 비효과적일 수 있다. 실제 보수주의자들은 '빈곤과의 전쟁'이 한창이던 시기에 오히려 비행발생률은 증가했다고 주장한다. 셋째, 범법자들은 자신의 행동에 책임을 지고 처벌을 받아 마땅하다고 주장하는 '강경대응정책'과 상반된 것이며, 강경한 대응을 요구하는 일반 시민들에 맞서서 예방을 주장하기란 정책을 입안하는 정치인이나 관료들에게 어려운 일이다.

그러나 예방이 중요한 역할을 하지 못했다고 하지만, 교화개선은 오랫동안 소년사법의 지도적 철학이었다. 물론 교화개선의 철학과 실제 노력과 관행 사이에는 상당한 차이가 있지만, 국친사상을 비롯한 소년사법의 주요목표로 비행소년의 교화개선을 꼽고 있다. 비록 '강경한 대응정책'이 대중적 인기를 얻고는 있지만 그럼에도 불구하고 교화개선은 아직까지 소년사법 철학의 주요한 한 부분이 되고 있다. 그러나 최근 소년비행의 악화는 많은 사람들로 하여금 교화개선의 효과에 대한 의문을 강하게 갖게 하였다. 이러한 의문은 다수의 연구결과로도 입증되기도 하였는데, 그중에서도 교화개선은 극히 예외적인 것을 제외하고는 아무런 효과가 없다, 즉 'Nothing works'를 주장했던 'Martinson Report'가 그 대표적이다. 끝으로 사회와 정치의 보수화도 비행의 책임과 그 책임으로서 처벌을 당연시하고 처벌이 비행을 줄일 수 있는 최고의 방법이며, 특히 처벌은 억제deterrence와 무능력화incapacitation를 통하여 범죄와 비행을 줄일 수 있다고 주장한다.

가장 최근의 추세는 예방과 교화개선rehabilitation에 대하여 다시 흥미와 관심을 가졌다는 점이다. 이런 교화개선과 예방에 대한 새로운 관심은 '강경대응정책'이 비행에 효과가 전혀 없거나 미미하다는 연구결과로부터 파생된 것이다. 또한 생산성과 효율성이 강조되는 추세에서 다수 강경대응정책의 재정적, 사회적 고비용도 한 원인이 되고 있다. 무엇보다도 교화개선과 예방에 대한 새로운 관심은 사실은 일부 교화개선과 예방 프로그램은 효과적일 수 있다Something works는 최근의 연구결과들에 힘입은 바 크다[8].

2. 교화개선과 예방의 효과

평가연구의 부족과 기존연구의 방법론적 문제로 인하여 교화개선과 예방의 효과에 대한 확실하고 분명한 결론을 내리기에는 시기상조이지만, 일반적으로 "제대로 설계되어, 개인의 필요와 요구에 맞는 개별적 프로그램이 적정한 환경과 여건에서 제대로 실행된다면 교화개선과 예방의 효과가 높게는 50%에서 낮게는 20% 정도 비행을 낮출 수 있다"고 주장한다. 이러한 연구와 주장은 곧 비행의 예방과 비행소년의 교화개선도 비행을 통제하려는 노력에 있어서 주요한 역할을 할 수 있다는 것을 보여주고 있다. 더구나 우리가 성공적인, 효과적인 프로그램의 특성과 그러한 프로그램을 어떻게 잘 실행할 것인가에 대해서 더 많이 알아갈수록 예방과 교화개선의 역할은 증대될 것이라고 한다.

---

8 D. M. Bishop and Feld, B. C., "Trends in juvenile justice policy and practice," pp. 898–926 in B. C. Feldand D. M. Bishop(eds.), The Oxford Handbook of Juvenile Crime and Juvenile Justice, New York: Oxford University Press, 2012

그렇다면 가장 효과적인 예방이나 교화개선 프로그램은 어떤 특성이나 특징을 내포하는 것일까. 가장 먼저 강조되는 특성은 바로 비행의 주요원인에 초점을 맞춘다는 점이다. 어떤 프로그램이라도 효과적이기 위해서는 반드시 개인적 기질이나 소질, 가정과 학교 문제, 비행교우관계 등 비행의 원인을 다루는 것이어야 한다. 다음은 집중적이어야 한다. 이는 어떤 프로그램이라도 하나만으로 그것도 짧은 기간에 최소한의 노력으로는 비행의 원인인 개인의 소질이나 기질을 바꾸고, 학교와 가정의 문제 등 소년의 사회적 환경을 변화시킬 수는 없기 때문이다. 몇 가지 기술을 충분한 기간 동안 집중적으로 실행해야 한다는 것이다[9]. 또한 효율성의 문제와도 관련된 것으로 비행의 위험성이 높은 고위험군에 초점을 맞춘다고 한다. 이는 마치 선별적 무능력화selective incapacitation와 같이 개입으로 가장 큰 효과를 볼 수 있는 집단이기 때문이다. 그리고 가급적이면 시설보다 지역사회에서 이루어져야 한다는 것이다. 시설수용은 어쩔 수 없이 지역사회와의 소외와 단절을 초래하기 때문에 비행의 주요원인이라고 할 수 있는 가정, 학교, 지역사회, 교우관계 등을 다룰 수 없을 뿐만 아니라, 동료 수용자들과의 접촉은 반대로 범죄의 학습을 부추기며, 스트레스와 긴장을 고조시키기 때문이다[10].

제3절

지역사회교정(Community Corrections)

지역사회교정이란 비행청소년이 시설 밖에서 처우를 받게 하는, 일종의 시설수용에 대한 대안적 교정이라고 할 수 있다. 그럼에도 불구하고, 여러 가지 면에서, 그 일부는 처우를 포함하겠지만 여전히 하나의 대안적 사회통제이다.

---

9 S. J. Wilson, Lipsey, N. W., and Derzon, J. H., "The effects of school−based intervention programs on aggressive behavior," Journal of Counseling and Clinical psychology, 2003, 71: 136−149

10 Agnew & Brezina, op cit., pp. 457−458

1. 전환(Diversion)

전환전술은 낙인이론labeling theory이라는 강력한 이론적 배경에서 출발한다. 소년사법제도와의 법적 상호작용은 지역사회에서 보다 비공식적인 상황과 여건에서 처리되면 무시되거나 정상화될 수 있었던 문제를 가진 청소년의 사건을 공식적 절차와 과정에 따라 처리함으로써 오히려 실제로는 비행을 영속화시킨다는 것이다. 당연히 전환이라는 대 주제 하에 다수의 상이한 프로그램이 있는데, 예를 들어 10대 법원Teen court, 약물법원Drug court, 정신건강 프로그램, 문화 프로그램, 모니터링 프로그램 등이 현재 활발하게 운용되고 있다. 전환이란 다시 말하자면 경찰에서 시작하여 검찰에서 기소하고 법원에서 형을 선고하면 교도소에서 만기 출소하는 것이 완전한 사법절차와 과정인데 이 절차와 과정에서 방향을 전환시키는 것이다. 즉, 사법기관의 개입을 최소화함으로써 낙인과 그 영향을 최소화하자는 것이다. 이런 논리에 대해서 다른 한편에서는 형벌의 억제효과를 약화시킨다거나 오히려 형사사법망을 확대net widening하고 결과적으로 더 많은 사람에 대한 또 다른 통제가 되어 그만큼 사법경비도 확대된다고 비판한다[11].

전문법원으로의 전환

(1) 10대 법원(Teen Court)

동료, 학생, 청년법원이라고도 불리는 이 10대 법원은 정부의 사법부 내의 법원이 아니라 하나의 개입intervention 프로그램으로서, 그 절차와 과정은 현격하게 덜 공식적이며, 정규법정의 전통적인 적법절차 요건들을 요구받지 않는다. 그럼에도 결정된 제재sanction는 법원에 의하여 타당한 것으로 인정을 받고, 결과적으로 이 10대 법원이 부과한 제재를 준수하지 못한 청소년은 소년법원의 공식적인 책임에 직면하게 될 수도 있다[12].

10대 법원은 경미비행이나 비폭력 사건의 초범자에게 주로 활용되는 소년 전환 프로그램으로, 여기서 다루어지는 사건들은 주로 가게 도둑질, 절도, 알코올 소지,

---

11 Sheldon, op cit., p. 380
12 Hess et al., pp. 279 – 280

기물파손이나 교통위반 등이 포함된다. 10대 법원은 통상 성인판사, 청년판사, 청소년 심판위원과 동료 배심원으로 구성된다. 10대 법원은 자발적이며, 대부분 기소 이후에 열리는 것으로 이는 청소년들이 혐의를 시인하고 유죄를 인정해야 한다. 이와 더불어 부모의 사전 동의도 통상적으로 요구되고 있다[13].

대중적인 인기와 자원이 부족한 법원의 자원을 절감하는 동시에 소년 재비행을 줄일 수 있다는 광범위한 신념에도 불구하고, 10대 법원에 관한 가정의 많은 부분이 검증되지 않았으며, 효과에 대한 경험적 증거도 부족하며, 출간된 일부 연구도 그 결과가 부정적인 것과 긍정적인 것으로 갈리고 있다[14].

(2) 청소년 약물법원(Juvenile Drug Court)

소년법원이 점점 복잡하고 어려운 업무분담은 증가하지만 자원은 감소하는 상황에서 증가하는 소년 약물범죄자가 차지하는 비중이 점증하고 있어서 이에 대한 한 가지 대안으로 등장한 것이 바로 소년 약물법원이다. 물론 약물법원이 처음 미국의 플로리다 주에서 개설되었을 때는 성인 약물범죄자를 다루기 위한 전문법원으로서 약물남용과 관련된 범죄행위를 줄이는 동시에 법원과 교정 당국으로 하여금 더 많은 비 약물관련 강력범죄자를 다룰 수 있도록 해주기 위한 두 가지 목적에서 출발하였다. 대중적 인기와 긍정적인 연구결과로 인하여 약물법원의 원리가 소년법원에도 적용되게 이르렀다. 소년 약물법원의 저변의 철학은 아동과 청소년은 성인과는 다르며, 젊은이들 사이의 약물남용의 근원은 가정 관련 위험요소와 발달관련 위험 요소 때문이라는 것이다. 물론 소년 약물법원에 회부되기 위해서는 청소년이 약물남용의 문제는 있으나 폭력범죄는 범하지 않아야 하는 조건을 충족해야 참여할 수 있다[15].

(3) 청소년 정신건강 법원(Juvenile mental health courts)

최근 들면서 소년사법제도와 연관된 청소년의 상당수가 정신건강상의 장애가

---

13 M. Norris, Twill, S., and Kim, C., "Smells like teen spirit: Evaluating a Midwestern teen court," Crime and Delinquency, 2011, 57(2): 199−221

14 Norris et al., op cit.

15 D. L. Myers, "Assessing the implementation and effectiveness of Juvenile Drug Courts," Criminal Justice Research Report, 2007, 19(3): 89−90

있는 것으로 알려지고 있다. 어느 연구에 따르면 미국에서는 청소년 시설수용자 중에서 많게는 3/4 정도가 진단할 수 있는 유형의 정신 건강 문제를 안고 있다는 것이다. 실제로 미국에서는 많은 젊은이들에게 지역사회에서는 제공될 수 없는 정신건강 서비스를 제공하기 위한 한 방법으로 소년사법제도와 기관에 회부한다는 것이다. 이런 이유가 바로 전문화된 청소년 정신건강 법원 발전의 저변에 자리하고 있다. 통상 범행 당시 14세 이하의 소년으로서 심각한 불안 및 양극성 장애, 심각한 ADHD, 강박증 등을 포함하는 심각한 정신건강 문제를 가진 청소년들을 대상으로 하며, 동시에 정신지체 등 발달장애를 가진 청소년도 그 대상으로 한다. 지금까지 알려진 바로는 재범률을 낮추고, 보다 적합하고 효과적인 처우를 제공하며, 소년수용시설의 과밀수용도 완화하며, 지역사회에 기초한 정신건강 서비스의 향상과 발전에도 기여하는 등 소년범죄자 본인은 물론이고 소년사법과 지역사회 모두에게 다 도움이 된다고 한다[16].

(4) 균형과 회복적 사법(Balanced and Restorative Justice)

전문법원 외에도 다양한 형태의 회복적 사법모형을 통하여 전환이 이루어질 수 있다. 소년사법제도는 경쟁적 관심과 반론의 합성이었다. 한 편에서는 범죄는 처벌이 따라야만 하고, 아이들이라도 그들의 더 이상의 비행을 억제하기 위해서 자신의 비행에 대한 신속하고 확실하고 부정적인 결과를 경험해야만 한다고 믿는 반면, 다른 한 편에서는 이들 비행소년들에 대한 교화개선과 사회복귀rehabilitation를 원하지만 동시에 그들에게 교화개선이 제공되는 동안 사회가 그들로부터 보호되기를 바라는 것이다. 이와 더불어, 이들 가해 청소년뿐만 아니라 이제는 피해자가 피해를 보상받고, 가해자의 사죄를 받으며, 회복된 정의감을 가질 수 있도록 사법제도의 중심이 되어야 한다는 목소리도 커지고 있다. 이들 상이한 모형이 동시에 존재한다면 갈등하고 충돌할 것이며, 하나만 존재한다면 모든 관련자를 다 만족시키거나 봉사할 수 없게 된다. 바로 이런 한계에서 나온 대안이 지역사회의 보호, 가해자의 책임과 능력개발이라는 균형 잡힌 고려가 소년사법 쟁점에 대한 합리성과 명확성을 가져다준다는 것이다. 이런 종합적인 철학이 비행, 처벌, 처우, 그리고 예방이라는 소년사법의 모든 분야를 다 아우를 수 있다는 것이다. 이들

---

16 Hess et al., pp. 284－285

세 가지 원리가 완벽하게 운용된다면 진실로 아동과 지역사회에 가장 이익이 되는 방향으로 운영되는 소년사법제도를 만들 수 있다는 것이다[17].

사실, 회복적 사법은 피해자와 가해자 및 그 가족, 기타 시민과 지역사회 집단을 소년사법의 고객이요 동시에 청소년범죄에 대한 효과적인 대응 자원으로서 참여시키고자 하는 소년사법 개혁의 틀이라고 할 수 있다. 그래서 피해자와 가해자의 필요, 요구를 지역사회의 필요, 요구와 조화를 이루게 하는 것이 회복적 사법의 저변의 철학이다. 범죄자의 처벌에 주로 관심을 두는 응보적 사법과는 달리, 회복적 사법은 범죄가 야기한 손상을 치유하는 데 초점을 맞추는 것이다[18].

2. 보호관찰

보호관찰은 엄격하게 정의하자면 사실 두 가지 형태로 구분되어야 한다. 그 하나는 보호관찰부 가석방이라고 할 수 있으며Parole, 또 다른 하나는 보호관찰부 형의 유예Probation이다. 그 중에서 비행청소년들에게는 보호관찰부 형의 유예가 더 보편적이고 더 대중적인 대안으로서, 이는 소년법원에 의한 소년보호처분의 하나이다. 이 형태의 보호관찰은 법원이 처분할 수 있는 강제력이 최소한인 교정대안으로서, 비행청소년이 지역사회와 부모에게로 되돌려 보내져서 정해진 기간 동안 일련의 규율이나 조건을 지키도록 하는 것이다. 학교를 다니고 음주나 약물을 해서는 안 되며 통금을 지켜야 한다는 등 보호관찰 대상 소년들에게 맞는 일련의 감시감독과 보호지원을 받는 조건으로 비행소년을 시설에 수용하지 않고 선고나 집행을 유예하거나 가석방시키는 것이다.

결국 비행소년들에게 처분되는 보호관찰은 그들이 학교를 중단하지 않고, 부모와 친구 등 사회관계도 지속할 수 있으며, 비행의 학습도 우려하지 않아도 되고, 낙인의 영향도 최소화할 수 있는 등 다양한 장점을 가지고 있다. 당연히 비판도 없지 않아서, 우선 소년비행에 대한 지나치게 경미한 대응을 비난하기도 하고, 차별을 초래할 수도 있다는 우려도 제기된다. 이에 더하여, 보호관찰이 가석방의 경

---

17 Bringing Balance to Juvenile Justice, Alexandria, VA: American Prosecutors Research Institute, 2002, pp. 1–2, Hess et al., op cit., p.287에서 재인용

18 G. Bazemore and Umbreit, M., A Comparison of Four Restorative Conferencing Models, Washingron, DC: OJJDP Juvenile Justice Bulletin, 2001, p.1.

우는 교정수요의 조절과 교정관리라는 측면에서 활용되는 경향이 있고, 선고유예는 재범위험성 예측의 어려움으로 오히려 형사사법망을 확대Net-widening하는 부작용을 초래한다고 비판한다. 무엇보다도 과연 보호관찰이 우리가 기대하는 효과, 즉 적은 자원으로 시설수용의 부정적 영향은 최소화하면서 동시에 재범률은 낮추고 사회의 안전도 침해하지 않는가 여부이다.

3. 배상명령(Restitution Order)

배상명령은 비행의 가해자와 그 가족이 피해자와 그 가족에게 비행으로 인한 피해나 손상을 보상하라는 명령이다. 이 배상명령은 다양한 형태로 이루어질 수 있는데, 크게는 금전적 배상monetary restitution과 봉사명령service order으로 나눌 수 있고, 다시 봉사명령은 피해자에게 직접 봉사도 하지만 대부분은 지역사회에 대한 봉사명령community service order으로 이루어진다. 먼저 금전적 배상은 비행소년에게 자신이 초래한 손상에 대하여 금전적으로 보상하도록 명령하는 것인데, 이 명령은 청소년으로 하여금 자신의 비행에는 반드시 경제적 결과가 따른다는 것을 보여주기 위하여 설계된 것이다. 피해자봉사는 자동차 세차나 정원 잔디 깎기 등 비행소년으로 하여금 직접 피해자에게 봉사하도록 하는 것인 반면, 지역사회봉사는 공원청소 등 지역사회에 대한 봉사로 피해자에 대한 직접봉사를 대신하는 것이다. 피해자봉사가 비행소년에게 피해자에 대한 인간성을 강조하기 위한 것인 반면에 지역사회봉사는 비행소년에게 자신의 비행으로 지역사회도 손상될 수 있다는 점을 가르치기 위한 것이다[19].

배상명령도 기타 교정대안들과 마찬가지로 그 효과에 대해서는 목소리가 다양하며, 비판의 소리도 없지 않다. 우선, 금전적 배상은 결국 비행소년이 아니라 그 부모의 능력으로 이루어지는 것이고 따라서 오히려 의존성을 높이고 소년보호처분의 억제효과를 낮춘다는 비판이 제기되고 있다. 그리고 대부분의 피해자가 가해자가 자신에게 직접 봉사하는 것은 어쩌면 위험할 수도 있으며 대면 자체를 싫어할 수 있기 때문에 현실성이 떨어지기 마련이고, 그래서 대체되는 지역사회봉사는 청소년에 대한 인권침해의 소지가 있다고 경고한다.

---

19 Bates & Swan, op cit., p. 331

4. 중간제재(Intermediate Sanction)

중간제재란 지역사회 처우와 시설수용의 중간쯤에 해당되는 제재Sanctions between prison and probation라고 할 수 있는 것으로, 비용이 많이 들고 부정적인 영향을 초래할 수도 있는 시설수용은 피하는 동시에 확실하고 신속한 처벌을 제공하기 위하여 고안된 것이지만 현실은 불행하게도 절차적 쟁점으로 그 처리과정이 늦어지고 또한 인적, 재정적 자원의 한계로 인하여 원래의 목적과 목표를 이루지 못하는 실정이라고 한다. 중간제재는 재비행이나 재범행을 하여 비공식적 제재를 따르지 못한 청소년이나 비록 시설수용은 필요하지 않을지라도 감시와 감독이 필요한 일부 폭력범죄나 약물범죄 청소년들을 위한 것이었다. 가장 보편적인 형태의 중간제재로 집중보호관찰, 비 보안 거주시설, 비 거주 주간 처우, 전자감시와 가택구금, 그리고 병영 캠프 등을 들 수 있다[20].

제4절

시설교정

심각한 또는 강력한 범행을 한 청소년이나 지역사회에 기초한 교정처우에 적합하지 않은 비행소년은 소년원이나 소년교도소와 같은 교정시설에 수용된다. 시설에 수용된 비행소년들은 단순히 경미한 비행이나 지위비행이 아니라 성인이 범행했다면 범죄자가 될 수 있는 그런 범죄를 행한 경우이다. 시설수용의 정당성은 아마도 공공의 안전을 확보하는 면도 있지만, 형벌의 고통을 통한 범죄동기의 억제라고 할 수 있을 것이다. 물론 소년원과 같은 시설은 형벌의 기관이라기보다는 보호기관이라고는 하지만 수용된 청소년에게는 형벌기관인 교도소와 크게 다를 것이 없다고도 한다.

시설수용은 원칙적으로 자유형이며, 자유형이란 자유를 박탈하는 것일 뿐만 아니라 자유의 박탈 외에도 또는 자유를 박탈당함으로써 다른 구금의 고통을 부과

---

20 Hess et al., op cit., p.343

한다. Graham Sykes는 자신의 저술 '구금의 제 고통Pains of Imprisonment'에서 성인범죄자가 구금됨으로써 겪게 되는 5가지 고통을 제시하였는데, 이는 시설에 수용된 비행소년에게도 예외일 수는 없을 것이다. 그에 따르면, 시설수용은 자유를 박탈한다. 자유롭게 다닐 수도 움직일 수도 없다. 모든 것이 제한되고 제약을 받는다. 두 번째는 자신이 좋아하고 필요한 재화와 용역, 예를 들어 컴퓨터, 휴대전화, 커피 등을 더이상 가질 수 없거나 자유롭게 이용할 수 없다. 세 번째 고통은 자율성이 없다는 것이다. 짜여진 시간표에 따라 움직일 따름이지 스스로 자율적으로 할 수 있는 것이 없다. 네 번째는 이성관계의 박탈이다. 한참 성이나 이성에 관심이 많은 청소년들에게 이성의 박탈은 고통이지 않을 수 없다. 마지막은 안전의 박탈이다. 같이 생활하는 수용자가 누구인지 얼마나 위험한지 알 수 없다. 자신의 안전을 담보할 수 없다[21].

이런 수용의 고통들이 시설에서의 삶을 규정하게 된다. 이런 고통은 정도의 차이는 있을 수 있지만 소년 시설에서도 예외가 아니며, 수용경험의 중요한 부분이다. 5가지 고통 중에서 마지막 안전의 박탈을 제외하고는 모두가 시설수용을 일종의 억제재deterrent로 만드는 기초가 된다. 만약에 그와 같은 고통이 없다면 교도소와 자유형과 시설수용이 그리 나쁜 곳이 아니고 당연히 형벌의 고통을 통한 범죄억제도 기대하기 어려울 것이다.

제5절

소년비행의 회복적 접근

회복적 사법은 두 가지 핵심적 철학에 기초한 사법이념이다. 하나는 사람과 지역사회의 의미 있는 좋은 관계가 범죄와 비행을 다루는 핵심이어야 한다는 점과 둘째로 사법이념의 궁극적 목적은 피해의 원상회복이어야 한다는 철학이다. 이를

---

21 J. R. Fuller, Juvenile Delinquency(3rd ed.), New York: Oxford University Press, 2016, pp. 479-480

위하여 회복적 사법은 비행과 범죄행위의 손상과 해악을 다루는 데 있어서 가해자, 피해자, 그리고 지역사회의 적극적인 참여를 권장하고 있다. 이는 비행에 대한 책임이 비행을 행한 소년뿐만 아니라 범죄와 비행을 유발하거나 용이하게 하는 조건을 조장하는 사회 전체에서 찾아야할 필요가 있다고 생각되기 때문이다. 여기에다 사법정의는 피해자의 피해가 회복되지 않는다면 적어도 피해자 입장에서는 결코 실현된 것이 아무 것도 없으며, 사법정의의 완전한 실현은 피해자와 사회 모두에게 범죄로 인한 피해가 회복되는 것뿐이라는 피해자 지향적 사법에 그 뿌리를 두고 있다.

이런 측면에서 회복적 사법은 사실 다양한 형태와 이름으로 행해지고 있지만 모두가 비행소년들의 공식적인 사법적 처리와 절차에 대한 대안으로 있으며, 이런 면에서 공식적인 소년사법으로부터의 전환diversion이라고도 할 수 있고, 따라서 비행소년이 성공적으로 회복적 사법 프로그램을 마치면 그에 대한 더 이상의 소년사법은 진행되지 않는 것이다. 이와 더불어, 다수의 회복적 사법은 일종의 보호처분이나 보호관찰의 한 부분이기도 하여 재통합적 수치심reintegrative shaming 프로그램의 개념도 동반하고 있다22.

1. 피해자-가해자 중재(Victim-Offender Mediation)

이 프로그램은 비행문제를 해결하기 위하여 활용된 회복적 사법관행 중에서도 가장 오래되고 대중적이라고 할 수 있다. 비행소년의 의미 있는 변화를 추구하기 위한 이 프로그램의 잠재성은 이미 70년대부터 관심을 끌기 시작하여 많은 대중적 인기를 유지하고 있다. 이 중재 프로그램의 기본적인 틀은 매우 단순하다. 비행소년이 자신의 비행으로 직접적으로 영향을 받은 사람을 제3자의 중재 아래 만나서 가해자와 피해자가 상호 만족스러운 합의안을 도출해 내는 것이다. 이 중재제도는 종종 형사사법제도 내에서는 일종의 전환 제도로 활용되고 있으며, 과부하 상태의 사법제도에서는 아주 중요한 자원인 시간과 인력을 절감하는 것으로도

---

22 N. Rodriguez, "Restorative justice, communities, and delinquency: Whom do we reintegrate?" Criminology and Public Policy, 2005, 4(1): 103–130; N. Rodriguez, "Restorative justice at work: Examining the impact of restorative justice resolutions on juvenile recidivism," Crime and Delinquency, 2007, 53:355–379

사료되고 있다.

중재제도는 가해자와 피해자 모든 참가자들의 절차와 결과에 대한 만족 수준도 비교적 높은 것으로 보고되고 있으며, 참가 가해 소년들의 비행의 양과 질 모두를 낮추는 데 효과적이었다고도 보고되고 있다. 물론 처음 듣기에는 중재제도가 비행소년들에게 너무나 쉬운 퇴로를 제공한다고 느끼기도 하지만 실제 참가 소년들은 그 과정이 결코 그렇게 쉽지 않다고 고백한다. 그럼에도 프로그램에 참가하는 비행소년들은 다른 사람들과 더 효과적으로 소통하는 방법을 학습하고, 자신이 피해를 가한 피해자와 지역사회에 어떤 영향을 주었는지도 알게 되고, 주변 사람들에 대한 동정심을 발전시킴으로써 이익과 도움을 얻게 된다고 한다. 뿐만 아니라 피해자 또한 가해자와 대화하는 과정에서 도움을 얻을 수도 있다고 한다[23].

2. 가족집단회합(Family Group Conferencing)

가족집단회합은 일종의 피해자-가해자 중재의 변형이라고 할 수 있는 것으로, 중재 프로그램보다 더 많은 관계자를 참여시키고 가해자의 사죄와 피해자의 용서를 요한다는 점에서 한 발짝 더 발전된 형태라고 할 수 있다. 이 프로그램은 뉴질랜드의 마오리 족의 전통에 그 뿌리가 있는 것으로 알려지고 있다. 정의하자면, 회복적 사법의 입장에서 비행을 다루는 수단으로서, 피해자와 가해자 그리고 그 가족들, 경찰, 청소년 옹호가, 지역사회 구성원, 그리고 기타 관심 있는 사람들이 회합을 가져서 해악과 손상의 처리를 어떻게 할 것인가를 결정하는 것이다. 약간의 차이는 있겠지만 대부분의 가족집단회합에서는 가해자의 사죄와 용서, 배상, 봉사명령과 지역사회 봉사 명령 합의, 기타 합의를 포함하고 있다. 참가자 전원이 이들 내용에 합의하면 더이상 공식적 절차가 없이 사건을 마무리하는 것이다[24].

---

23 L. S. Abrams, Umbreit, M. and Gordon, A., "Young offenders speak about meeting their victims: Implications for future programs," Contemporary Justice Review, 2006, 9(3): 243−256; W. Nugent, Williams, M. and Umbreit, M., "Participation in victim−offender mediation and the prevalence of subsequent delinquent behavior: A Meta−analysis," Research on Social Work Practice, 2004, 14: 408−416; J. Choi, Green, D. and Gilbert, M., "Putting a human face on crimes: A qualitative study on restorative justice processes for youths," Child & Adolescent Social Work Journal, 2011, 28(5): 335−355

24 G. Maxwell and Morris, A., "Restorative justice and reconviction," Contemporary Justice Review, 2002, 5(2): 133−146

찾아보기

── A

Aichorn   148
Akers   179, 186
Albert Cohen   226
antisocial personality   164

── B

BBS(Big Brothers Big Sisters)   338
Beccaria   90
Bonger   263
Burgess의 동심원이론   223

── C

capable guardians   98
Clarke와 Cornish   93
Cloward   225
Cohen과 Felson   94
collective efficacy   233
Cyber 범죄   79

── D

DARE(Drug Abuse Resistance Education)
    368
David Fogel   99
Decriminalization   261
Deinstitutionalization   261
Diet와 비행   124
Diversion   261

── E

Edwin Sutherland   183
ego   147
Enrico Ferri   117
Erikson   148

── F

Frank Tannenbaum   251
Freda Adler   270

── G

Glueck부부   118
Gottfredson과 Hirschi의 범죄 일반이론
    (General Theory of Crime, GTC)   286

Greenberg   265

— H

Hans Eysenck   158
Harold Garfinkel   252
Head Start   337
Hirschi의 사회유대이론(Social Bond Theory)
    244
Howard Becker   251

— I

id   147

— J

James Wilson   93
Jeremy Bentham   91
Job Corp   338
John Bowlby   150
John Braitheaite   267

— L

Laub   282

— M

Martinson   93, 332
Martinson Report   370
Meda Chesney－Lind   271
Merton의 긴장이론   215
Meta－Analysis   27
Moffitt   195
motivated offenders   99

— N

narcissistic link   79
Nothing works   332, 370
Nye   190

— O

Ohlin   225

— P

Parole   375
Piaget   153
Pinel   161
Project Head Start   369
Psychopath   159

— Q

Quinney   263

— R

Rafael Garofalo   117
rationality   329
Robert Agnew   200, 220
Robert Merton   200
Rudy Giuliani   364

— S

Sampson   282
Scott Briar와 Irving Piliavin   243
Sellin의 문화갈등이론   223
Shaw와 McKay의 비행다발지역
    (High Delinquency Areas)   224
Sheldon   117
Sigmund Freud   146
Skinner   152

Smart Start   337

Sociopath   159

Something works   370

suitable targets   98

super ego   147

super-trait   70

Sutherland   179

—— T

Travis Hirschi   189

—— W

Walter Reckless의 견제이론(Containment Theory)   243

Weed Seed   369

—— ㄱ

가정붕괴(Family breakup)   56

가정의 구조   296

가족갈등(Family conflict)   57

가족붕괴   53

가족역량(family competence)   57

가족의 과정   296

가족의 구금   304

가족집단회합(Family Group Conferencing)   380

각성이론(Arousal Theory)   134

간접적 통제   191

간헐적 범죄자(Criminaloid)   117

갈등(conflict)   300

갈등적 비행 하위문화(Conflict Delinquent Subculture)   226

감독(supervision)   300

감정표현불능(alexithymia)   151

강경대응(Get-tough)   334

강경대응책(get-tough policy)   10, 365, 366

강등의식(Degradation ceremony)   252

강제최소양형(Mandatory Minimum Sentencing)   366

겁주기(Scared Straight)   101

격정범죄자(Criminal by passion)   117

고위험(high-risk) 범법자집단   105

고위험(high-risk)지역   335

고전적 사회통제이론   190

고전주의 범죄학(classical criminology)   87

고전학파   89

공개적 경로(overt path)   291

공격성 이론   165

공동선(common good)   233

공리적 형벌모형(Utilitarian Punishment Model)   99

공생의 상태(state of symbiosis)   230

공식범죄통계   19

공중보건 접근법(public health approach)   325

과민성(irritability)   71, 113, 136

관심의 초점(Focal Concerns)   224

관찰(participative)연구   27

괴롭힘(Bullying)   63

교외의 통근자지대(commuter zone)   231

구조주의 관점(constructionist perspective)   5

국친사상(parens patriae)   11

권력-통제이론(Power-Control Theory)   46, 196

권위 갈등 경로(authority conflict path)   291

궤적(trajectory)   195

궤적이론(Trajectory Theory)   278, 289

규범적 개념(normative conception)   5

균형과 회복적 사법(Balanced and Restorative Justice)   374
근로자계층지대   231
금전적 배상(monetary restitution)   376
기분장애(mood disorder)   151
기사도가설(chivalry hypothesis)   43
기질이론(Trait theory)   85
긴장이론(Strain theory)   45, 204, 299
깨어진 창(Broken-windows) 이론   363

—— ㄴ

낙인   327
낙인을 찍는 것(stigmatization)   256
낙인이론(labeling theory)   135, 372
낙인화(stigmatization)   268
남성성가설(masculinity hypothesis)   34
낮은 수준의 언어지능   69
낮은 언어적 지능지수(low verbal IQ)   113
낮은 자기-통제   70, 113, 135
내재화된 통제(internalized control)   190
냉담하고 무정한 기질(Callous-unemotional trait)   169
뇌 화학(brain chemistry)   44
능동적(proactive)   358
능력별 학급편성(tracking)   308

—— ㄷ

단점의 집합적 지속(cumulative continuity of disadvantages)   282
대안적(alternative) 비행예방   325
대중매체(Mass Media)와 비행   319
더 높은 충성심에 호소하는 것(Appeal to higher loyalties)   199
도덕발달(Moral development)   154

도덕적 광기(moral insanity)   161
도덕적 지향성(moral orientation)   154
동심원대(concentric zone)   230
동조(conformity)   217
동조성 이익(stake in conformity)   189
동조성에 전념(commitment to conformity)   243
동조자(conformists)   251

—— ㅁ

마르크스주의   263
마르크스주의-여성주의이론   46
매력적 표적   206
모방범죄(Copycat crime)   75
목표차단(goal blockage)   30
무관용 경찰활동(Zero-tolerance policing)   106, 363
무관용정책(zero-tolerance policy)   10
무능력화(Incapacitation)   102, 110, 331
문제 지향(problem-oriented)   358
문제-지향 경찰활동(Problem-oriented policing)   362
문화갈등(culture conflict)   239
문화갈등이론(cultural conflict theory)   54
문화범죄학(Cultural criminology)   319
문화전이이론(Cultural Transmission Theory)   222

—— ㅂ

반영평가(Reflected Appraisal)   248
반응-형성(reaction-formation)   227
반응적 공격성(Reactive aggression)   165
반응주의 또는 상대주의 개념(reactionist or relativist conception)   5

반항성장애(Oppositional Defiant Disorder) 167

발달 및 생애과정이론 279

발달이론 273

발달적 예방(developmental prevention) 326

방기(neglect) 301

배상명령(Restitution order) 376

범죄에 대한 저항(Desistance from crime) 32

범죄자 대체(displacement) 110

범죄적 격세유전(criminal atavism) 이론 115

범죄적 비행 하위문화(criminal delinquent subculture) 225

범죄지도(crime map) 224

범죄피해조사 24

법적 성인(legal adults) 13

병영캠프(Boot camp) 100

보호관찰부 가석방 375

보호관찰부 형의 유예(Probation) 375

보호요소(protective factors) 275, 326

본성이론 171

봉사명령(service order) 376

부모 효능감 58

부모-자녀 유사성 137

부모효용성(Parental Efficacy) 235

부상의 부정(Denial of injury) 198

부적격자(misfit) 311

부정기형(Indeterminate sentence) 99

분리불안(separation anxiety) 150

비공식적 사회통제력(informal social control) 231

비난하는 사람을 비난하는 것(Condemnation of the condemner) 198

비밀 일탈자(secret deviants) 251

비시설수용(deinstitutionalization) 339

비열한 세상 신드롬(mean world syndrome) 73

비용-편익(cost-benefit) 110

비판이론(Critical theories) 299

비행(Delinquency) 4

비행기회 288

비행성향 288

비행의 관리(management) 324

비행의 기회가설(opportunity hypothesis) 314

비행의 비용편익 205

비행의 사회화 가설(socialization hypothesis) 314

비행의 지속과 중단(persistence and desistance) 280

비행이력(delinquent career) 275

비행이력의 안정성(stability of delinquent career) 277

비행촉발요인 207

비행하위문화이론(Subcultural Theory of Delinquency) 226

빈곤과의 전쟁(War on Poverty) 369

빈곤의 문화(culture of poverty) 53

─── ㅅ

사법적(non-justice) 비행예방 325

사이버 집단 괴롭힘(cyber bullying) 310

사전 예방적(preventive) 358

사전예방(proactive) 357

사전적 공격성(Proactive aggression) 165

사회갈등이론(social conflict theory) 246

사회반응이론(social reaction theory) 246

사회발전모형(social development model) 293

사회복귀(Rehabilitation) 93

사회부적응(maladjustment)　236

사회생태학(Social Ecology)　229

사회적 매체(Social media)　321

사회적 배제(social exclusion)　257

사회적 순환(social circulation)　236

사회적 자본(social capital)　283

사회통제이론(Social Control Theory)

　188, 237, 242, 299

사회학습이론　179, 304

사회학습이론(Social Learning Theory)　237

사회학습이론(Social learning Theory)　238

사회해체이론(Social Disorganization Theory)

　229

사회화(socialization)　234

사후 대응적(reactive)　357

삼진아웃 3 strikes－out　106

삼차적 예방(tertiary prevention)　326

상징적 상호작용(symbolic interaction)　247

상태의존성(state dependence)　285

상호작용이론(interactional theory)　293

상황적 긴장　204

상황적 모호성(situational ambiguity)　360

상황적 범죄예방(situational crime

　prevention)　102, 111

상황적 선택모형(Situational choice model)

　101

생래적 범죄자(born criminal)　117

생물사회적(biosocial) 이론　115

생물학적 결정론(Biological determinism)

　115

생애－과정 지속형(Life－course persistent)

　193

생애－지속 집단(life course－persistent group)

　196

생애과정 지속(life－course persistent)

　291

생애과정과 발달이론　193

생애상황(life situation)　275

생태적 오류(ecological fallacy)　49

생화학적 요소(Biochemical Factors)　123

선별적 무능력화(Selective incapacitation)

　28, 331

선택이론(choice theory)　86

성별 유사성 가설　40

성별화된 사회화(gendered socialization)　45

성장효과(Maturation effect)　32

성향이론(Propensity Theory)　285

소년　3

소년법원　8

소년비행(Juvenile Delinquency)　2

소년사법제도(juvenile justice system)　11

소년원(training school)　10

속사(snapshot)　273

손상된 정체성(damaged identity)　249

수용성 이론(susceptibility rationale)　131

수치심 관리(shame management)　268

순수일탈자(pure deviant)　251

신경학적 역기능(Neurological Dysfunction)

　128

신념(belief)　191, 245

실제제지(actual deterrence)　105

실증주의 관점(positivist perspective)　5

실증주의(positivism)　113

실험(experiment) 자료　26

10대 법원(Teen Court)　339, 372

쌍생아 연구(twin study)　139

ㅇ

아노미이론   215

아동의 사고과정(reasoning process)   154

악의 극화(Dramatization of evil)   251

암수범죄(dark figures)   19

애착(attachment)   191, 244

약물과 비행   317

약물법원(drug court)   339, 372

양육이론   172

양적 분석   17

양형지침(Sentencing Guideline)   366

억제(deterrence)   92

연령과 비행   31

연령과 연계된 발달(age-linked development)   194

연령별 이론(Age-Graded Theory)   282

영상매체(Visual media)   319

예방적 구금(preventative detention)   335

위험다발(hot spots)지역   335

위험에 놓인 소년(at risk)   29

위험요소(risk factors)   275, 326

유능한 보호의 부재   207

유대(attachment)   300

유대(bond)   189

유대이론(Attachment theory)   150

유대이론(Bond Theory)   191

유명인 망상(celebrity obsession)   78

유전적 기질과 비행의 상관성   141

유전적 영향(Genetic Influences)   136

은신적 경로(covert path)   291

응보(retribution)   99, 329

의도적이고 반복된 해악(willful and repeated harm)   312

의례주의(ritualism)   218

이방인(outsider)   311

이상염색체   122

이송(transfer)   365

이중실패   328

이중의 주변인(double marginality)   46

이중차별   328

이차적 예방(secondary prevention)   326

이차적 일탈(secondary deviance)   250

이차적(secondary) 사이코패스   163

인종적 프로파일링(racial profiling)   116

인지발달(Cognitive development)   154

인지의 차이   37

인지이론(Cognitive theory)   153

일반긴장이론(General Strain Theory)   199, 220

일반억제(general deterrence)   330

일반제지(general deterrence)   102, 104

일상활동(routine activity)   208

일상활동이론(Routine activity theory)   88, 94

일차적 예방(primary prevention)   325

일차적 일탈(primary deviance)   250

일차적(primary) 사이코패스   163

일탈확장효과   250

입양아 연구   140

ㅈ

자기-통제(self-control)   36, 286

자기-통제력(self-control)   31

자기-통제이론(self-control theory)   189

자기보고식 조사   21

자기보고식면접(audio Computer-Assisted Self-Administered Interview)   23

자기실현적 예언(self−fulfilling prophecy) 252

자발적 소실(Spontaneous remission)   32

자아관념(self−concept)   257

자유의사(free will)   329

자유의지(free will)   87

잘못도 없이 비난을 받는(falsely accused) 아이   251

재강화(Reinforcements)   153, 186

재통합적 수치심(reintegrative shaming)   268, 375

저위험(low−risk) 비행소년집단   105

적대적 속성 편견(hostile attribution bias) 169

적법절차(Due Process)   328, 334

적법절차 권리(due process rights)   9

전국범죄피해조사(National Crime Victimization Survey, NCVS)   25

전념(committment)   191, 244

전두엽(frontal lobe)   134

전략적 순찰(strategic policing)   357

전염효과(contagion effect)   75

전이(transition)   195

전이구역(zone of transition)   223

전이지대(transitional zone)   231

전환(diversion)   372, 379

전환점(turning point)   283, 284

점진적 제재(graduated sanctions)   337, 366

접촉전염효과(Contagion Effects)   142

정기형(determinate sentence)   99

정신건강 프로그램   372

정신병자(psychotics)   151

정신분열증(schizophrenia)   151

정신역학 이론(Psychodynamic Theories)   146

정신이상범죄자(insane criminal)   117

정의모형(Justice Model)   99

정체성위기(identity crisis)   148

제도적 아노미이론(Institutional Anomie Theory)   219

제한된 합리성(limited rationality)   95

조건화(conditioning)   175

조기개입(early intervention)   327

종단적(longitudinal) 자료   26

주거지대(residential zone)   231

주의력결핍 과잉행동장애(ADHD)   132

중간제재(intermediate sanction)   338, 377

중류계층 잣대(middle class measuring rod) 227

중화기술(Neutralization techniques)   182, 240

중화이론(Neutralization Theory)   197, 240

증거에 기초(evidence−based)한 비행예방 프로그램   327

지배의 범죄(crimes of domination)   264

지역사회 경찰활동(community policing) 358, 361

지역사회에 기초한 전환이나 처우 (community−based diversion and treatment)   338

지역사회에 대한 봉사명령(community service order)   376

지역사회와 비행   29

지위 또는 신분범행(status offense)   4, 14

지위강등의식(status degradation ceremony) 256

지위비행(status offenses)　　8

지위좌절(status frustration)　　226

직접적 통제(direct control)　　189, 191

진화론적 이론(Evolutionary Theory)　　142

질적 분석　　17

집단 괴롭힘(bullying)　　310

집합적 불이익(cumulative disadvantage)　　258

집합적 효율성(collective efficacy)　　30, 233

━━ ㅊ

차별적 기회이론(Differential Opportunity Theory)　　225

차별적 낙인화(stigmatization)　　248

차별적 수용성(differential susceptibility)　　121

차별적 자극(discriminative stimuli)　　206

차별적 재강화　　181, 187

차별적 접촉이론(differential association theory)　　179, 183, 238

참여(Involvement)　　191, 244

책임의 부정(Denial of responsibility)　　198

처벌(Punishments)　　153

청소년 약물법원(Juvenile Drug Court)　　373

청소년 정신건강 법원(Juvenile mental health courts)　　373

청소년 한정 범법자(adolescence-limited offender)　　33

청소년(adolescence)　　3

청소년개발센터(youth development center)　　10

청소년기 제한(adolescence-limited)　　193, 196, 291

청소년기 한정 범법자(Adolescence-limited offenders)　　66

청소년자원총동원(Mobilization for Youth)　　369

체계적 면접(systematic interview)　　27

최대 다수의 최대 행복(the greatest happiness for the greatest number)　　90

최소강제양형(mandatory minimum sentencing)　　11, 365

최초비행시의 연령(age of onset)　　280

충격 보호관찰부 형의 유예(Shock Probation)　　100

취약성 모형(Vulnerability model)　　121

취약성(vulnerability)　　88

━━ ㅌ

테스토스테론(testosterone)　　126

통제(control)　　324

통합이론(integrated theory)　　283, 304

퇴행주의 비행 하위문화(Retreatist Delinquent Subculture)　　226

퇴행주의(retreatism)　　218

특별억제(special deterrence)　　104, 330

특별제지(special deterrence)　　102

특별제지이론　　108

━━ ㅍ

페미니스트이론　　299

표류(Drift)　　240

품행장애(Conduct Disorder)　　168

피해자-가해자 중재(victim-offender mediation)　　379

피해자의 부정(Denial of the victim)　　198

피해자화(victimization)　　311

─── ㅎ

학교실패 이론(school failure rationale)   131
학교와 비행   310
학대(abuse)   301
학습장애(Learning disability)   131
학업의 중단   309
합리적 비행소년(Rational Delinquent)   96
합리적 선택(rational choice)   85
합리적 선택이론(Rational Choice Theory)   93
해방가설(liberation hypothesis)   47
행동수정요법(behavior modification therapy)   175
행동이론(Behavioral theory)   152
혁명(rebellion)   218
혁신(Innovation)   218
형사사법망을 확대(net widening)   364,

372
형제간 유사성   138
혼합양형(Blended sentencing)   367
화학물질 중독과 비행   127
화학적 거세(chemical castration)   331
환경오염물질   124
환경적 결정론(Environmental determinism)   115
회복(Restoration)   333
회복적 사법(Restorative Justice)   266
횡단적(cross−sectional) 자료   26
후발 주자(late boomers)   290
훈육(discipline)   300
흡연과 음주   123
흥분, 각성추구자(Sensation Seekers)   134

저자약력

이 윤 호(李 潤 鎬)

동국대학교 경찰행정학과 학사
동국대학교 경찰행정학과 석사
Michigan State University 범죄학 석사
Michigan State University 형사사법&범죄학 박사

현) 동국대학교 경찰사법대학, 경찰사법대학원 학장
   동국대 경찰사법대학 교수
   사단법인 목멱사회과학원 이사장
전) 경찰위원회 위원
   한국공안행정학회 회장
   한국경찰학회 회장
   대한범죄학회 회장
   한국산업보안연구학회 회장
   한국대테러정책학회 회장
   경기대학교 경찰행정학과 교수
   법무연수원 교정연수부 부장

저 서
범죄, 그 진실과 오해(박영사)
경찰학(박영사)
범죄학(박영사)
피해자학(박영사)
교정학(박영사)
현대사회와 범죄(박영사)
범죄심리학(박영사)
기타 외 다수

이 승 욱

Michigan State University. Criminal Justice 학사, 석사, 박사

현) Texas A &M, San Antonio. Department of Criminology&Political Science 조교수
전) University of Southern Illlinois. Criminology 조교수

제2판
청소년 비행론

초판발행	2019년 3월 5일
제2판발행	2023년 7월 5일
지은이	이윤호·이승욱
펴낸이	안종만·안상준
편 집	사윤지
기획/마케팅	정연환
표지디자인	BEN STORY
제 작	고철민·조영환
펴낸곳	(주) **박영사**
	서울특별시 금천구 가산디지털2로 53, 210호(가산동, 한라시그마밸리)
	등록 1959. 3. 11. 제300-1959-1호(倫)
전 화	02)733-6771
f a x	02)736-4818
e-mail	pys@pybook.co.kr
homepage	www.pybook.co.kr
ISBN	979-11-303-1796-0 93350

정 가   26,000원